厦门国家会计学院云顶文库

云顶财说

（第三辑）

厦门国家会计学院 编著

中国财经出版传媒集团
中国财政经济出版社

图书在版编目（CIP）数据

云顶财说．第三辑 / 厦门国家会计学院编著．--北京：中国财政经济出版社，2022.11
（厦门国家会计学院云顶文库）
ISBN 978－7－5223－1718－2

Ⅰ.①云…　Ⅱ.①厦…　Ⅲ.①经济管理－研究－中国
Ⅳ.①F123

中国版本图书馆 CIP 数据核字（2022）第 196205 号

责任编辑：马　真　　　　责任校对：张　凡
封面设计：陈宇琰　　　　责任印制：党　辉

云顶财说（第三辑）
YUNDING CAISHUO（DI－SAN JI）

中国财政经济出版社 出版
URL：http：//www.cfeph.cn
E－mail：cfeph@cfeph.cn

社址：北京市海淀区阜成路甲 28 号　邮政编码：100142
营销中心电话：010－88191522
天猫网店：中国财政经济出版社旗舰店
网址：https：//zgczjjcbs.tmall.com
北京财经印刷厂印刷　各地新华书店经销
成品尺寸：185mm×260mm　16 开　16 印张　370 000 字
2022 年 11 月第 1 版　2022 年 11 月北京第 1 次印刷
定价：68.00 元
ISBN 978－7－5223－1718－2
（图书出现印装问题，本社负责调换，电话：010－88190548）
本社质量投诉电话：010－88190744
打击盗版举报热线：010－88191661　QQ：2242791300

前　言

为了适应中国特色社会主义市场经济的发展需求，20世纪末，我国先后组建了北京国家会计学院、上海国家会计学院和厦门国家会计学院。厦门国家会计学院围绕会计审计、财政税收和经济管理等领域的人才培养，坚持依托政府和面向市场相结合的原则，构建了高端培训、学位教育和智库建设“三位一体”的发展格局和办学模式，为我国培养了一大批具备会计、财务、财税、金融专长以及优秀职业精神的复合型、管理型、应用型高级财经管理人才。

近年来，厦门国家会计学院着力打造“云顶”学术名片，云顶学术平台包括线下、线上两大平台。线下平台有“云顶论坛”“云顶讲坛”“云顶沙龙”三个活动平台和“云顶院刊”“云顶文库”两个纸质平台。线下平台积极开展各类论坛讲座、学术沙龙、出版学术书籍等，并通过线上平台进行活动网络直播。线上平台以“云顶财说”微信公众号为主。云顶学术平台通过线上、线下的高度结合，全方位、多渠道打造出“云顶”系列学术品牌，并成为学院教师发布研究成果的通道、培训学员终身学习的平台、研究生与母校交流联系的基地以及社会各界了解学院的窗口。

“云顶财说”微信公众号于2016年8月21日正式创立，公众号第一时间推送会计审计、财政税收、经济管理等领域最前沿的热点解读、政策剖析与学术研究，搭建了一个集学术性、知识性和趣味性的网络交流平台。截至2022年8月，该公众号共发布800余篇文章，总计阅读量超过百万。与《云顶财说（第一辑）》和《云顶财说（第二辑）》一致，《云顶财说（第三辑）》同样选取了“云顶财说”微信公众号上颇受关注的原创文章集结出版，以分享学院教师在学术科研与智库建设方面的最新研究成果。

本书主要研究内容既关注宏观问题，如财政政策和国际关系等，也关注微观领域，如企业和行政事业单位面临的财务、税务和管理问题等，试图挖掘和探索问题背后的影响因素、机理，并对相应的经济后果进行剖析。本书共分为五部分，第一部分是ESG专题；第二部分是“一带一路”专题；第三部分是财务会计与税收专题；第四部分是金融、经济和贸易专题；第五部分是预算管理与内控审计专题。《云顶财说（第三辑）》所探讨的问题和现象，既有理论方面的分析，也有实务操作层面的探讨，其主要目的是为政府高层提供政策制定的参考建议，为微观实体开展业务遇到的难题提供解决方案。

目　录

ESG 专题

金融机构气候信息披露的挑战与机遇[①]

黄世忠[②]

一、金融机构在应对气候变化中的角色

气温上升导致海平面上升、森林火灾和极端天气等诸多危害，对经济、环境和社会的可持续发展构成严重威胁。联合国政府间气候变化专门委员会（IPCC）2022 年 2 月 28 日发布了长达 3675 页的评估报告，指出气候变化的影响比预期更加广泛和严重，警告人类若不加大温室气体减排力度，改变气温上升的机会窗口将很快关闭。联合国秘书长古特雷斯将这份评估报告称为“人类痛苦的地图集，是对失败的气候领导力的严厉指控（Levin等，2022）”。为了人类的可持续发展，加速低碳转型、重构净零排放的经济体系势在必行。

净零排放的经济体系不可能一蹴而就，既需要改变生产生活方式，也需要撬动金融资本为低碳转型提供资金支持。联合国气候行动与融资特使、英格兰银行前行长马克·卡尼（Mark Carney）认为，实现净零排放目标，全球在未来 30 年内需要投入 100 万亿美元至 130 万亿美元的资金。我国要实现“双碳目标”，同样需要投入不菲的资金，未来 30 至 40 年，我国对绿色低碳的投资需求介于 139 万亿元至 487 万亿元之间（北京绿色金融与可持续发展研究院课题组，2021）。面对低碳转型如此巨额的资金需求，金融机构不应也不会缺席。2021 年 11 月在英国格拉斯哥召开的《联合国气候变化框架公约》第 26 次缔约方大会（COP 26）的“融资日”上，来自 45 个国家管理了 130 万亿美元资产的 450 多家金融机构组成的“格拉斯哥净零金融联盟”（GFANZ）承诺为低碳转型提供融资和投资，致力于实现《巴黎协定》提出将全球气温上升控制在工业革命前 1.5℃ 内的控温目标。作为经济社会发展的最大资金提供者，金融机构有义务也有能力在低碳转型和绿色发展上发挥独特的核心作用。离开金融机构的资金支持，低碳转型和绿色发展如果不是纸上谈兵，就是缘木求鱼。从这个意义上说，金融机构肩负着加速自身低碳转型和通过投融资赋能企业绿色发展的双重责任。

低碳转型为金融机构大力发展绿色金融提供了千载难逢的契机。发展绿色金融具有双

---

① 本文原载于《金融会计》2022 年第 4 期。

② 黄世忠系厦门国家会计学院院长、教授、博士生导师。

重意义：一是绿色金融有助于将金融资本导向环境友好型、环保担当型的行业和企业，压减棕色资产（Brown Assets）① 规模，降低气候风险敞口，防范绿天鹅风险②（Green Swan Risk），进而推动金融机构自身的可持续发展，促进金融稳定；二是绿色金融有助于防止金融资本流向高耗能、高污染、高排放等环境不友好、环保不担当的行业和企业，实现《巴黎协议》的控温目标，进而促进经济社会低碳转型和绿色发展，实现人与自然和谐共生。

绿色金融的发展高度依赖于可持续发展报告提供高质量的气候信息。金融机构研发绿色金融产品、优化绿色投融资组合、开展气候情景分析、评估气候风险敞口评估等，都离不开价值链中交易对手提供高质量的环境信息，尤其是温室气体排放信息。相较于其他经济部门或行业，金融机构历来都是可持续发展报告的最重要使用者，其对高质量气候信息的渴望和需求，成为推动世界各国可持续发展报告发展的重要力量。根据欧洲财务报告咨询组（EFRAG）2022 年 1 月发布的《信息质量特征》概念指引工作稿，高质量气候信息可界定为具有相关性（包括预测价值和反馈价值）和如实表述（包括完整性、中立性和准确性）等基础性质量特征和可比性、可验证性、可理解性和及时性等提升性质量特征的气候信息。

金融机构在可持续发展报告中同时扮演着编制者和使用者的双重角色（European Reporting Lab，2021）。作为编制者，金融机构有义务充分披露可持续发展信息，便于利益相关者对其可持续发展能力进行评估。作为使用者，金融机构有权利从其投融资业务的所涉及的客户获取可持续发展信息，以便对其投融资客户的可持续发展前景进行评估。气候变化已成为社会公众的重要关切，气候信息（特别是温室气体排放信息）披露理应成为可持续发展报告的最重要内容。因此，金融机构既是气候信息披露的提供者，也是气候信息披露的使用者。作为气候信息披露的提供者，金融机构必须履行其温室气体排放情况、减排目标、减排实效等环境信息的披露义务，为利益相关者评估金融机构的环境影响提供有用的信息。作为气候信息披露的使用者，金融机构需要从其贷款和投资客户获取温室气体排放、脱碳行动方案、能源结构转型、节能减排效果等环境信息，以便评估气候变化对其客户的经营战略、商业模式、经营业绩、财务状况、现金流量和企业价值的影响，为防范和缓释气候风险提供决策依据。

金融机构在气候信息披露方面所扮演的双重角色，使其承担了比企业更多的环境责任，面临着比企业更大的挑战。正因如此，不论是国际可持续发展准则理事会（ISSB）在

---

① 2021 年 3 月 1 日颁布的《深圳经济特区绿色金融条例》将棕色资产定义为特定会计主体在高污染、高碳（高耗能）和高耗水等非资源节约型、非环境友好型经济活动中形成的，能以货币计量，预期能够带来确定收益的资产。北京绿色金融与可持续发展研究院院长马骏则认为，所谓棕色资产，主要包括高碳资产，如中国碳市场将要覆盖的领域，包括火电、钢铁、建材、有色金属、石化、造纸等行业，未来肯定要放在棕色资产的界定范围之内。

② 绿天鹅风险是指气候变化可能对金融机构甚至金融稳定性产生重大影响的风险。2020 年 1 月，国际清算银行（BIS）发表了 Bolton 等撰写的专著《绿天鹅——气候变化时代的央行和金融稳定》，对绿天鹅风险及其监管启示进行深入探讨，绿天鹅风险遂与黑天鹅风险一样成为金融界的热门术语。绿天鹅风险具有类似于黑天鹅风险的三个特征（肥尾分布性、不可预测性和非线性、影响价值极端性），因此亦称气候黑天鹅风险（Climate Black Risk）。但绿天鹅风险也有三个不同于黑天鹅风险的特征：物理和转型风险发生概率高于黑天鹅风险、气候变化的灾难性影响高于大多数系统性金融风险、气候变化的复杂性比黑天鹅风险更高阶（Bolton 等，2020）。

制定国际可持续发展披露准则（ISDS），还是 EFRAG 在制定欧洲可持续发展报告准则（ESRS）时都认为，必须充分考虑金融机构在应对气候变化中扮演的双重角色，提出的气候信息披露要求应当契合金融机构的特点，既要考虑其信息披露的特殊性，也要顾及其信息披露的挑战性。唯有如此，才能促使金融机构提供和获取高质量的环境信息特别是温室气体排放信息，便于利益相关者评估金融机构实现净零排放目标和助力实体经济低碳转型所取得的成效和不足。

二、双重角色带来的气候信息披露挑战

作为气候信息披露的提供者，金融机构在温室气体排放方面的核算和披露口径远大于企业，既要核算和披露金融机构自身经营业务产生的温室气体排放，即经营排放（Operational Emissions），又要核算和披露其投资和融资组合产生的温室气体排放，即融资排放（Financed Emissions）。汇丰银行在其 2021 年年报中高度概括了温室气体排放的核算和披露口径，在金融业颇具代表性（见图 1）。

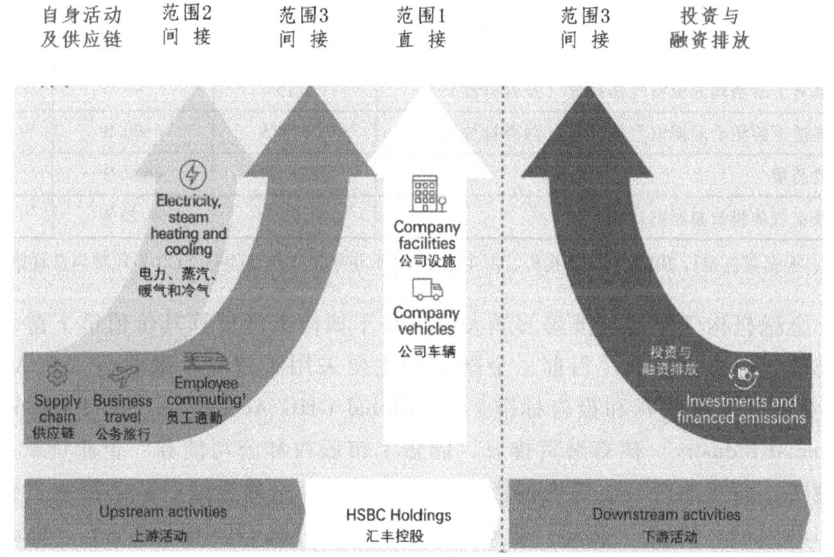

图 1　汇丰银行温室气体排放的核算和披露口径

资料来源：汇丰银行 2021 年年报。

图 1 虚线的左边代表汇丰银行自身经营业务及其供应链产生的温室气体排放，虚线的右边代表汇丰银行的投资及融资组合产生的温室气体排放。按照世界资源研究所（WRI）和世界可持续发展工商理事会（WBCSD）制定的《温室气体规程：企业核算与报告准则》（2021 年修订版），温室气体排放的核算和披露口径应涵盖金融机构自身活动和供应链产生的所有温室气体排放，包括范围 1 的直接排放和范围 2 及范围 3 的间接排放。范围 1 的直接排放是指金融机构拥有和控制的资源所产生的温室气体排放，主要包括其拥有或控制的设施和车辆所产生的温室气体排放。范围 2 和范围 3 的温室气体排放与金融机构的价值

链有关，其中范围 2 的间接排放是指金融机构购买并用于其经营活动中的电力、蒸汽、暖气和冷气所产生的温室气体排放，范围 3 的间接排放包括价值链上游活动和下游活动所产生的温室气体排放。

与企业相比，金融机构温室气体排放的最显著特点是间接排放远多于直接排放，价值链下游活动的融资排放尤其如此。气候披露项目（CDP）对管理了 109 万亿美元的 332 家金融机构的研究显示，融资排放比经营排放多出 700 倍（CDP，2020）。表 1 列示了荷兰银行、汇丰银行和招商银行的温室气体排放结构。从中可以看出，融资排放在这三家银行的温室气体排放总量中所占比例均超过 99%，经营性排放所占比例微不足道，几乎可以忽略不计。

表 1　　荷兰银行、汇丰银行和招商银行的温室气体排放量及结构

单位：万吨温室气体当量

	荷兰银行（2020 年）	汇丰银行（2021 年）	招商银行（2020 年）
范围 1 温室气体排放（经营排放）	0.598	2.2	0.16
范围 2 温室气体排放（经营排放）	0.340	30.7	8.64
范围 3 温室气体排放（经营排放）	3236.30	4590.0	898.19
其中：价值链上游活动的温室气体排放（经营排放）	0.15	—	—
价值链下游活动的温室气体排放（融资排放）	3237.15	4590.0	898.19
温室气体排放总量	3237.24	4622.9	906.99
融资排放占温室气体排放总量的比例	99.99%	99.23%	99.03%

资料来源：根据荷兰银行 2020 年 ESG 报告、汇丰银行 2021 年年报和招商银行 2020 年环境信息披露报告整理。

可见，金融机构气候信息披露的最大挑战在于如何准确核算其价值链下游活动产生的温室气体排放，即融资排放。目前，金融机构主要采用碳核算金融联盟（PCAF）制定的《全球金融业温室气体核算和报告标准》[①]（Global GHG Accounting and Reporting Standard for the Financial Industry）核算融资排放，涵盖上市股权和公司债券、企业贷款和非上市股权、项目融资、商业地产、住房抵押贷款、汽车贷款等六种金融产品的温室气体排放。融资排放 = 归因因子 × 贷款（投资）企业的温室气体排放，其中归因因子 = 金融机构贷款（投资）金额 ÷ 贷款（投资）企业的负债和权益价值，贷款（投资）企业的温室气体排放既可以根据企业自行披露的温室气体排数据直接计算，也可以根据 PCAF 数据库（主要包括排放因子、经济活动数据、实物活动数据等）、政府部门数据库、第三方机构或金融机构自己建立的数据库间接推算。归因因子的计算简单易行，最具挑战性的是贷款（投资）企业温室气体排放数据的可获性不高、可靠性存疑。

① 碳核算金融联盟（The Partnership for Carbon Accounting Financials，简称 PCAF）于 2015 年由荷兰的金融机构发起设立，2018 年其成员扩展至北美，2019 年成为全球联盟，其宗旨是为金融机构评估和披露其投融资业务的温室气体排放提供技术支持。PCAF 制定的《全球金融业温室气体核算和报告标准》得到 WRI 和 WBCSD 的认可，并与《温室气体排放规程》保持一致，但更契合金融机构的特点。PCAF 披露的数据显示，迄今全世界管理了 63.1 万亿美元的 230 家金融机构采用该标准核算和披露融资排放（PCAF，2021）。

在数据的可获取性方面，由于温室气体排放目前在绝大多数国家仍处于自愿披露阶段，强制披露的要求尚不多见，且自愿披露温室气体的贷款（投资）企业以大型企业居多，中小企业鲜有披露，导致金融机构难以获取与披露融资排放所必需的温室气体排放数据。因此，很多金融机构只得通过 PCAF、政府部门、第三方或自建的数据库间接推算贷款（投资）企业的温室气体排放，不仅成本高，而且质量低。

在数据的可靠性方面，即使是大型企业披露的温室气体排放，质量上也是参差不齐，可验证性和可比性均较低。究其原因，一是大部分企业尚未建立温室气体底层数据的收集、记录、验证和报告程序，一些企业甚至将温室气体排放数据的核算外包给第三方；二是目前可持续发展报告的编制框架林立，披露标准迥异，有些企业甚至在同一份可持续发展报告中运用了多种编制框架和披露标准；三是多数企业尚未聘请独立的第三方对可持续发展报告进行鉴证，一些企业虽然提供温室气体排放的鉴证报告，但鉴证报告通常只提供有限保证（Limited Assurance），提供合理保证（Reasonable Assurance）的鉴证报告极为罕见。按照 PCAF 的规定，如果金融机构不能直接获得企业的温室气体排放数据，在披露融资排放时可通过外部或内部数据库间接推算。但不同数库获取或推算企业温室气体排放量所运用的业务活动量和方法论（特别是排放因子的确定）存在较大差异，降低了不同行业或同一行业不同企业之间的数据可比性。可比性较低的另一个原因是不同金融机构核算融资排放的范围存在较大差异。例如，汇丰银行影响核算的融资排放只涵盖石油和天然气、电力和公用事业两个行业，而招商银行只核算满足三个条件（有贷款余额、能获取财务报表数据和能收集到可靠碳排放数据）的高碳行业、火电行业和水泥行业部分客户的融资排放。

除了披露经营排放和融资排放信息外，按照气候相关财务信息披露工作组（TCFD）以及 ISSB 和 EFRAG 参照 TCFD 四要素（治理、战略、风险管理、指标和目标）框架制定的 ISDS 和 ESRS，金融机构还必须制定并披露与《巴黎协定》相一致的温室气体减排目标。科学碳目标倡议行动组织（SBTi）的研究表明，绝大多数的企业和金融机构制定的温室气体减排目标没有与实现路径联系在一起，与《SBTi 公司净零排放标准》的要求相去甚远。温室气体减排目标制定不科学，将导致利益相关者难以有效评估金融机构能否顺利实现净零排放。此外，按照 TCFD、ISSB 和 EFRAG 的要求，金融机构必须评估并披露与气候变化相关的风险、机遇和影响，包括物理风险（Physical Risk）和转型风险（Transition Risk）及其对财务业绩、现金流量和企业价值的影响。这些风险评估包含大量的前瞻性信息和定性信息，涉及金融机构治理层和管理层大量的估计和判断，存在很高的不确定性。披露这些不确定性的信息极具挑战，改进这方面的信息披露质量尚需时日。另外，按照 TCFD、ISSB 和 EFRAG 的要求，金融机构的最高治理层对气候变化的应对战略、行动方案、效果评估、信息披露等负最终责任，这就要求其必须拥有气候和环境方面的专业知识和胜任能力。纽约大学斯特恩可持续发展中心的研究发现，美国前 100 家大型公司的 1188 位董事中，只有 0.3% 的董事具备气候或水资源方面的专业知识。可见，金融机构治理层在气候相关方面的能力建设任重道远。

此外，作为气候信息披露的使用者，金融机构不论是围绕气候风险开展情景分析和压力测试，还是研发绿色金融产品，或者构建与绿色转型相适应的信贷和投资组合，都需要获取其贷款和投资客户大量的气候相关信息。因此，金融机构对可持续发展报告的信息需求最为强烈，高质量的可持续发展报告关系到金融机构的风险管理、产品创新和绿色发展。遗憾的是，ISSB 制定的 ISDS 和 EFRAG 制定的 ESRS 尚处于初期阶段，全球性或区域性的高质量可持续发展报告准则尚未形成，这无疑对于经营机构和贷款及投资客户遍布世界各地的金融机构获取相关、可靠的气候信息构成重大挑战。

最后，与绿色金融相伴而生的漂绿问题也是金融机构气候信息披露的一大挑战。近年来，冠以绿色信贷、绿色债券、绿色保险、绿色投资、绿色基金的金融产品呈爆炸性增长趋势，但在碳减排等环保绩效的宣传上，名副其实者寡，夸大其词者众，根本原因在于缺乏对绿色金融产品和绿色金融机构的精确界定。如何在金融机构的气候信息披露中抑制这种漂绿行为，防止劣币驱逐良币，是监管部门、准则制定者、可持续发展报告准则制定者必须直面的问题。

三、国际趋同孕育的气候信息披露机遇

气候信息披露面临诸多挑战，庆幸的是，机会之窗已悄然开启。地球是人类的共同家园，人类活动向大气层排放的大量温室气体，导致气温上升，带来气候变化，威胁着人类赖以生存和发展的共同家园。社会公众对气候变化与日俱增的关切，倡导绿色发展保护地球家园的共识，为金融机构的气候信息披露营造了良好的社会氛围，提供了强大动力。在此背景下，国际组织和专业机构顺势而为，围绕气候变化的准则制定和制度安排，加大了国际趋同力度，为气候信息披露孕育了勃勃生机，金融机构迎来了推动和改进气候信息披露的难得机遇。

（一）明显加快的国际趋同步伐，为金融机构的气候信息披露提供了统一的呈报基础

迄今为止，不同国际组织发布的包括气候信息在内的报告框架和披露标准存在较大差异，给资本市场造成较大困惑，要求不同报告框架和披露标准实现更高连贯性、一致性和可比性的呼声强烈。为了回应利益相关者的诉求，碳信息披露项目（CDP）、气候披露准则理事会（CDSB）、财务会计准则委员会（FASB）、全球报告倡议组织（GRI）、国际会计准则理事会（IASB）、国际标准化组织（ISO）和可持续发展会计准则委员会（SASB）七个国际组织于 2017 年 6 月联合发起成立了公司报告对话（Corporate Reporting Dialogue，简称 CRD）组织。2019 年 9 月 CRD 发布了《推动气候相关报告的一致性》，分析了 CDP、CDSB、GRI、IIRC 和 SASB 五个国际报告框架在气候相关信息披露方面与 TCFD 框架的异同点，对于存在的差异，这五个国际报告框架承诺以 TCFD 的框架为范本，进行必要的修改和完善，以最大限度实现气候信息披露的国际趋同。可以预见，TCFD 框架将成为气候信息披露的范式，这将为金融机构披露气候信息提供日趋统一的技术标准。

相较于前述国际组织致力于将气候信息披露统一到 TCFD 框架上的自发行动，EFRAG 和 ISSB 加快制定可持续发展报告的区域性和国际性准则，对于促进金融机构的气候信息披露更具深远意义。

2021 年 4 月欧盟委员会（EC）发布的《公司可持续发展报告指令》（CSRD）授权 EFRAG 负责制定 ESRS，所有大型企业和上市公司都必须据此编制和披露可持续发展报

告。按照制定 ESRS 的路线图和时间表，EFRAG 将在 2024 年完成五个环境报告准则，包括气候变化、污染、水与海洋资源、生物多样性与生态系统、循环经济。其中的气候变化报告准则工作稿已于 2022 年 1 月发布，从战略与商业模式、治理和组织、风险和机遇及影响评估三个方面，对低碳转型计划的制定、战略和商业模式应对气候变化的韧性、气候目标与薪酬方案的挂钩、内部碳价格的制定、辨认气候风险与机遇的流程、气候影响的披露、缓解和适应气候变化的方案（包括政策和目标、行动计划、资源配置）、能源消耗的结构和强度、范围 1 至范围 3 温室气体的排放、温室气体的移除、气候融资的安排、物理风险和转型风险的财务暴露等气候领域提出了 23 个具体的信息披露要求（黄世忠、叶丰滢，2022）。这 23 项气候信息披露要求，既与 TCFD 框架和 ISSB 气候相关披露样稿的要求保持趋同，也体现了 CSRD 的立法特色，对于规范和改进欧盟企业和金融机构的气候信息披露将产生立竿见影的促进作用。

顺应二十国集团（G20）、金融稳定理事会（FSB）、国际证监会组织（IOSCO）和国际会计师联合会（IFAC）等国际组织关于制定全球统一的高质量可持续发展报告准则的要求，2022 年 11 月国际财务报告准则基金会（IFRS Foundation）在格拉斯哥召开的第 26 次气候峰会上宣布，通过吸收合并 CDSB 和价值报告基金会①（VRF）方式成立了 ISSB，负责制定 ISDS。为了应对日益严峻的气候变化挑战，ISSB 将优先制定与气候变化相关的披露准则，并在 2021 年 11 月发布了《可持续发展相关财务信息披露的一般要求》和《气候相关披露》两份准则样稿。其中的《气候相关披露》样稿借鉴了 TCFD 四要素框架，涵盖了准则目标、使用范围、治理披露、经营战略、商业模式和前景展望、风险管理、指标和目标披露六个部分的内容及两个附录，附录 A 定义了样稿使用的术语，附录 B 借鉴 SASB 的前期研究成果提供了 68 个行业具体的气候信息披露指引。这份准则样稿近期将以征求意见稿的形式发布，在此基础上再颁布正式的准则。《气候相关披露》准则将在世界范围内产生广泛且深刻的影响，为企业和金融机构的气候信息披露提供根本遵循。

可以预见，EFRAG 制定的区域性气候信息报告准则和 ISSB 制定的国际性气候信息披露准则将彻底终结气候信息披露框架林立、标准迥异的乱象，企业和金融机构的气候信息披露质量将得到根本改善，困扰金融机构多年的气候信息难以获取、气候信息质量低下的问题有望得到有效的破解。

（二）日趋严格的强制披露要求，为金融机构的气候信息披露奠定了坚实的法规基础

气候变化引发了社会公众、环保组织、监管部门、投资者和债权人等利益相关者的空前关切。企业和金融机构气候信息的自愿披露，已经无法适应这种关切，通过法律法规和行政规章促使自愿披露向强制披露转变的趋势愈发明显。

在欧洲，即将由欧盟委员会正式通过的 CSRD，要求其成员国将 CSRD 的要求（包括气候信息披露要求）转化为本国的法律，这将开启欧盟以立法形式强制披露气候信息的先

---

① 价值报告基金会（Value Reporting Foundation）于 2020 年 11 月由 SASB 和国际整合报告理事会（IIRC）宣布合并组建，并于 2021 年 6 月正式成立，目的是提高这两个组织在可持续发展报告中的国际地位，彰显其在可持续发展报告和整合报告方面的专业影响力。

河。CSRD 适用于所有大型企业和上市公司。大型企业被界定为满足三个标准中的两个：（1）资产总额超过 2000 万欧元；（2）营业收入超过 4000 万欧元；（3）年度员工平均人数超过 250 人。上市公司既包括大型上市公司，也包括中小型上市公司，但后者可以有三年的过渡期。据测算，将有超过 5 万家的欧盟企业和金融机构必须按 CSRD 的要求（包括其授权 EFRAG 通过 ESRS 提出的要求）披露气候信息。

在我国，虽然目前还没有对气候信息披露进行规范的法律法规，但国家相关部委颁布的与气候相关的规定和指引，也具有准强制披露的成分。国家发展改革委参照 IPCC 相关规定，2013 年以来陆续颁布了 24 个行业的《企业温室气体排放核算方法与报告指南》。2021 年 12 月，生态环境部印发了《企业环境信息依法披露管理办法》和《企业环境信息依法披露格式准则》，为企业披露包括温室气体排放在内的环境信息提供了政策依据，要求企业通过发行股票、债券、存托凭证、中期票据、短期融资、资产证券化、银行贷款等形式进行融资的，应当披露融资所投项目应对气候变化、保护生态环境等信息。与国家发展改革委的指南相比，生态环境部的这两项规定属于依法披露事项，强制披露的成分十分浓厚。此外，环境信息已成为证监会新股发行中的重点审查对象，重污染行业上市公司的环境信息也是证监会的重点监管对象。2016 年，中国人民银行、财政部等七部委颁布的《关于构建绿色金融体系的指导意见》也明确提出要“逐步建立和完善上市公司和发债企业强制性环境信息披露制度”。总之，环境信息的强制披露大势所趋，为时不远。

国内外日趋严格的强制性环境信息披露要求，将大幅提高融资排放所需数据的可获性和可靠性，从而减少金融机构对外部数据库的依赖，提高环境信息的披露效率，降低环境信息的披露成本。笔者认为，温室气体排放具有明显的公共产品属性，通过法律法规或行政规章要求企业和金融机构强制披露与此相关的气候信息有其正当性，是缓解或消除企业经营外部性的必要制度安排。

（三）备受关注的漂绿与反漂绿，为金融机构的气候信息披露筑牢了可靠的制度基础

大量的学术研究表明，ESG（环境、社会和治理）评级不仅影响了上市公司和金融机构的企业形象和投资回报，而且关系到它们的融资能力和融资成本。为了获得较高的 ESG 评价，对可持续发展信息（尤其是环境信息）进行漂绿已成为心照不宣的数字游戏，且有愈演愈烈的趋势。漂绿现象的普遍存在，严重削弱了利益相关者对气候信息披露的信任，妨碍了《巴黎协定》控温目标的实现，因而备受资本市场和监管部门的关注，客观上促进了反漂绿制度安排的建立和完善。

在企业界，漂绿主要表现为在可持续发展报告中对环境信息进行选择性披露，报喜不报忧、只谈环境绩效淡化环境问题的现象比较突出。笔者分析了国内外不少可持续发展报告，发现粉饰、漂绿现象较为普遍。如果企业和金融机构披露的可持续发展报告没有水分，净零排放早已实现。漂绿的根本原因在于对可持续发展报告缺乏鉴证机制。因此，要求对可持续发展报告特别是其中的温室气体排放进行鉴证的呼声日盛。为此，CSRD 已要求欧盟企业和金融机构的可持续发展报告必须提供由独立第三方出具的鉴证报告。在还没有实施可持续发展报告强制鉴证制度的国家和地区，越来越多的大型企业和金融机构自愿引入鉴证机制，披露独立第三方对可持续发展报告的鉴证信息。笔者认为，引入鉴证机

制，即便是有限保证的鉴证，也可在一定程度上抑制企业的漂绿行为，倒逼企业和金融机构提高气候信息披露质量。

在金融界，漂绿主要表现为：（1）在绿色金融的宣传上夸大其词，对绿色信贷、绿色债券、绿色保险和绿色基金缺乏严格的界定或界定标准不统一，造成许多冠以绿色标签的金融机构和金融产品名不副实；（2）夸大绿色金融产品的环保绩效，或者环保绩效缺乏令人信服的证据支撑；（3）言行不一，从事有悖于可持续发展理念的投融资业务（黄世忠，2022）。为了抑制金融领域的漂绿行为，欧盟制定了《分类法》，对企业和金融机构的经济活动是否符合绿色标准予以界定，出台了《可持续金融披露条例》（SFDR），从金融机构层面和金融产品层面对可持续发展的ESG因素提出严格的披露要求，防止对绿色金融的滥用。研究显示，欧盟的《分类法》和《可持续金融披露条例》颁布后，欧洲冠以ESG和可持续发展等名称的基金规模下降了超过2万亿欧元，立法对漂绿的震慑作用由此可见一斑。在我国，《关于构建绿色金融体系的指导意见》《银行业金融机构绿色金融评价方案》《绿色债券支持项目目录（2021年版）》和《绿色投资指引（试行）》等规定的颁布实施，筑牢了防范气候信息漂绿的制度基础，对于绿色金融的规范发展意义重大。

本文的分析表明，金融机构在防范和应对气候变化方面发挥着不可或缺的关键作用，在气候信息披露方面同时扮演着提供者和使用者的双重角色，既面临诸多挑战，也存在不少机遇。随着国际趋同步伐的加快，挑战大于机遇的被动局面将被逆转，金融机构的气候信息披露将迎来机遇大于挑战的曙光。

参考文献：

［1］ Levin K., Boehm S. and Carter R. 6 Big Findings from the IPCC 2022 Report on Climate Impacts, Adaptability and Vulnerability [EB/OL]. www. wri. org. February 22, 2022.

［2］ Bolton P., Despres M., Samma F. and Svartzman R. The Green Swan [M]. Bank for International Settlements. 2020: 3 – 18.

［3］ 北京绿色金融与可持续发展研究院课题组．碳中和背景下的绿色金融路线图研究[EB/OL]. www. ifs. net. cn. 2021 – 12.

［4］ European Reporting Lab. Proposals for a Relevant and Dynamic EU Sustainability Reporting Standard – Setting [EB/OL]. www. efrag. org. February 2021.

［5］ CDP. The Time to Green Finance – CDP Financial Services Disclosure Report 2020 [EB/OL]. www. cdp. net.

［6］ PCAF. The Global GHG Accounting and Reporting Standard for the Financial Industry [EB/OL]. www. carbonaccountingfinancials. com. November 2021.

［7］ 黄世忠，叶丰滢．气候变化的披露要求与趋同分析［J］．财会月刊，2022（9）：3 – 9.

［8］ 黄世忠．ESG报告的“漂绿”与反“漂漂”［J］．财会月刊．2022（1）：3 – 11.

碳中和背景下财务风险的识别与评估[①]

黄世忠　叶丰滢　李　诗[②]

温室气体排放导致全球气温上升和气候变化，为了应对气候问题，确保人类可持续发展，2015 年 12 月 12 日在巴黎召开的第 21 届联合国气候大会通过了《巴黎协定》，2016 年 4 月 22 日近 190 个国家和欧盟在纽约联合国总部签署了《巴黎协定》，为人类擘画了在 2050 年全球实现碳中和的宏伟蓝图。2020 年 9 月，习近平主席在第 75 届联合国大会一般性辩论上向全世界庄严宣布，我国将力争在 2030 年前实现碳达峰，在 2060 年前实现碳中和。"双碳"目标的提出，将极大促进我国企业更加积极主动地选择低碳转型和绿色发展战略。而低碳转型和绿色发展，在为企业提供巨大商机的同时，也带来一定的风险。基于可持续发展的需要，企业有必要估算温室气体排放量，制定减排路线图和时间表，合理评估碳排放财务风险，并据此制定相应的投资、融资和分配政策。本文首先简要分析碳排放控制政策对企业造成的潜在财务风险，其次介绍如何运用"碳商"法捕捉和评估企业的碳排放财务风险，最后就企业如何有效运用"碳商"法提出建议。

一、温室气体排放的财务风险

温室气体（Greenhouse Gas，简称 GHG）是指任何会吸收并释放红外线辐射且长期滞留在大气层中的气体。并非所有温室气体都是有害的，如水蒸气（H_2O），但二氧化碳（CO_2）、甲烷（CH_4）、氧化亚氮（N_2O）、氢氟碳化合物（HFCs）、全氟碳化合物（PFCs）、六氟化硫（SF_6）这六种温室其他已被科学研究证明会导致气温升高，是全球气温上升的罪魁祸首，被《京都协定》和《巴黎协定》纳入排放控制范围。有研究认为，如果全球平均气温上升 2℃，全球 99% 的珊瑚礁将消失，8% 的动物将灭绝，水资源将极度匮乏，极端气候将频繁发生。如果全球平均气温上升 5℃，地球的整体环境将被完全破坏，甚至有可能引发生物大灭绝（安永，2021）。为此，《巴黎协定》要求严控上述六种温室气体排放，将 21 世纪全球平均气温上升幅度控制在 2℃以内。

为了防止气候变化，《巴黎协定》缔约方纷纷制定和实施日趋严厉的温室气体排放控

---

① 本文原载于《财会月刊》2021 年第 22 期。

② 黄世忠系厦门国家会计学院院长、教授、博士生导师；叶丰滢系厦门国家会计学院副教授；李诗系厦门国家会计学院副教授。

制政策，掀起了经济社会发展方式的广泛变革，在带来机遇的同时也带来了风险。美国财政部部长耶伦指出："气候变化是一种现存威胁，气候变化本身及其应对政策都会带来影响，导致资产被搁置和资产价格、信贷风险等大幅变动，从而严重影响整个金融系统。这些都是真实的风险。"（Warmbrodt，2021）可见，气候变化本身和应对气候变化的政策都将带来严重的风险，金融稳定理事会下设的气候相关财务信息披露工作组（Task Force on Climate - related Financial Disclosures，以下简称 TCFD）将前者视为物理风险（Physical Risk），将后者视为转型风险（Transitional Risk）。本文主要探讨与转型风险相关的财务风险。

在日趋严苛的温室气体排放控制政策下，企业除了选择低碳转型外别无他法。企业在低碳转型过程中遭遇的风险称为转型风险。转型风险可分为四类：政策及法律风险、技术风险、市场风险和信誉风险（TCFD，2017）。这四种转型风险最终都可能衍生出财务风险，对企业未来的财务状况、经营业绩和现金流量产生深远的影响，是碳中和背景下财务管理必须高度重视的新问题。

政策及法律风险主要表现为：加大对企业温室气体排放的管制；增大企业编报温室气体排放报告的责任；限制或禁止企业现有高碳排放产品和服务的生产和销售；对违反碳排放规定的企业提出法律诉讼等。政策及法律风险衍生出的财务风险主要包括：加大温室气体排放的合规成本，如改造工艺流程、改变采购政策、增加环保投入、接受排放检查等而增加的经营成本；加大温室气体排放的资产风险，如排放超标的资产被搁置、注销、提前退役或计提减值损失；加大温室气体排放的经营风险，如不符合排放标准的产品和服务被迫退出市场而发生的损失；加大温室气体排放的诉讼风险，如排放不达标而被环保部门或环保团体提起诉讼而发生的损失。

技术风险主要表现为：以更低温室气体排放的生产技术和设备替换现有生产技术和设备；以颠覆性方案替代现有高碳排放产品和服务；对可降低温室气体排放的新技术投资失败；采用更低温室气体排放的新技术导致生产效率降低。技术风险可能导致的潜在财务风险主要包括：造成现有资产被闲置或提前退役，资产的有效经济寿命大幅降低；市场对现有高碳排放产品和服务的需求减少，现有产品和服务的生命周期大幅缩短；新技术和替代技术的研发支出和资本支出增加，企业自由现金流量减少；采用新做法、新流程的成本增加，包括系统调整和人员培训成本等。

市场风险主要表现为：抵制高碳排放产品和服务的消费行为改变；市场信号存在不确定；原材料成本增加；供应链中断或重大调整。市场风险可能引发的财务风险主要包括：消费者提高环保意识抵制或降低对企业高碳排放产品和服务的需求，导致企业营业收入和现金流量下降；投入成本上升和产出的环保要求导致生产成本增加，企业的经营利润降低；能源成本发生突然或超预期的变化，导致企业经营业绩大幅波动；营业收入减少，收入结构和收入来源发生不利变化；核心资产发生不利的重新定价，如石油和煤矿储量的价值减损、土地和证券组合的估值下调等。

信誉风险主要包括：消费者、供应商和社会公众对高碳排放企业形成负面看法；企业所在行业被污名化；利益攸关者对高碳排放企业的持续经营能力存有疑虑。信誉风险可能带来的潜在财务风险主要包括：市场对高碳排放产品和服务的需求下降，导致企业的营业收入、经营利润和现金流量恶化；供应链中断或供货不足致使生产能力不足，造成经营业绩下降；难以吸引和留住有环保责任感的管理人员和员工，导致人工成本增加；降低资本可获取性，增加资本成本。

简而言之，转型风险给企业特别是碳密集（Carbon - intensive）型行业（如石化、煤炭、航空、汽车、建筑等行业）的企业带来了巨大的资产减值风险，进而影响到企业的持续经营能力。改造或者迭代碳密集型资产需要大量的资本性投入，这意味着企业未来必须在保持股东可接受的盈利水平和投资回报的同时，顶住经营利润下降、现金流量波动等财务风险，才能顺利过渡到碳中和的状态。而这是绝大多数企业现有的商业模式没有考虑到的。因此，世界上主流的ESG报告框架均要求企业将这些与气候相关的财务风险作为公司治理议题，纳入治理和管理决策程序，积极应对，有效管理，以提升企业和生态环境的可持续发展能力。

二、计量财务风险的“碳商”法

管理大师戴明（W. Edwards Deming）曾说：“我们信仰上帝，其他都必须拿数据证明[①]”“你无法管理你不能计量的东西[②]”。戴明的这两句箴言说明了用数据说话、靠计量管理的重要性。经营管理如此，财务风险管理尤甚。温室气体排放控制政策给企业带来的转型风险是显而易见的，对企业的经营业绩、现金流量和财务状况造成的潜在影响也是不说自明的，但碳排放财务风险如何计量，却颇费思量。学术界和实务界对此进行艰辛探索，试图破解。“碳商”法横空出世，就是艰辛探索的一个回报。

“碳商”（Carbon Quotient，简称CQ）这一术语由罗杰斯（Greg Rogers）和罗斯（Samantha Ross）在“碳商：净零排放会计”一文中提出并注册成商标。“碳商”法（CQ Analytics）是一种旨在帮助企业、会计人员和资本市场计量与气候相关财务风险的新方法（Rogers和Ross，2021）。这种方法简单实用，紧扣《巴黎协定》提出的2050年碳中和目标，利用经审计的会计数据和具有可验证性的温室气体排放数据，采用假设式情景分析（“What if” Scenario Analysis），建构了一个能够捕捉企业实现碳中和目标进程中全部财务风险的分析框架，具体计算公式为：

$$碳商=\frac{未实现碳费用}{碳排放资产总额}$$

“碳商”法的操作原理如下：首先，计算企业持有的长期有形资产在其剩余使用年限内预计可能产生的温室气体排放量，据以确定分子的数量基数“未实现排放”（Unrealized Emissions）。其中，长期资产的剩余使用年限取自会计记录，即长期资产的剩余可折旧年限，若企业采用加速折旧法，则应将剩余折旧年限调整为剩余使用年限。长期资产在剩余使用年限内的“未实现排放”根据世界可持续发展企业理事会（World Business Council for Sustainable Development，简称WBCSD）和世界资源研究所（World Resources Institute，简

---

① 原文为：In God we trust，all others must bring data。

② 原文为：You can't manage what you don't measure。

称 WRI）发布的温室气体规程测度①。

其次，将“未实现排放”货币化为“未实现碳费用”（Unrealized Carbon Expense），算法是将“未实现排放”乘以全球范围内从大气层移除每吨温室气体当量的预计成本。罗杰斯和罗斯指出，根据美国全国科学、工程和医学科学院 2019 年的一项研究，从大气层中移除每吨二氧化碳的直接成本如能控制在 100 美元或更少，便是经济可行的。假设每吨二氧化碳的移除成本为 100 美元，将“未实现排放”乘以 100 美元即可得出“未实现碳费用”。据此计算的“未实现碳费用”作为长期资产的备抵账户，犹如累计折旧一样②。而实施碳中和政策前企业已发生的碳排放乘以 100 美元，则作为一项或有负债（Contingent Liability），即企业因损害环境获取不当得利（Unjust Enrichment）而在将来可能面临诉讼赔付的潜在义务。

最后，根据“未实现碳费用”的计算结果，测算温室气体排放的财务影响程度。一是测算温室气体排放对企业净资产的影响，重新计算企业调整了碳排放风险后的股东权益，以评估碳排放风险对企业净资产的侵蚀程度；二是测算温室气体排放对企业净利润的影响，重新计算企业调整了碳排放风险后的关键业绩指标，如每股收益（EPS）及息税折旧及摊销前利润（EBITDA）等指标，以评估碳排放风险对企业盈利能力的影响程度；三是测算温室气体排放对企业长期资产的影响，重新计算企业调整了排放风险后的长期资产净值，以评估碳排放风险对企业长期资产价值的负面作用。如果将“碳商”计算公式用于产生温室气体排放的单项长期资产，即可判断该项资产蕴含的减值比例。

上述调整测算能够充分揭露企业面临的碳排放财务风险。例如，根据联合国环境规划署（UNEP）披露，我国 2019 年度的温室气体排放约为 140 亿吨二氧化碳当量，能源活动二氧化碳占我国温室气体总排放的 80% 左右（解振华，2021），由此产生的二氧化碳约 112 亿吨，其中 80% 来自煤炭，约 89.6 吨。按每吨二氧化碳移除费用 100 美元估算，2019 年与煤炭相关的“未实现碳费用”高达 8960 亿美元，而 2019 年我国煤炭行业实现的利润总额只有 2830 亿元人民币，约合 410 亿美元，不及同期“未实现碳费用”的 5%。不考虑碳排放风险的财务业绩与考虑碳排放风险的模拟业绩可谓天壤之别③！

罗杰斯和罗斯认为，“碳商”法既可向前追溯亦可向后预测企业温室气体排放的财务风险。向前追溯的碳排放财务风险告诫企业在温室气体排放方面存在的历史欠债，向后预测的碳排放财务风险提醒企业实现碳中和目标所需要付出的经济代价。不论是向前追溯，还是向后预测，目的都是反映尚未在财务报告中反映的企业经营的负外部性。与其他试图量化气候相关财务风险的尝试，如与哈佛大学塞拉芬（George Sarafeim）提出的“加权影

---

① 该核算规程是在世界范围内广泛应用的测度企业层级温室气体排放量的方法体系，详细设定了企业温室气体排放库存的编报过程。根据碳信息披露项目（CDP）持续多年的问卷调查，超过 90% 的参与问卷填写的财富 500 强企业依据 WBCSD 和 WRI 的温室气体核算规程报告它们的温室气体排放数据。

② 必须指出，“碳商”法计算的“未实现碳费用”仅在表外调整和披露，并不需要像累计折旧一样在表内确认。

③ 而这还不包括实现碳中和的额外资本支出。《巴黎协定》在 2.1 条款（C）中指出，各国应致力于投入有助于降低温室气体排放以及与气候适应性发展相一致的资金。据经合组织估算，2030 年前为了实现《巴黎协定》目标，全世界每年需要投入 6.9 万亿美元的资金（OECD，2017）。可见，实现碳中和的代价不菲。

响财务账户”（Impacted Weighted Accounts）相比，“碳商”法的最大优点是实用、客观，原理简单易懂，所需数据易于获取，没有任何主观假设或者复杂的“黑匣子”方法掺杂其中。更重要的是，“碳商”法无须对现有会计准则和财务报告进行任何改革，而是以经过审计的财务报告为基础，经过模拟调整（Pro Forma Adjustment）和表外披露，即可向投资者和其他利益相关者清晰反映企业温室气体排放可能带来的财务风险及其对企业财务状况、经营成果和资产价值的影响程度。此外，企业还可根据从现在到2050年实现碳中和的逐年减排任务与逐年减排表现，制作渐近曲线（Asymptotic Cure）图，二者之间的差异直观地反映了企业的减值风险。

当然，“碳商”法也并非无可挑剔。首先，“碳商”以产生温室气体排放的长期有形资产为计算基础，将导致碳排放量的严重低估。根据WBCSD和WRI发布的《温室气体规程：公司会计与报告准则》（2021修订版），企业的温室气体排放应该涵盖其整个价值链，具体包括3个范围（见图1），范围1是企业拥有或控制的资源产生的直接排放，范围2是企业消费的电力资源产生的间接排放，范围3是企业未拥有或未能控制的资源产生的间接排放，主要是企业的价值链产生的排放。“碳商”法显然只能反映范围1和范围2的一部分温室气体排放，而无法反映范围3的温室气体排放。其次，“碳商”计算公式以碳排放资产作为分母，计算各项资产的温室气体排放量时必须借助于直接计量法，显然不符合成本效益原则。最后，“碳商”法所用的温室气体排放参数虽可通过间接计量法（主要通过消耗的各种能源按一定比例折算）予以验证，但若未经独立鉴证，容易产生“漂绿”（Greenwashing）行为。尽管存在这些不足，但瑕不掩瑜，“碳商”法在目前阶段仍不失为评估和管理碳排放财务风险的一种创新工具。

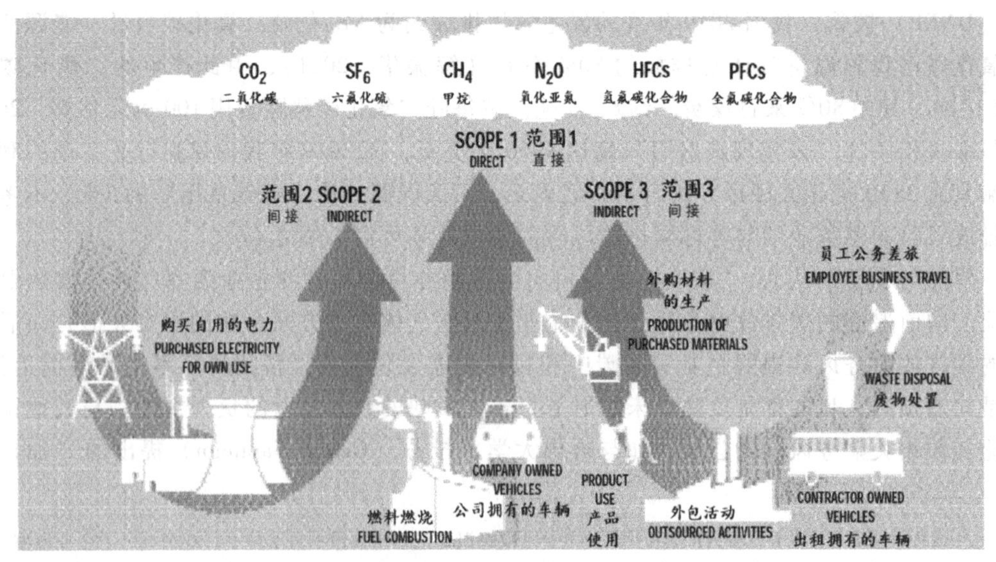

图1　覆盖企业整个价值链的温室气体排放

资料来源：WBCSD和WRI（2021）。

三、采用“碳商”法的相关建议

准确计量企业的温室气体排放是实现碳中和的前提，也是防止企业“漂绿”行为的基础。“碳商”法不仅为企业提供了这样的前提和基础，而且为企业评估和管理碳排放财务风险提供了简易方法，为企业与投资者等利益相关者沟通碳排放财务风险提供了实用工具。我们认为，将“碳商”法付诸实施，关键是做好以下四个方面的工作。

（一）全面评估涉及转型风险的资产项目，正确把握表内确认与表外披露的界限

2019 年，国际会计准则理事会（IASB）发布了一份文件，旨在澄清现有国际财务报告准则的要求如何解决重大气候变化风险和其他新出现的问题。这份文件以及国际财务报告基金会（IFRS Foundation）2020 年发布的与此相关的其他文件均认为，企业应根据第 1 号国际会计准则《财务报表列报》、第 16 号国际会计准则《不动产、厂房和设备》、第 36 号国际会计准则《资产减值》、第 37 号国际会计准则《准备、或有负债和或有资产》以及第 9 号国际财务报告《金融工具》和第 13 号国际财务报告准则《公允价值计量》等，将与温室气体排放和气候变化相关的问题纳入财务报告的编报中。如果这些问题具有重要性且能够量化，则应在表内确认，如果不能量化，则应在财务报表附注或者管理层讨论与分析（MD&A）中披露。鉴于与碳中和相关的气候问题通常存在重大不确定性，IASB 还要求企业披露其在评估物理风险和转型风险时所运用的情景分析模型及其假设（IFRS Foundation，2019）。上述要求旨在满足投资者关于将气候相关问题融入财务报告的需求，以提升透明度，使投资者能够评估气候变化及其应对政策对企业财务状况、经营业绩和现金流量的潜在影响。根据气候披露准则理事会（CDSB）的观察，将气候相关问题融入财务报告的做法已经开始。2020 年 1 至 3 季度，包括英国石油公司、西巴亚雷普索尔（Repsol）石油公司、荷兰壳牌石油公司、法国道达尔石油公司在内的化石能生产商就计提了 900 亿美元的资产减值损失，这既有新冠肺炎疫情影响的因素，也有基于碳中和政策影响的考虑（CDSB，2020）。按照 IASB 的要求向投资者提供有助于评估温室气体排放财务影响的信息，企业必须采用定量和定性的方式评估碳排放财务风险，“碳商”法显然可以派上用场。“碳商”法为企业遵循 IASB 的相关要求提供了计量手段，IASB 的相关要求反过来又为“碳商”法提供了应用场景。

（二）财务人员必须知悉温室气体排放量的计算方法，为合理评估碳排放财务风险奠定基础

“未实现排放”的测算准确与否，直接关系到“碳商”法运用的有效性，为此，财务人员必须知晓国内外通用的温室气体排放计算方法和折算标准。国际上可供参考借鉴的包括 IPCC 制定的方法和标准以及前述的《温室气体规程》，两者均主张企业估算的温室气体排放量应涵盖整个价值链，并为直接排放的范围 1 和间接排放的范围 2 和范围 3 如何计算碳排放量提供了详细的指南。在国内，国家发改委参照国际通用标准，结合我国实际情况，迄今分三批颁布了涵盖 24 个行业的《温室气体核算方法与报告指南》，这是我国企业运用“碳商”法评估碳排放财务风险时可以直接遵循的权威标准。

（三）企业治理层和管理层应高度重视气候相关问题，并制定相应内控政策

如前所述，气候相关问题存在诸多的重大不确定性，其所衍生的财务风险，在评估和管理上涉及大量的估计和判断。只有企业董事会和管理层高度重视并将其纳入决策程序中，建立健全与碳排放财务风险评估相关的内控政策和审批流程，运用“碳商”法才能发挥其应有的功效。

（四）有条件的企业应实施碳排放鉴证，以提高其温室气体排放信息的公信力

国内外的研究表明，ESG 报告特别是温室气体排放信息的质量普遍不高，“漂绿”现象普遍存在，其中的一个重要原因是缺乏独立的鉴证机制（黄世忠，2021）。实现碳达峰碳中和，事关人类和企业的可持续发展，如实报告温室气体排放是企业义不容辞的责任，在绿色金融影响力日趋重要的背景下，温室气体排放信息的质量直接关系到企业能否获得金融机构的资金支持以及资金成本的高低。因此，有条件的企业特别是碳密集型（Carbon – intensive）企业，应该聘请注册会计师等独立第三方对温室气体排放进行鉴证。这种鉴证既可提高企业温室气体排放信息的公信力，又可提升“碳商”法的运用效果，为企业更加可靠地评估和更加有效地管理碳排放财务风险提供额外保障。

参考文献：

[1] 安永. 一本书读懂碳中和［M］. 北京：机械工业出版社，2021：3 – 5.

[2] TCFD. Recommendations of the Task Forces on Climate – related Financial Disclosure [OL/R]. 2017. www. tcfd. org.

[3] Warnbrodt, Z. Yellen vows to set up Treasury team to focus on climate, in victory for advocates [OL/R]. 2021. www. politico. com.

[4] OECD. Investing in Climate, Investing in Growth [OL/R]. 2017. www. oecd – ilibrary. com.

[5] Rogers, G. and Ross, S. Carbon Quotient: Accounting for Net Zero [OB/OL]. 3 June 2021. www. ifac. org.

[6] 解振华. 解读我国双碳路径的 10 个方面［OB/OL］. 中国企业家俱乐部微信公众号. 2021. 10. 3.

[7] WBCSD & WRI. The Greenhouse Gas Protocol: A Corporate Accounting and Reporting Standard (Revised Edition) [OL/R]. 2021. www. ghgprotocol. org.

[8] IFRS Foundation. IFRS Standards and Climate – related Disclosure [OL/R]. 2019. www. cdn. ifrs. org.

[9] CDSB. Accounting for Climate: Integrating Climate – related Matters into Financial Reporting [OL/R]. 2020. www. cdsb. org.

[10] 黄世忠. 谱写欧盟 ESG 报告新篇章——从 NFRD 到 CSRD 的评述［J］. 财会月刊，2021（20）：16 – 23.

中国“双碳”目标中长期减排路径

阎虎勤[①]

自2014年中美两国签署《中美气候变化联合声明》开始，到2020年第七十五届联合国大会一般性辩论会议，中国的“双碳”目标渐趋明确。围绕中国到2030年实现“碳达峰”、到2060年实现“碳中和”，现有研究对一些基本问题的回答还很模糊，主要是缺乏基础数据支撑，本文借助世界银行数据样本，使用Python软件编制程序，从量化分析角度对诸如单位GDP所承载的CO_2排放量、2030年“碳达峰”峰值、2060年“碳中和”目标值等问题，通过模型计算进行了具体讨论，并从总体指标和人均指标两个不同角度指出了实现中国“双碳”目标的中长期减排路径。

一、中国的“双碳”目标

为了抵御全球气候变化，发展低碳经济，应对全球气候变化这一人类面临的最大威胁，2014年11月12日，在北京举办的亚太经合组织第二十二次领导人非正式会议上，中美两国签署了《中美气候变化联合声明》，习近平主席代表中国政府向世界庄严承诺：“中国计划2030年左右二氧化碳排放达到峰值且将努力早日达峰”（新华社，2014）。2015年12月12日，《联合国气候变化框架公约》第21次缔约方会议在巴黎召开，中国政府进一步正式提出到2030年单位国内生产总值二氧化碳排放比2005年下降60%到65%（新华网，2015）。这就是中国的“碳达峰”目标。

2020年9月22日，中国国家主席习近平在北京参加第七十五届联合国大会一般性辩论视频会议，对于如何加快形成绿色发展方式，建设生态文明和美丽地球，进一步阐明“中国将提高国家自主贡献力度，采取更加有力的政策和措施，二氧化碳排放力争于2030年前达到峰值，努力争取2060年前实现碳中和”（新华网，2020）。这就是中国的“碳中和”目标。“碳中和”目标就是希望到2060年前中国直接或间接产生的温室气体排放总量，通过植树造林、节能减排等形式，抵消自身产生的二氧化碳排放，实现二氧化碳的“零排放”。

中国的“碳达峰”和“碳中和”目标，统称“双碳”目标。对于中国“双碳”目标

---

① 阎虎勤系厦门国家会计学院信息管理处处长。

的理解，需要回答四个基本问题：第一，中国实现“双碳”目标的理论基础是什么？第二，如果不加控制，中国碳排放发展的趋势是什么？第三，中国单位国内生产总值二氧化碳排放的发展趋势是什么？第四，中国“双碳”目标的中长期减排路径是什么？关于这四个问题，由于现有文献普遍缺乏量化数据，所以，本文将以世界银行所提供的数据为样本，借助 Python 软件编程分析功能，从量化分析角度予以回答。

二、环境库兹涅茨曲线及其动态性特征

（一）环境库兹涅茨曲线及其相关概念

全球“碳达峰”和“碳中和”目标的理论基础是环境库兹涅茨曲线（Environmental Kuznets Curve，EKC）。库兹涅茨曲线假设由库兹涅茨于 1955 年首次提出（Kuznets，1955），用于反映在长期条件下一国的居民人均收入随着人均经济增长而变化的“倒 U”形曲线结构。库兹涅茨曲线自提出以后，就受到研究者的普遍关注，虽然其原理简单，但应用广泛。自 20 世纪 90 年代起，库兹涅茨曲线也被引入环境研究领域（Sun，2011），因为人们研究发现在环境恶化与经济增长之间普遍存在着环境库兹涅茨曲线。环境库兹涅茨曲线已经成为人们研究经济增长与环境恶化因素之间关系的基本理论。

环境库兹涅茨曲线理论认为，当一国的经济处于农业经济向工业经济的发展过渡时期时，由于生产力水平较低，节能减排的理念和技术水平都还处于初级发展阶段，所以需要大量使用初级能源，包括化石能源，碳排放等污染物排放量在经济快速增长过程中也会快速增加。但是，当工业化发展到一定程度之后，随着新技术的应用，新能源等清洁替代能源的使用比例会不断提高，化石能源的使用比例会逐渐减少，碳排放等污染物排放量也会相应地减少。环境库兹涅茨曲线的“倒 U”形结构，具有一个极值点（Extreme Point），也就是环境从加速恶化到逐渐好转的转折点（Turning Point）。由于这个极值点往往也是二次曲线上的一个最大值点，所以，该极值点也就成为库兹涅茨曲线的峰值。建立有效库兹涅茨曲线，并且求出转折点，是环境库兹涅茨曲线研究的重点。

（二）基于中国 1960—2018 年数据的静态库兹涅茨曲线

关于 2030 年之前中国的人均 CO_2 排放量水平是否可以达到峰值的问题，我们使用库兹涅茨曲线假设理论来解释。

按照环境库兹涅茨曲线假设，自 20 世纪 60 年代以来，中国经济发展长期处于由农业经济向工业化转变的过程之中，自然也就处于碳排放不断增加的高排放期。假如到 2030 年之前，中国的人均碳排放量转折点可以早日到来，则在转折点之后就会进入碳排放逐渐减少的阶段。我们将尝试使用环境库兹涅茨曲线来表现中国人均碳排放与人均经济增长之间的关系。

为了对 CO_2 排放总量与人均 CO_2 排放量、国内生产总值 GDP 总值与人均 GDP 值等概念加以区别，本文中，在定义这四个概念时，我们采用了不同字母形式。

假设变量 $\bar{y}_t$ 表示一国的人均碳排放量，变量 $\bar{x}_t$ 表示一国的人均实际 GDP 值，那么，

环境库兹涅茨曲线就可以由一个二次回归多项式来表示：

$$\bar{y}_t = a\bar{x}_t^2 + b\bar{x}_t + c + \varepsilon_t \tag{1}$$

有效库兹涅茨曲线假设认为，如果该二次多项式满足 $a<0$，且 $b>0$，那么，其二次曲线图形将具有一个“倒 U”形结构，图形开口向下，顶点朝上，具有一个极大值点，这个极大值点就是二次曲线的转折点（Turning Point）。在转折点之前，人均 GDP 增长，碳排放也增长；而在转折点之后，人均 GDP 增长，但碳排放下降。

我们以世界银行（World Bank，2021）提供的中国 1960—2018 年的统计数据为样本，编制 Python 程序，通过多项式拟合，产出了一个二次方程模型。

表 1 列出了基于中国 1960—2018 年数据的人均 CO_2 排放量随着人均实际 GDP 的变化而变化的环境库兹涅茨曲线方程模型。由于可决系数值（R^2）很高，而均方根误差值（RMSE）与原样本值相比较小，且模型的二次方与一次方系数项分别小于 0 和大于 0，符合有效库兹涅茨曲线假设，所以，该模型表示在中国人均实际 GDP 与人均 CO_2 排放量之间存在着有效库兹涅茨曲线。该模型可以被用来作为有效模型进行相关分析。

表 1　基于中国 1960—2018 年数据的人均 CO_2 排放量依赖人均实际 GDP 变化的环境库兹涅茨曲线模型

模型	$\bar{x}_t^2$	$\bar{x}_t$	c	R^2	R	Adj. R^2	RMSE
$\bar{y}_t$	-0.0001068	1.75401017	1165.12914518	0.9599	0.9797	0.9585	485.5190

注：（1）自变量 $\bar{x}_t$ 表示人均实际 GDP，单位为美元（US $）；（2）因变量 $\bar{y}_t$ 表示人均 CO_2 排放量，单位为千克（kg）；（3）参数 c 为常数项；（4）RMSE 表示均方根误差（Root mean squared error）。

经过计算，该模型的极大值点即转折点为：

$$\bar{x}_{t^*} = -\frac{b}{2a} = 8214.1902\ （美元），\bar{y}_t = y(\bar{x}_{t^*}) = 8369.0158\ （千克） \tag{2}$$

参照自变量 $\bar{x}_t$ 所表示的人均实际 GDP 取值以及因变量 $\bar{y}_t$ 所表示的人均 CO_2 排放量取值，该库兹涅茨曲线的转折点大约在 2018 年前到达。

当以人均实际 GDP 预测值作为横轴，则基于回归模型的人均 CO_2 排放量预测值所表现的曲线图形将呈现出标准“倒 U”形特征。为了分析方便，我们提前使用了人均 GDP 预测值，具体预测模型之后介绍。

如图 1 所示，这是环境库兹涅茨曲线的一种理想状态，具有标准“倒 U”形结构。在转折点 $\bar{x}_{t^*}$ 之前，随着人均实际 GDP 的增长，人均 CO_2 排放量也增长，但是在转折点 $\bar{x}_{t^*}$ 之后，随着人均实际 GDP 的增长，人均 CO_2 排放量开始下降。

由于以人均实际 GDP 值作为自变量的环境 EKC 曲线无法反映 EKC 曲线随着时间变化的情况，我们再以时间轴为横轴，反映人均 CO_2 排放量随着时间变化的情况。

图 2 是以时间轴为横轴表现中国人均 CO_2 排放与人均 GDP 之间关系的库兹涅茨曲线。因为是以人均 GDP 为自变量，所以，库兹涅茨曲线下人均 CO_2 排放量表现出先升后降的趋势，从上升到下降的转折点发生在 2018 年左右。

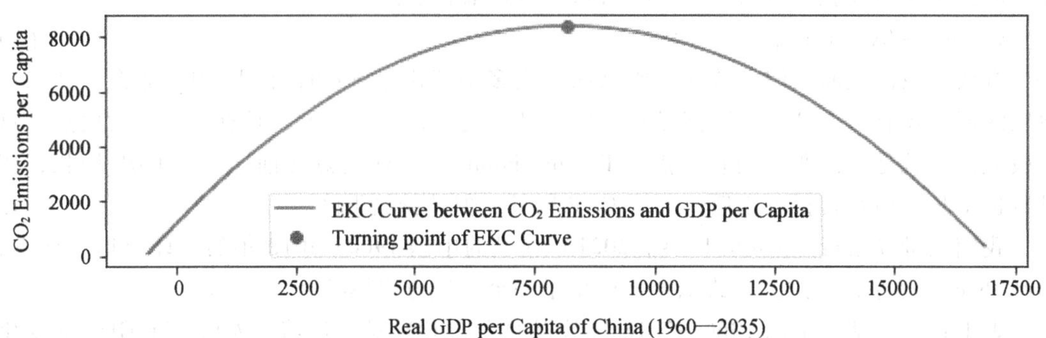

图 1　中国人均 CO_2 排放与人均 GDP 之间关系的 EKC 曲线（横轴为人均 GDP 值，单位为美元）

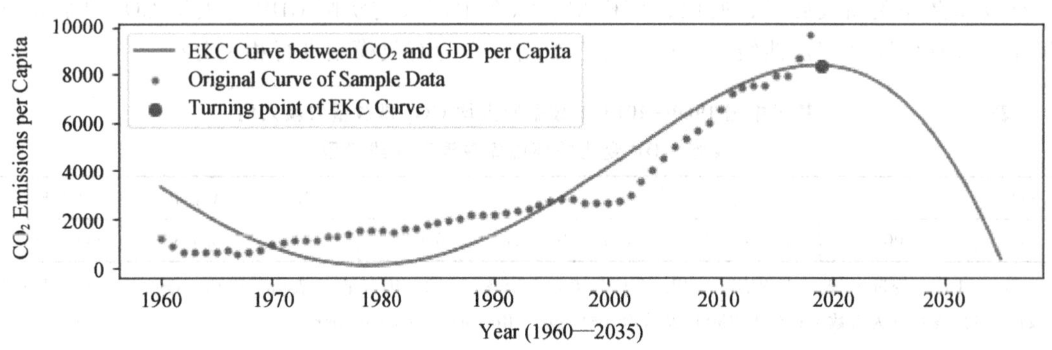

图 2　中国人均 CO_2 排放与人均 GDP 之间关系的 EKC 曲线（横轴为时间值）

库兹涅茨曲线拟合结果是一种理想情况，按照这个结果，中国的人均 CO_2 排放应该于 2018 年达到转折点，即达到峰值。这虽然符合中国二氧化碳排放力争于 2030 年前达到峰值的理想预期，但是却与实际情况不符，还必须考虑 EKC 曲线的动态性特征。

（三）中国“碳达峰”目标必须考虑 EKC 曲线的动态性

在拟合 EKC 曲线之前，我们已经使用二次曲线模型对中国今后到 2060 年的人均 CO_2 排放量建立了预测模型，发现在不加控制的情况下，今后很长一段时间，中国的人均 CO_2 排放量预测值都是不断增长的，即在 2018 年之后仍然会持续增长。所以，利用中国 1960—2018 年统计数据建立起来的 EKC 曲线与通过其他预测模型得到的中国人均 CO_2 排放量预测值之间存在着显著矛盾，还不能说中国的人均 CO_2 排放量水平的峰值就一定是 EKC 曲线的极值。

事实上，表现人均 CO_2 排放量随着人均 GDP 值的变化而变化的库兹涅茨曲线在以 1960—2018 年的样本数据为基础进行回归拟合时，所得到的库兹涅茨曲线其实是一个相对静态的拟合结果。假如使样本区间进行动态变化，那么则会得到不同的有效库兹涅茨曲线以及具有动态变化特征的不同转折点，且部分拟合曲线的转折点有后移的现象。这说明，在动态情况下，环境库兹涅茨曲线不止一条，碳排放在 2018 年达到峰值的结论只是一组环境 EKC 曲线中一条 EKC 曲线的一个局部极值点；而真正的全局性峰值应该是所有各条 EKC 曲线极大值点中的最大值，或者是由动态 EKC 曲线的顶点所构成的包络曲线的顶点。对于中国的情况而言，这个最大值点是否一定会在 2030 年或之前达到，从目前的统计数据出发，还无法得出这个结论。

尽管如此，由于中国政府已经向世界承诺将要在 2030 年或之前实现“碳达峰”，并且已经在政策上作出极大努力，许多政策措施也已经开始实施，所以，我们认为中国实现“碳达峰”的所有动态 EKC 曲线的最大极值点就在 2030 年。我们也将基于这一判断，来设计和分析中国“双碳”目标实现中长期减排的路径。

三、中国实际 GDP 和 CO_2 排放量预测值

（一）时间窗口及数据来源

由于中国的“双碳”目标是一个未来发展目标，所以，在讨论之前，首先需要对“双碳”目标所覆盖时间范围内的总体和人均实际 GDP 值以及总体和人均 CO_2 排放量进行预测。具体涉及时间窗口宽度应该至少延伸到 2060 年。

世界银行公开数据（World Bank，2021）提供了中国 1960—2020 年期间以现价表现的年度 GDP 值（单位为美元，US $）、以 2010 年不变价格表现的年度 GDP 值（单位为美元，US $）、GDP 价格缩减指数（单位为百分比,%）、$CO_2$ 排放量（单位为千公吨，kt）、人口数量（单位为人）等相关统计数据。依据世界银行数据，容易计算得到中国 1960—2020 年的总体和人均实际 GDP 值以及总体和人均 CO_2 排放量。有了数据样本，就容易得到 2021—2060 年期间的预测值。

（二）建立预测模型

通过利用 Python 语言编制软件程序，可以建立相关预测函数。通过对不同类型函数进行模拟测试，最后发现二阶多项式模型可以较好地拟合实际 GDP 和 CO_2 排放量样本数据发展趋势。

为了提高预测模型的计算精度，我们采用了切比雪夫多项式（Chebyshev Polynomials）进行拟合，然后再转化为普通多项式。

表 2 列出了基于中国 1960—2020 年样本数据所建立的有关总体和人均实际 GDP 和 CO_2 排放量的 4 个二次多项式回归预测模型。这 4 个模型的可决系数值（R^2）都很高，均方根误差值（RMSE）与原样本值比较都比较小，所以模型可以作为预测模型使用。

表 2　基于中国 1960—2020 年样本数据的总体和人均实际 GDP 和 CO_2 排放量二次多项式回归模型

变量	t^2	t	c	R^2	R	Adj. R^2	RMSE
x_t	20.8342	25.6547	6.8497	0.9136	0.9558	0.9106	1.2048
y_t	10936933.5	17503895.5	7603929.03	0.9706	0.9852	0.9696	576338.83

续表

变量	t^2	t	c	R^2	R	Adj. R^2	RMSE
$\bar{x}_1$	14880.0566	18412.5967	5009.4859	0.9173	0.9577	0.9144	847.7445
$\bar{y}_1$	7.2741	17503895.5	5.644	0.9624	0.9810	0.9611	0.4474

注：（1）自变量 t 表示年度时间变量，其定义既与年份数不同，也与表示年份的序数值不同，该时间变量是按照切比雪夫多项式定义域区间［-1，1］将年份数据进行变换得到的值作为时间变量取值；（2）参数 c 为二次曲线模型的常数项；（3）变量 x_1 表示以当年不变价格（上年为1）表示的实际 GDP 总值，单位为万亿美元；（4）变量 $\bar{x}_1$ 表示以当年不变价格（上年为1）表示的人均实际 GDP 值，单位为美元（US＄）；（5）变量 y_1 表示 CO_2 排放总量，单位为千克（kg）；（6）变量 $\bar{y}_1$ 表示人均 CO_2 排放量，单位为公吨（t）；（6）RMSE 表示均方根误差（Root mean squared error）；（7）CO_2 排放量单位换算公式按照 1t = 1000kg，1kt = 1000t = 1000000kg 进行换算，具体采用什么单位视文章表述需要确定。

图 3—图 6 分别列出了 1960—2060 年的中国实际 GDP 总值和 CO_2 排放总量，以及 1960—2060 年的中国人均实际 GDP 值和人均 CO_2 排放量的预测值曲线图。

（三）中国 2020—2060 年实际 GDP 总值发展趋势预测

图 3 给出了中国 1960—2060 年实际国内生产总值预测曲线。根据统计和计算，中国经济长期持续增长的趋势很明显。

1960 年，中国总体实际 GDP 值只有 0.0528 万亿美元；到 2020 年，已经达到 14.6244 万亿美元；预计到 2030 年，将接近 20.4451 万亿美元；到 2060 年，将达到 53.3386 万亿美元。

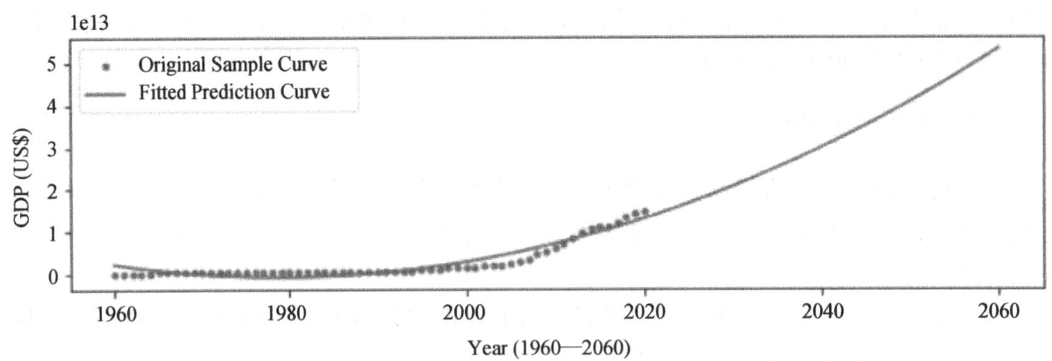

图 3　中国 1960—2060 年实际国内生产总值预测曲线（单位为美元）

（四）中国 2030 年“碳达峰”总量目标预测

图 4 给出了中国 1960—2060 年 CO_2 排放量预测曲线。显然，如果不加以控制，中国 CO_2 排放量在今后会保持长期持续性增长。根据统计和计算，1960 年，中国 CO_2 排放总量为 7.81 亿公吨；到 2020 年，已经增长达到 109.28 亿公吨；如果不加以控制，预计到 2030 年将达到 163.55 亿公吨。

从预测值可以看出，也就是说到 2030 年，中国“碳达峰”目标实现时，CO_2 排放总量将达到 163.55 亿公吨。

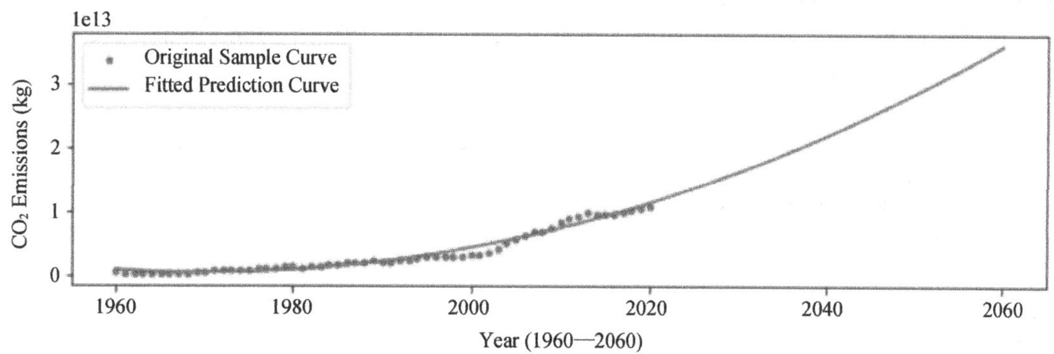

图 4　中国 1960—2060 年二氧化碳排放量预测曲线（单位为千克）

如果将 CO_2 排放量 163.55 亿公吨作为中国 2030 年之后 CO_2 排放总量的最高峰值水平，那么，由于 2060 年 CO_2 排放量的预测值将高达 360.45 亿公吨，比 2030 年水平高出 120.39%，表明中国在 2030 年之后 CO_2 减排的目标任务，特别是到 2060 年实现“碳中和”的目标任务将变得非常艰巨。

显然，2021—2030 年这 10 年时间将是中国“双碳”目标最后的喘息期。

（五）中国 2020—2060 人均 GDP 值趋势预测

图 5 是在以 1960—2020 年样本数据为基础所得到的二次多项式回归模型方程下计算得到的中国 1960—2060 年人均实际国内生产总值预测曲线。

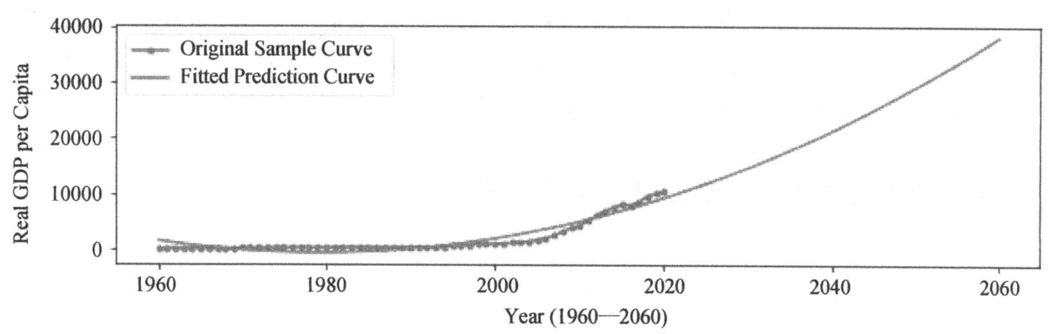

图 5　中国 1960—2060 年人均实际国内生产总值预测曲线（单位为美元）

根据统计和计算，中国经济长期持续增长的趋势很明显。1960 年，人均实际 GDP 值只有 79 美元；到 2020 年，人均实际 GDP 值已经超过 1 万美元，达到人均 10430 美元；预计到 2030 年，将接近人均 1.5 万美元。

（六）中国 2030 年“碳达峰”人均目标预测

图 6 是以 1960—2020 年统计数据为基础样本所得到的二次多项式回归模型方程下计

算得到的中国 1960—2060 年人均 CO_2 排放量预测曲线。如果不加以控制，中国人均 CO_2 排放量在今后会保持长期持续性增长。

根据统计和计算，中国在全面进入工业化之前，即到 1980 年为止，中国人均 CO_2 排放量不高于人均 1.5 公吨（t）。

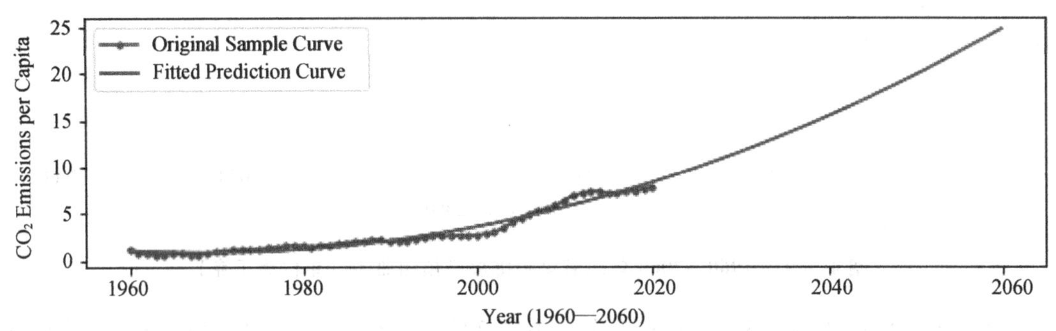

图 6 中国 1960—2060 年人均二氧化碳排放量预测曲线（单位为公吨）

按照清华大学气候变化研究院的研究报告（何建坤，2020），如果要保持全球气温变化比工业化之前水平上升高度不超过 2℃，则中国的“碳中和”目标应该定位人均 CO_2 排放不超过 1.5 公吨（t）。

中国人均 CO_2 排放量 1.5 公吨（t）正好是 1980 年的水平，我们将把 1980 年作为中国进入工业化社会的一个标志性年份，在研究“碳中和”目标时，就把中国 1980 年的人均 CO_2 排放量和总体 CO_2 排放量作为 2060 年实现“碳中和”的目标情景之一。

很显然，如果以中国人均 CO_2 排放量 1.5 公吨（t）作为中国所承诺的“碳中和”目标，使人均 CO_2 排放量在 2060 年回到 1980 年的水平，几乎是一个难以实现的目标，因为到 2020 年，中国人均 CO_2 排放量已经达到人均 7.79 公吨（t），如果不加控制或者控制不力，到 2030 年、2060 年，将分别达到人均 11.54 公吨（t）和 24.75 公吨（t）。

四、单位国内生产总值二氧化碳排放量

（一）单位国内生产总值二氧化碳排放量

到 2030 年，中国单位国内生产总值二氧化碳排放量比 2005 年下降 60% 到 65% 的目标，是一个可测度的具体目标。一般来说，单位 GDP 所承载的 CO_2 排放量可以定义为：

$$\text{单位 GDP 碳排放量} = \frac{CO_2\text{排放量}}{\text{实际 GDP 值}} = \frac{CO_2\text{排放量/人口总数}}{\text{实际 GDP 值/人口总数}} = \frac{\text{人均}CO_2\text{排放量}}{\text{人均实际 GDP 值}} \quad (3)$$

这里，实际 GDP 值为年度实际国内生产总值，碳排放量为年度 CO_2 排放总量。显然，单位 GDP 所承载的 CO_2 排放量与人均 GDP 所承载的人均 CO_2 排放量是一致的。由于考虑到预测模型的计算可能带来误差，我们将分别使用总体值和人均值分别来计算，最后取二者的平均值，后面的计算也可以看出，二者之间的差距很小。

（二）单位国内生产总值二氧化碳排放量比 2005 年下降率

假设变量 x_t 和 $\bar{x}_t$ 分别表示以当年不变价格计算的实际 GDP 总值和人均 GDP 值；变量 y_t 和 $\bar{y}_t$ 分别表示 CO_2 排放总量和人均 CO_2 排放量；变量 φ_t 和 $\bar{\varphi}_t$ 分别表示由总体值和人均值计算的国内生产总值二氧化碳排放比；变量 θ_t 和 $\bar{\theta}_t$ 分别表示由总体值和人均值计算的国内生产总值二氧化碳排放比 2005 年水平下降的百分比；变量 $\varphi_{t,AVE}$ 表示总体值、平均值两种公式计算的国内生产总值二氧化碳排放比平均值；变量 $\theta_{t,AVE}$ 表示由总体值、平均值两种公式计算的国内生产总值二氧化碳排放比 2005 年水平下降的百分比平均值。则它们可以被定义为：

$$\varphi_t = \frac{y_t}{x_t} \tag{4}$$

$$\theta_t = \left\{ \frac{\frac{y_t}{x_t}}{\frac{y_{t=2005}}{x_{t=2005}}} - 1 \right\} \times 100\% \tag{5}$$

$$\bar{\varphi}_t = \frac{\bar{y}_t}{\bar{x}_t} \tag{6}$$

$$\bar{\theta}_t = \left\{ \frac{\frac{\bar{y}_t}{\bar{x}_t}}{\frac{\bar{y}_{t=2005}}{\bar{x}_{t=2005}}} - 1 \right\} \times 100\% \tag{7}$$

$$\varphi_{t,AVE} = \frac{1}{2} \{ \varphi_t + \bar{\varphi}_t \} \tag{8}$$

$$\theta_{t,AVE} = \frac{1}{2} \{ \theta_t + \bar{\theta}_t \} \tag{9}$$

（三）计算结果分析

利用以上公式，很容易得到中国单位实际国内生产总值二氧化碳排放比 2005 年水平的下降率。平均来说，从 2005 年开始，中国单位国内生产总值二氧化碳排放（$\varphi_{t,AVE}$）值的发展趋势持续下降，且趋于平稳化。

根据预测，预计到 2030 年，中国单位国内生产总值二氧化碳排放比 2005 年水平的下降率（$\theta_{t,AVE}$）将为 70.11%。很显然，到 2030 年，中国单位国内生产总值二氧化碳排放比 2005 年下降 60% 到 65% 的目标是可以实现的。

世界银行公开数据库推荐的单位国内生产总值二氧化碳排放比采用了以 2010 年不变价格计算的 GDP 值，经过计算，按照 2010 年不变价格计算的中国单位 GDP 二氧化碳排放量比 2005 年下降的速度，会比以当年不变价格计算的单位 GDP 二氧化碳排放量比 2005 年下降速度低，尽管两种比率值都是下降的。经过反复测算，我们认为，使用以当年不变价格（上年为1）表现的 GDP 值是较为合理的，所以，本文推荐使用以当年不变价格表现的实际 GDP 值作为参考值来进行计算。

（四）中国 1960—2060 年单位国内生产总值二氧化碳排放量以及比 2005 年水平下降率模型和图示

为了更加清晰地表现单位国内生产总值二氧化碳排放比率以及比 2005 年比率水平的下降值，我们还建立了相应的二次函数回归拟合模型。

表 3 列出了中国单位 GDP 与 CO_2 排放量之间比率值的二次多项式拟合模型，以及比 2005 年水平下降率的回归模型。模型的可决系数值较高，误差较小，可以作为分析模型使用。

表 3　中国单位 GDP 的 CO_2 排放量水平以及比 2005 年水平下降率的二次多项式回归模型

模型	t^2	t	c	R^2	R	Adj. R^2	RMSE
φ_t	3.3287	-5.1013	2.3998	0.8679	0.9316	0.8652	1.2255
θ_t	1.2585	-1.9287	-0.0926	0.8679	0.9316	0.8652	0.4633

注：（1）样本数据来自 1960—2020 年统计值和 2021—2060 年预测值；（2）参数与前面定义一致。

图 7 是以 1960—2060 年数据为样本值计算得到的中国 1960—2060 年单位国内生产总值二氧化碳排放量比值曲线。

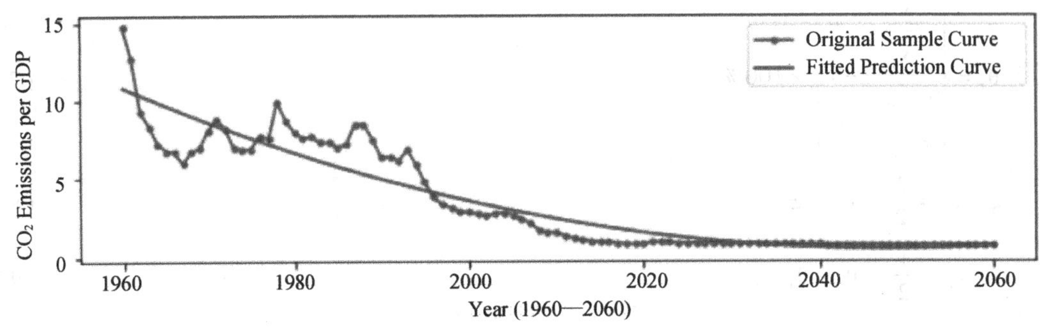

图 7　中国单位 GDP 的 CO_2 排放量（φ_t）曲线

图 8 是中国单位 GDP 的 CO_2 排放量水平比 2005 年水平下降率的二次多项式曲线。中国单位国内生产总值二氧化碳排放量长期呈现出下降趋势的本质，表现了技术进步对于 GDP 总值与 CO_2 排放量之间结构关系的影响。

尽管长期以来中国实际 GDP 值与 CO_2 排放量都是增长的，但是，由于技术进步，实际 GDP 的增长速度高于 CO_2 排放量的增长速度。在 2005 年之前，虽然国内生产总值和二氧化碳排放量的绝对值都不是很高，但是，单位国内生产总值二氧化碳排放比率值都还是比较高的，都比 2005 年的水平高，主要原因是 2005 年之前，生产技术水平还较低，相对于实际 GDP 生产总值，CO_2 排放量水平还偏高；2005 年之后，随着改革开放的进一步深入，生产技术水平快速发展，虽然实际 GDP 生产总值快速提高，但单位国内生产总值二氧化碳排放水平的下降趋势却日趋稳定。

从以上分析也可以看出，到 2030 年，中国单位国内生产总值二氧化碳排放比 2005 年

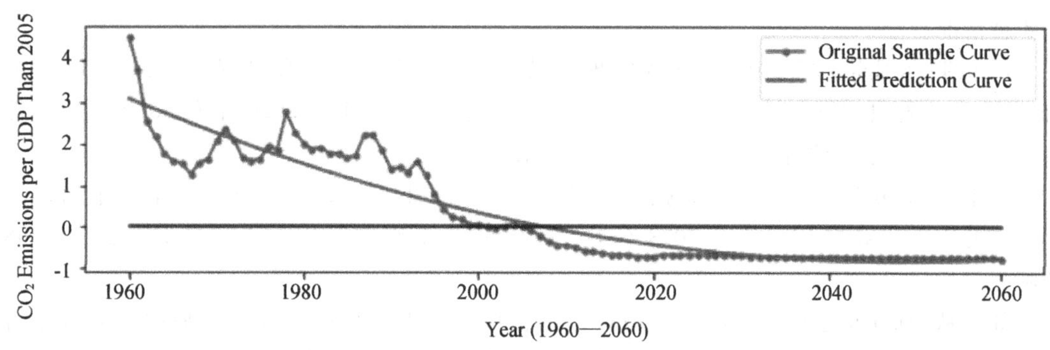

图 8　中国单位 GDP 的 CO_2 排放量水平比 2005 年下降率（θ_t）曲线

下降 60% 到 65% 的目标，仅仅反映了中国经济快速增长过程中 GDP 值与 CO_2 排放量之间的实际比例关系和结构性发展变化的趋势，对于 CO_2 排放总量的绝对值水平下降而言，该承诺还远远不够，因为它更大程度上只是宣示了中国政府降低 CO_2 排放的决心。

五、实现“碳中和”目标中长期减排路径

（一）“碳中和”目标以及中长期减排的两种情景

以 2015 年 12 月通过的《巴黎协定》为导向，全球到 2050 年（UN，2021）之前（中国到 2060 年之前）实现“碳中和”目标，就是要把全球气温升幅控制在工业化前 2℃之内，并努力控制在工业化前 1.5℃之内。

由于中国政府承诺的“碳中和”目标比联合国要求的 2050 年目标要延迟 10 年，所以，我们分别考虑 2050 年和 2060 年两种情况进行测算。

由于以往研究对于 2030 年的“碳达峰”水平都没有确定，所以，本文就以自己的预测值作为“碳达峰”目标值。

由于以往研究对于“碳中和”所定义的净零值并不确定，本文就以 1980 年作为全球进入工业化社会的标志年份，以 1980 年中国人均 CO_2 排放量和总体人均 CO_2 排放总量，分别作为测算“碳中和”路径的一种典型目标情景予以研究。

参考清华大学气候变化研究院的研究报告（何建坤，2020），我们将中国的长期低碳发展战略与转型路径划分为两种情景：

情景 1：2℃情景，到 2050/2060 年，中国人均或总体 CO_2 排放不超过 1980 年水平。

情景 2：1.5℃情景，到 2050/2060 年，中国人均或总体 CO_2 排放实现净零排放。

由于清华大学气候变化研究报告（何建坤，2020）仅仅考虑了人均 CO_2 排放目标，所以，我们分别从人均和总量两个角度进行研究。

（二）以人均 CO_2 排放量为基础测算“碳中和”中长期减排路径

对于以人均 CO_2 排放总量为基础计算中国实现“碳中和”目标的中长期碳减排发展路径，由于以 2050 年和 2060 年作为“碳中和”目标年时，都包含 4 种情况，所以，一共

有 8 种情况。

1. 以联合国定义的 2050 年作为实现“碳中和”的目标年。图 9 显示了以 2050 年为“碳中和”目标年的中国人均 CO_2 排放量长期减排路径。由于自 2020 年和 2030 年减排都存在情景 1、情景 2 两种情况，所以，有 4 种途径。

如果从 2020 年之后立即开始强力减排，则在情景 1 下，2021—2050 年中国平均每人每年需要比上年减排 CO_2 约 0. 2098 公吨；在情景 2 下则需要比上年减排 CO_2 约 0. 2598 公吨。

如果从 2030 年之后才开始强力减排，则在情景 1 下，2031—2050 年平均每人每年需要比上年减排 CO_2 约 0. 5020 公吨；在情景 2 下则需要比上年减排 CO_2 约 0. 5770 公吨。

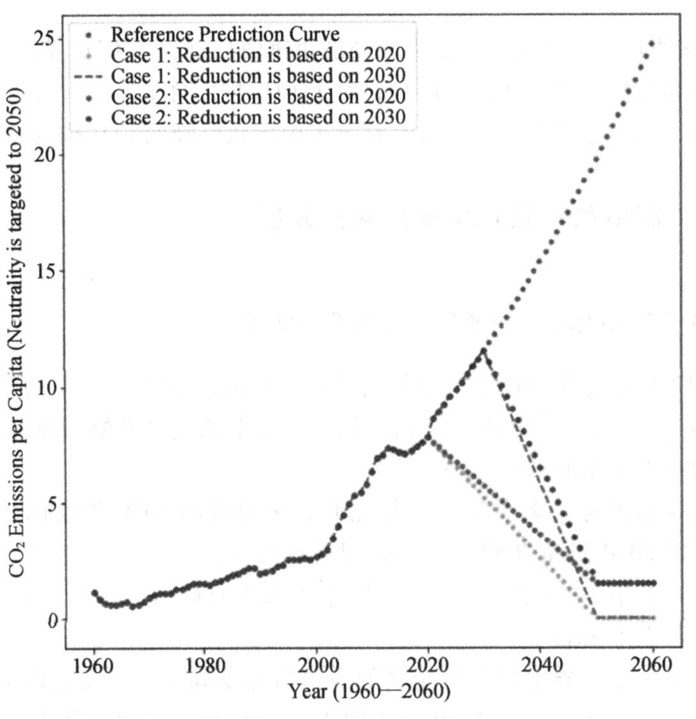

图 9　以 2050 年为“碳中和”目标年的中国人均 CO_2 排放量（单位为公吨）长期减排路径

2. 以中国定义的 2060 年作为实现“碳中和”的目标年。图 10 显示了以 2060 年为“碳中和”目标年的中国人均 CO_2 排放量长期减排路径。由于自 2020 年和 2030 年减排都存在情景 1、情景 2 两种情况，所以，有 4 种途径。

当自 2020 年之后就开始强力减排时，则在情景 1 下，2021—2060 年中国平均每人每年需要比上年减排 CO_2 约 0. 1573 公吨；在情景 2 下则需要比上年减排 CO_2 约 0. 1948 公吨。

当自 2030 年以后才开始强力减排时，则在情景 1 下，2031—2060 年平均每人每年需要比上年减排 CO_2 约 0. 3347 公吨；在情景 2 下则需要比上年减排 CO_2 约 0. 3847 公吨。

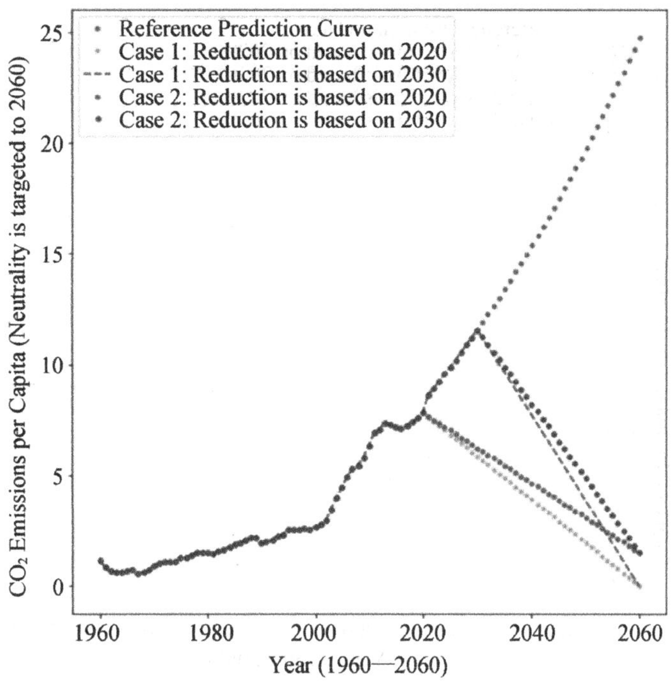

图 10 以 2060 年为“碳中和”目标年的中国人均 CO_2 排放量（单位为公吨）长期减排路径

（三）以 CO_2 排放总量为基础测算“碳中和”中长期减排路径

对于以 CO_2 排放总量为基础计算的中国实现“碳中和”目标的中长期碳减排发展路径，以 1980 年的 CO_2 排放总量 14.67 亿公吨作为“碳中和”目标值的情景之一。

由于以 2050 年作为“碳中和”目标年和以 2060 年作为“碳中和”目标年，都有 4 种情况，所以，一共有 8 种情况。

1. 以联合国定义的 2050 年作为实现“碳中和”的目标年。图 11 列出了以 2050 年为“碳中和”目标年的中国 CO_2 排放总量长期减排路径。分 4 种情况。

当自 2020 年以后就开始强力减排时，则在情景 1 下，2021—2050 年平均每年需要比上年减排 CO_2 总量约 3.15 亿公吨；在情景 2 下，则需要比上年减排 CO_2 总量约 3.64 亿公吨。

当自 2030 年以后才开始强力减排时，则在情景 1 下，2031—2050 年平均每年需要比上年减排 CO_2 总量约 7.44 亿公吨；在情景 2 下则需要比上年减排 CO_2 总量约 8.18 亿公吨。

2. 以中国定义的 2060 年作为实现“碳中和”的目标年。图 12 列出了以 2060 年为“碳中和”目标年的中国 CO_2 排放总量长期减排路径。由于自 2020 年和 2030 年减排都存在情景 1、情景 2 两种情况，所以，有 4 种途径。

当自 2020 年就开始强力减排时，在情景 1 下，2021—2060 年平均每年需要比上年减排 CO_2 排放总量 2.37 亿公吨；在情景 2 下，则需要比上年减排 CO_2 排放总量约 2.73 亿公吨。

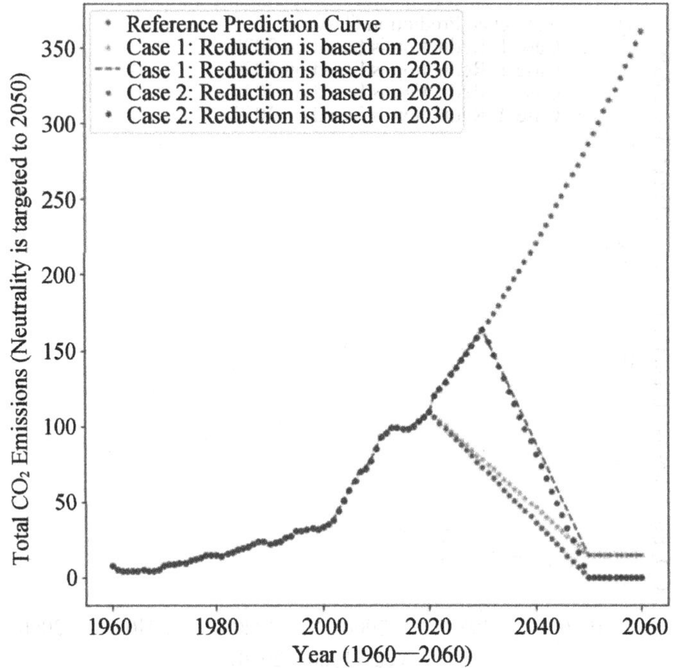

图 11　以 2050 年为“碳中和”目标年的中国 CO_2 排放总量（单位为亿公吨）长期减排路径

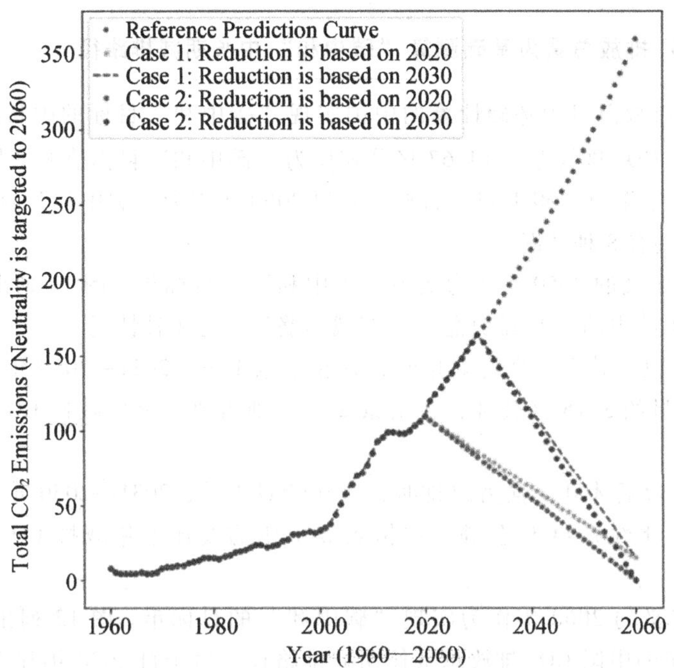

图 12　以 2060 年为“碳中和”目标年的中国 CO_2 排放总量（单位为亿公吨）长期减排路径

如果以2060年作为“碳中和”目标年，当自2030年后开始强力减排时，在情景1下，2031—2060年平均每年需要比上年减排CO_2排放总量约4.96亿公吨；在情景2下则需要比上年减排CO_2排放总量约5.45亿公吨。

很显然，与实现全球“碳中和”目标相比，虽然中国CO_2减排的目标任务非常艰巨，但仍然获得了2050—2060年共10年的延长期。只要中国自2020年之后立即开始减排，每年坚持CO_2减排措施，则到2060年实现中国“碳中和”目标，每年减排任务最小，即压力最小的一条实现中国“碳中和”目标减排路径。

六、小结

围绕中国的“双碳”目标，通过以上分析，本文得到了如下四个主要结论：

第一，虽然环境库兹涅茨曲线是实现全球“碳达峰”和“碳中和”目标的理论基础，但是，在使用EKC曲线分析中国的“双碳”目标时，还要考虑到EKC曲线的动态性特征，在目前情况下，结合理论和实际，可以将中国实现“碳达峰”的所有动态EKC曲线的最大极值点定在2030年，即相信中国将在2030年实现“碳达峰”。

第二，如果不加以控制或者控制不力，在中国经济增长持续向好发展的同时，不论是中国的总体CO_2排放量，还是人均CO_2排放量，在今后长期一段时间，都将保持增长势头，预计到2030年中国CO_2排放总量将达到163.55亿公吨，人均CO_2排放量将达到11.54公吨（t），如果以1980年的中国CO_2排放量不高于人均1.5公吨（t）作为2060年“碳中和”目标情景之一，则2060年实现“碳中和”目标的难度将非常大。

第三，到2030年，中国单位国内生产总值二氧化碳排放量比2005年下降60%到65%的目标，是一个可实现的目标，但是，该目标仅仅反映了中国经济快速增长过程中GDP值与CO_2排放量之间的实际比例和结构关系发生变化的趋势，对于CO_2排放总量的绝对值水平下降而言，几乎于事无补。

第四，与实现全球“碳中和”目标相比，虽然中国CO_2减排的目标任务非常艰巨，但仍然获得了2050—2060年10年的延缓期，中国只有从现在开始，切实地实施各项CO_2减排措施，持续努力，则到2060年实现“碳中和”目标，就是每年减排任务最小、压力最小的一条中长期减排路径。

本文研究存在一些不足。本文虽然指出了实现中国“双碳”目标的路径，但对于在具体实现过程中所涉及的具体措施，却没有进行任何讨论，如对于如何通过减少对CO_2排放量贡献最大的化石能源的使用量、如何增加有利于CO_2减排效果的清洁能源使用量、如何通过碳交易碳税碳金融等措施来完善长期碳减排路径等问题，都没有做任何讨论，关于这些问题，在今后的研究中，还需要花费相当大的力量去仔细考虑。

参考文献：

[1] 新华社．中美气候变化联合声明．新华社北京11月12日电．2021年9月1日下载自中国政府网 http：//www. gov. cn/xinwen/2014－11/13/content_2777663. htm.

[2] 新华网．《巴黎协定》背后的中国智慧与力量．新华网，2015年12月14日．2021年9月1日下载自新华网 http：//www. xinhuanet. com/world/2015－12/14/c_11174 55218. htm.

[3] 新华网．习近平在第七十五届联合国大会一般性辩论上的讲话．新华网，2020年9月22日．2021年9月1日下载自新华网 https：//baijiahao. baidu. com/s? id＝1678546728556033497.

[4] Kuznets，S. Economic growth and income inequality. *The American Economic Review*，1955，45（1）.

[5] Sun，B. A literature survey on environmental Kuznets curve. *Energy Procedia*，2011，5，1322－1325.

[6] World Bank. World Bank Open Data. Worldbank. On 1 September 2021from https：//data. worldbank. org/country/china? view＝chart.

[7] 何建坤．中国长期低碳发展战略与转型路径．全国能源信息平台，2020年12月17日．

[8] UN. For a livable climate：Net－zero commitments must be backed by credible action. United Nations，August，2021. On 1 September 2021 from https：//www. un. org/en/climatechange/net－zero－coalition.

[9] 阎虎勤．Python 财务数据分析（讲义）．厦门：厦门国家会计学院，2021.

附表

附表 1　　中国单位实际国内生产总值二氧化碳排放比 2005 年的下降率水平

t	x_t	y_t	φ_t	θ_t	$\bar{x}_t$	$\bar{y}_t$	$\bar{\varphi}_t$	$\bar{\theta}_t$	$\varphi_{t,AVE}$	$\theta_{t,AVE}$
1960	0.0528	7.81	13.31	459.25%	79	1.17	14.77	458.55%	14.04	458.89%
1961	0.0434	5.52	11.45	380.89%	66	0.84	12.71	380.54%	12.08	380.71%
1962	0.0473	4.4	8.37	251.71%	71	0.66	9.32	252.24%	8.84	251.99%
1963	0.0521	4.37	7.55	217.13%	76	0.64	8.39	217.07%	7.97	217.10%
1964	0.0599	4.37	6.57	175.83%	86	0.63	7.29	175.64%	6.93	175.73%
1965	0.0698	4.76	6.14	157.84%	98	0.67	6.82	157.69%	6.48	157.76%
1966	0.0779	5.23	6.04	153.84%	106	0.71	6.71	153.61%	6.38	153.72%
1967	0.0723	4.33	5.39	126.43%	96	0.57	5.99	126.58%	5.69	126.51%
1968	0.0699	4.69	6.04	153.68%	90	0.61	6.71	153.68%	6.37	153.68%
1969	0.0828	5.77	6.27	163.47%	104	0.73	6.97	163.40%	6.62	163.44%

续表

t	x_t	y_t	φ_t	θ_t	$\bar{x}_t$	$\bar{y}_t$	$\bar{\varphi}_t$	$\bar{\theta}_t$	$\varphi_{t,AVE}$	$\theta_{t,AVE}$
1970	0.0951	7.72	7.31	206.92%	116	0.94	8.11	206.78%	7.71	206.85%
1971	0.0991	8.77	7.96	234.59%	118	1.04	8.84	234.29%	8.40	234.43%
1972	0.1136	9.32	7.38	210.19%	132	1.08	8.20	210.04%	7.79	210.11%
1973	0.1383	9.69	6.31	164.91%	157	1.10	7.01	164.86%	6.66	164.88%
1974	0.1438	9.88	6.18	159.77%	160	1.10	6.87	159.80%	6.53	159.79%
1975	0.1653	11.46	6.24	162.12%	180	1.25	6.93	162.01%	6.58	162.07%
1976	0.1541	11.96	6.99	193.44%	166	1.29	7.76	193.47%	7.37	193.46%
1977	0.173	13.1	6.82	186.30%	183	1.39	7.57	186.27%	7.19	186.28%
1978	0.1471	14.62	8.94	275.77%	154	1.53	9.94	275.86%	9.44	275.82%
1979	0.1721	14.95	7.82	228.44%	178	1.54	8.69	228.43%	8.25	228.43%
1980	0.1842	14.67	7.17	201.12%	188	1.50	7.96	201.09%	7.57	201.10%
1981	0.1914	14.52	6.83	186.83%	193	1.46	7.59	186.78%	7.21	186.80%
1982	0.2054	15.8	6.92	190.84%	204	1.57	7.69	190.90%	7.31	190.87%
1983	0.228	16.67	6.58	176.44%	223	1.63	7.31	176.38%	6.95	176.40%
1984	0.2477	18.15	6.59	177.04%	239	1.75	7.33	177.01%	6.96	177.02%
1985	0.2808	19.67	6.30	164.85%	267	1.87	7.00	164.77%	6.65	164.81%
1986	0.2873	20.69	6.48	172.28%	269	1.94	7.20	172.22%	6.84	172.25%
1987	0.2598	22.1	7.66	221.62%	240	2.04	8.51	221.60%	8.08	221.61%
1988	0.2786	23.7	7.66	221.63%	253	2.15	8.50	221.53%	8.08	221.58%
1989	0.3202	24.09	6.77	184.45%	286	2.15	7.52	184.37%	7.15	184.41%
1990	0.3414	21.73	5.73	140.65%	301	1.91	6.37	140.70%	6.05	140.68%
1991	0.3593	23.02	5.77	142.24%	312	2.00	6.41	142.27%	6.09	142.26%
1992	0.3946	24.18	5.51	131.68%	339	2.08	6.13	131.69%	5.82	131.68%
1993	0.3861	26.44	6.16	158.91%	328	2.24	6.85	158.85%	6.50	158.88%
1994	0.4679	27.64	5.32	123.35%	393	2.32	5.91	123.34%	5.61	123.34%
1995	0.6462	30.85	4.30	80.50%	536	2.56	4.77	80.48%	4.54	80.49%
1996	0.811	30.65	3.40	42.89%	666	2.52	3.78	42.89%	3.59	42.89%
1997	0.9463	31.29	2.98	25.02%	769	2.54	3.31	25.00%	3.14	25.01%
1998	1.0384	32.32	2.80	17.68%	836	2.60	3.11	17.68%	2.96	17.68%
1999	1.108	31.49	2.56	7.45%	884	2.51	2.84	7.46%	2.70	7.46%
2000	1.1869	33.44	2.54	6.52%	940	2.65	2.82	6.53%	2.68	6.52%
2001	1.3125	35.27	2.42	1.60%	1032	2.77	2.69	1.59%	2.55	1.59%
2002	1.4617	38.08	2.34	-1.50%	1142	2.97	2.61	-1.50%	2.47	-1.50%
2003	1.6182	44.13	2.45	3.11%	1256	3.43	2.73	3.11%	2.59	3.11%
2004	1.8283	51.22	2.52	5.92%	1411	3.95	2.80	5.92%	2.66	5.92%

续表

t	x_t	y_t	φ_t	θ_t	$\bar{x}_t$	$\bar{y}_t$	$\bar{\varphi}_t$	$\bar{\theta}_t$	$\varphi_{t,AVE}$	$\theta_{t,AVE}$
2005	2.2001	58.19	2.38	0.00%	1688	4.46	2.64	0.00%	2.51	0.00%
2006	2.6481	64.32	2.19	-8.17%	2020	4.91	2.43	-8.17%	2.31	-8.17%
2007	3.295	69.88	1.91	-19.82%	2500	5.30	2.12	-19.82%	2.01	-19.82%
2008	4.2621	71.95	1.52	-36.17%	3217	5.43	1.69	-36.18%	1.60	-36.17%
2009	5.1124	77.15	1.36	-42.94%	3840	5.80	1.51	-42.95%	1.43	-42.94%
2010	5.6952	84.71	1.34	-43.76%	4257	6.33	1.49	-43.77%	1.41	-43.77%
2011	6.9872	92.78	1.20	-49.80%	5198	6.90	1.33	-49.80%	1.26	-49.80%
2012	8.3379	95.33	1.03	-56.77%	6173	7.06	1.14	-56.77%	1.09	-56.77%
2013	9.3678	99.37	0.95	-59.89%	6901	7.32	1.06	-59.90%	1.01	-59.90%
2014	10.3688	98.95	0.86	-63.92%	7600	7.25	0.95	-63.92%	0.91	-63.92%
2015	11.0619	98.3	0.80	-66.40%	8067	7.17	0.89	-66.40%	0.84	-66.40%
2016	11.0774	98.14	0.80	-66.50%	8035	7.12	0.89	-66.50%	0.84	-66.50%
2017	11.8105	100.18	0.76	-67.93%	8519	7.23	0.85	-67.93%	0.81	-67.93%
2018	13.425	103.13	0.69	-70.96%	9639	7.41	0.77	-70.96%	0.73	-70.96%
2019	14.0984	105.99	0.68	-71.58%	10087	7.58	0.75	-71.58%	0.71	-71.58%
2020	14.6244	109.28	0.67	-71.75%	10430	7.79	0.75	-71.75%	0.71	-71.75%
2021	13.5021	119.84	0.80	-66.44%	9780	8.60	0.88	-66.76%	0.84	-66.61%
2022	14.2069	124.35	0.79	-66.91%	10286	8.90	0.87	-67.28%	0.83	-67.10%
2023	14.9283	128.94	0.78	-67.34%	10803	9.21	0.85	-67.76%	0.82	-67.56%
2024	15.6664	133.62	0.77	-67.75%	11332	9.53	0.84	-68.21%	0.80	-67.99%
2025	16.4212	138.39	0.76	-68.14%	11872	9.85	0.83	-68.64%	0.79	-68.40%
2026	17.1927	143.25	0.75	-68.50%	12425	10.18	0.82	-69.04%	0.78	-68.78%
2027	17.9808	148.2	0.74	-68.84%	12990	10.51	0.81	-69.42%	0.78	-69.14%
2028	18.7855	153.23	0.73	-69.16%	13566	10.85	0.80	-69.77%	0.77	-69.48%
2029	19.607	158.35	0.73	-69.46%	14155	11.19	0.79	-70.11%	0.76	-69.80%
2030	20.4451	163.55	0.72	-69.75%	14755	11.54	0.78	-70.43%	0.75	-70.11%
2031	21.2999	168.85	0.71	-70.03%	15368	11.90	0.77	-70.73%	0.74	-70.40%
2032	22.1713	174.23	0.71	-70.29%	15992	12.26	0.77	-71.02%	0.74	-70.67%
2033	23.0594	179.7	0.70	-70.54%	16628	12.63	0.76	-71.29%	0.73	-70.93%
2034	23.9642	185.26	0.70	-70.77%	17276	13.00	0.75	-71.55%	0.72	-71.18%
2035	24.8856	190.9	0.69	-71.00%	17936	13.38	0.75	-71.80%	0.72	-71.42%
2036	25.8237	196.63	0.69	-71.21%	18608	13.76	0.74	-72.04%	0.71	-71.65%
2037	26.7785	202.45	0.68	-71.42%	19291	14.15	0.73	-72.26%	0.71	-71.86%
2038	27.75	208.36	0.68	-71.61%	19987	14.55	0.73	-72.48%	0.70	-72.07%
2039	28.7381	214.35	0.67	-71.80%	20694	14.95	0.72	-72.68%	0.70	-72.26%

续表

t	x_t	y_t	φ_t	θ_t	$\bar{x}_t$	$\bar{y}_t$	$\bar{\varphi}_t$	$\bar{\theta}_t$	$\varphi_{t,AVE}$	$\theta_{t,AVE}$
2040	29.7429	220.44	0.67	-71.98%	21414	15.36	0.72	-72.88%	0.69	-72.45%
2041	30.7643	226.61	0.66	-72.15%	22145	15.78	0.71	-73.07%	0.69	-72.63%
2042	31.8024	232.86	0.66	-72.32%	22888	16.20	0.71	-73.25%	0.68	-72.81%
2043	32.8572	239.21	0.66	-72.47%	23644	16.62	0.70	-73.42%	0.68	-72.97%
2044	33.9287	245.64	0.65	-72.63%	24411	17.05	0.70	-73.59%	0.68	-73.13%
2045	35.0168	252.16	0.65	-72.77%	25190	17.49	0.69	-73.75%	0.67	-73.29%
2046	36.1216	258.76	0.64	-72.92%	25980	17.93	0.69	-73.90%	0.67	-73.44%
2047	37.243	265.46	0.64	-73.05%	26783	18.38	0.69	-74.05%	0.66	-73.58%
2048	38.3811	272.24	0.64	-73.18%	27598	18.84	0.68	-74.19%	0.66	-73.71%
2049	39.5359	279.11	0.64	-73.31%	28424	19.30	0.68	-74.33%	0.66	-73.85%
2050	40.7074	286.07	0.63	-73.43%	29263	19.76	0.68	-74.46%	0.65	-73.97%
2051	41.8955	293.11	0.63	-73.55%	30113	20.24	0.67	-74.59%	0.65	-74.10%
2052	43.1003	300.24	0.63	-73.66%	30975	20.71	0.67	-74.72%	0.65	-74.22%
2053	44.3217	307.46	0.62	-73.77%	31850	21.20	0.67	-74.84%	0.64	-74.33%
2054	45.5599	314.77	0.62	-73.88%	32736	21.69	0.66	-74.95%	0.64	-74.44%
2055	46.8147	322.16	0.62	-73.98%	33634	22.18	0.66	-75.06%	0.64	-74.55%
2056	48.0861	329.65	0.62	-74.08%	34544	22.69	0.66	-75.17%	0.64	-74.65%
2057	49.3743	337.21	0.61	-74.18%	35465	23.19	0.65	-75.28%	0.63	-74.76%
2058	50.679	344.87	0.61	-74.27%	36399	23.71	0.65	-75.38%	0.63	-74.85%
2059	52.0005	352.62	0.61	-74.36%	37345	24.22	0.65	-75.48%	0.63	-74.95%
2060	53.3386	360.45	0.61	-74.45%	38302	24.75	0.65	-75.57%	0.63	-75.04%

注：(1) 自变量 t 表示年度时间变量，按照切比雪夫多项式定义域区间 [-1, 1]，将年份数据进行变换得到的值作为时间变量取值；(2) 变量 x_t 表示以当年不变价格（上年为 1）表示的实际 GDP 总值，单位为万亿美元（US $）；(3) 变量 y_t 表示 CO_2 排放总量，单位为亿公吨；(4) 变量 $\bar{x}_t$ 表示以当年不变价格（上年为 1）表示的人均实际 GDP 值，单位为美元（US $）；(5) 变量 $\bar{y}_t$ 表示人均 CO_2 排放量，单位为公吨（t）；(6) 变量 φ_t 和 $\bar{\varphi}_t$ 表示单位国内生产总值二氧化碳排放，单位为美元（US $）/千克（kg）；(7) 变量 θ_t 和 $\bar{\theta}_t$ 表示单位国内生产总值二氧化碳排放比 2005 年的下降率，单位为百分数；(8) 1960—2020 年数据来自实际统计值，而 2021—2060 年数据来自预测值。

附表 2　　中国实现“碳中和”目标的中长期碳减排路径：人均 CO_2 排放量（单位：公吨，t）

分类标准		以 2050 年作为“碳中和”目标年				以 2060 年作为“碳中和”目标年			
		基年：2020 年		基年：2030 年		基年：2020 年		基年：2030 年	
		情景 1	情景 2	情景 1	情景 2	情景 1	情景 2	情景 1	情景 2
年减排量（公吨）		0.2098	0.2598	0.5020	0.5770	0.1573	0.1948	0.3347	0.3847
t	$\bar{y}_t$	$\bar{y}_t$	$\bar{y}_t$	$\bar{y}_t$	$\bar{y}_t$	$\bar{y}_t$	$\bar{y}_t$	$\bar{y}_t$	$\bar{y}_t$
1960	1.17	1.17	1.17	1.17	1.17	1.17	1.17	1.17	1.17
1961	0.84	0.84	0.84	0.84	0.84	0.84	0.84	0.84	0.84

续表

分类标准		以2050年作为“碳中和”目标年				以2060年作为“碳中和”目标年			
		基年：2020年		基年：2030年		基年：2020年		基年：2030年	
		情景1	情景2	情景1	情景2	情景1	情景2	情景1	情景2
年减排量（公吨）		0.2098	0.2598	0.5020	0.5770	0.1573	0.1948	0.3347	0.3847
t	$\bar{y}_t$	$\bar{y}_t$	$\bar{y}_t$	$\bar{y}_t$	$\bar{y}_t$	$\bar{y}_t$	$\bar{y}_t$	$\bar{y}_t$	$\bar{y}_t$
1962	0.66	0.66	0.66	0.66	0.66	0.66	0.66	0.66	0.66
1963	0.64	0.64	0.64	0.64	0.64	0.64	0.64	0.64	0.64
1964	0.63	0.63	0.63	0.63	0.63	0.63	0.63	0.63	0.63
1965	0.67	0.67	0.67	0.67	0.67	0.67	0.67	0.67	0.67
1966	0.71	0.71	0.71	0.71	0.71	0.71	0.71	0.71	0.71
1967	0.57	0.57	0.57	0.57	0.57	0.57	0.57	0.57	0.57
1968	0.61	0.61	0.61	0.61	0.61	0.61	0.61	0.61	0.61
1969	0.73	0.73	0.73	0.73	0.73	0.73	0.73	0.73	0.73
1970	0.94	0.94	0.94	0.94	0.94	0.94	0.94	0.94	0.94
1971	1.04	1.04	1.04	1.04	1.04	1.04	1.04	1.04	1.04
1972	1.08	1.08	1.08	1.08	1.08	1.08	1.08	1.08	1.08
1973	1.10	1.10	1.10	1.10	1.10	1.10	1.10	1.10	1.10
1974	1.10	1.10	1.10	1.10	1.10	1.10	1.10	1.10	1.10
1975	1.25	1.25	1.25	1.25	1.25	1.25	1.25	1.25	1.25
1976	1.29	1.29	1.29	1.29	1.29	1.29	1.29	1.29	1.29
1977	1.39	1.39	1.39	1.39	1.39	1.39	1.39	1.39	1.39
1978	1.53	1.53	1.53	1.53	1.53	1.53	1.53	1.53	1.53
1979	1.54	1.54	1.54	1.54	1.54	1.54	1.54	1.54	1.54
1980	1.50	1.50	1.50	1.50	1.50	1.50	1.50	1.50	1.50
1981	1.46	1.46	1.46	1.46	1.46	1.46	1.46	1.46	1.46
1982	1.57	1.57	1.57	1.57	1.57	1.57	1.57	1.57	1.57
1983	1.63	1.63	1.63	1.63	1.63	1.63	1.63	1.63	1.63
1984	1.75	1.75	1.75	1.75	1.75	1.75	1.75	1.75	1.75
1985	1.87	1.87	1.87	1.87	1.87	1.87	1.87	1.87	1.87
1986	1.94	1.94	1.94	1.94	1.94	1.94	1.94	1.94	1.94
1987	2.04	2.04	2.04	2.04	2.04	2.04	2.04	2.04	2.04
1988	2.15	2.15	2.15	2.15	2.15	2.15	2.15	2.15	2.15
1989	2.15	2.15	2.15	2.15	2.15	2.15	2.15	2.15	2.15
1990	1.91	1.91	1.91	1.91	1.91	1.91	1.91	1.91	1.91
1991	2.00	2.00	2.00	2.00	2.00	2.00	2.00	2.00	2.00
1992	2.08	2.08	2.08	2.08	2.08	2.08	2.08	2.08	2.08
1993	2.24	2.24	2.24	2.24	2.24	2.24	2.24	2.24	2.24
1994	2.32	2.32	2.32	2.32	2.32	2.32	2.32	2.32	2.32

续表

分类标准		以 2050 年作为“碳中和”目标年				以 2060 年作为“碳中和”目标年			
		基年：2020 年		基年：2030 年		基年：2020 年		基年：2030 年	
		情景 1	情景 2	情景 1	情景 2	情景 1	情景 2	情景 1	情景 2
年减排量（公吨）		0.2098	0.2598	0.5020	0.5770	0.1573	0.1948	0.3347	0.3847
t	$\bar{y}_t$	$\bar{y}_t$	$\bar{y}_t$	$\bar{y}_t$	$\bar{y}_t$	$\bar{y}_t$	$\bar{y}_t$	$\bar{y}_t$	$\bar{y}_t$
1995	2.56	2.56	2.56	2.56	2.56	2.56	2.56	2.56	2.56
1996	2.52	2.52	2.52	2.52	2.52	2.52	2.52	2.52	2.52
1997	2.54	2.54	2.54	2.54	2.54	2.54	2.54	2.54	2.54
1998	2.60	2.60	2.60	2.60	2.60	2.60	2.60	2.60	2.60
1999	2.51	2.51	2.51	2.51	2.51	2.51	2.51	2.51	2.51
2000	2.65	2.65	2.65	2.65	2.65	2.65	2.65	2.65	2.65
2001	2.77	2.77	2.77	2.77	2.77	2.77	2.77	2.77	2.77
2002	2.97	2.97	2.97	2.97	2.97	2.97	2.97	2.97	2.97
2003	3.43	3.43	3.43	3.43	3.43	3.43	3.43	3.43	3.43
2004	3.95	3.95	3.95	3.95	3.95	3.95	3.95	3.95	3.95
2005	4.46	4.46	4.46	4.46	4.46	4.46	4.46	4.46	4.46
2006	4.91	4.91	4.91	4.91	4.91	4.91	4.91	4.91	4.91
2007	5.30	5.30	5.30	5.30	5.30	5.30	5.30	5.30	5.30
2008	5.43	5.43	5.43	5.43	5.43	5.43	5.43	5.43	5.43
2009	5.80	5.80	5.80	5.80	5.80	5.80	5.80	5.80	5.80
2010	6.33	6.33	6.33	6.33	6.33	6.33	6.33	6.33	6.33
2011	6.90	6.90	6.90	6.90	6.90	6.90	6.90	6.90	6.90
2012	7.06	7.06	7.06	7.06	7.06	7.06	7.06	7.06	7.06
2013	7.32	7.32	7.32	7.32	7.32	7.32	7.32	7.32	7.32
2014	7.25	7.25	7.25	7.25	7.25	7.25	7.25	7.25	7.25
2015	7.17	7.17	7.17	7.17	7.17	7.17	7.17	7.17	7.17
2016	7.12	7.12	7.12	7.12	7.12	7.12	7.12	7.12	7.12
2017	7.23	7.23	7.23	7.23	7.23	7.23	7.23	7.23	7.23
2018	7.41	7.41	7.41	7.41	7.41	7.41	7.41	7.41	7.41
2019	7.58	7.58	7.58	7.58	7.58	7.58	7.58	7.58	7.58
2020	7.79	7.79	7.79	7.79	7.79	7.79	7.79	7.79	7.79
2021	8.60	7.58	7.53	8.60	8.60	7.64	7.60	8.60	8.60
2022	8.90	7.37	7.27	8.90	8.90	7.48	7.40	8.90	8.90
2023	9.21	7.16	7.01	9.21	9.21	7.32	7.21	9.21	9.21
2024	9.53	6.95	6.75	9.53	9.53	7.16	7.01	9.53	9.53
2025	9.85	6.74	6.49	9.85	9.85	7.01	6.82	9.85	9.85
2026	10.18	6.53	6.24	10.18	10.18	6.85	6.62	10.18	10.18
2027	10.51	6.32	5.98	10.51	10.51	6.69	6.43	10.51	10.51

续表

分类标准		以2050年作为“碳中和”目标年				以2060年作为“碳中和”目标年			
		基年：2020年		基年：2030年		基年：2020年		基年：2030年	
		情景1	情景2	情景1	情景2	情景1	情景2	情景1	情景2
年减排量（公吨）		0.2098	0.2598	0.5020	0.5770	0.1573	0.1948	0.3347	0.3847
t	$\bar{y}_t$	$\bar{y}_t$	$\bar{y}_t$	$\bar{y}_t$	$\bar{y}_t$	$\bar{y}_t$	$\bar{y}_t$	$\bar{y}_t$	$\bar{y}_t$
2028	10.85	6.11	5.72	10.85	10.85	6.54	6.24	10.85	10.85
2029	11.19	5.90	5.46	11.19	11.19	6.38	6.04	11.19	11.19
2030	11.54	5.69	5.20	11.54	11.54	6.22	5.85	11.54	11.54
2031	11.90	5.48	4.94	11.04	10.96	6.06	5.65	11.21	11.16
2032	12.26	5.27	4.68	10.54	10.39	5.91	5.46	10.87	10.77
2033	12.63	5.06	4.42	10.03	9.81	5.75	5.26	10.54	10.39
2034	13.00	4.85	4.16	9.53	9.23	5.59	5.07	10.20	10.00
2035	13.38	4.64	3.90	9.03	8.66	5.43	4.87	9.87	9.62
2036	13.76	4.43	3.64	8.53	8.08	5.28	4.68	9.53	9.23
2037	14.15	4.22	3.38	8.03	7.50	5.12	4.48	9.20	8.85
2038	14.55	4.01	3.12	7.52	6.92	4.96	4.29	8.86	8.46
2039	14.95	3.80	2.86	7.02	6.35	4.80	4.09	8.53	8.08
2040	15.36	3.59	2.60	6.52	5.77	4.65	3.90	8.19	7.69
2041	15.78	3.38	2.34	6.02	5.19	4.49	3.70	7.86	7.31
2042	16.20	3.17	2.08	5.52	4.62	4.33	3.51	7.52	6.92
2043	16.62	2.96	1.82	5.01	4.04	4.17	3.31	7.19	6.54
2044	17.05	2.75	1.56	4.51	3.46	4.02	3.12	6.85	6.15
2045	17.49	2.54	1.30	4.01	2.89	3.86	2.92	6.52	5.77
2046	17.93	2.33	1.04	3.51	2.31	3.70	2.73	6.19	5.39
2047	18.38	2.12	0.78	3.01	1.73	3.55	2.53	5.85	5.00
2048	18.84	1.91	0.52	2.50	1.15	3.39	2.34	5.52	4.62
2049	19.30	1.70	0.26	2.00	0.58	3.23	2.14	5.18	4.23
2050	19.76	1.50	0.00	1.50	0.00	3.07	1.95	4.85	3.85
2051	20.24	1.50	0.00	1.50	0.00	2.92	1.75	4.51	3.46
2052	20.71	1.50	0.00	1.50	0.00	2.76	1.56	4.18	3.08
2053	21.20	1.50	0.00	1.50	0.00	2.60	1.36	3.84	2.69
2054	21.69	1.50	0.00	1.50	0.00	2.44	1.17	3.51	2.31
2055	22.18	1.50	0.00	1.50	0.00	2.29	0.97	3.17	1.92
2056	22.69	1.50	0.00	1.50	0.00	2.13	0.78	2.84	1.54
2057	23.19	1.50	0.00	1.50	0.00	1.97	0.58	2.50	1.15
2058	23.71	1.50	0.00	1.50	0.00	1.81	0.39	2.17	0.77
2059	24.22	1.50	0.00	1.50	0.00	1.66	0.19	1.83	0.38
2060	24.75	1.50	0.00	1.50	0.00	1.50	0.00	1.50	0.00

注：（1）变量 $\bar{y}_t$ 表示人均 CO_2 排放量，单位为公吨（t）；（2）情景1，把全球气温升幅控制在工业化前2℃之内，到2050年或2060年，中国人均 CO_2 排放不超过1.5t或者1980年的水平；（3）情景2，把全球气温升幅控制在工业化前1.5℃之内，到2050年或2060年，中国人均 CO_2 排放实现净零排放，这里取0公吨（t）。

附表 3　　中国实现“碳中和”目标的长期碳减排发展路径：CO_2 排放总量　（单位：亿公吨）

分类标准		以 2050 年作为“碳中和”目标年				以 2060 年作为“碳中和”目标年			
		基年：2020 年		基年：2030 年		基年：2020 年		基年：2030 年	
		情景 1	情景 2	情景 1	情景 2	情景 1	情景 2	情景 1	情景 2
年减排量（亿公吨）		3.15	3.64	7.44	8.18	2.37	2.73	4.96	5.45
t	y_t	y_t	y_t	y_t	y_t	y_t	y_t	y_t	y_t
1960	7.81	7.81	7.81	7.81	7.81	7.81	7.81	7.81	7.81
1961	5.52	5.52	5.52	5.52	5.52	5.52	5.52	5.52	5.52
1962	4.40	4.40	4.40	4.40	4.40	4.40	4.40	4.40	4.40
1963	4.37	4.37	4.37	4.37	4.37	4.37	4.37	4.37	4.37
1964	4.37	4.37	4.37	4.37	4.37	4.37	4.37	4.37	4.37
1965	4.76	4.76	4.76	4.76	4.76	4.76	4.76	4.76	4.76
1966	5.23	5.23	5.23	5.23	5.23	5.23	5.23	5.23	5.23
1967	4.33	4.33	4.33	4.33	4.33	4.33	4.33	4.33	4.33
1968	4.69	4.69	4.69	4.69	4.69	4.69	4.69	4.69	4.69
1969	5.77	5.77	5.77	5.77	5.77	5.77	5.77	5.77	5.77
1970	7.72	7.72	7.72	7.72	7.72	7.72	7.72	7.72	7.72
1971	8.77	8.77	8.77	8.77	8.77	8.77	8.77	8.77	8.77
1972	9.32	9.32	9.32	9.32	9.32	9.32	9.32	9.32	9.32
1973	9.69	9.69	9.69	9.69	9.69	9.69	9.69	9.69	9.69
1974	9.88	9.88	9.88	9.88	9.88	9.88	9.88	9.88	9.88
1975	11.46	11.46	11.46	11.46	11.46	11.46	11.46	11.46	11.46
1976	11.96	11.96	11.96	11.96	11.96	11.96	11.96	11.96	11.96
1977	13.10	13.10	13.10	13.10	13.10	13.10	13.10	13.10	13.10
1978	14.62	14.62	14.62	14.62	14.62	14.62	14.62	14.62	14.62
1979	14.95	14.95	14.95	14.95	14.95	14.95	14.95	14.95	14.95
1980	14.67	14.67	14.67	14.67	14.67	14.67	14.67	14.67	14.67
1981	14.52	14.52	14.52	14.52	14.52	14.52	14.52	14.52	14.52
1982	15.80	15.80	15.80	15.80	15.80	15.80	15.80	15.80	15.80
1983	16.67	16.67	16.67	16.67	16.67	16.67	16.67	16.67	16.67
1984	18.15	18.15	18.15	18.15	18.15	18.15	18.15	18.15	18.15
1985	19.67	19.67	19.67	19.67	19.67	19.67	19.67	19.67	19.67
1986	20.69	20.69	20.69	20.69	20.69	20.69	20.69	20.69	20.69
1987	22.10	22.10	22.10	22.10	22.10	22.10	22.10	22.10	22.10
1988	23.70	23.70	23.70	23.70	23.70	23.70	23.70	23.70	23.70
1989	24.09	24.09	24.09	24.09	24.09	24.09	24.09	24.09	24.09
1990	21.73	21.73	21.73	21.73	21.73	21.73	21.73	21.73	21.73

续表

分类标准		以2050年作为“碳中和”目标年				以2060年作为“碳中和”目标年			
		基年：2020年		基年：2030年		基年：2020年		基年：2030年	
		情景1	情景2	情景1	情景2	情景1	情景2	情景1	情景2
年减排量（亿公吨）		3.15	3.64	7.44	8.18	2.37	2.73	4.96	5.45
t	y_t	y_t	y_t	y_t	y_t	y_t	y_t	y_t	y_t
1991	23.02	23.02	23.02	23.02	23.02	23.02	23.02	23.02	23.02
1992	24.18	24.18	24.18	24.18	24.18	24.18	24.18	24.18	24.18
1993	26.44	26.44	26.44	26.44	26.44	26.44	26.44	26.44	26.44
1994	27.64	27.64	27.64	27.64	27.64	27.64	27.64	27.64	27.64
1995	30.85	30.85	30.85	30.85	30.85	30.85	30.85	30.85	30.85
1996	30.65	30.65	30.65	30.65	30.65	30.65	30.65	30.65	30.65
1997	31.29	31.29	31.29	31.29	31.29	31.29	31.29	31.29	31.29
1998	32.32	32.32	32.32	32.32	32.32	32.32	32.32	32.32	32.32
1999	31.49	31.49	31.49	31.49	31.49	31.49	31.49	31.49	31.49
2000	33.44	33.44	33.44	33.44	33.44	33.44	33.44	33.44	33.44
2001	35.27	35.27	35.27	35.27	35.27	35.27	35.27	35.27	35.27
2002	38.08	38.08	38.08	38.08	38.08	38.08	38.08	38.08	38.08
2003	44.13	44.13	44.13	44.13	44.13	44.13	44.13	44.13	44.13
2004	51.22	51.22	51.22	51.22	51.22	51.22	51.22	51.22	51.22
2005	58.19	58.19	58.19	58.19	58.19	58.19	58.19	58.19	58.19
2006	64.32	64.32	64.32	64.32	64.32	64.32	64.32	64.32	64.32
2007	69.88	69.88	69.88	69.88	69.88	69.88	69.88	69.88	69.88
2008	71.95	71.95	71.95	71.95	71.95	71.95	71.95	71.95	71.95
2009	77.15	77.15	77.15	77.15	77.15	77.15	77.15	77.15	77.15
2010	84.71	84.71	84.71	84.71	84.71	84.71	84.71	84.71	84.71
2011	92.78	92.78	92.78	92.78	92.78	92.78	92.78	92.78	92.78
2012	95.33	95.33	95.33	95.33	95.33	95.33	95.33	95.33	95.33
2013	99.37	99.37	99.37	99.37	99.37	99.37	99.37	99.37	99.37
2014	98.95	98.95	98.95	98.95	98.95	98.95	98.95	98.95	98.95
2015	98.30	98.30	98.30	98.30	98.30	98.30	98.30	98.30	98.30
2016	98.14	98.14	98.14	98.14	98.14	98.14	98.14	98.14	98.14
2017	100.18	100.18	100.18	100.18	100.18	100.18	100.18	100.18	100.18
2018	103.13	103.13	103.13	103.13	103.13	103.13	103.13	103.13	103.13
2019	105.99	105.99	105.99	105.99	105.99	105.99	105.99	105.99	105.99
2020	109.28	109.28	109.28	109.28	109.28	109.28	109.28	109.28	109.28
2021	119.84	106.13	105.64	119.84	119.84	106.91	106.55	119.84	119.84
2022	124.35	102.97	101.99	124.35	124.35	104.55	103.82	124.35	124.35
2023	128.94	99.82	98.35	128.94	128.94	102.18	101.08	128.94	128.94

续表

分类标准		以2050年作为“碳中和”目标年				以2060年作为“碳中和”目标年			
		基年：2020年		基年：2030年		基年：2020年		基年：2030年	
		情景1	情景2	情景1	情景2	情景1	情景2	情景1	情景2
年减排量（亿公吨）		3.15	3.64	7.44	8.18	2.37	2.73	4.96	5.45
t	y_t	y_t	y_t	y_t	y_t	y_t	y_t	y_t	y_t
2024	133.62	96.67	94.71	133.62	133.62	99.82	98.35	133.62	133.62
2025	138.39	93.51	91.07	138.39	138.39	97.45	95.62	138.39	138.39
2026	143.25	90.36	87.42	143.25	143.25	95.09	92.89	143.25	143.25
2027	148.20	87.20	83.78	148.20	148.20	92.72	90.16	148.20	148.20
2028	153.23	84.05	80.14	153.23	153.23	90.36	87.42	153.23	153.23
2029	158.35	80.90	76.50	158.35	158.35	87.99	84.69	158.35	158.35
2030	163.55	77.74	72.85	163.55	163.55	85.63	81.96	163.55	163.55
2031	168.85	74.59	69.21	156.11	155.37	83.26	79.23	158.59	158.10
2032	174.23	71.44	65.57	148.66	147.20	80.90	76.50	153.62	152.65
2033	179.70	68.28	61.93	141.22	139.02	78.53	73.76	148.66	147.19
2034	185.26	65.13	58.28	133.77	130.84	76.17	71.03	143.70	141.74
2035	190.90	61.97	54.64	126.33	122.66	73.80	68.30	138.74	136.29
2036	196.63	58.82	51.00	118.89	114.49	71.44	65.57	133.77	130.84
2037	202.45	55.67	47.35	111.44	106.31	69.07	62.84	128.81	125.39
2038	208.36	52.51	43.71	104.00	98.13	66.71	60.10	123.85	119.94
2039	214.35	49.36	40.07	96.55	89.95	64.34	57.37	118.89	114.48
2040	220.44	46.21	36.43	89.11	81.78	61.97	54.64	113.92	109.03
2041	226.61	43.05	32.78	81.67	73.60	59.61	51.91	108.96	103.58
2042	232.86	39.90	29.14	74.22	65.42	57.24	49.18	104.00	98.13
2043	239.21	36.75	25.50	66.78	57.24	54.88	46.44	99.04	92.68
2044	245.64	33.59	21.86	59.33	49.07	52.51	43.71	94.07	87.23
2045	252.16	30.44	18.21	51.89	40.89	50.15	40.98	89.11	81.77
2046	258.76	27.28	14.57	44.45	32.71	47.78	38.25	84.15	76.32
2047	265.46	24.13	10.93	37.00	24.53	45.42	35.52	79.18	70.87
2048	272.24	20.98	7.29	29.56	16.36	43.05	32.78	74.22	65.42
2049	279.11	17.82	3.64	22.11	8.18	40.69	30.05	69.26	59.97
2050	286.07	14.67	0.00	14.67	0.00	38.32	27.32	64.30	54.52
2051	293.11	14.67	0.00	14.67	0.00	35.96	24.59	59.33	49.06
2052	300.24	14.67	0.00	14.67	0.00	33.59	21.86	54.37	43.61
2053	307.46	14.67	0.00	14.67	0.00	31.23	19.12	49.41	38.16
2054	314.77	14.67	0.00	14.67	0.00	28.86	16.39	44.45	32.71
2055	322.16	14.67	0.00	14.67	0.00	26.50	13.66	39.48	27.26
2056	329.65	14.67	0.00	14.67	0.00	24.13	10.93	34.52	21.81

续表

分类标准		以 2050 年作为“碳中和”目标年				以 2060 年作为“碳中和”目标年			
		基年：2020 年		基年：2030 年		基年：2020 年		基年：2030 年	
		情景 1	情景 2	情景 1	情景 2	情景 1	情景 2	情景 1	情景 2
年减排量（亿公吨）		3.15	3.64	7.44	8.18	2.37	2.73	4.96	5.45
t	y_1	y_1	y_1	y_1	y_1	y_1	y_1	y_1	y_1
2057	337.21	14.67	0.00	14.67	0.00	21.77	8.20	29.56	16.35
2058	344.87	14.67	0.00	14.67	0.00	19.40	5.46	24.60	10.90
2059	352.62	14.67	0.00	14.67	0.00	17.04	2.73	19.63	5.45
2060	360.45	14.67	0.00	14.67	0.00	14.67	0.00	14.67	0.00

注：（1）变量 y_1 表示 CO_2 排放总量，单位为亿公吨；（2）情景 1，把全球气温升幅控制在工业化前 2℃之内，到 2050 年或 2060 年，中国 CO_2 排放不超过 1980 年的水平；（3）情景 2，把全球气温升幅控制在工业化前 1.5℃之内，到 2050 年或 2060 年，中国人均 CO_2 排放实现净零排放，这里取 0 亿公吨。

ESG 概念下企业“S”维度的若干思考

冯小川　翁若宇　陈丽芳①

最近，两则企业新闻受到社会各界的广泛关注，并引发了大众对企业社会形象与社会责任的思考，一是阿里事件，二是鸿星尔克捐款事件。这两则新闻事件均发生在ESG概念下企业的“社会（Social，S）”维度。本文借此展开，对“S”维度与企业经营管理的关系进行探讨。

一、ESG 概念对企业和投资的影响趋势

ESG即环境（Environment）、社会（Society）和治理（Governance）的英文缩写，是近十年来形成的一种关注企业环境、社会和公司治理三方面，而非限制于财务绩效因素的企业评价标准，也是对传统的财务分析和投资组合构建技术的补充。

近年来流行的ESG投资概念则是指在投资决策过程中，除考虑传统的宏观经济、财政货币、公司财务等基本面因素外，进一步依据ESG评价体系融合环境、社会和公司治理因素，以获得更高风险调整后投资收益的一种投资实践方式（Eccles和Viviers，2011）。伴随着ESG投资理念的兴起，对受投资企业ESG信息恰当披露的需求快速增长。制定ESG披露标准成为各个国家和地区资本市场监管机构和企业协会努力开展的一项工作。美国和欧盟是这方面的先行者，均已强制上市公司进行ESG信息披露。美国企业目前主要参考的信息披露标准有：GRI、SARSB、ISO26000、Nasdaq、TCFD、UNGC、IIRC、GISR等；欧洲企业主要参考的信息披露标准有：GRI、ISO16000、SASB、Integrated Report、TCFD、UNGC等（冯佳林等，2020）。

随着近年来环境风险、社会风险与公司治理风险的加剧，投资者、资本市场监管机构、社会大众以及企业自身都逐渐认识到ESG相关问题的重要性，ESG相关产品需求也在日益增加。各国监管机构、行业协会的支持与牵头也为ESG责任投资发展奠定了良好的大环境基础，越来越多的资产管理机构将ESG因素纳入资产管理当中，全球ESG投资发展前景广阔，而企业经营者也愈加关注这一概念的发展。

---

① 冯小川、翁若宇、陈丽芳系厦门国家会计学院“一带一路”财经发展研究中心专职教师。

二、ESG 概念下的“S”维度

在 ESG 概念进入大众视野之前，企业在社会责任方面更广为人知的衡量标准是其 CSR 水平（Corporate Social Responsibility）。CSR 概念最早于 1923 年由英国学者欧利文·谢尔顿提出，并于 1953 年被美国学者霍华德·R. 鲍恩再定义。鲍恩认为，“商人有义务按照社会所期望的目标和价值来制定政策、进行决策或采取行动”，这一定义明确了企业及其经营者对社会所需要承担的责任（曾江洪，2012）。20 世纪 70 年代后，随着环保问题逐渐突出，联合国和各大投资机构逐渐发展出了 ESG 概念，将“环境、社会和治理”融合为一，形成了一套新型的企业评价和投资决策参考标准（王晓光和肖红军，2020）。

虽然国际上尚未形成官方认可、国际通用的 ESG 权威定义和统一标准，但不少投资机构和学术机构都提出了自主构建的 ESG 评价指标，如明晟（MSCI）、道琼斯（DJSI）和 CFA Institute 等机构（见表 1）。在本文关注的“S”方面，各家机构指标的涵盖内容大都包括了：人力资源管理、劳工和人权标准、隐私和数据安全、性别及多样性、企业社区关系、企业社会慈善等重点指标。

表 1　三家机构在“S”方面的主要评价指标

机构名称	明晟（MSCI）	道琼斯（DJSI）	CFA Institute
	人力资源管理及发展 员工健康与安全 员工医疗保健途径 隐私和数据安全 产品安全和质量 化学物质安全性 金融产品安全性 社会沟通途径 融资途径	劳工实践指标 人权 人力资源发展 人才吸引及留任 企业社会公民及慈善	劳工实践指标 人权 员工承诺 顾客满意度 隐私和数据安全 性别及多样性 社区关系

资料来源：MSCI、DJSI、CFA Institute 官网。

近日被广泛讨论的阿里事件也与“S”维度息息相关，阿里发布的 2020—2021 年度《阿里巴巴集团社会责任报告》显示，阿里非常重视“S”维度下的社区关系和企业社会慈善两项指标，花费了大量的资源投入“助力脱贫攻坚”“助力经济复苏”等项目，同时十分重视集团在公益事项上的表现和宣传。但是，其对于“员工综合福利计划”和“员工沟通渠道”等事项的描述则较少，在长达 85 页的报告中，该事项仅占用 2 页篇幅。在阿里事件引起社会各界高度关注后，阿里 CEO 张勇随即于 8 月 9 日发布了事件处理决定，提出筹备制定《反骚扰行动准则》。作为拥有 25.2 万员工的庞大集团，该准则的发布将更全面地维护企业员工的权益，进一步提高阿里在“S”维度的指标水平。阿里事件的发生为企业经营者带来了启发，在追求效益的同时，企业如果能够在社会维度的各项指标上考虑周全，既能为社会带来正面示范，更可以降低意外事件对企业造成负面影响的风险。

耐人寻味的是，明晟 2014 年的评级报告中曾提到，由于阿里内部超过半数员工是 IT

从业人员和工程师，客户服务职位仅占10%左右，因此阿里面临的劳工风险在同行业中较低（见图1）。然而，这次事件恰恰就爆发在了这少数的客户服务部门中，这点也应引起相关评级机构的思考。目前ESG评价体系还存在主观描述较多（GSIA，2019）、缺乏统一性（Fowler和Hope，2010）和透明性较低（Scalet和Kelly，2010）等问题。虽然评级机构的评价受制于企业的信息披露情况，但其评价作为部分投资者的重要参考，应当把握住准确、客观的大原则，基于充分的事实和调研得出结论，尤其不能凭借在一个国家或地区的评价经验来衡量另一个国家或地区不同文化、社会背景下的企业状况。

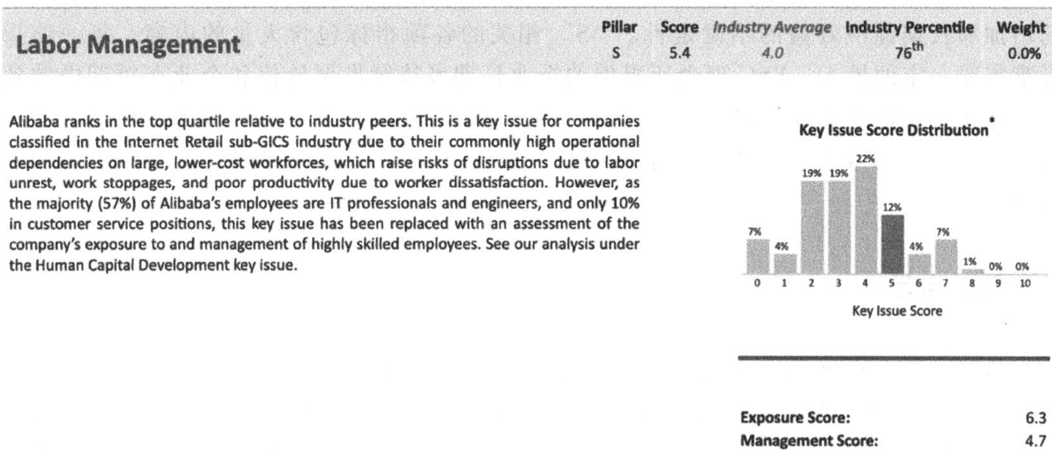

图1 明晟2014年ESG评级报告中对阿里员工管理指标的评价

资料来源：MSCI官网。

三、“S”维度与企业的经济效益

企业社会责任的产生源于企业对社会资源和社会资本的依赖，社会为企业在生产、经营、销售、存续等方面提供其所需的各项资源，因而企业需要尊重和维护社会资本的利益。社会资本包含了可以“增强企业合作效果、产生互惠期望、降低交易费用的社会关系网络”①，具体对象包括客户、供应商、社会组织、政府部门以及潜在的与企业可能产生联系的个人及组织。

根据Freidman（1970）的经典理论，企业高水平的CSR战略或举动未必能给企业带来良好的绩效收益，这是由于企业自愿承担高水平的社会责任会产生额外的支出。与之相反的观点以“利益相关者理论”为代表（Freeman，1984）。该观点认为企业应当追求整体利益相关者的利益，而不仅局限于股东的个人财富。由于利益相关者包括了企业职工、债权人、供应商、消费者和政府等多重角色，因而企业的行动应当综合考量各方利益相关者的整体利益，追求其行动的社会意义。以上两种观点看似得出了互斥的结论，但Barnett

① 曾江洪．社会责任、社会资本与公司治理［M］．北京：经济科学出版社，2012：79.

（2011）提出上述两种观点都有正确性，企业的 CSR 水平与其收益是否正相关，取决于企业能否将其在社会贡献上的努力转化为效益，二者之间更多呈现的是不对称的“U”形关系，在社会贡献投入初期，资产回报率和净收益会下降，而随着社会效益的积累，经济效益随后会呈现反弹和上升。以另一热点新闻——鸿星尔克捐款事件为例，长期业绩水平在同行业中不算优异的鸿星尔克，数年间在“S”维度方面不惜重金投入，针对扶贫助残、疫情灾情几度慷慨解囊，获得了大量的新闻曝光和网络直播销售渠道上真金白银的收益。

当下企业在投入社会贡献或提升“S”维度项下各指标时主要的犹豫是其短期支出的增加和长期经济效益的不确定性。“S”相关的各项指标包含大量的内容，每一项指标都需要一定的投入，ESG 理念所提倡的企业长期可持续发展价值和企业在短期内的效益目标相比，确实缺少短期的吸引力。不过，在监管机构、投资机构和评级机构已经开始重视企业 ESG 指标的前提下，全面提升 ESG 水平已经是企业管理者难以回避的管理任务。

四、启示

目前，资本市场对上市公司 ESG 水平的关注度在逐渐提高（王晓光和肖红军，2020），许多基金以 ESG 为投资导向，筛选 ESG 水平较高的企业，注重其可持续发展的投资价值。这些资本投资原则有 30% 的影响源于客户要求，因为高 ESG 水平企业往往存在兼具社会和环境效益、潜在超额收益和企业经营性风险较低等特点，从而受到客户的青睐①。ESG 概念并非完全新鲜的事物，其原型便是早前的企业社会责任，只不过随着历史的发展和演进，ESG 内涵也在不断丰富，因此可以说“S”维度是 ESG 概念中相当关键的一个维度。

从企业自身发展的角度来看，无论国内还是国外，ESG 投资本身就是倾向于那些为抑制环境恶化、构建和谐社会作出全面而实际贡献的企业。企业本身也应将 ESG 视作有助于实现自身、机构投资者及整个社会多方共赢的理念和机遇，而非企业单方面额外承担的成本。许多企业的经营者或许习惯于关注企业在“治理（Governance，G）”维度的表现，但此次的阿里事件和鸿星尔克捐款事件可以提醒广大企业经营者：“S”维度下企业事件造成的社会反响，对企业的收益和口碑都有可能造成较大的影响。一方面，高“S”评分能够提高企业在资源利用、经营管理等方面的优势，巩固员工、社区、社会各方资本与企业的关系，帮助稳定交易渠道，降低交易成本（Jones，1995）；另一方面，“S”维度的各项指标都具有较强的可控性，主要依靠企业内部的制度设计和流程、规范设置，不像“环境（Environment，E）”指标一般受到众多国际标准和规则的外部影响。企业通过少量第三方机构的辅助，自主提高“S”指标水平，是具有相当可操作性的提升路径。

从投资的角度来看，根据可持续性因素进行投资有助于改善长期投资收益表现。ESG 评价的特点在于能够反映更多财报之外的信息，有助于投资者挖掘具备可持续发展潜力、

① 开源证券 . ESG 评级体系：经验借鉴与应用，2020 年 5 月 27 日 .

兼备经济和社会价值的优质公司，获取长期的投资回报。以现有国际上大型投资机构的实践经验来看，投向 ESG 标的的中长期回报率比较可观。瑞银资产管理（UBS Asset Management）于 2021 年 6 月公布其委托经济学人智库（The Economist Intelligence Unit，简称 EIU）进行的一项针对全球 450 名机构投资者的调查研究结果显示，机构投资者日益重视 ESG，并且近 3/4 受访者认为相比 2020 年之前的三年，其纳入 ESG 的投资项目在财务表现上优于同等传统投资。投资者也应当注意到，“S”指标较高的企业往往具有社会口碑良好、社区与政府关系和谐等特征，在同等条件或冲击下的抗风险能力较强，发生负面事件或者股价遭遇“滑铁卢”的可能性更低，从而带来更好的抗周期表现，为投资者带来更稳健的回报。

从社会发展的角度来看，引导企业重视 ESG 概念，尤其是重视“S”维度可以为社会带来长期而全面的正面效益。ESG 概念在通过投资促进经济增长的同时，能够进一步帮助改善人类的生存环境和社会环境；利用丰富的 ESG 评价体系激励行业和企业发展，公司践行 ESG 又能够反过来为投资者带来更加高质量、更加稳健的回报，从而形成在资本与企业之间相互促进的良性循环。企业反哺社会，是“S”维度下各项指标设立的初衷，一方面通过良好的雇佣关系、员工满意度来保证就业；另一方面通过保障产品安全、隐私和数据安全、顾客满意度来保障并拉动消费。现阶段，我国企业在“S”维度的认知上存在着一些缺失，缺乏对企业社会责任相关概念的科学理解，一些企业更片面地将其理解为一种公关手段（孙孝文，2018），且社会行为与企业的经营过度割裂，也不利于企业在该领域的持续投入和效益积累。

因此，一方面应鼓励科研机构投入相关领域的研究，帮助企业明确“S”维度下各项指标和整体 ESG 水平的提升路径；另一方面，企业也应当正确看待 ESG，积极主动做好 ESG 风险管理并披露相关信息，建立稳健的利益相关者生态圈，控制企业的危机风险，实现可持续发展。

参考文献：

[1] Friedman, M. The Social responsibility of business is to increase its profits. New York Times Magazine, 1970 (13), 122 - 126.

[2] Freeman, R. Strategic management: A stakeholder perspective. Boston: Pitman, 1984.

[3] Jones, Thomas M. Instrumental Stakeholder Theory: A Synthesis of Ethics and Economics. The Corporation and Its Stakeholders, edited by Max Clarkson, Toronto: University of Toronto Press, 2016: 205 - 242.

[4] Michael L. Barnett, Robert M. Salomon. Does it pay to be really god? Addressing the shape of the relationship between Social and financial performance. Strategic Management Journal, 2012, 33 (11): 1304 - 1320.

[5] MSCI. IVA Rating (Alibaba Group Holding Limited), 2014.

[6] 孙孝文. 中国特色企业社会责任发展与演化 [M]. 北京：经济管理出版社，2018.

[7] 王晓光，肖红军．中国上市公司环境、社会和治理研究报告（2020）［M］．北京：社会科学文献出版社，2020.

[8] 曾江洪．社会责任、社会资本与公司治理［M］．北京：经济科学出版社，2012.

[9] 财信证券．证券研究报告：纺织服装行业点评．

[10] 开源证券．ESG 评级体系：经验借鉴与应用，2020 年 5 月 27 日．

“一带一路”专题

疫情下“一带一路”低收入国家债务可持续性风险分析

蔡剑辉　翁若宇　陈丽芳　李　响[①]

十九届五中全会强调“实行高水平对外开放，开拓合作共赢新局面”，并对“十四五”时期推动共建“一带一路”高质量发展作出重要部署。当前，我国正面临百年未有之大变局，纷繁复杂的国内国际形势对“一带一路”建设提出了更高的要求，不仅要抓住当前的机遇，更要防范和化解风险。“一带一路”倡议自提出以来，有力促进了沿线国家基础设施建设，带动了当地就业，推动了经济增长。但不可否认的是，目前部分沿线国家的债务规模和增速大幅超过国际警戒线，债务可持续风险不容忽视。在新冠肺炎疫情蔓延的背景下，全球经济下行压力不断加大，“一带一路”国家的金融与主权债务风险持续升级。尤其是低收入国家，主权债务脆弱性特征显著，应对冲击能力较弱，有必要予以更加密切的关注。为此，本文利用国际货币基金组织（IMF）和世界银行（World Bank）发布的最新数据，对54个“一带一路”低收入国家主权债务的可持续性风险进行整体分析，并提出对策建议。

一、疫情下“一带一路”低收入国家债务可持续性总体情况

根据IMF和World Bank联合发布的低收入国家债务可持续性分析报告，签署“一带一路”合作协议的54个低收入国家中，主权债务可持续性风险评级为“高风险”及以上的国家共25个，占比46.3%。其中，冈比亚、刚果（布）、格林纳达、莫桑比克、苏丹和索马里债务风险形势最为严峻，处于“债务困境”状态，即正在进行债务重组谈判或者存在外部债务拖欠的情况。总体来看，目前“一带一路”低收入国的债务可持续性状况呈现以下几方面特点：

（一）多数国家面临较高的债务可持续性风险

“一带一路”低收入国中，仅有12个国家（占比22.2%）外债可持续性处于低风险状态；19个国家（占比35.2%）处于高风险；冈比亚、刚果（布）、格林纳达、莫桑比

① 作者系厦门国家会计学院专职教师。

克、苏丹和索马里6个国家为“债务困境”国；其余17个国家处于中等风险，其中债务承载能力较弱的巴布亚新几内亚、几内亚和利比里亚，尽管债务暂时可持续，但倘若疫情导致全球经济持续衰退，便可能出现风险跳跃，转变为债务可持续性高风险国家（见图1）。

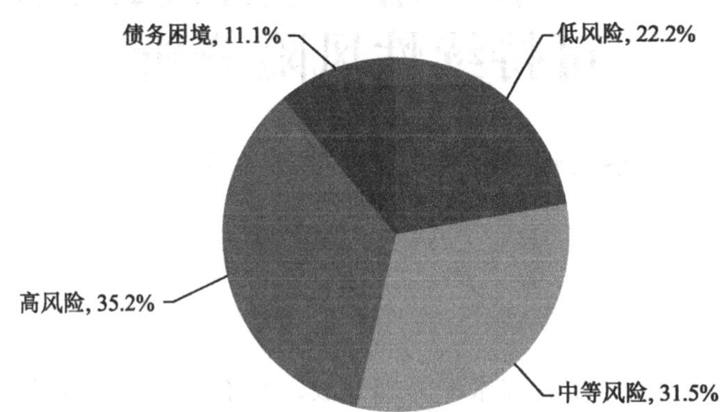

图1 “一带一路”低收入国家债务可持续性风险

（二）多数国家债务偿付压力较大

根据债务还本付息占出口额和GDP的比重水平的统计结果，“一带一路”低收入国家中，有32个国家（占比59.3%）存在债务偿付压力偏高的问题。除上述处于“债务困境”的6个国家之外，老挝、马尔代夫、南苏丹、赞比亚和乍得等国也面临严峻的债务偿付压力（见图2）。

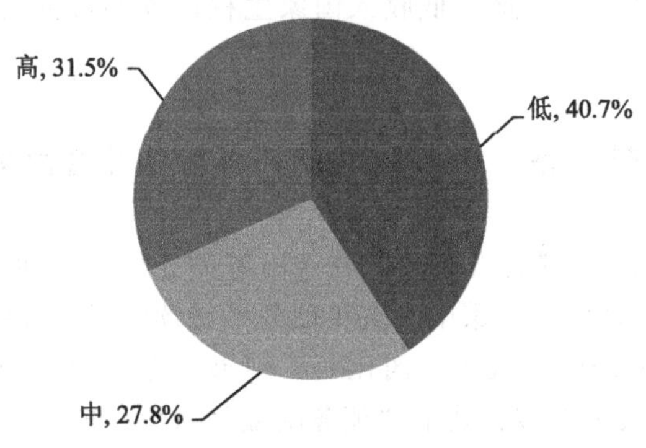

图2 “一带一路”国家债务还本付息压力

（三）多数国家债务可持续性抗压能力较低

根据债务压力敏感度的测试结果，“一带一路”低收入国家中，仅15个国家（占比27.8%）的债务可持续性具备较强的抗压能力，其余39个国家债务可持续性对经济下行压力的敏感度较高，尤其格林纳达、圭亚那、几内亚、科特迪瓦、利比里亚、塞拉利昂和塞内加尔，各项债务风险指标在压力测试过程中均出现大幅度提高（见图3）。

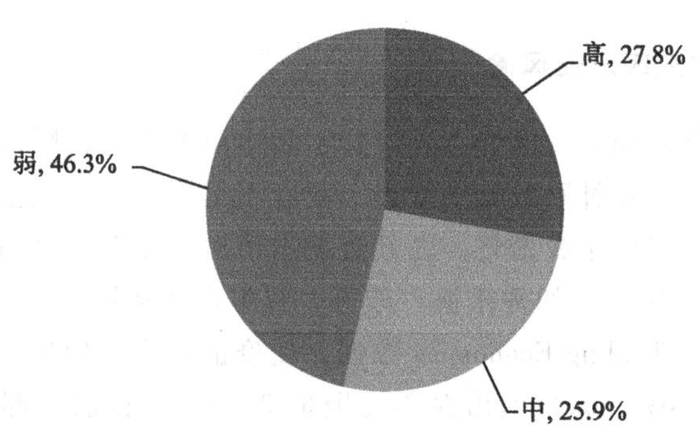

图 3　“一带一路”国家债务可持续性风险抗压能力

二、疫情对“一带一路”低收入国家债务影响的分析

总体上看，疫情引发的全球经济下行推升了“一带一路”低收入国家债务可持续性风险。如近日，“一带一路”低收入国家之一的赞比亚未支付其部分国际债务 4250 万美元的利息，成为新冠肺炎疫情期间第一个发生债务违约的非洲国家。总体上看，疫情主要通过以下几方面影响国家主权债务可持续性：

（一）财政赤字扩大

一方面，疫情冲击消费和投资，导致财政收入减少；另一方面，多国政府颁布财政措施以应对疫情扩散和经济下行压力，财政支出增加。疫情对某些特定行业影响的持续时间可能较长，如旅游业。以旅游业为主的沿线国家，如马尔代夫，将在很长一段时间内经济受挫。据世界旅游理事会数据，旅游业对马尔代夫 GDP 的直接贡献率常年保持在 30% 以上，间接贡献率达到 60%—70%。根据马尔代夫财政部数据，截至 2020 年 6 月，马尔代夫政府上半年总收入 67.1 亿马尔代夫卢比，同比下降 42.3%，预期 2020 年全年收入同比下降 40.7%，预算赤字为 163.2 亿马尔代夫卢比，占名义 GDP 的 25.1%。如果疫情持续时间较长，马尔代夫财政缺口势必扩大，债务负担将急剧上升。目前债务可持续性风险较高的“一带一路”低收入国家中苏丹、乌干达和加纳等国财政赤字水平最高，达 GDP 的 7% 以上，超过国际通用警戒线 4%。这部分主权国家的债务可持续性将面临较大的风险。

（二）国际收支失衡

随着疫情扩散，全球需求疲软，未来短期内大宗商品价格或将持续低迷。在此形势下，部分大宗商品出口依赖度高且债务流动性风险较大的“一带一路”低收入国家国际收支平衡将受到极大冲击，如蒙古国（根据惠誉国际数据，近年大宗商品出口收入占其出口收入比例超 70%）。蒙古国海关总署（MCGA）发布最新数据显示，2020 年 1 至 10 月，蒙古国煤炭出口量为 2386.5 万吨，同比下降 26.2%；出口额为 17.7 亿美元，同比下降 35.5%。若全球经济持续恶化，这些国家的出口收入将难以支撑财政支出或维持政府债务，债务可持续性风险进一步扩大。

（三）资本流动和汇率承压风险

经济发展不确定性增加引发的资本外流加剧和本币汇率大幅贬值，会导致以本币计价的政府债券难以发行。为弥补财政收支缺口，政府不得不忍受主权信用利差带来的高额借贷成本，增加在国际市场的主权借贷。尤其近期本币对美元汇率贬值较多且债务风险较高的“一带一路”低收入国家，如赞比亚、苏丹、吉尔吉斯斯坦等，将面临资本流动和汇率承压的较大风险。根据 Trading Economics 数据，受疫情影响，2020 年初以来赞比亚本币兑美元汇率大幅下跌 49.4%，苏丹本币兑美元贬值 22.2%。目前大部分国家的外债货币构成以美元为主（据 IMF 国际债务统计数据库 2019 年 12 月更新数据，全球低收入国家外债中美元占比均值达 65.6%），货币的剧烈贬值加重这些国家即将到期的债务负担，大幅提升出现违约风险。

三、政策建议

（一）持续关注“一带一路”低收入国家疫情动态，警惕部分国家债务可持续性风险

若疫情继续蔓延，大部分国家都将遭受负向的经济冲击。马尔代夫、蒙古国等国或将面临严重的债务可持续性风险；部分债务可持续性中等风险但抗压性较差的“一带一路”低收入国家，如几内亚、利比里亚等，在疫情冲击下有可能陷入债务困境，需引起高度警惕。对于“一带一路”合作项目较多的国家和地区，需密切关注其疫情的发展变化及经济影响，谨防风险跳跃，并持续跟踪合作项目的进度，确保“一带一路”合作项目平稳实施。

（二）做好部分国家债务违约的应对措施准备，制定“一带一路”成员国之间的多边债权债务协议

在疫情对经济多方面的冲击下，部分国家可能会在未来一段时间内出现债务不可持续而集中暴发违约风险。在“一带一路”项目中，我国既是大部分项目的合作者又是债权人，不同于巴黎俱乐部和 OECD 成员国，我国作为国际上的新兴债权人，对于处理“一带一路”国家债务违约事件还未有明确规定。加之目前国际上出现多种关于疫情的阴谋论，如若债务违约问题处理不当，甚至有国家可能结合疫情和债务问题掀起新一轮的舆论战。因此，有必要提前规划制定“一带一路”成员国之间的多边债权债务协议，为未来“一带一路”项目中可能出现的债务纠纷提供解决方案，推进“一带一路”高质量可持续发展。

（三）加快推进“一带一路”健康、医疗和卫生领域的合作，将公共卫生合作打造成新的增长点

强调健全完善的全球公共卫生治理机制在“一带一路”高质量发展中的作用，提升公共卫生问题在“一带一路”国际交流中的位置。通过共建“一带一路”双边或多边合作，

形成各国间自然资源、劳动力和市场等发展优势互补，推进公共卫生领域重大国际合作项目，积极打造“健康丝绸之路”，为世界经济增长开辟新的空间。

附表　　“一带一路”低收入国家债务状况

序号	国家（简称）	可持续性风险	债务偿付压力	债务抗压能力	序号	国家（简称）	可持续性风险	债务偿付压力	债务抗压能力
1	阿富汗	高	中	中	28	马达加斯加	低	低	强
2	埃塞俄比亚	高	高	弱	29	马尔代夫	高	高	弱
3	巴布亚新几内亚	中	中	中	30	马里	中	中	中
4	贝宁	中	低	中	31	毛里塔尼亚	高	高	弱
5	布隆迪	高	中	弱	32	蒙古国	高	高	弱
6	东帝汶	中	低	中	33	孟加拉国	低	低	强
7	多哥	中	低	强	34	密克罗尼西亚联邦	高	中	弱
8	多米尼加	高	中	中	35	缅甸	低	低	强
9	佛得角	高	低	中	36	摩尔多瓦	低	低	强
10	冈比亚	困境	高	弱	37	莫桑比克	困境	高	弱
11	刚果（布）	困境	高	弱	38	南苏丹	高	高	弱
12	格林纳达	困境	中	弱	39	尼泊尔	低	低	强
13	圭亚那	中	中	弱	40	尼日尔	中	低	强
14	基里巴斯	高	低	中	41	尼日利亚	低	低	强
15	吉布提	高	高	中	42	萨摩亚	高	高	弱
16	吉尔吉斯斯坦	中	中	中	43	塞拉利昂	中	中	弱
17	几内亚	中	中	弱	44	塞内加尔	中	中	弱
18	加纳	高	高	弱	45	苏丹	困境	高	弱
19	柬埔寨	低	低	强	46	所罗门群岛	中	低	中
20	喀麦隆	高	高	中	47	索马里	困境	高	弱
21	科摩罗	中	低	强	48	坦桑尼亚	低	低	强
22	科特迪瓦	中	中	弱	49	汤加	高	中	弱
23	肯尼亚	低	低	强	50	瓦努阿图	中	低	中
24	莱索托	中	低	中	51	乌干达	低	低	强
25	老挝	高	高	弱	52	乌兹别克斯坦	低	低	强
26	利比里亚	中	中	弱	53	赞比亚	高	高	弱
27	卢旺达	低	低	强	54	乍得	高	高	弱

数据来源：作者根据 IMF 数据整理。

绿色金融与“一带一路”高质量发展

邓建平　丁　军　杨　光[①]

“一带一路”区域内的很多国家都属于发展中国家，当前仍处于高耗能的经济增长模式，面临较为严峻的环境和气候风险，而发展绿色金融是帮助这些国家实现绿色转型的重要抓手。本文从“一带一路”国家面临的绿色转型压力出发，分析了“一带一路”国家绿色金融发展现状，并为推进绿色金融建设提供了政策性建议。

一、“一带一路”国家面临绿色转型的压力

2020年9月30日，习近平主席在联合国生物多样性峰会上指出，中国的二氧化碳排放将力争于2030年前达到峰值，努力争取2060年前实现碳中和。根据《联合国气候变化框架公约》网站公布的数据，2020年已经有53个国家实现碳达峰，2030年将有57个国家实现碳达峰。2050年有127个国家宣称将实现碳中和，这说明全球多数国家都存在绿色转型的压力。

“一带一路”国家以发展中国家为主，经济增长模式较为粗犷，面临较为严峻的环境和气候风险，绿色转型压力更大。根据联合国气候变化框架公约秘书处（UNFCCC）的最新数据，以140个与中国签订“一带一路”合作协议的国家为例，只有29个国家实现碳达峰，占共建“一带一路”国家的比重仅为20.71%。2018年“一带一路”国家碳排放总量占全球比重高达36.83%，显著高于其GDP占全球的比重22%。这说明“一带一路”国家减排的压力更大（见图1）。

（一）从排放量看，“一带一路”沿线国家碳排放规模不断增加

1990年，除没有统计数据的巴勒斯坦和科特迪瓦两个国家，其余138个“一带一路”国家共排碳136亿吨。到2018年，碳排放总量达到了180亿吨，28年间增加了32%（见图2）。

---

① 邓建平系厦门国家会计学院教授；丁军、杨光系厦门国家会计学院在读研究生。

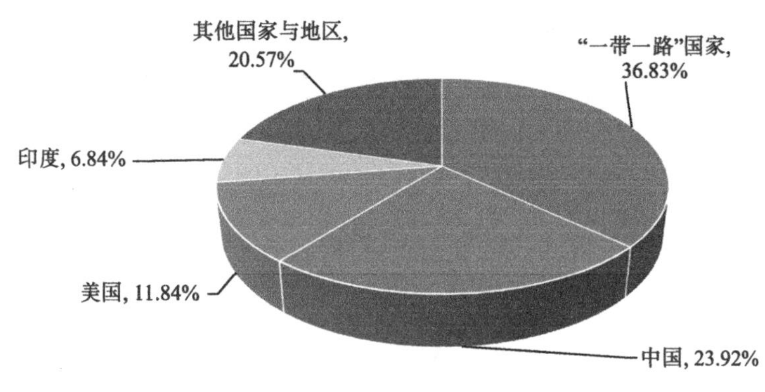

图 1　全球碳排放比例

资料来源：World Resource Institute。

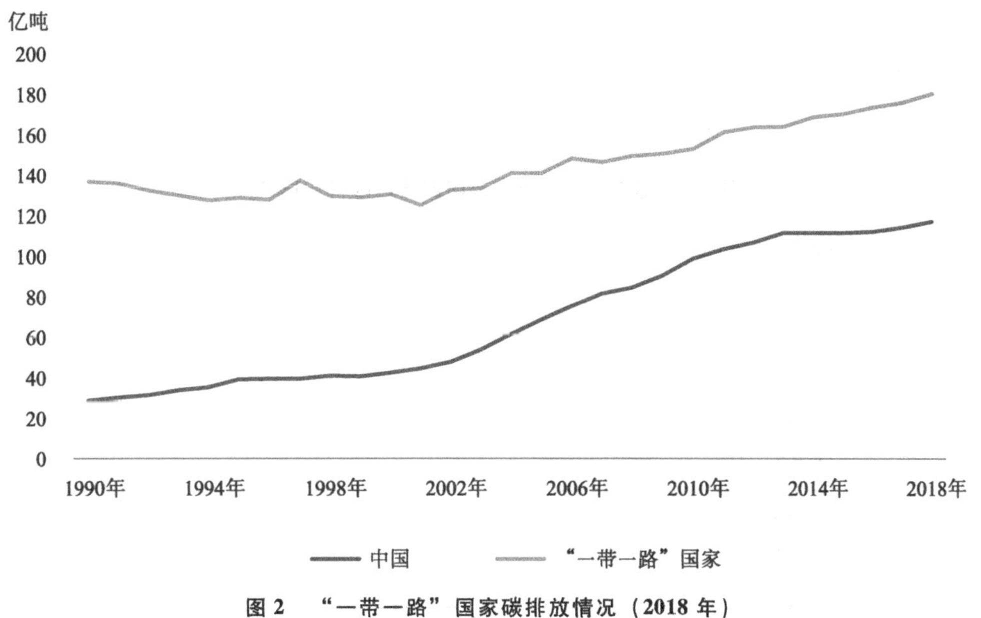

图 2　“一带一路”国家碳排放情况（2018 年）

资料来源：World Resource Institute。

全球前十大碳排放的国家与地区中，不包括中国，共建“一带一路”国家占据 3 个，分别是俄罗斯、印度尼西亚、伊朗。而全球前二十大碳排放的国家与地区中，“一带一路”沿线国家占据 9 个（见图 3）。

全球十大人均碳排放国中，共建“一带一路”国家占据了 9 个，其中，所罗门群岛的人均碳排放量高达 71 吨，居全球之冠；其次是文莱，人均碳排放量达 39.51 吨；再次是卡塔尔，人均碳排放量达 35.89 吨；巴林的人均碳排放量也高达 31.19 吨。人均碳排放排名前 20 位的国家中，“一带一路”国家占据 14 个（见图 4）。

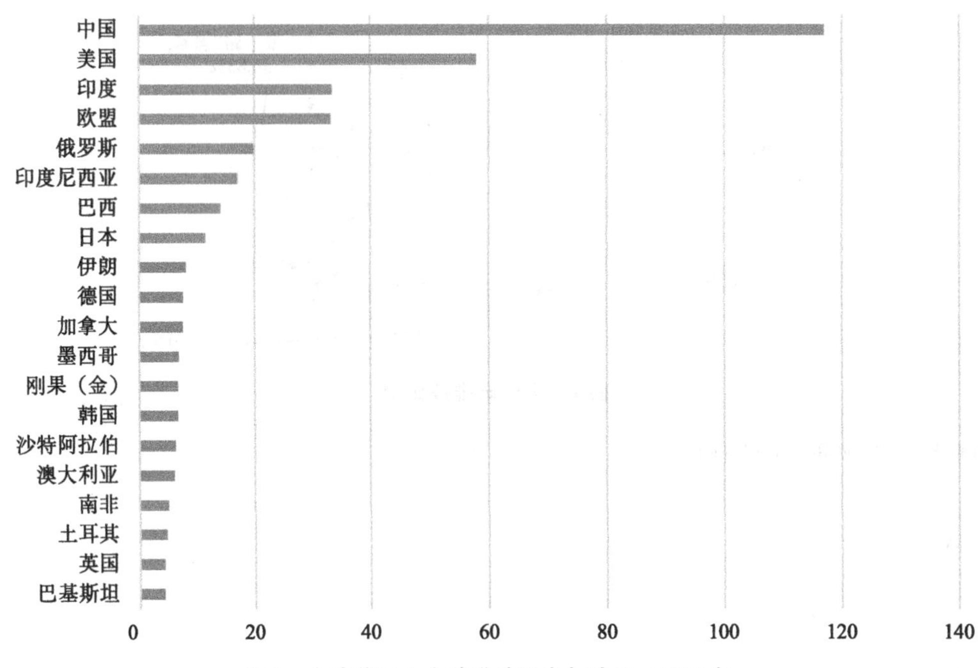

图3　全球前二十大碳排放国家与地区（2018年）

资料来源：World Resource Institute。

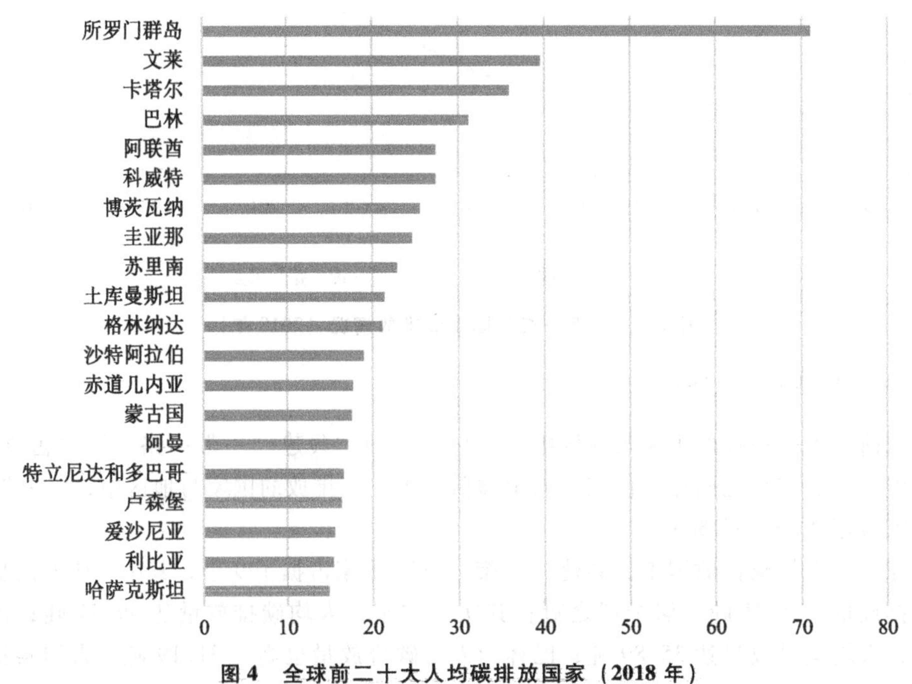

图4　全球前二十大人均碳排放国家（2018年）

资料来源：World Resource Institute。

（二）大规模基础设施建设带来大量温室气体排放

世界资源研究所（2020）发布报告，2016 年全球温室气体排放总量为 494 亿吨二氧化碳当量，能源消耗贡献 73.2% 的温室气体排放，其中，工业能源 24.2%；交通 16.2%；建筑物 17.5%（见图 5）。可以预见的是，未来全球多数的基础设施建设还会主要集中在“一带一路”国家，大规模的基础设施建设将消耗大量的能源，进而增加温室气体排放。例如，世界银行 2019 年发布《“一带一路”经济学》报告显示，“一带一路”沿线国家发电和交通运输项目占总投资比重为 71%。

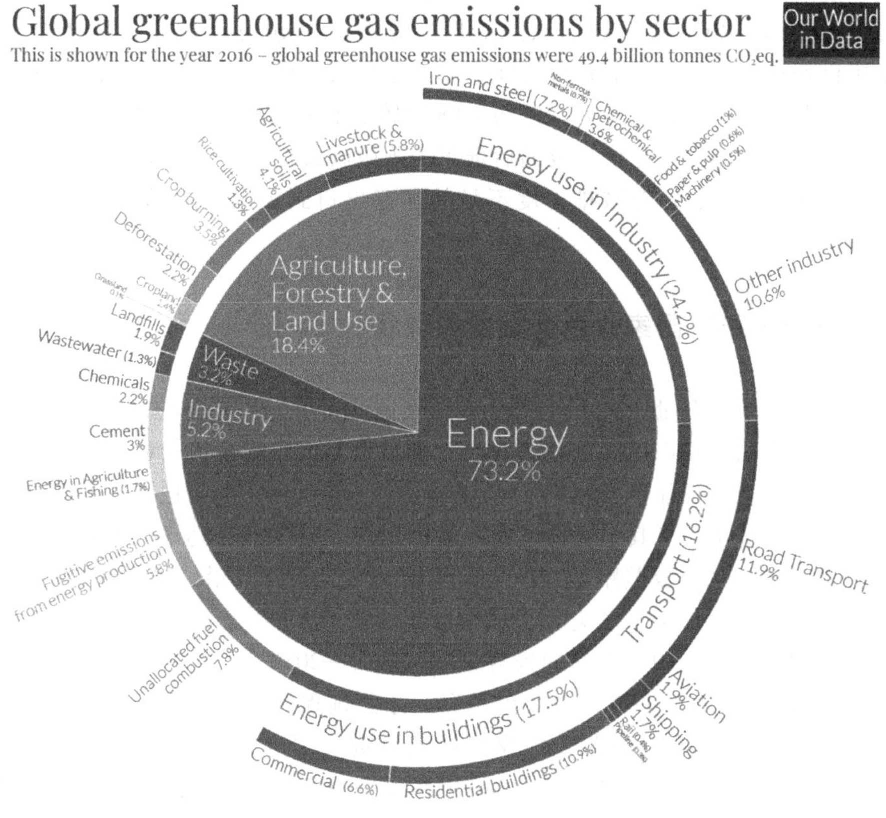

图 5　全球温室气体排放的来源

资料来源：ourworldindata. org。

（三）发达国家“碳关税”带来转型压力

欧盟提出“碳边境调节机制”（Carbon Border Adjustment Mechanism，简称 CBAM），将对一些高碳商品征收碳关税，这可能会提高发展中国家向欧盟出口产品的成本。

2021 年 7 月 14 日，欧盟委员会通过了一揽子立法建议，作为欧盟实现《欧洲绿色协议》及其碳减排目标的具体措施。欧盟此次立法建议的关键对外措施——CBAM 受到了国际社会的广泛关注。欧盟将2023—2025年作为CBAM的缓冲期，2026年正式开始实施。在CBAM运行的初期，欧盟拟将水泥、电力、肥料、钢铁、铝五类碳密集且易于管理的商品纳入碳边境调节机制的征收范围。以中国为例，如若CBAM正式落地，根据2020年中欧贸易数据及CBAM目前的征收目录，中国对欧盟的五类商品（水泥、电力、肥料、钢铁、铝）出口额只有53.03亿美元，约占出口欧盟总额的1.36%，影响较小。考虑到具体行业，以2020年中国出口欧盟的数据为例，钢铁及相关产品征收总额达到了3.2亿美元，占该商品中欧贸易总额的8.3%，铝及相关产品征收总额达到3.5亿美元，占该商品中欧贸易总额的26.1%。以上数据说明，短期内CBAM对中欧贸易总体影响有限，但针对部分商品仍然能产生较大影响。当CBAM完成试点工作后，必将扩大征税范围，从而显著影响我国商品的出口。2020年中国向欧盟的出口总额达3910亿美元，占欧盟全年进口的20%，中国已经成为欧盟最大的贸易伙伴。中国出口欧盟贸易中，占比高的机电产品、纺织品、金属制品和化学品都已被列入欧盟ETS的碳泄漏清单之中。在欧盟碳边境调节机制立法草案出台后，美国民主党议员也随后推出美国版碳关税的立法草案（污染方进口费计划，polluter import fee），拟对减排力度不足的国家出口到美国的商品按照相应碳排放量征税。

二、“一带一路”国家绿色金融发展现状

绿色投资需要的资金量庞大，仅靠政府投入远远不够，需要相应的金融系统来支持。国际可再生能源机构（IRENA）的报告显示，如果世界要实现《巴黎协定》规定的1.5摄氏度的目标，世界需要把能源投资转向低碳能源以及在2050年前把那些投资提高30%，总投资达到131万亿美元。其中可再生能源占比26%，绝对规模达34.06万亿美元。联合国环境规划署每年的《排放差距报告》中，包括“一带一路”沿线国家在内的53个国家提出的资金需求就高达4.4万亿美元，平均每年约需要3000亿美元。清华大学五道口金融与发展研究中心等（2019）发布的报告显示，2016—2030年，“一带一路”国家在基础设施投资方面需要约12万亿美元的绿色投资，才能确保达到《巴黎协定》的气候目标。中金公司（2021）对“一带一路”国家的绿色投资需求进行测算，发现2021—2030年“一带一路”国家（117个有效样本）的投资需求将达到3.6万亿美元，年均3600亿美元。波士顿咨询公司（2020）的研究报告显示，为实现控温1.5摄氏度的目标，2020—2050年中国累计需要90万亿—100万亿人民币投资，约占这30年间累计GDP总额的2%。

可以预见，未来实现碳达峰、碳中和目标需要巨量投资。如此庞大的投资规模，政府能支持的资金非常有限，巨大的资金缺口还要靠社会资本来弥补。要运用市场化的方式，以绿色金融作为实现“碳中和”的政策抓手，引导金融体系提供所需要的投融资支持，撬动金融资源向低碳绿色项目倾斜。

但是，目前“一带一路”国家的金融系统不完善，绿色金融发展缓慢，未来还需加强相关建设。2020年，中国工商银行发布《“一带一路”绿色金融（投资）指数研究》报告（见图6），发现“一带一路”国家“绿色发展能力”平均得分为40分，较对照组均值

（84 分）低 44 分；“融资能力”分项下“一带一路”国家平均得分为 36，较对照组均值（93 分）低 57 分；“政策与技术支持能力”分项下“一带一路”国家平均得分为 44，较对照组均值（74 分）低 30 分。图 7 是全球十大绿色债券发行国家，从中可以发现，绿色债券发行规模大的国家主要是发达国家，而非“一带一路”国家。说明从整体上看，与发达国家相比，“一带一路”国家绿色金融起步晚，且发展相对较慢。

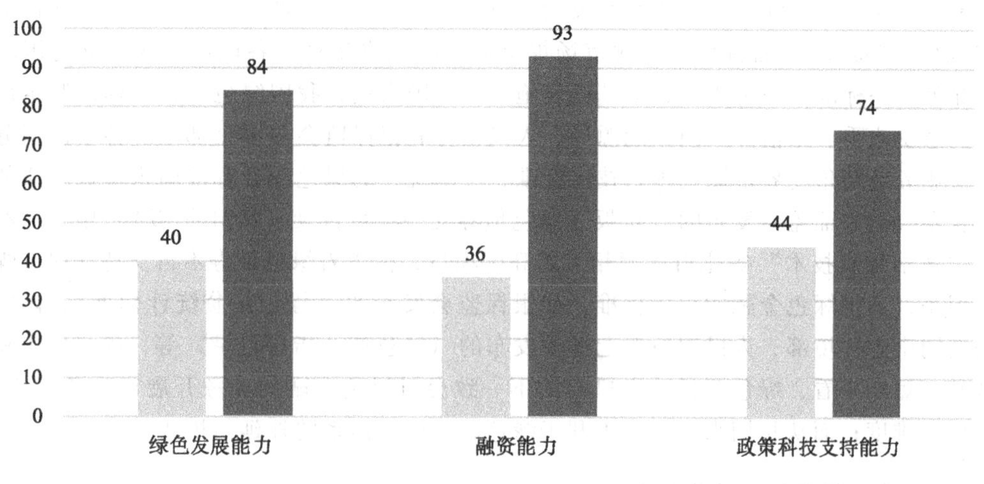

图 6　“一带一路”国家与对照组绿色发展能力对比

资料来源：中国工商银行《“一带一路”绿色金融（投资）指数研究》。

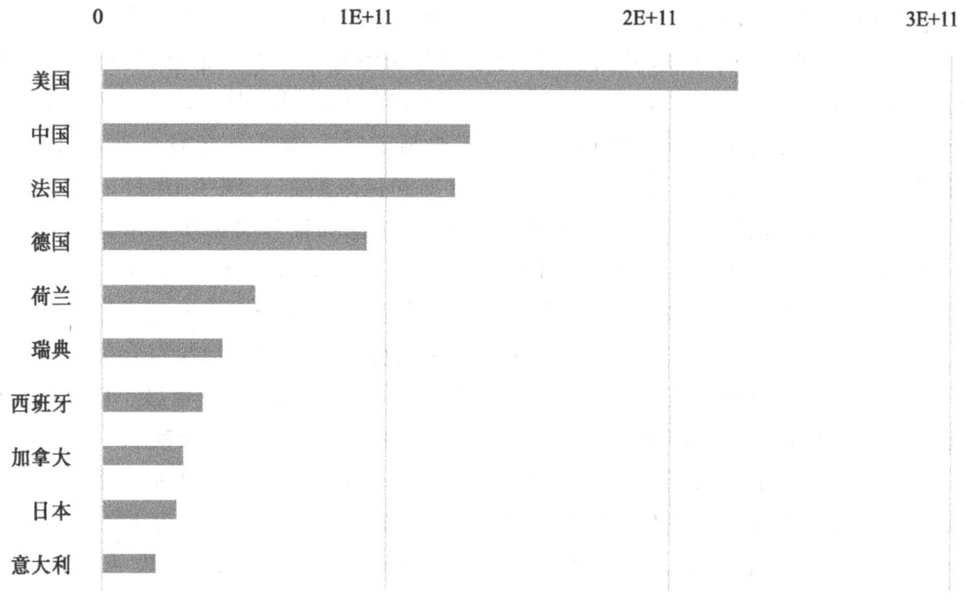

图 7　全球十大绿色债券发行国家

资料来源：www. climatebonds. net。

三、促进“一带一路”国家绿色金融发展的措施

（一）统一绿色标准

绿色金融标准是绿色金融体系发展的基石，也是核定绿色产业范围、防止非绿色项目的“洗绿”“漂绿”、监督绿色金融市场规范运行的先决条件。各国应尽快建立与国际接轨的绿色统一标准，完善相关金融基础设施。以中国为例，我国绿色项目的标准制定部门包括国家发改委、工信部、国家能源局、人民银行和银保监会等多个部门。各个部门分别从自身业务范畴角度界定绿色项目技术标准，全国统一的绿色项目标准尚未形成。比如央行联合发改委和证监会发布的最新版《绿色债券支持项目目录（2021 年版）》中，已经剔除了“清洁煤炭技术”等化石能源相关的高碳项目，标志着绿色债券不再支持任何涉煤项目。但是，其他绿色金融的界定标准，如银保监会发布的《绿色信贷统计标准》，国家发改委会同生态环境部、人民银行等七部委发布的《绿色产业指导目录》等，尚未作出相应的调整。短期来看，绿色项目认定口径的不一致会对绿色金融的业务开展产生负面影响，增加监管难度；而从长期来看，也不利于绿色金融标准体系的外延与拓展。

（二）完善绿色信息披露体系

绿色金融普遍存在信息不对称和外部性的问题，制约资金供求双方参与的积极性。完善的绿色信息披露是绿色产品投融资的核心，是防范“洗绿”等信息不对称风险的重要举措。各国应加快完善绿色信息披露标准，健全环境信息披露制度，出台上市公司和发债企业环境信息披露制度，加强第三方评估。以中国为例，2018 年 9 月，证监会发布修订后的《上市公司治理准则》，确立了环境、社会责任和公司治理（ESG）信息披露的基本框架。《准则》第 95 条规定，上市公司应当依照法律法规和有关部门的要求，披露环境信息以及履行扶贫等社会责任相关情况。2018 年，上交所制定《上海证券交易所上市公司环境、社会和公司治理信息披露指引》，并进入征求意见和试点阶段；同年 10 月，深交所起草 ESG 信息披露指引，同时组织三次征求意见座谈会。《深圳证券交易所上市公司信息披露工作考核办法（2020 年修订）》提及了 ESG 披露，并将其加入考核。“上市公司信息披露工作考核计分表”的加分项包括：主动披露社会责任报告，报告内容充实完整；主动披露环境、社会责任和公司治理（ESG）履行情况；主动披露公司积极参与符合国家重大战略方针等事项，如扶贫攻坚、疫情防控等信息。上市公司是否披露 ESG 信息、信息披露质量均会影响公司信披评级，并将对企业在资本市场的发展产生更直接的影响。

但是，与境外的成熟市场相比，目前，我国尚存在绿色信息披露强制性不足，披露指引各异，披露标准不统一，量化程度低等问题。《A 股上市公司 2020 年度 ESG 信息披露统计研究报告》显示（见图 8），2021 年以来，共有 1092 家 A 股上市公司发布 2020 年 ESG 报告，发布报告的公司数量占全部 A 股上市公司数量的 25.3%，其中有 641 家沪市上市公司（占沪市上市公司的 33.8%），451 家深市上市公司（占深市上市公司的 18.6%）。在报告编制参考的标准中，59.6% 的公司参考全球报告倡议组织（GRI）可持续发展报告标

准；37.7%的公司参考了《上海证券交易所上市公司环境信息披露指引》进行报告编制；31%A股上市公司参考了港交所《环境、社会及管治报告指引》。目前全球已有30多个国家和地区建立了上市公司ESG信息披露制度。从信息披露要求的趋势上来看，正逐渐从“鼓励性披露”向“不披露就解释”和“强制披露”递进，并致力于建立更多的可量化指标标准。

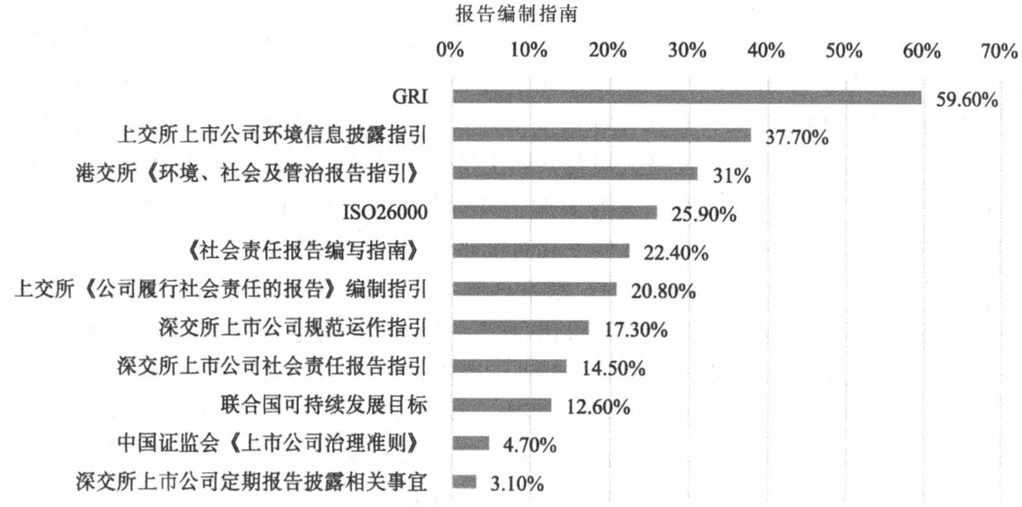

图8　中国A股上市公司ESG报告编制参考标准统计

资料来源：商道纵横，《A股上市公司2020年度ESC信息披露统计研究报告》，2021。统计的ESG报告包括环境、社会与公司治理/管治（ESG）报告、企业社会责任（CSR）报告以及可持续发展（SD）报告。

（三）丰富金融工具

绿色科技创新企业一般多为中小民营企业，缺少抵押物，同时项目投资周期较长（一般5—10年），而银行的传统信贷期限短，导致绿色技术企业难以通过传统银行贷款渠道获得足够的资金。因此，需要拓展融资工具，建立绿色科技项目与绿色融资渠道的协同机制，如搭建服务于绿色科技项目和绿色资金的对接平台。以中国为例，据中国人民银行披露，截至2020年末，中国本外币绿色贷款余额11.95万亿元，存量规模位居世界第一；绿色债券存量为9000亿元人民币，位居世界第二。目前的绿色金融业务以绿色贷款和绿色债券为主，股权融资比例很低。未来需要拓展融资渠道，建立支持绿色项目的融资体系。

（四）加大激励政策支持

绿色项目收益率低、周期长、风险较大，需要加大激励政策支持，鼓励更多资金投入“一带一路”绿色项目的建设。通过绿色金融业绩评价、贴息奖补等政策，引导金融机构增加绿色资产配置、强化环境风险管理，有利于提升金融业支持绿色低碳发展的能力。目前我国已采取了一系列激励措施，如绿色再贷款、贴息、担保；绿色信贷余额和绿色债券持有量等绿色金融评价结果纳入金融机构的评级；绿色债券和绿色贷款纳入央行贷款便利的合格抵押品范围等。未来还可以考虑在政策上给予金融机构更低的融资成本、更长的融资期限；降低绿色资产风险权重；绿色资产权益优先受偿等方法，合理引导养老金、社保基金、保险资金等长期资金投向合格绿色 PE/VC 机构。在税收成本端，可以给予绿色投资者税收优惠，提升投资积极性。

（五）加强国际合作

发展"一带一路"绿色金融，还应加强国际合作，推动合作共赢。中国在绿色金融方面已取得一些进展，未来可以在"一带一路"绿色金融建设上发挥更大的作用。2016 年，中国在担任 G20 主席国期间，首次将绿色金融列入了财金渠道议题，并发起成立绿色金融研究小组，由中国人民银行和英格兰银行共同主持，积极推动绿色金融成为国际主流议题和全球共识。2017 年中国人民银行参与发起了"绿色金融合作网络"（NGFS），与其他央行和监管机构共同研究环境因素和气候变化可能带来的金融风险，分享发展绿色金融的成功经验。NGFS 的成员数量已由最初的 8 家发展到了 50 家。2018 年 11 月，中国金融学会绿色金融专业委员会与伦敦金融城共同推出《"一带一路"绿色投资原则》（GIP），助推"一带一路"绿色可持续发展。GIP 原则被列入 2019 年"一带一路"国际合作高峰论坛成果。目前，已有 39 家中外金融机构签署该原则。GIP 从战略、运营和创新三个层面明确了七条原则，包括将可持续性纳入公司治理、充分了解 ESG 风险、充分披露环境信息、加强与利益相关方沟通、充分运用绿色金融工具、采用绿色供应链管理、通过多方合作进行能力建设等，供参与"一带一路"的投资者自愿采纳和实施。

参考文献：

[1] World Energy Transitions Outlook：1.5°C Pathway，IRENA，2021.

[2] 清华大学五道口金融与发展研究中心，Vivid Economics 与气候工作基金会（Climate works Foundation）．"一带一路"国家绿色投资和碳排放路径的量化研究报告，2019.

[3] 中金公司．供需视角看"一带一路"绿色金融发展，2021.

[4] 世界银行．"一带一路"经济学：交通走廊发展机遇与风险，2021.

[5] 波士顿咨询公司（BCG）．中国气候路径报告，2020.

[6] 中国工商银行带路绿色指数课题组．"一带一路"绿色金融投资指数研究，金融论坛，2020.

[7] 腾讯网．"一带一路"沿线国家的碳排放压力与挑战，2021.

[8] 商道纵横．A 股上市公司 2020 年度 ESG 信息披露统计研究报告，2021.

“一带一路”倡议与主权债务违约风险

陈智华　梁海剑[①]

一、引言与文献综述

“一带一路”建设取得丰硕成果，世界银行2019年研究报告[②]显示，“一带一路”交通基础设施项目为相关经济体带来了3.35%的GDP增长，全球收入增长达2.9%。然而，西方大肆宣传的“债务陷阱论”却为“一带一路”建设增加了不确定因素和风险。其核心论点是，“一带一路”倡议不顾沿线国家的债务偿付能力，通过为这些国家提供巨额贷款，导致其主权债务不可持续，从而获得对这些国家的战略支配权。

凯恩斯主义理论认为主权债务有利于增加投资和消费，而公共选择学派的代表人物J. M. Buchanan（1958）等则认为债务负担可能带来负面效应。尽管不同学派分析主权债务产生的经济效应的视角不尽相同，但是普遍认为，适度增加的主权债务有利于促进债务国经济的健康发展，而判断债务负担是否导致主权债务不可持续应基于债务是否促进了该国经济的长远发展。由此可见，“债务陷阱论”对中国的指责存在基本逻辑错误，其忽视了沿线国家基础设施薄弱，迫切需要大量基建资金投入以促进其结构性转型。而“一带一路”倡议投资主要集中在基础设施领域，为沿线国家经济的长期发展提供动力。

债务可持续性的测量虽然具有明确的理论框架，但在实践中却面临诸多挑战。首先，由于主权债务可持续性的判定依据需要前瞻性假设，可能增加误判偏差；其次，流动性紧张、投资者恐慌等可能导致具有债务清偿能力的国家违约；最后，不同于公司债务违约，主权债务违约缺乏法定清算约束力。相较而言，主权债务违约是主权债务不可持续的最坏情形，因此，基于违约风险视角研究债务可持续性并回应“债务陷阱论”具有重要的理论和现实意义。

衡量主权债务违约风险的方法主要分为两类，一类是直接采用国际评级机构的主权风险评级数据，另一类是基于违约风险影响因素分析以构建违约风险预警模型并对违约风险进行评估。2008年国际金融危机后，国际评级机构的客观性及可信度备受质疑，因此，本

---

① 陈智华系厦门国家会计学院教研中心副教授；梁海剑系厦门国家会计学院“一带一路”财经发展研究中心讲师。本文原载于《亚太经济》2020年第4期。

② 2019年4月发布的《公共交通基础设施——量化模型与“一带一路”倡议评估》报告。

文收集整理了历史主权债务违约事件（1970—2010 年），通过分析主权债务违约风险的影响因素构建违约风险预警模型，并对“一带一路”沿线国家的违约风险进行评估。

相较于已有文献，本文的边际贡献在于：第一，违约风险预警模型的研究样本涵盖范围更广①且预测准确度更高。本文通过大样本数据研究违约风险影响因素②以构建违约风险预警模型，并进一步对“一带一路”沿线国家主权债务违约风险进行评估。第二，现有回应“债务陷阱论”的研究多集中在定性分析和案例研究的基础之上③，只有少数学者使用严谨的因果识别方法以提供经验证据（金刚和沈坤荣，2019；邱煜和潘攀，2019）。本文基于主权债务危机的违约风险视角丰富了“一带一路”倡议政策效应的因果识别研究，为驳斥西方“债务陷阱论”提供了较为可靠的经验证据。

二、主权债务违约的典型特征

本文选取的 1970—2010 年历史违约数据库子集包含了 69 个国家，其中高收入国家占 38%，中等高收入国家占 32%，中等低收入国家占 25%，低收入国家占 5%；地区分布④以欧洲和中亚地区占比最高，其次是拉美国家和东亚国家（见图 1）。

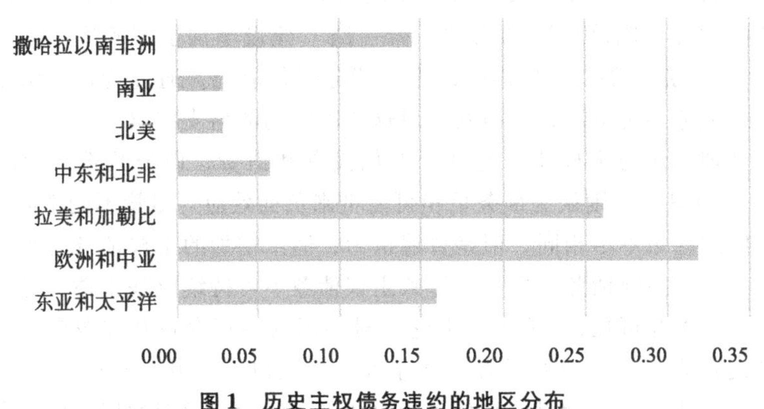

图 1　历史主权债务违约的地区分布

资料来源：根据 Reinhart 和 Rogoff 数据库整理。

基于这些历史数据，我们发现主权债务违约具有如下三个显著特征：

第一，显示聚集性特征。即主权债务违约具有高度传染性，当一国出现债务违约后，其他相关国家也很可能出现债务违约。图 2 展示了主权债务危机爆发的时间分布，如图可

① 详见 Manasse 和 Roubini（2009）、Hilscher 和 Nosbusch（2010）、范小云和孙大超（2013）。

② 影响因素包括外债或政府债务对 GDP 的比率（颜建晔，2014）、一国的偿债能力和流动性（许令仪，2016）、经济增长率及其波动、对外贸易、通货膨胀、国际储备、国内信贷、汇率指标等（Manasse 和 Roubini，2009；Reinhart 和 Rogoff，2010；Ghulam 和 Derber，2018）。

③ 为回应西方“债务陷阱论”，谢来辉（2019）、Carmody（2020）等从定性分析的角度并结合描述性统计阐述“一带一路”倡议的理念与原则，从而驳斥“债务陷阱论”。此外，学者们对沿线国家进行了大量的案例研究，钟飞腾和张帅（2020）、宋颖慧等（2019）以及卢光盛和马天放（2020）等研究表明中国的投资没有形成“债务陷阱”。

④ 东亚与太平洋地区占比 15.94%，欧洲与中亚占比 31.88%，拉美和加勒比海占比 26.09%，中东与北非占比 5.8%，北美占比 2.9%，南亚占比 2.9%，撒哈拉以南非洲占比 14.49%。

见在41年的研究样本周期内总共出现了三次违约高峰：第一次违约高峰出现在20世纪80—90年代，期间墨西哥等多达26个国家出现主权债务违约；第二次小高峰出现在2002—2003年，11个国家发生主权债务危机；第三次小高峰是2008年全球金融危机期间，违约国家数量达到了7个。正如Cohen和Valadier（2010）所述的“全球危机”理论，在发生全球性的经济衰退时，危机会传播到其他国家造成相关国家同时违约的现象出现。

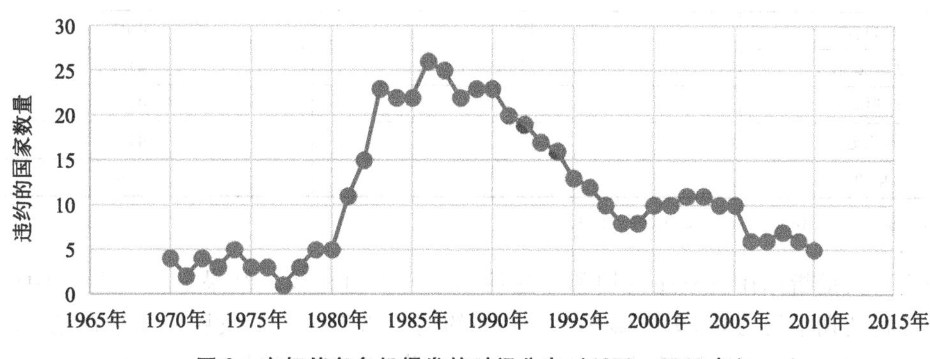

图2 主权债务危机爆发的时间分布（1970—2010年）

资料来源：根据Reinhart和Rogoff数据库整理。

第二，连续违约是常态。如表1所示在研究样本周期内，连续发生两次或两次以上主权债务违约的国家达到24个，其中，智利、厄瓜多尔等7个国家连续违约三次，秘鲁、乌拉圭及委内瑞拉三国违约次数高达四次，被称为“连续违约者”（Reinhart等，2003）。

表1 主权债务违约的发生频率（1970—2010年）

违约频次	违约国个数	违约国家
1	14	阿尔及利亚、安哥拉、埃及、洪都拉斯、印度、肯尼亚、墨西哥、缅甸、尼加拉瓜、巴拿马、菲律宾、波兰、突尼斯、赞比亚
2	14	阿根廷、玻利维亚、巴西、中非共和国、哥斯达黎加、科特迪瓦、多米尼加、危地马拉、摩洛哥、巴拉圭、罗马尼亚、俄罗斯、斯里兰卡、津巴布韦
3	7	智利、厄瓜多尔、加纳、印度尼西亚、尼日利亚、南非、土耳其
4	3	秘鲁、乌拉圭、委内瑞拉

资料来源：根据Reinhart和Rogoff数据库整理。

第三，违约持续周期长。违约持续期是指从违约发生到违约解决之间的年数，其中违约解决包含债务重组、偿还或债务豁免。表2统计了违约持续时间排名前十的国家，违约国家在研究周期内经历了平均6.7年的主权债务危机，其中25%的国家经历的危机年数在12年以上，违约持续时间最长的国家是尼加拉瓜和洪都拉斯，其违约持续期均超过30年。

表 2　　主权债务违约持续时间 Top10 排行榜（1970—2010 年）

Top 10 国家	违约存续期（年）	违约存续时间占比
尼加拉瓜	32	78%
洪都拉斯	30	73%
中非共和国	29	71%
科特迪瓦	27	66%
俄罗斯	27	66%
安哥拉	19	46%
厄瓜多尔	17	41%
玻利维亚	17	41%
阿根廷	17	41%
秘鲁	17	41%

资料来源：根据 Reinhart 和 Rogoff 数据库整理。

表 3 对关键指标在债务违约期和非违约期进行均值比较，结果显示，人均 GDP 增长率在债务违约期平均为 0.7%，显著低于非违约期的 2.77%；通货膨胀水平在危机时期是正常时期的三倍多；经济增长波动在违约期内显著高于非违约期；净出口占 GDP 比重恶化 193%；国际储备水平占比在违约期内仅为非违约期的 68%；同时，在违约期内本币汇率大幅贬值、国内信贷规模大幅萎缩；负债率、债务率以及政府债务在违约期比非违约期分别高出 52%、66% 和 57%；而债务宽限期比非危机时期平均短 0.626 年。这些差异的均值检验多具有统计意义上 1% 的显著性水平，勾画了主权债务违约的重要特征，进一步警示防范债务危机应关注此类指标。

表 3　　关键经济指标在违约期与非违约期的对比分析（1970—2010 年）

变量名称	发生主权债务危机			未发生主权债务危机			差异	显著性水平
	样本	均值	标准差	样本	均值	标准差		
人均 GDP 增长	278	0.702	4.484	1440	2.771	3.514	2.069	***
通货膨胀	278	37.890	62.262	1140	11.486	17.836	-26.403	***
经济增长波动	278	3.714	2.130	1440	2.505	1.773	-1.209	***
净出口	278	-3.107	8.193	1440	-1.675	6.716	1.432	***
国际储备	278	0.084	0.054	1440	0.123	0.122	0.038	***
汇率	278	198.053	521.535	1440	152.326	473.450	-45.728	*
国内信贷总额	278	37.849	27.148	1440	64.514	49.619	26.665	***
负债率	278	69.489	32.616	1440	45.802	35.079	-23.687	***
债务率	225	299.237	149.163	791	180.418	122.087	-118.819	***
政府债务	274	72.286	36.988	1329	46.422	30.252	-25.864	***
债务宽限期	267	5.390	2.631	990	6.017	3.130	0.626	***
美国短期国债利率	278	5.886	2.869	1440	5.270	3.028	-0.616	***

注：负债率为外债/GDP，债务率为外债/出口，政府债务为政府债务/GDP，净出口为净出口/GDP，国际储备为国际储备/GDP，国内信贷总额为国内信贷总额/GDP，下同；*、** 和 *** 分别表示 10%、5% 和 1% 的显著性水平。

三、研究设计

（一）数据选取

本文使用的关键数据有两个主要来源，分别是 Reinhart 和 Rogoff 的主权危机数据库[①]以及世界银行的世界发展指数（WDI）数据库。Reinhart 和 Rogoff 的数据库主要用于判断一个国家是否发生了主权债务危机，而世界银行的数据库提供了该国的基本经济情况。主权债务违约事件的界定原则为——该国直接不履行在外国法律管辖权下发生的债务利息和本金的偿还，包括拒绝付款以及将债务重组为相比原始合同中规定的条款对贷方更加不利的条款。该数据库覆盖范围广，涵盖了1800—2010 年发生过危机（有记录）的历史事件，涉及 70 个[②]发达国家和发展中国家和地区，并被广泛应用于国内外的相关研究，如 Ghulam 和 Derber（2018）等。结合世界银行 WDI 数据库主要经济指标的数据可获取性，本文最终选取 1970—2010 年的研究样本，涵盖了 69 个国家 41 年的违约历史。

（二）模型与变量

本文采用债务危机研究中被广泛应用的 Logit 逻辑回归模型来检验发生主权债务危机的影响因素。该模型的优势在于不仅能进行样本内预测，还能进行样本外国家主权债务危机的预测，实用性强（张之锐，2017）。此外，相比于 Probit 模型，当因变量在两个结果之间不是平均分布时，Logit 模型性能更好（Manasse 等，2003）。

假设 P 是主权债务危机发生的概率，X_i 为影响主权债务危机的因素，ε 服从 Logit 分布，其分布函数为 $F(x)=1/(1+e^{-x})$，基准模型如下：

$$Default_{it}=\alpha_i+\beta_1 GDPg_{i,t-1}+\beta_2 Inf_{i,t-1}+\beta_3 GVOL_{i,t-1}+\beta_4 Debt_{i,t-1}+\beta_5 Exportn_{i,t-1}+\beta_6 Reserve_{i,t-1}+\beta_7 ex_{i,t-1}+\beta_8 Dcredit_{i,t-1}+\theta_{it} \tag{1}$$

该基准模型中的被解释变量为判断债务违约与否的虚拟变量$Default_{it}$，当 i 国在 t 年出现债务危机或者违约持续时赋值为 1，其余时间赋值为 0。解释变量主要包括人均 GDP 增长（$GDPg_{i,t-1}$）、通货膨胀（$Inf_{i,t-1}$）、GDP 增长波动（$GVOL_{i,t-1}$）、净出口（$Exportn_{i,t-1}$）、国际储备（$Reserve_{i,t-1}$）、汇率（$ex_{i,t-1}$）、国内信贷总额（$Dcredit_{i,t-1}$）以及债务规模（$Debt_{i,t-1}$）等潜在影响主权债务违约的因素[③]。为保证结论的可靠性，本文以滞后量控制内生性，并采用混合截面估计法、时间固定效应、年份和时间固定效应、随机效应不同估计模型进行了稳健性检验。

人均 GDP 的增长选取世界银行数据库中人均 GDP 的年增长率；通货膨胀反映了购买一篮子商品和服务的成本对普通消费者的年度百分比变化；GDP 增长波动为移动的 5 年期 GDP 增长率的标准差；进出口指标为出口占 GDP 的比重减去进口占 GDP 的比重计算所

---

① 该数据库的地址为：www. carmenreinhart. com/data。

② 本文在选取样本时考虑世界银行数据的可获取性剔除了中国台湾。

③ 变量的描述性统计可根据要求提供。

得；国际储备为国际储备占 GDP 的比重；汇率指标采用一国货币兑换美元的价格；国内信贷总额为国内信贷总额占 GDP 的比重，反映了一国国内金融市场发展程度；负债率为外债占 GDP 的比重。此外，本文在基准模型的基础上分别添加了债务宽限期、历史违约、政府债务、国家收入水平以及美国短期国债利率①，检验其对于主权债务违约风险的影响。

四、实证结果分析

（一）主权债务违约的影响因素研究

表 4 报告了上述模型（1）的基准回归结果。研究显示：（1）人均 GDP 的增长与主权债务违约概率在 1% 的显著性水平上负相关。这表明经济发展可以提升承债能力（IMF 和 World Bank，2017），从而有效降低主权债务违约风险。（2）过高的通货膨胀，尤其是恶性通货膨胀会使经济环境恶化，导致本国货币贬值，使得国家竞争力下降，债务危机发生概率上升。（3）经济增长波动性越大，越可能降低经济发展的整体效率，从而提高了主权债务危机发生的可能性。（4）净出口与危机发生概率负相关，表明贸易顺差大，发生主权债务危机的可能性越低。（5）国际储备越多，则该国利用国际储备偿还国际债务的能力越强，出现主权债务危机的可能性越低。（6）汇率值高代表本币贬值，国际支付能力低，从而使债务危机的概率加大。（7）国内信贷市场发展越好，该国在国内获得融资的可能性越高，主权债务危机爆发的概率越低。（8）外债水平越高，债务国偿债压力越大，违约风险越高。历史上的主权债务违约的爆发几乎都涉及债务数额过大，包括 20 世纪 80 年代拉美主权债务危机以及 21 世纪的欧洲主权债务危机。债务负担过重往往是主权债务危机爆发的直接原因。

表 4　主权债务违约风险的影响因素分析

变量	模型（1）	模型（2）	模型（3）	模型（4）
	债务危机	债务危机	债务危机	债务危机
人均 GDP 增长	-0.0847***	-0.0748***	-0.0550*	-0.0567*
	(0.0240)	(0.0268)	(0.0289)	(0.0323)
通货膨胀	0.0154***	0.0163***	0.0142***	0.0156***
	(0.0025)	(0.0027)	(0.0030)	(0.0038)
经济增长波动	0.2027***	0.2316***	0.2394***	0.1342**
	(0.0404)	(0.0460)	(0.0504)	(0.0590)
净出口	-0.0421***	-0.0558***	-0.0323**	0.0046
	(0.0131)	(0.0140)	(0.0146)	(0.0216)
国际储备	-4.7073***	-3.5747***	-3.6318***	-7.3737***
	(1.2510)	(1.3214)	(1.3809)	(2.2384)

① 政府债务与美国短期国债利率从 IMF 数据库补充获得。

续表

变量	模型（1）	模型（2）	模型（3）	模型（4）
	债务危机	债务危机	债务危机	债务危机
汇率	0.0003*	0.0004**	0.0002	0.0001
	(0.0001)	(0.0002)	(0.0002)	(0.0003)
国内信贷总额	-0.0238***	-0.0251***	-0.0197***	-0.0163***
	(0.0031)	(0.0033)	(0.0039)	(0.0059)
负债率	0.0240***	0.0200***	0.0218***	0.0454***
	(0.0024)	(0.0027)	(0.0030)	(0.0052)
截距项	-2.3581***	-2.4141***	-3.1527***	-4.7723***
	(0.2521)	(0.6460)	(0.7414)	(0.7960)
观测值	1612	1548	1474	1612
拟合值	0.265	0.325	0.367	0.236
固定效应	否	年份	年份和区域	随机效应

注：*** 代表1%的显著性水平；** 代表5%的显著性水平；* 代表10%的显著性水平。

边际效应方面，人均GDP每增加一个百分点，违约概率则下降0.82%；通货膨胀每增加一个百分点，债务危机发生概率增加0.15%；经济增长的波动率每增加一个单位，危机发生概率增加1.9%；净出口占GDP比重每增加一个百分点，违约概率减少0.41%；国际储备占比每增加一个百分点，债务危机爆发概率下降0.46%；国内信贷总额占比每提高一个百分点，主权债务危机概率下降0.23%；负债率每提高一个百分点，违约概率增加0.23%。

在基准模型的基础上，表5加入了违约历史、债务宽限期及政府债务等变量分析其对主权债务违约风险的影响。结果显示，一国获取的债务宽限期越长，其偿债压力越低，债务宽限期每延长一年，债务危机的发生概率降低1.1%；政府债务占比越高，债务危机风险越高，政府债务占比每提高一个百分点，主权债务危机概率提高0.25%。值得注意的是，主权债务违约具有很强的路径依赖，敏感系数超过4倍，表明违约历史对经济发展有较强负面作用，导致连续违约风险。

表5　　债务宽限期、违约历史、政府债务占比对违约风险的影响

变量	(1)	(2)	(3)	(4)	(5)	(6)
	债务危机	债务危机	债务危机	债务危机	债务危机	债务危机
人均GDP增长	-0.0827***	-0.0758***	-0.0413	-0.0344	-0.0855***	-0.0786***
	(0.0258)	(0.0285)	(0.0344)	(0.0372)	(0.0250)	(0.0278)
通货膨胀	0.0128***	0.0123***	0.0087***	0.0082**	0.0135***	0.0147***
	(0.0026)	(0.0028)	(0.0030)	(0.0032)	(0.0025)	(0.0027)
经济增长波动	0.1557***	0.1649***	0.0993	0.1101	0.2146***	0.2368***
	(0.0439)	(0.0498)	(0.0619)	(0.0686)	(0.0405)	(0.0463)

续表

变量	(1)	(2)	(3)	(4)	(5)	(6)
	债务危机	债务危机	债务危机	债务危机	债务危机	债务危机
净出口	-0.0268*	-0.0391**	-0.0359**	-0.0408**	-0.0434***	-0.0544***
	(0.0144)	(0.0152)	(0.0168)	(0.0190)	(0.0136)	(0.0144)
国际储备	-3.9861**	-2.5354	-5.2997**	-4.6917**	-3.6986***	-2.8250**
	(1.6156)	(1.7957)	(2.0927)	(2.3550)	(1.3092)	(1.3378)
汇率	0.0002	0.0003	0.0002	0.0003	0.0004***	0.0005***
	(0.0002)	(0.0002)	(0.0002)	(0.0002)	(0.0001)	(0.0002)
国内信贷总额	-0.0142***	-0.0190***	-0.0131***	-0.0154***	-0.0230***	-0.0261***
	(0.0037)	(0.0039)	(0.0038)	(0.0043)	(0.0034)	(0.0037)
负债率	0.0276***	0.0237***	0.0122***	0.0121***		
	(0.0029)	(0.0032)	(0.0032)	(0.0038)		
债务宽限期	-0.0910**	-0.1161***				
	(0.0369)	(0.0401)				
违约历史			4.2094***	4.5865***		
			(0.2337)	(0.2960)		
政府债务					0.0252***	0.0216***
					(0.0027)	(0.0029)
截距项	-2.0076***	-1.6195**	-3.2374***	-3.2100***	-2.5112***	-2.3314***
	(0.3585)	(0.7314)	(0.3787)	(0.9668)	(0.2824)	(0.6465)
观测值	1169	1122	1612	1548	1501	1444
拟合值	0.237	0.294	0.582	0.618	0.272	0.334
固定效应	否	年份	否	年份	否	年份

注：*** 代表1%的显著性水平；** 代表5%的显著性水平；* 代表10%的显著性水平。

表6的第1、2列将研究样本分为高收入样本子集和中、低收入样本子集，结果显示：影响高收入国家违约风险的主要因素与影响中、低收入国家违约风险的有所差异。对于高收入国家而言，人均GDP增长、通货膨胀、国际储备与国内信贷总额对违约风险不再具有显著影响，而经济增长的波动、净出口、汇率以及负债率依然保持显著性特征。表6的第3、4列在基准模型的基础上加入了国家收入水平（高收入虚拟变量）和美国短期国债利率。结果表明，高收入国家主权债务违约概率显著低于低收入国家11.87%（边际效应）。此外，尽管美国短期国债利率在基准模型下没有显著影响，但在危机的诱发方面①有显著影响，较高的短期国债利率导致跨境资金流出新兴市场，使其陷入流动性危机。

① 表6的第4列的模型使用进入危机样本，是指被解释变量主权债务违约在爆发危机的第一年设定为1，其余年份一律为0。

表 6 国家收入水平、美国短期国债利率对违约风险的影响

变量	(1)	(2)	(3)	(4)
	债务危机（高收入样本）	债务危机（中、低收入样本）	债务危机	进入危机
人均 GDP 增长	-0.0331 (0.0617)	-0.0507** (0.0214)	-0.0461** (0.0195)	-0.0392 (0.0374)
通货膨胀	-0.0025 (0.0059)	0.0144*** (0.0026)	0.0129*** (0.0023)	0.0047 (0.0031)
经济增长波动	0.6752*** (0.1282)	0.1129*** (0.0419)	0.1779*** (0.0372)	0.0383 (0.0761)
净出口	0.0342*** (0.0112)	0.0261*** (0.0029)	0.0257*** (0.0024)	0.0051 (0.0047)
国际储备	-0.0067 (0.0584)	-0.0186 (0.0138)	-0.0263** (0.0130)	0.0092 (0.0269)
汇率	-10.1590** (4.5931)	-4.8102*** (1.6095)	-5.6333*** (1.4017)	-10.0109*** (3.8237)
国内信贷总额	-0.0012 (0.0016)	0.0002 (0.0001)	0.0002 (0.0001)	0.0006** (0.0003)
负债率	-0.0349** (0.0137)	-0.0165*** (0.0038)	-0.0198*** (0.0032)	-0.0110** (0.0055)
高收入国家			-1.1972*** (0.2759)	
美国短期国债利率				0.1944*** (0.0498)
截距项	-4.1059*** (0.7309)	-2.1006*** (0.3240)	-2.1232*** (0.2627)	-3.8838*** (0.7297)
拟合值	0.482	0.225	0.278	0.126
观测值	487	1176	1663	1663

注：*** 代表 1% 的显著性水平；** 代表 5% 的显著性水平；* 代表 10% 的显著性水平。

综上所述，基于影响主权债务危机概率变化程度的视角，违约历史、经济增长的波动率、债务宽限期以及经济增长是其中最重要的要素，分别对应了债务国的违约意愿、抗外部冲击性、债务偿还优惠条件以及经济发展。为检测预警模型（即主权债务危机影响因素模型）的预测准确度，本文根据基准模型所估参数，选取样本国家主权债务违约与否的无条件分布概率作为判定主权债务危机发生与否的依据。结果显示，样本内模型的预测准确度在全样本、违约样本和非违约样本中分别达到 77.76%，76.97% 和 77.92%；如果仅预测 1990 年以后的主权债务违约事件，准确度将提升至 88.37%。而样本外模型的预测准确度在全样本、违约样本和非违约样本中分别达到 83.7%，75% 以及 84.5%。因此，本文

预警模型的准确率达到75%—88%，优于IMF研究报告（Manasse等，2003）中预警模型的准确度区间60%—90%。

基于上述预警模型，本文在下文对沿线国家2011—2017年主权债务违约风险进行评估，并通过因果识别的方法实证检验了“一带一路”倡议对其主权债务违约风险的正面/负面作用以辨别“债务陷阱论”的真伪。

（二）辨别“债务陷阱论”的真伪

如果“债务陷阱论”成立，那么“一带一路”沿线国家的债务负担应该有显著增加，与此同时，这些国家的主权债务风险亦应呈现显著上升趋势。本部分研究的样本“一带一路”沿线国家[①]相关数据取自世界银行的WDI数据库，剔除相关缺失值后，最终选取了37个国家，而这些国家均属于中、低收入国家。

双重差分模型（Difference - in - Differences）是被广泛应用于计量经济学中对于政策实施效果的定量评估方法。本文使用双重差分模型以“一带一路”沿线国家为处理组，非沿线国家为对照组[②]，基于如下模型检验“一带一路”倡议对沿线国家债务水平的影响：

$$Debt_{it} = \alpha\ BRCA_i \times Post + X_{it} + \gamma_i + \tau_t + \varepsilon_{it} \tag{2}$$

其中，$Debt_{it}$代表国家i在t年的主权债务水平，我们构建了4个债务水平指标：（1）负债率，即一国外债占GDP的比重；（2）债务率，即外债占出口的比重；（3）政府债务，即政府债务占GDP的比重；（4）外债余额，即一国外债存量（美元）。其中，负债率、政府债务和外债余额这三个指标从不同视角衡量一国的负债能力及债务负担；而债务率则更倾向于衡量该国的偿债能力。本文关注的核心解释变量是$BRCA_i \times Post$，其中$BRCA_i$表示是否是“一带一路”沿线国家，Post表示是否在“一带一路”倡议提出以后，设定年份大于等于2014时，Post取值1，其他情况取0。这一做法的合理性是基于“一带一路”倡议提出时间为2013年年底，而直至2014年3月才被写入政府工作报告，因此“一带一路”倡议真正形成影响力应在2014年及之后。X_{it}为相关的控制变量[③]，分别为国内生产总值、外商直接投资净额占GDP比重（FDI净额占比）、国内生产总值增长率（GDP增长）、人均GDP（美元）以及自然资源，其中自然资源为自然资源租金占GDP的比重。此外，γ_i代表国家固定效应，τ_t代表年份固定效应。

表7呈现了模型（2）的回归结果，第1列至第4列分别展示了以负债率、债务率、政府债务和外债余额为被解释变量并控制国家固定效应和年份固定效应的结果。结果显示，无论是负债能力、债务负担还是偿债能力指标，$BRCA_i \times Post$系数均不具有统计上的显著性。这说明相比于非沿线国家，“一带一路”倡议对于沿线国家的主权债务水平没有产生显著性影响。因此，所谓“一带一路”倡议给沿线国家增加债务负担的观点完全没有依据。

---

① “一带一路”沿线国家的判定依据世界银行2019年发布的《“一带一路”经济学：交通走廊发展机遇与风险》报告。

② 对照组的非“一带一路”国家取自世界银行数据库的中、低收入国家，剔除相关经济指标的缺失值后共57个国家。

③ 控制变量的选择参考了已有文献，如金刚和沈坤荣（2019）等。变量的描述性统计根据要求提供。

表 7 "一带一路"倡议与沿线国家债务增长

	（1）负债率	（2）债务率	（3）政府债务	（4）外债余额
Brca × Post	1.7359 （2.0702）	0.1582 （0.1002）	-0.2511 （1.8545）	1.3201e+09 （3.6771e+09）
截距项	61.1075*** （4.2979）	1.9927*** （0.2427）	58.6170*** （3.8681）	5.0180e+10*** （8.8809e+09）
观测值	622	606	416	622
拟合值	0.3710	0.3417	0.3412	0.1707
控制变量	是	是	是	是
国家固定效应	是	是	是	是
年份固定效应	是	是	是	是

注：***代表1%的显著性水平；**代表5%的显著性水平；*代表10%的显著性水平。

那么，"一带一路"倡议是否显著增加了沿线国家主权债务违约风险？为回答这个问题，本文基于如下模型进行估计：

$$DefaultRisk_{it} = \beta\ BRCA_i \times Post + X_{it} + \gamma_i + \tau_t + \varepsilon_{it} \quad (3)$$

式中被解释变量为主权债务违约风险$DefaultRisk_{it}$，此变量是基于先前预警模型估算的违约概率，该变量的取值区间介于0至1之间，数值越大表示违约风险越高。式中的控制变量包括人均GDP、外债余额、通货膨胀、国际储备余额（美元）、经常账户余额占GDP比重（经常账户余额）、国内信贷总额。此外，γ_i代表国家固定效应，τ_t代表年份固定效应。

表8列示了模型（3）的回归分析结果。第1、2列展示了在无控制变量情况下仅控制国家固定效应和同时控制国家、年份固定效应时的结果。可以发现，当仅控制国家固定效应时，$BRCA_i \times Post$的估计系数为-0.0299且在10%水平显著。当进一步控制年份固定效应时，$BRCA_i \times Post$的估计系数与之前保持一致。第3、4列是在第1、2列的基础上加入了控制变量，结果显示，$BRCA_i \times Post$的估计系数在符号上保持一致，但显著性进一步提升至5%水平。由此可见，我国"一带一路"倡议事实上对沿线国家主权债务违约风险①起到了显著抑制作用。

表 8 "一带一路"倡议与沿线国家主权债务违约风险（双重差分法）

	（1）违约概率	（2）违约概率	（3）违约概率	（4）违约概率
Brca × Post	-0.0299* （0.0162）	-0.0296* （0.0162）	-0.0249** （0.0125）	-0.0251** （0.0126）
截距项	0.2561*** （0.0059）	0.2391*** （0.0054）	0.3967*** （0.0377）	0.3875*** （0.0395）

① 为了证明结果的稳健性，我们做了平行趋势检验，我们将样本分为"一带一路"沿线国家和非沿线国家分别分析其时间趋势。结果证明，对于主权债务危机风险的降低效应仅存在于2014年及以后的"一带一路"沿线国家。

续表

	(1) 违约概率	(2) 违约概率	(3) 违约概率	(4) 违约概率
观测值	622	622	606	606
拟合值	0.8818	0.8822	0.9327	0.9328
控制变量	No	No	Yes	Yes
年份固定效应	No	Yes	No	Yes
国家固定效应	Yes	Yes	Yes	Yes

注：*** 代表1%的显著性水平；** 代表5%的显著性水平；* 代表10%的显著性水平。

为减少数据偏差和混杂变量的影响，本文的稳健性检验采用倾向评分匹配法（PSM）对“一带一路”沿线国家（处理组）和非沿线国家（对照组）进行更加合理的比较。本文选取自然资源、人均GDP以及国内生产总值的对数作为匹配条件，根据倾向评分，采用临近匹配法为沿线国家选择具有可比性的非沿线国家，再通过双重差分法分析“一带一路”倡议对沿线国家主权债务违约风险的影响。

表9列示了使用倾向评分匹配法与双重差分法相结合的回归结果。结果显示，$BRCA_i \times Post$ 的估计系数为-0.0374，不仅数值显著大于表8中仅使用双重差分法的回归系数，而且显著水平也进一步提升至5%。当同时控制国家与年份固定效应以及加入控制变量后，回归系数与之前基本一致，而且所有系数均维持在5%水平显著，再次表明“一带一路”倡议对主权债务违约风险存在显著负向影响。

表9 “一带一路”倡议与沿线国家主权债务违约风险（倾向评分匹配法+双重差分法）

	(1) 违约风险	(2) 违约风险	(3) 违约风险	(4) 违约风险
Brca × Post	-0.0374**	-0.0369**	-0.0268**	-0.0269**
	(0.0160)	(0.0160)	(0.0125)	(0.0126)
截距项	0.2606***	0.2435***	0.3935***	0.3798***
	(0.0058)	(0.0053)	(0.0382)	(0.0402)
观测值	611	611	595	595
拟合值	0.8883	0.8889	0.9348	0.9349
控制变量	No	No	Yes	Yes
年份固定效应	No	Yes	No	Yes
国家固定效应	Yes	Yes	Yes	Yes

注：*** 代表1%的显著性水平；** 代表5%的显著性水平；* 代表10%的显著性水平。

由此可见，在选择更具可比性的非沿线国家构建对照组后，上述结论依然成立。与非沿线国家相比较，“一带一路”沿线国家的主权债务水平在“一带一路”倡议提出后并无显著增加，与此同时，其主权债务违约风险却呈现显著下降趋势。因此，西方“债务陷阱论”是完全不具有数据和证据支撑的假说。

五、结论与启示

"债务陷阱论"为"一带一路"建设和中国形象带来了负面影响，通过"一带一路"国家主权债务违约风险的研究有助于澄清相关事实，驳斥荒谬言论，为我国"一带一路"建设的国际形象提供事实依据和基础。基于本文的研究结果提出如下建议：第一，构建"一带一路"主权债务风险预警体系，通过事前预警有效防范风险、合理配置资源、提高资金使用效率、降低风险损失，从而保障"一带一路"建设的持续稳健推进。第二，妥善处理政治与地缘博弈问题。政治风险是主权债务风险防范的重中之重（涉及主动违约意愿），应深入研究"一带一路"国家内部的政治体系，避免经济合作项目被当成国内政治竞争和博弈的对象。同时，加强与朝野各方的交流与沟通，尽量降低党派斗争带来的风险。第三，充分发挥多边金融机构作用。金砖银行（NDB）与亚投行（AIIB）成立目的主要为新兴经济体、发展中国家的基础设施和可持续发展提供资金，应充分发挥其在环境与社会政策、债务可持续性等方面的作用，弱化"一带一路"的政治性。第四，投资主体应多元化，组织民间资本参与投资。"一带一路"倡议起步阶段以基础设施建设为主，随着"一带一路"国家基础设施的逐渐完善，民间资本自发的或与政府合作等方式参与到盈利前景较为乐观且投资回收周期较短的现代制造业及服务业，这将有利于挖掘更好的投资机会，助力实现"一带一路"沿线国家经济的可持续增长。

参考文献：

[1] Buchanan J. M. Public Principles of Public Debt [M]. Homewood, IL: Richard D. Irwin.

[2] Manasse P, Roubini N. "Rules of thumb" for sovereign debt crises [J]. Journal of International Economics, 2009, 78 (2): 192 - 205.

[3] Hilscher J, Nosbusch Y. Determinants of sovereign risk: Macroeconomic fundamentals and the pricing of sovereign debt [J]. Review of Finance, 2010, 14 (2): 235 - 262.

[4] 范小云，孙大超．实体产业空心化导致发达国家的高主权杠杆？——基于发达国家主权债务危机的实证分析 [J]. 财经研究，2013，39（3）：112 - 122.

[5] 颜建晔，杨小玄，殷琳．主权债务危机预警模型及跨国传染效应——基于 probit 面板估计 [J]. 浙江社会科学，2014，（12）：18 - 29.

[6] 许令仪．主权债务危机预警模型研究 [J]. 经济视角，2016，（3）：16 - 29.

[7] 卢光盛，马天放．"一带一路"建设中的"99 年租期"风险：由来、影响及应对 [J]. 亚太经济，2020，1：5 - 15.

[8] Reinhart C M, Rogoff K S. Growth in a time of debt [J]. American Economic Review, 2010, 100 (2): 573 - 578.

[9] Ghulam Y, Derber J. Determinants of sovereign defaults [J]. The Quarterly Review of Economics and Finance, 2018, 69: 43 - 55.

[10] 谢来辉．"一带一路"与全球治理的关系——一个类型学分析 [J]. 世界经济

与政治，2019，(1)：39 -40.

[11] Carmody C. Dependence not debt - trap diplomacy [J]. Area Development and Policy, 2020, 5 (1): 23 -31.

[12] 钟飞腾，张帅．地区竞争、选举政治与“一带一路”债务可持续性——剖析所谓“债务陷阱外交”论 [J]. 外交评论（外交学院学报），2020，37（1）：20 -64.

[13] 宋颖慧，王瑟，赵亮．“中国债务陷阱论”剖析——以斯里兰卡政府债务问题为视角 [J]. 现代国际关系，2019，(6)：1 -9.

[14] 金刚，沈坤荣．中国企业对“一带一路”沿线国家的交通投资效应：发展效应还是债务陷阱 [J]. 中国工业经济，2019，(9)：79 -97.

[15] 邱煜，潘攀．“一带一路”倡议与沿线国家债务风险：效应及作用机制 [J]. 财贸经济，2019，40（12）：96 -111.

[16] Cohen D, Valadier C. The sovereign debt crisis that was not [A]. in Carlos A. Primo Braga and G. A. Vincelette. Sovereign debt and the financial crisis: Will this time be different? Washington, D. C., 2011: 15 -44.

[17] Reinhart C M, Rogoff K S, Savastano M A. Debt intolerance [R]. National Bureau of Economic Research, 2003.

[18] 张之锐．基于Logit模型的“一带一路”沿线国家主权债务危机预警研究 [J]. 时代金融，2017，(27)：223 -224.

[19] Manasse P, Roubini N, Schimmelpfennig A. Predicting sovereign debt crisis [J]. IMF Working Papers, 2003.

[20] IMF, World Bank. Review of the debt sustainability framework in low - income countries: Proposed reforms [R]. IMF Washington, DC, 2017.

"走出去"企业在中亚国家税收风险防范研究

张小三　陈　丹①

中亚国家地处亚欧大陆核心地带，是"丝绸之路经济带"向外延伸的第一环，已成为"一带一路"倡议建设的示范区域。然而，在中亚国家投资的中国企业遇到了不同程度的税收风险。诸如中亚国家的税制差异、税收营商环境的异同、对双边税收协定的遵从以及"走出去"企业税务风险意识等，均可能导致"走出去"企业面临诸多税收风险。本文以在中亚国家投资的中国企业为研究对象，梳理其税收风险类别和因素，分析中亚国家的税制、税收营商环境以及中国与中亚国家双边税收协定及税收合作等内容，从而为"走出去"企业构建税收风险防范路径和应对策略提供启示。

一、"走出去"企业在中亚国家投资现状

（一）中国在"一带一路"沿线国家投资流量情况

自"一带一路"倡议实施以来，中国对"一带一路"沿线国家（以下简称沿线国家）的直接投资流量呈现持续增长趋势。如图1所示，从2010—2019年，我国对沿线国家直接投资流量年均复合增长率为23.0%，然而，在2013—2019年，年均复合增长率仅为5.1%，原因在于相较于2012年，2013年直接投资增幅为115.9%。

如图2所示，我国对沿线国家直接投资流量占对外直接投资流量比自2012年的6.9%上升到2013年的12.2%。随后，2016年占比为7.8%，其余年份的占比均高于11%，其中，2019年占比为最高的13.7%。由此可见，随着"一带一路"建设行稳致远，中国与沿线国家的合作前景将更加广阔。

（二）中国在中亚国家的投资现状

1. 中国在中亚五国投资流量占在沿线国家投资的比重。如图3所示，2010年我国对中亚国家的投资比占沿线国家的比率达到了最高点（55.4%），随之下滑至2015年的最低点（-12.3%），主要因为2015年，全球石油、天然气等能源价格出现断崖式下跌，对以

① 张小三系厦门国家会计学院专职教师；陈丹系厦门国家会计学院2017级学生。

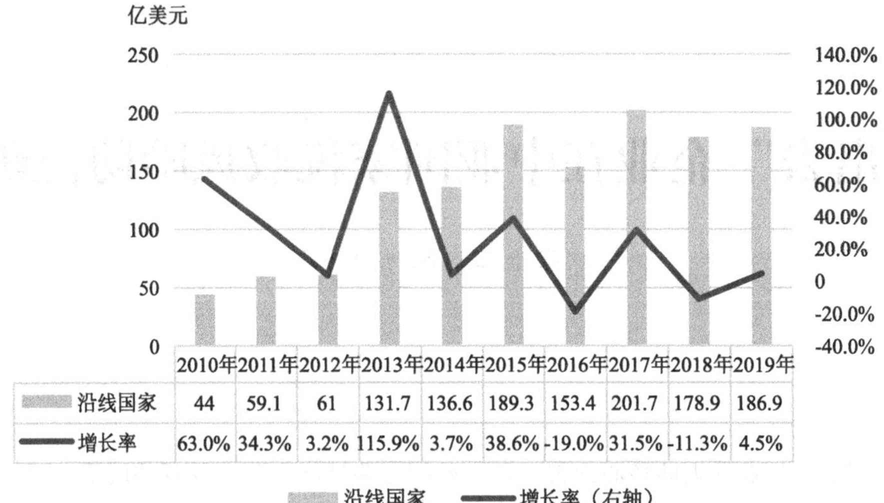

图 1　2010—2019 年中国对“一带一路”沿线国家直接投资流量

资料来源：商务部《2019 年度对外直接投资统计公报》。

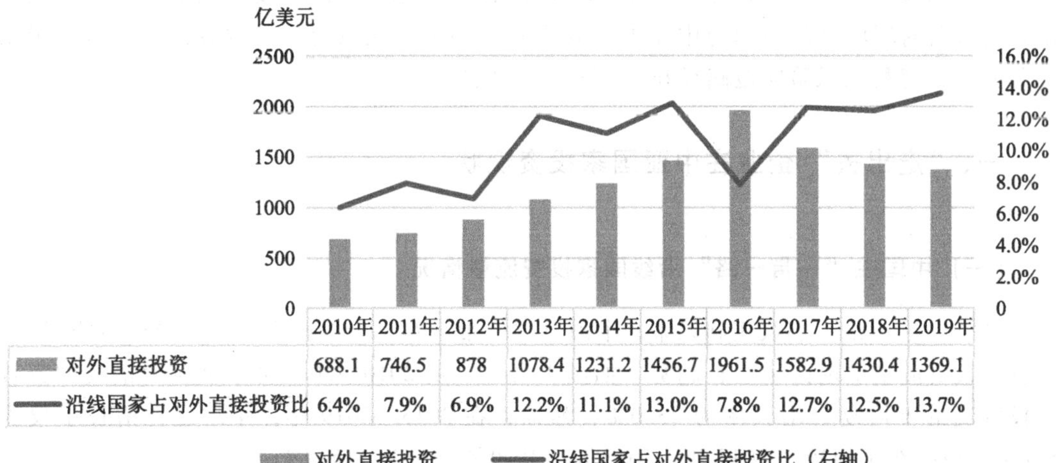

图 2　2010—2019 年对“一带一路”国家直接投资流量占对外直接投资流量比

资料来源：商务部《2019 年度对外直接投资统计公报》。

依赖石油、天然气的中亚国家的经济带来巨大冲击，同时也导致中国放缓对其的投资，从而出现投资负增长的现象。然而，2016—2019 年维持较稳定的比率。从投资存量占比看，比率相对稳定，维持在 7.0%—10.0%。

2. 中国在中亚国家直接投资流量和存量。如图 4 所示，中国对中亚国家直接投资出现了较大波动。2012 年达到峰值，投资额为 33.8 亿美元，增长率为 643.9%；随后逐年下滑至 2015 年的谷底，为 -23.3 亿美元。从 2016 开始有所回升。相比于投资流量，中国对中亚国家直接投资存量相对稳定。

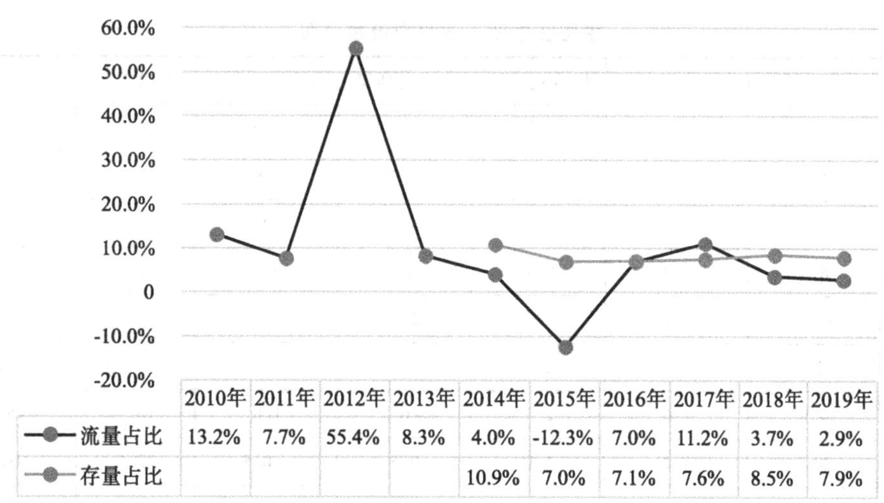

	2010年	2011年	2012年	2013年	2014年	2015年	2016年	2017年	2018年	2019年
流量占比	13.2%	7.7%	55.4%	8.3%	4.0%	-12.3%	7.0%	11.2%	3.7%	2.9%
存量占比					10.9%	7.0%	7.1%	7.6%	8.5%	7.9%

图 3　中国对中亚国家的投资占"一带一路"总额的比率

资料来源：根据商务部《2019 年度对外直接投资统计公报》计算。

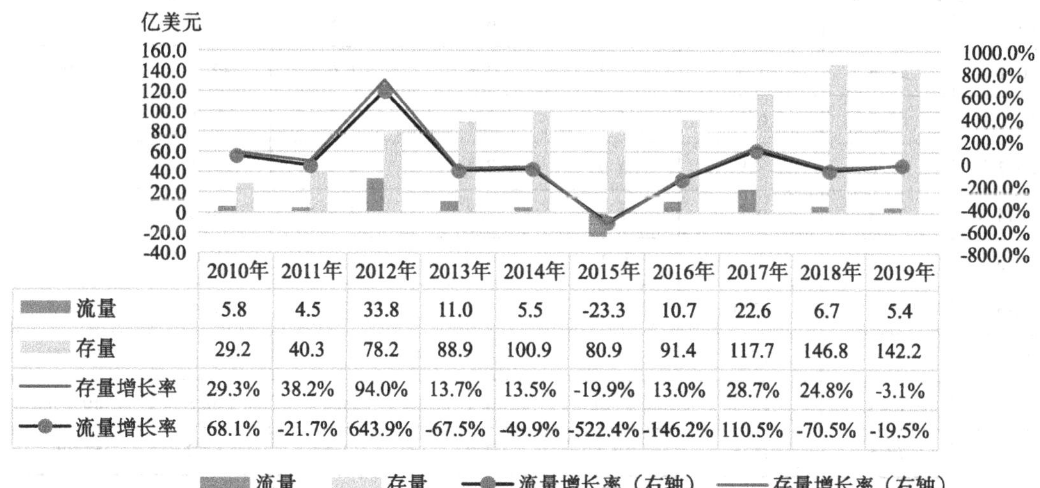

	2010年	2011年	2012年	2013年	2014年	2015年	2016年	2017年	2018年	2019年
流量	5.8	4.5	33.8	11.0	5.5	-23.3	10.7	22.6	6.7	5.4
存量	29.2	40.3	78.2	88.9	100.9	80.9	91.4	117.7	146.8	142.2
存量增长率	29.3%	38.2%	94.0%	13.7%	13.5%	-19.9%	13.0%	28.7%	24.8%	-3.1%
流量增长率	68.1%	-21.7%	643.9%	-67.5%	-49.9%	-522.4%	-146.2%	110.5%	-70.5%	-19.5%

图 4　中国对中亚国家投资流量和存量

资料来源：商务部《2019 年度对外直接投资统计公报》。

3. 中国在中亚国家直接分布。如表 1 所示，中国对中亚国家的投资流量的大部分流向了哈萨克斯坦。表 2 显示，中国对哈萨克斯坦的投资也超过了半数（50.0%—79.9%）。总体而言，哈萨克斯坦是中国对中亚五国投资金额最多的国家。

表 1　　中国在中亚五国投资流量分布　　单位：亿美元

	哈萨克斯坦	吉尔吉斯斯坦	塔吉克斯坦	土库曼斯坦	乌兹别克斯坦	五国总额	哈萨克斯坦占比
2010 年	0.4	0.8	0.2	4.5	0.0	5.8	6.2%
2011 年	5.8	1.5	0.2	-3.8	0.9	4.5	128.1%
2012 年	30.0	1.6	2.3	0.1	-0.3	33.8	88.7%
2013 年	8.1	2.0	0.7	-0.3	0.4	11.0	73.8%
2014 年	-0.4	1.1	1.1	2.0	1.8	5.5	-7.3%
2015 年	-25.1	1.5	2.2	-3.1	1.3	-23.3	107.9%
2016 年	4.9	1.6	2.7	-0.2	1.8	10.7	45.4%
2017 年	20.7	1.2	1.0	0.5	-0.8	22.6	91.6%
2018 年	1.2	1.0	3.9	-0.4	1.0	6.7	17.7%
2019 年	7.9	2.2	0.7	-0.9	-4.5	5.4	146.4%

表 2　　中国在中亚五国投资存量分布　　单位：亿美元

	哈萨克斯坦	吉尔吉斯斯坦	塔吉克斯坦	土库曼斯坦	乌兹别克斯坦	五国总额	哈萨克斯坦占比
2010 年	15.9	3.9	1.9	6.6	0.8	29.2	54.5%
2011 年	28.6	5.3	2.2	2.8	1.6	40.3	70.9%
2012 年	62.5	6.6	4.8	2.9	1.5	78.2	79.9%
2013 年	69.6	8.9	6.0	2.5	2.0	88.9	78.2%
2014 年	75.4	9.8	7.3	4.5	3.9	100.9	74.7%
2015 年	51.0	10.7	9.1	1.3	8.8	80.9	63.0%
2016 年	54.3	12.4	11.7	2.5	10.6	91.4	59.4%
2017 年	75.6	13.0	16.2	3.4	9.5	117.7	64.3%
2018 年	73.4	13.9	19.4	3.1	36.9	146.8	50.0%
2019 年	72.5	15.5	19.5	2.3	32.5	142.2	51.0%

资料来源：商务部《2019 年度对外直接投资统计公报》。

综上，中亚国家是“一带一路”倡议的重要合作伙伴，随着我国与中亚国家五通建设的不断推进，我国企业未来对其投资具有较大的空间和潜力。

二、“走出去”企业在沿线国家面临的税收风险

本文通过定性分析和多案例对比研究，对“走出去”企业面临的税收风险因素进行系统分析。案例来源于国家税务总局官网，通过梳理 2015 年 1 月 1 日至 2018 年 12 月 31 日期间“税收服务‘一带一路’”专栏报道，本文从 230 篇专栏文章中提取了 114 个企业税务风险案例作为样本分析（见表 3）。

表3　"走出去"企业税务风险案例库来源表

案例来源	文献数量	税务风险文献	案例
"一带一路"工作动态	117	25	37
"一带一路"相关案例	11	8	16
"一带一路"媒体资讯	102	39	61
总计	230	72	114

资料来源：国家税务总局官网"税收服'一带一路'"专栏。

通过分析，共有96个案例对象涉及"走出去"企业境外税务风险。如表4所示，税收协定风险和重复征税风险是主要风险来源，案例数量占案例样本比分别为62.5%和20.8%。

表4　"走出去"企业税务风险类型

风险类型	案例数量	案例数量占比
税收协定风险	60	62.5%
重复征税风险	20	20.8%
关联交易转让定价风险	3	3.1%
一般反避税	8	8.3%
被收购企业潜在税收风险	1	1.0%
东道国税法变更	4	4.1%
总计	96	100%

资料来源：作者整理。

如表5所示，从国家分布上看，样本企业遇到的税务风险较广。其中，在哈萨克斯坦就达到了5个，在印度为4个。因此，中亚国家作为研究样本具有典型性。

表5　"走出去"企业税务风险的国家分布

案例数量	发生国家
4个以上	印度（4）、哈萨克斯坦（5）
3个	越南、埃及
2个	马来西亚、白俄罗斯、埃塞俄比亚、俄罗斯
1个	挪威、肯尼亚、摩纳哥、乌克兰、新加坡、科威特、柬埔寨、泰国、斯里兰卡、巴西、澳大利亚、缅甸、巴基斯坦、西班牙、尼泊尔、新西兰、德国、土耳其、伊朗、加纳、苏丹、安哥拉

资料来源：作者整理。

三、"走出去"企业在中亚国家的税收风险及案例

本文进一步梳理了中国企业在中亚国家面临的税收风险类型。如表4所示，其税收风险包括税收协定风险、重复征税风险、一般反避税风险、税收争议风险等。

（一）税收协定风险

中亚国家税务部门出现多次未遵守双边税收协定的情况，导致企业重复缴税。另外，部分企业对双边税收协定内容不了解，未能享受相应的税收权益。

案例1：利息免税

华新水泥在塔吉克斯坦设厂，向中国国家开发银行贷款1.8亿美元。针对这笔贷款，该国税务机关向其征收500万美元的所得税。根据中国与该国签订的税收协定，对中央银行或完全由政府拥有的金融机构贷款而支付的利息在东道国免税。因此，该项贷款的利息属于免税，但该国拒绝退还应该免征的税款。最后经过两国税务部门协商，最终按照税收协定规定办理免税，为企业节省500万美元所得税。

案例2：租金收入

烟台杰瑞石油服务集团于2010年在哈萨克斯坦投资注册子公司，母公司以租赁的方式将设备交给子公司经营。按照哈萨克斯坦税法规定，对子公司向境外支付的租金要按照20%的税率代扣代缴所得税。根据我国与哈萨克斯坦税收协定，对于我国在哈萨克斯坦取得的租金收入，应按特许权使用费执行10%的税率。对此，杰瑞公司提出退税申请，被哈萨克斯坦税务部门驳回。最终，国家税务总局启动与哈萨克斯坦相互协商程序，哈萨克斯坦退回了多征的150万元税款。

上述案例说明，有时企业依靠自身力量很难解决不公税收待遇和税收争议问题，需要我国税务管理部门予以协调。

（二）税制差异风险

因中亚国家税制与我国税制存在较大差异，当“走出去”企业对我国和投资国税务政策了解不全面时，也会出现重复征税的问题，导致企业多缴纳税费。

案例3：不了解税收政策带来的风险

中国能源建设集团新疆电力设计院有限公司在开拓中亚市场过程中，对出口项目支付费用的扣除、各国的税法等许多方面都一知半解。税务机关在基本办税流程、出口退（免）税、税收优惠政策等方面提供“一对一”的精准指导，帮助企业增强抵抗税收风险的意识和能力。

综上，企业对中亚国家投资前，需要充分了解中亚国家的税收政策、双边税收协定，增强对外投资的税收确定性。此外，企业在中亚国家受到不公平的税收待遇时，应及时向我国税务机关求助。我国税务部门要积极发挥指导和宣讲作用，最大限度地为企业提供帮助。

（三）其他税收风险

1. 一般反避税风险。各国为打击与防范跨境企业避税问题，联合开展了BEPS计划，共同抵制转让定价及其他反避税问题。企业在中亚进行投资时，如果在跨境贸易中对中亚国家转让定价政策认识不清，滥用转让定价，可能面对严苛的处罚措施。此外，若对东道国资本弱化政策了解不深，当债务对股本比例超出规定比例时，超出债务部门会被纳入征税范围，还会受到反避税惩处，必然会提高企业境外直接投资的成本。

2. 组织形式设立不合理带来的风险。企业在中亚国家投资中，可以选择设立分公司或者子公司，不同的选择会对企业税务状况带来不同影响，如果不能作出合理选择，也会产生不必要的税务风险。

综上，"走出去"企业税收风险从企业内部因素看是由于企业对东道国税法税制以及对双边税收协定的内容了解不够。从外部因素看，东道国税法税制差异大、东道国税务部门未遵守双边税收协定也会导致企业未能享受相关税收权益等风险。

四、中亚国家税制、税收营商环境、税收协定对比分析

对东道国税制和税收征管环境的充分了解，有助于企业规避相应的税收风险，保障企业的健康稳定运营。我国与中亚国家签署的双边税收协定有助于企业享受合理的税收权益、避免税收双重征税及税收歧视等事件的发生。

（一）中亚国家税收政策

中亚国家税收政策是影响我国"走出去"企业在国外投资回报的重要因素之一。表6列出了中亚国家主要税种及税率。

表6　中亚国家主要税种及税率

国家	企业所得税	个人所得税	增值税	消费税	其他税种
哈萨克斯坦	20%；农业企业所生产农产品6%	10%	12%	原油、酒水、烟草、交通费用	关税、财产税、土地税、采矿税、机动车税、社保税
吉尔吉斯斯坦	10%；租赁5%，金矿和黄金企业按照营业收入1%—20%征税	10%	12%	酒、烟草、铂和石油产品	销售税、关税、地下使用税、工资税、财产税和土地税
塔吉克斯坦	（2017年起）工业13%，其他23%	13%	18%	饮料、烟草、燃料、轮胎、乘用车、珠宝和移动通信	关税、土地税、不动产税、社会税、道路税和车辆税
乌兹别克斯坦	7.5%，银行15%。	23%	20%	香烟、珠宝、汽油、酒精	关税、财产税、土地税、印花税、水资源税、地下使用税、超额利润税
土库曼斯坦	8%；小微企业2%，分支机构20%，石油20%，政府控股超50%的企业20%	10%	15%	酒精、饮料、烟草、汽车	关税、财产税、印花税、地下使用税、广告税和退休保险

资料来源：根据国家税务总局中亚国别投资指南整理。

1. 企业所得税与个人所得税。从企业所得税看，五个国家的税率位于7.5%—20%之间，除塔吉克斯坦非工业企业为23%的税率外，其余四国税率均不到20%，总体上看，

有利于吸引外商投资。

从个人所得税看，五国税率普遍较低，哈萨克斯坦、吉尔吉斯坦、土库曼斯坦三国均为 10%，塔吉克斯坦为 13%，最高为乌兹别克斯坦的 23%。

2. 流转税。从增值税看，中亚国家增值税税率最低 12%，最高 20%。在出口产品和服务方面，中亚国家均实行零税率；同时，对文化、教育、医疗、旅游和金融等行业各国有着不同的免征税费的选择。

对于酒、石油、烟草等行业，中亚国家均征收消费税，至于消费税税率，则由政府视实际情况制定与调整。财产税方面，除塔吉克斯坦外，其余四国对于资源开采行为，除了正常缴纳增值税外，还额外征收采矿税。

从营业税看，吉尔吉斯斯坦与塔吉克斯坦的税法中，除设有消费税外，还设有营业税。该税种针对的范围主要是免征增值税的产品、服务、通话业务以及银行业务等。免征增值税产品、工程以及服务的商业活动税率为 1%，其余活动为 2%；银行业务、通信业务以及其他商业活动税费分别为 5%、2%、2%。

3. 中亚国家涉外所得分析（见表 7）。

表 7　　中亚各国企业所得税涉外规定

项目	资本利得	亏损结转	境外税收抵免	转让定价	资本弱化
哈萨克斯坦	正常纳税，出售股份有条件免税	后转 10 年	限额抵免	公平交易，可预约定价	4:1（金融机构为 7:1）
吉尔吉斯斯坦	正常纳税	后转 5 年	协定国限额抵免	转让定价指南	无要求
塔吉克斯坦	证券利得正常征税，其他不征税	后转 3 年	限额抵免	公平交易原则	利息扣除在央行利率（8%）3 倍以内
乌兹别克斯坦	正常纳税，非居民取得境内股权利得和不动产利得税率 20%	后转 5 年，不得超过当年所得额 50%	依据双边税收协定抵免	公平交易原则	无要求
土库曼斯坦	正常纳税	一般 3 年，石油企业 10 年	按税收协定限额抵免	偏离市场价超过 20%（石油 10%）时适用转让定价规则	无要求

资料来源：根据国家税务总局中亚国别投资指南整理。

中亚国家对于资本利得采取正常纳税。哈萨克斯坦出售股份有条件免税；塔吉克斯坦证券利得正常征税，其他不征税；乌兹别克斯坦非居民取得境内股权利得和不动产利得税率 20%。另外，中亚国家允许企业亏损结转。结转期有 3 类年限，分别为 3、5、10 年，而且乌兹别克斯坦规定结转额不得超过当年所得额 50%。对于境外税收抵免，哈萨克斯坦、塔吉克斯坦推行限额抵免政策，而其余三个国家限额抵免的范围只限定于协定国。

中亚国家建立了转让定价的应对机制。土库曼斯坦划定了某些特定领域或特定类型的贸易活动作为税务部门监管转让定价情况的重点，如关联方交易额与市场均价相差 20% 的贸易活动。吉尔吉斯斯坦、乌兹别克斯坦的转让定价监管体系相对不完善，但税务部门对关联方之间的贸易活动享有定价权利。塔吉克斯坦要求税务部门监控关联方交易活动，若其交易价格与市场均价存在30%的差异，税务部门享有将价格调整到正常水平的权利。哈萨克斯坦由海关与税务部门共同解决转让定价问题，当发现跨境交易与直接涉及地下合同、交易一方享受税收优惠或交易前两年内存在亏损新乡的商业交易，若根据相关指标判定其与市场均价相差较大时，应重新判定其应当缴纳的税款并给予一定处罚，若交易存在第三方，则对第三方一并惩处。

中亚国家的资本弱化政策相对宽松。五国中，仅哈萨克斯坦有明确的资本弱化规定，即除去利息限额后，其资本弱化能够接受的债权股权比例为4:1。塔吉克斯坦只限定了利率扣除标准，对借款多少没有要求。

综上，中亚国家税法政策与我国存在较大不同，而且中亚国家税务部门具有较强的自由裁量权，可能出现违背双边税收协定内容重复征税等问题，给"走出去"企业带来税收风险。

（二）中亚国家税收营商环境分析

本文根据世界银行税收营商环境数据，选取"纳税次数""纳税时间""税后流程"三个指标，从企业纳税便利度和纳税遵从成本角度来分析中亚国家的税收营商环境。

1. 纳税次数。如表8所示，中亚四国年均纳税次数相差较大，2009—2019年，哈萨克斯坦平均纳税次数为7次，保持了较低水平；塔吉克斯坦纳税次数由69降到6，直线下降；乌兹别克斯坦从58到10，中间有所波动；吉尔吉斯共和国则从76下降51，改善相对不大。

表8　　2009—2019年中亚四国纳税次数　　单位：次

年份	哈萨克斯坦	塔吉克斯坦	乌兹别克斯坦	吉尔吉斯斯坦
2009	7	69	58	76
2010	7	69	58	76
2011	7	69	58	48
2012	6	69	58	52
2013	6	69	58	52
2014	6	69	70	52
2015	6	36	58	51
2016	7	28	58	51
2017	7	12	58	51
2018	7	6	10	51
2019	7	6	10	51

资料来源：根据世界银行发布的2009—2019年营商环境报告整理。

2. 纳税时间。如表9显示，2009—2019年，哈萨克斯坦企业纳税时间由最高的每年261小时下降至182小时；塔吉克斯坦从每年296小时减少至224小时；乌兹别克斯坦从每年 205.2 小时降至 181 小时；吉尔吉斯斯坦由每年 222 小时增加到 225 小时。

表 9　2009—2019 年中亚四国纳税时间　单位：小时/年

年份	哈萨克斯坦	塔吉克斯坦	乌兹别克斯坦	吉尔吉斯斯坦
2009	261	296	205.2	222
2010	261	296	205.2	222
2011	261	296	205	222
2012	178	296	205	230
2013	178	296	213.5	226
2014	178	296	202	226
2015	178	281	202	225
2016	178	276	202	225
2017	178	258	181	225
2018	178	224	181	225
2019	182	224	181	225

资料来源：根据世界银行发布的 2009—2019 年营商环境报告整理。

3. 报税后流程。如表 10 显示，世界银行从 2016 年开始将政府处理报税的效率纳入到税收营商环境中考量，哈萨克斯坦和吉尔吉斯斯坦报税后流程指标一直没变。塔吉克斯坦分数从 42.75 上升至 61.35。乌兹别克斯坦增加至 76.92。

表 10　2016—2019 年中亚四国报税后流程指标（0—100）

年份	哈萨克斯坦	塔吉克斯坦	乌兹别克斯坦	吉尔吉斯斯坦
2016	48.85	42.75	52.88	56.55
2017	48.85	58.07	53.98	56.55
2018	48.85	61.76	74.73	56.55
2019	48.85	61.35	76.92	56.55

从以上指标看，哈萨克斯坦税收营商环境改善较大。2008 年，哈萨克斯坦降低了对公司迟交税款的制裁；2010 年，降低了社会税率和企业所得税税率；然而在 2015 年哈萨克斯坦对国家企业家协会强制捐款以及增加车辆税和环境税，使公司纳税更加复杂，税负加大。塔吉克斯坦和乌兹别克斯坦的税收营商环境也在逐渐变好。塔吉克斯坦在 2014—2017 年将最低所得税与企业所得税合并，同时取消了零售销售税；此外引入电子系统和支付系统，还引入电子发票和扩大电子申报系统，简化纳税。乌兹别克斯坦在 2010 年合并企业所得税规定的新税法，于 2014 年取消了一些小税种，并于 2018 年引入电子系统，使纳税更容易。综上，中亚国家税收营商环境得到持续改善。

（三）我国与中亚国家税收协定

1. 我国与中亚国家税收协定签订情况。表 11 显示了中亚国家和我国双边税收协定的签署情况。1996年，乌兹别克斯坦成为最早与我国签订双边税收协定的中亚国家，土库曼斯坦最晚，签署时间为2009年。我国与乌兹别克斯坦于2011年重新修订，与其他中亚国家签署的税收协定相对较早。

表11　　　　我国与中亚国家签订税收协定一览表

国家	签署日期	生效日期	执行日期
哈萨克斯坦	2001.9.12	2003.7.27	2004.1.1
乌兹别克斯坦	1996.7.3	1996.7.3	1997.1.1
	2001.4.18	2001.4.18	2001.4.18
吉尔吉斯斯坦	2002.6.24	2003.3.29	2004.1.1
塔吉克斯坦	2008.8.27	2009.3.28	2010.1.1
土库曼斯坦	2009.12.13	2010.5.30	2011.1.1

资料来源：国家税务总局网站：《我国签订的避免双重征税条约一览表》。

2. 我国与中亚国家间税收协定主要内容。

（1）常设机构。常设机构通常分为：一般类型、劳务型以及工程和劳务型。对一般类型的界定为"本协定所述常设机构为企业进行所有或部分经营业务的固定营业场所"。同时其范围包括：分支机构、矿厂、办事处、采石场、油井等。

对于工程型常设机构的认定时间标准均规定为"建筑工地、装配工程或相关监管活动，仅以其持续一年以上的为限"。对于劳务型常设机构，除乌兹别克斯坦外，在时间上均认定为：以企业通过雇员或者雇用的其他人员在中亚各国提供劳务，以连续或累计超过12个月或者183天以上的为限。

（2）投资所得。投资所得主要是股息、利息以及特许权使用费。根据签订的协定条款，股息、利息以及特许权使用费通常被单独列出来，明确划分各国的征税权（见表12）。

表12　　　　我国与中亚国家股息利息特许权使用费协定税率一览表

国家	股息税率	利息税率	特许权使用费
哈萨克斯坦	10%	10%	10%
乌兹别克斯坦	10%	10%	10%
土库曼斯坦	10%、5%（直接拥有支付股息公司至少25%股份情况下）	10%	10%
塔吉克斯坦	10%、5%（直接拥有支付股息公司至少25%股份情况下）	8%	8%
吉尔吉斯斯坦	10%	10%	10%

资料来源：根据中亚各国与我国税收协定整理。

依据征税权划分原则，股息征税权一般为居民国所有，中亚国家与我国税收协定都规定"如果该项股息的受益所有人是缔约国另一方居民，则所征税款不应超过股息总额的10%"。此外，土库曼斯坦和塔吉克斯坦对股息还规定了：在直接拥有支付股息公司至少25%的股份情况下，对所征税款不应超过股息总额的5%。

针对跨境利息所得，除了塔吉克斯坦外，我国企业在其他四国的利息收入均按10%征税，而塔吉克斯坦对利息征税税率低于10%，仅为8%。中亚国家都对在国家（中央）银行或政府拥有金融机构贷款利息免予征税。

中亚各国规定的特许权使用费税率均为10%。

（3）消除双重税收方法与相互协商流程。消除双重税收方法包括抵免法与免税法。前者分为直接抵免法和间接抵免法。目前，在签订的协定中基本包含直接抵免法。间接抵免法方面，土库曼斯坦、塔吉克斯坦与我国税收协定中有间接抵免条款，持股比例限制为20%。

相互协商程序条款目的在于以协调沟通的方式化解税收冲突，保护协约国纳税企业的利益。当前，我国和中亚国家双边税收协定都规定“当纳税企业或个体认为缔约国或双方的行为会导致缴税活动与协定内容不符时，可将案情提交至所在国税务部门进行处理”。

五、“走出去”企业税务风险防范路径

“走出去”企业应以自身风险防范为主，政府引导为辅的策略，建立有效的税收风险防范路径。因此，本文从企业和政府两个角度讨论“走出去”企业在中亚国家的税务风险防范。

（一）企业层面

企业应充分了解中亚国家的相关税收政策、与我国签署的双边税收协定内容和遵守中亚国家相关法律法规，制定企业税收风险防范对策，建立和完善税务风险内控体系。

1. 启动阶段。

（1）掌握中亚国家的税制。中国企业“走出去”首先要面临的就是投资目的国陌生复杂的税收制度和税收征管环境。企业在境外投资的启动阶段，需组建专门的调研团队，对中亚国家的税制进行全面分析，重点探究其税率差异、税收抵免规定、资本弱化规则等。

企业获取中亚国家相关税收信息途径包括：首先，我国各级税务部门等为企业提供了各类跨境税务服务。其次，参考有丰富跨国业务经验的专业性中介机构或者国际专业性信息提供商所提供的信息，或购买其专业性的财税服务。另外，企业还应当派遣内部财税人员前往投资国进行实地考察或者前往当地同类中方企业进行交流，了解其在投资与经营中曾经出现的税务风险。

（2）合理安排组织形式。企业选择投资架构时需考虑两点：一是中亚国家对外资分公司各类税种的征收规定；二是我国与其协定中是否有间接抵免与预提税限制税率的相关规定。

2. 运营阶段。

（1）关注双边税收协定。我国与中亚国家签订税收协定，主要目的就是明确划定纳税主体的义务、税种范围、税收权利分类、特例问题解决方案等，以此规避税制差异风险。企业在中亚投资的过程中，要多关注中亚国家与我国签订的双边税收协定，使得企业在中亚国家投资享受更多的政策保护，将相关的税务风险控制在合理的范围内。

（2）善用相互协商程序解决争议。相互协商程序旨在通过协商沟通的形式解决税收矛

盾，若企业在中亚投资被当地税务机关在征税上存在歧视对待或不符合协定内容，从而发生税收争议，企业可将情况反馈至国内税务部门，启动相互协商程度，由缔约双方税务部门进行协商解决。

（3）关注 BEPS 进展，防范反避税调查。BEPS 行动方案背景下，当企业实施跨境经营活动时，很可能会被相关税务部门进行反避税调查，在特殊情况下还可能面临特别纳税调整。除了了解中亚国家反避税政策外，企业还可以通过税收协定相互协商程序来防范投资国反避税处罚措施。企业要重视转让定价及资本弱化条款。中亚五国在转让定价方面普遍不具有较高容忍度，均严格执行公平交易原则，在中亚国家谨慎采用转让定价进行税务筹划。

3. 退出阶段。当企业准备退出东道国时，企业所要关注的重点是投资国资本利得征税规定。若企业选择的退出形式不合适，就可能导致企业缴纳更多的税款，引发税务风险。在中亚各国，每个国家都设有资本利得税，但税率高低存在差异，同时塔吉克斯坦与哈萨克斯坦对出售股权实行免税政策。根据各国制定的亏损结转规定看，中亚国家实施的有限期后转为 3—10 年。

总体来说，企业首先要建立企业内部税收风险防控机制。其次还需对签订的双边税收协定内容进行细致研究，在东道国在不违背东道国税法的基础上合理享受税收权益，同时有效规避企业涉税风险，保障企业的健康稳定经营。

（二）政府层面

我国税务管理部门应从全局性角度协助“走出去”企业解决税收风险问题。在建立全球公平和现代化的国际税收体系下，深化我国与中亚国家的税收权益分配的优化和促进税收行政管理的合作，努力减少我国企业在中亚国家的税收风险。

1. 加强我国与中亚国家双边税收协定的修订。我国与中亚国家签订的税收协定时间久远，部分条款已经不适应当今形势。在双边税收协定的修订中，应该注重以下内容或原则：

（1）与中亚国家在税收权益分配的立场上，应注重维护作为居民国的税收权益，允许有多样化的税收协定条款。

（2）随着我国对中亚国家的直接投资的逐渐增加，需要尽量延长建筑工程类常设机构的认定时间。

（3）降低股息和利息适用的限制税率，对特许权使用费的限制税率也需更加关注居民国权利。

（4）需要扩大金融机构认定的范围和兜底条款的明晰化。

（5）我国与中亚国家现有协定内容中都没有税收饶让条款。从已有研究看，当我国与其他国家签订税收饶让条款后，我国企业对该国的投资量会大幅提升，短期内，该规定能够减轻企业税负压力和降低对外投资成本，长期看，能够确保企业在投资国长久经营，获取更多利益。因此，我国应当积极补充与中亚国家的税收饶让条款，尽力扩大相互饶让或单边饶让的协定范围。

2. 引入仲裁条款，完善税收协定争议解决机制。税收协定中关于相互协商的时间没有明确的限制规定，这就可能导致相互协商解决税收争议的过程非常漫长，不能有效地解决相关税收争议。我国应当参考西方国家的解决策略，在签订协定的同时制定仲裁条款。若缔约双方在解决税务争议时，超过两年依然没有形成统一意见，此时，纳税主体可申请强制仲裁程序，以此尽快解决税务纠纷问题，通过引入强制仲裁程序，能够有效提升双方的协商积极性。我国可以实行以相互协商程序为主，仲裁程序为辅的方式，为企业提供防范税收风险的程序性保障。

3. 加强与中亚国家多边税务合作，提高协定执行水平。税收协定只能发挥保障作用，并不能将企业的税收风险完全消除。税务机关应当建立关于协定执行的监管机制，确保协定条款的切实执行与落实。另外，共同提升中亚国家税收文明程度，有效降低跨境投资者税收不确定性。因此，需要与中亚国家共同努力构建“一带一路”税收合作长效机制和顶层沟通平台。

4. 加强与中亚国家的合作，共同应对经济数字化带来的税收挑战。作为双支柱方案共识的成员国，中国、中亚国家需要积极合作，一是在《应对经济数字化税收挑战——支柱二全球反税基侵蚀规则立法模板》的指引下，落实和促进该规则在本国的立法，以确保新规则在2023年底前的实施；二是在新规则的实施前后，积极合作，共同修改之前签订的双边税收协定、国际税收征管合作条约等内容的部分条款，以确保在新规则的实施中有效地共同应对经济数字化带来的挑战和确保税制的公平。

5. 加强与中亚国家的税收行政合作，促进税务信息交换和反避税。新时期国际税收征管理念是“打击企业逃避行为，坚持合理税负，避免双重征税”，核心就是税务信息交换和反避税。加强与中亚国家的税收征管合作，建立和完善相互协商程序、完善税务信息交换制度、推进实施金融账户涉税信息自动交换标准、建立区域性的多边税收情报交换网络，共同构建反避税国际协作体系，加大反避税调查力度。

6. 优化税务机关涉外税收服务。构建“网络化”税收服务机制，以科技创新推进税收服务“网络化”建设，税务部门可通过整理中亚各国税收政策、税收优惠、税收征管实例等信息，构建中亚地区税收政策信息资讯库，并发布各国投资税务风险评估报告，适时发出投资风险预警。在中亚各国驻外使馆派驻税务专员，与各国纳税指导专业组织及中介机构合作，为企业投资做必要的辅导工作，解决具体的涉税事宜。

参考文献：

[1]《经济日报》. 让“走出去”企业告别税收烦恼 . http：//www. chinatax. gov. cn/n810341/n810780/c2284662/content. html.

[2] 国家税务总局 . 山东国税启动“税收服务‘一带一路’发展战略”http：//www. chinatax. gov. cn/n810219/n810744/n1671176/n1671191/c1707706/content. html.

[3]［人民网］新疆国税服务“一带一路”倡议：企业走出去 服务跟上来 . http：//www. chinatax. gov. cn/n810219/n810744/n1671176/n1671191/c3436929/content. html.

[4] 曲俊宇 .“一带一路”背景下企业涉税风险及应对策略［J]. 国际税收，2018(4)：76 - 79.

[5] 雷海兰．“走出去”企业的税收风险分析与对策［J］．中国税务，2018（2）：63－64.

[6] 魏紫茜．中国企业投资中亚国家税务筹划研究［D］．北京：首都经济贸易大学，2017.

[7] 李爱青．“走出去”企业税收服务问题研究［D］．昆明：云南财经大学，2018.

[8] 周建厂．国际税收协定防范“走出去”跨境税务风险实现路径探究——基于“一带一路”倡议背景的讨论［J］．经济体制改革，2018（2）：130－136.

[9] 冀政宇．“一带一路”下企业境外投资税务风险及应对研究［D］．大连：东北财经大学，2017.

[10] 马清兰．中国与“一带一路”沿线国家税收协定研究［D］．北京：首都经济贸易大学，2018.

[11] 张富强．论强国战略下“一带一路”国际税收争议解决机制的完善［J］．法学杂志，2018，39（8）：1－12，142.

[12] 张景华，叶莉娜．论税收文明的国际化——以包容性国际税收合作框架的构建为视角［J］．税务研究，2017（12）．

俄乌局势下全球普遍通胀和金融市场动荡对我国影响分析

洪祥骏[①]

俄乌双方冲突不断加剧的背景下，美欧对俄罗斯实施经济制裁，导致了与俄罗斯贸易依存度高的国家产生成本推动型通胀，促使美欧等经济体的通胀风险问题日益凸显。美国劳工统计局公布2022年2月份美居民消费价格指数（CPI）达7.9%，创1982年以来最大涨幅。俄乌局势加剧了疫情影响下本就紧张的全球能源和物资供应，进一步推高了全球通胀。美联储如期启动加息缩表，发达国家与新兴市场国家恐将跟随，导致全球流动性加速紧缩，引发金融市场动荡，影响全球经济复苏前景。我国应提高警惕，采取灵活稳健宏观政策；化危为机，防变应变，深化经济领域改革，强化全球金融风险防控体系韧性。

一、俄乌局势下美欧对俄制裁及其影响

俄罗斯与乌克兰爆发冲突以来，美国、欧盟和WTO等多边体制均对俄罗斯采取了一系列经济制裁，涉及贸易禁运、金融封锁和科技限制等多种方式，制裁的严厉程度逐步升级，对俄罗斯的产业、外贸和金融市场造成一定影响（见表1和表2）。在初期，美欧的制裁主要包括针对俄国官员的个人制裁以及商业精英和企业家的金融制裁，切断俄罗斯获取国际融资和国际交易结算的能力。俄对外经济银行、储蓄银行、国家开发银行等五大银行和俄矿业集团、俄管道公司都已被纳入制裁名单。中期，美欧进一步限制了全产业链的高科技产品对俄出口以及对能源行业实施制裁。最终，美欧将俄罗斯完全排除出环球同业银行金融电讯协会国际资金清算系统（SWIFT）并取消俄罗斯的贸易最惠国待遇，但仍为在银行间与俄进行石油及天然气相关支付留出空间。

而本次制裁对于俄罗斯的经济运行会产生剧烈冲击，但是还不足以导致俄罗斯出现严重危机。这是由于俄罗斯资源禀赋具备自给自足的特征，以及拥有完整的产业部门和工业体系。近年来，俄罗斯出口占世界份额较低，疫情前约为2.3%，疫情后下滑到2%以下。因此，美欧对俄的制裁在短期内影响有限，但是全产业链封锁会导致俄长期现代化进程承压。

① 洪祥骏系厦门国家会计学院“一带一路”财经发展研究中心讲师。

表 1 美国对俄罗斯制裁情况

时间	制裁情况
2月21日	禁止美国在顿涅茨克、卢甘斯克任何地区投资；禁止直接或间接进口来自两国的任何货物、服务或技术；禁止美国直接或间接向两国出口、再出口、销售或供应任何货物、服务或技术
2月22日	对俄罗斯部分精英及其家人进行全面制裁，同时制裁了两家白俄罗斯国有银行、九家国防公司和七位与政权有联系的官员和精英
	禁止美国金融机构在二级市场交易俄罗斯国债
2月24日	切断俄罗斯联邦储备银行与美国金融系统的联系。限制其使用美元进行交易；全面封锁制裁俄罗斯第二大金融机构 VTB 银行及其他三个主要的俄罗斯金融机构，冻结这些机构涉及美国金融体系的任何资产，并禁止美方与其进行交易；对 13 家最重要的俄罗斯企业和实体实施新的债务和股权限制
	几乎所有的美国产品或生产过程中使用了美国软件技术或设备的国外产品均被限制向俄罗斯军方出口
	限制对俄罗斯出口高科技产品，包括半导体、电信、加密安全、激光、传照器、导航、航空电子和海事技术等
2月26日	美、欧、英、加联合宣布将部分俄罗斯银行排除在环球同业银行金融电讯协会国际资金清算系统（SWIFT）之外，但为银行间进行与俄石油及天然气相关支付留出空间
2月28日	禁止美国人交易部分俄罗斯实体新发债券及证券，禁止美国人与俄罗斯央行、俄联邦国家财富基金和俄财政部进行交易
3月2日	对所有俄罗斯航空公司及飞机关闭领空
3月3日	将 47 家实体、47 名个人、一艘船舶和两架航空器列入特别国民名单；自 3 月 8 日起针对俄罗斯的炼油行业，对油气开采设备等实施更严格的出口管制
3月4日	对俄罗斯的炼油行业实施出口管制，并以“支持俄罗斯军事活动”为由将 10 个国家的 91 个实体列入商务部的出口管制实体清单中
3月8日	禁止进口俄罗斯原油和某些石油产品、液化天然气和煤炭；禁止美国对俄罗斯能源部门的新投资；禁止美国人资助或支持在俄罗斯投资能源公司等
3月11日	取消俄罗斯的最惠国待遇，禁止从俄进口海产品、伏特加、钻石等产品，禁止向俄出口高级手表、服装等奢侈品；将美国对俄罗斯禁止投资领域扩展到能源产业以外；扩大对与俄罗斯相关个人制裁范围，新增 10 名俄罗斯外贸银行董事会成员、12 名俄罗斯议会下议院议员

表 2 欧盟对俄罗斯制裁情况

时间	制裁情况
2月22日	欧盟对俄罗斯国家杜马 351 名议员、27 个精英和实体施加制裁；禁止向俄罗斯联邦、俄罗斯政府和中央银行提供资金；限制与顿涅茨克和卢甘斯克的经济关系，包括禁止商品出口、限制投资、禁止某些商品和技术的出口等
2月23日	禁止购买、出售或以其他方式交易 2022 年 3 月 9 日之后由俄罗斯及其政府、俄罗斯央行或代表俄罗斯央行行事的实体印发的证券；禁止在 2022 年 2 月 23 日之后向俄罗斯及其政府、俄罗斯央行或代表俄罗斯央行行事的实体提供或参与提供任何期限的新贷款或信贷

续表

时间	制裁情况
2月23日	禁止为涉俄贸易和投资提供公共融资和财政援助。在以下情形中，可以申请豁免此项限制：2022年2月26日之前制定的具有约束力的承诺；欧盟成立的中小企业的融资（每个项目不得超过1000万欧元）；食品贸易或农业、医疗和人道主义目的融资
	欧盟对俄罗斯国民、俄罗斯居民和俄罗斯实体在欧盟金融机构的存款实施了限制。金融机构不得接纳上述主体超过100000欧元的存款
	禁止欧盟中央证券存管机构就2022年4月12日之后发行的可转让证券向俄罗斯国民、居民和实体提供各种服务；禁止出售2022年4月12日后发行的以欧元计价的证券，以及向俄罗斯国民、居民和实体提供涉及此类证券的集合投资计划
2月26日	制裁70%的俄罗斯金融市场和关键国有企业（包括军工企业）；通过出口禁令阻止俄罗斯的炼油厂进行设备更新；在半导体和先进软件等关键技术领域对俄罗斯进行限制
	禁止向俄罗斯个人或实体出口（或最终供俄罗斯使用）欧盟关税法第88章所列的所有物项，包括飞机、航天器及其部件。而且，为上述活动提供的服务也将被禁令约束；收紧了向俄罗斯出口受管制军民两用物品的限制
	美、欧、英、加联合宣布将部分俄罗斯银行排除在环球同业银行金融电讯协会国际资金清算系统（SWIFT）之外，但为银行间进行与俄石油及天然气相关支付留出空间
2月28日	对所有俄罗斯航空公司及飞机关闭领空：禁止与俄罗斯联邦中央银行或代表俄罗斯联邦中央银行或在其指示下行事的任何法人、实体或机构进行交易；将26名个人和1个实体加入制裁名单，冻结其资产并实施旅行禁令
3月2日	2022年3月12日起，禁止向7家俄罗斯银行及其上述7家银行直接或间接拥有超过50%的权益的法人、实体或机构提供用于交换金融数据的专门金融信息服务
	禁止投资、参与或以其他方式资助由RDIF共同投资的项目，除非主管机关认为该类投资参与或资助是根据2022年3月2日前签订的合同或者执行该合同所需的附属合同已到期，并进行授权
	禁止向俄罗斯或俄罗斯境内的任何人士，或者为在俄罗斯境内使用的目的，出售、提供、转让或出口以欧元计价的钞票，除非基于前往俄罗斯的个人使用目的或具有驻俄机构的官方目的
3月11日	欧盟将禁止从俄罗斯进口钢铁产品，试图中止俄罗斯在国际货币基金组织、世界银行等全球主要多边金融机构享有成员权利，并严厉打击俄罗斯使用加密资产
3月14日	取消俄罗斯的贸易最惠国待遇，禁止欧盟企业投资俄罗斯油气行业，禁止向俄罗斯出口奢侈品和高级汽车，禁止俄罗斯钢铁出口至欧盟等

然而，美欧对俄罗斯进行制裁的同时，也切断了自身与俄罗斯的经贸、能源和供应链关系。由于俄罗斯是能源与矿产品的“生产和出口大国”（见图1），俄乌局势继续升级以及美欧制裁会加剧全球供应链短缺以及能源缺口，导致全球经济损失加重。

俄乌局势会影响到俄罗斯与原有贸易国的贸易依存关系。在出口结构上，俄罗斯的出口主要集中于石油原油及其制品、液化天然气、煤炭、小麦以及钯、铜等金属（见图2）。

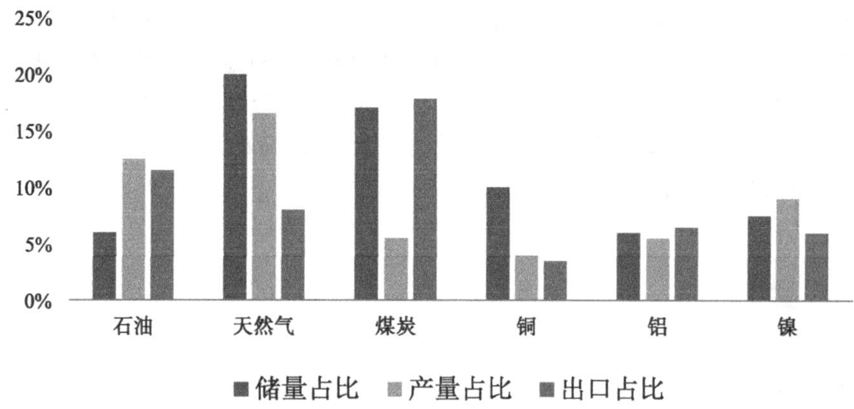

图1　俄罗斯能源与矿产品的生产和出口占比

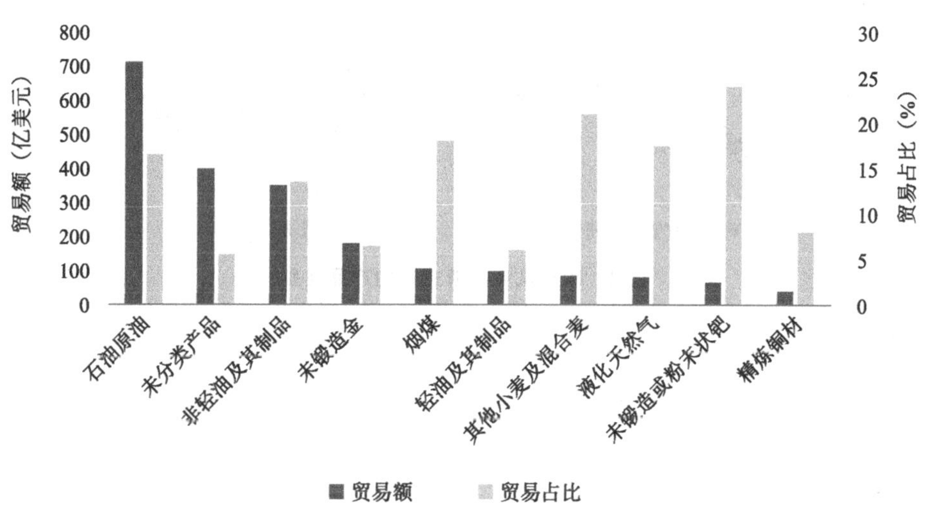

图2　俄罗斯重点出口产品类别

在贸易对象上，欧盟是进口俄罗斯贸易品的主要经济体，虽然近年来进口比重不断下降，但2020年欧盟自俄罗斯的进口量占其总进口量仍达约5%，远高于美国的0.6%（见图3）。

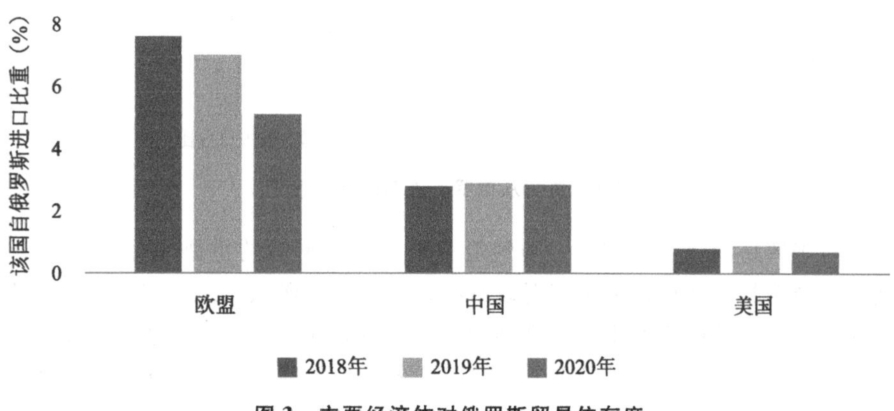

图3　主要经济体对俄罗斯贸易依存度

由图3至图6可知，欧盟从俄罗斯进口的产品主要集中在石油原油及制品（33%）、烟煤（约40%）、金属钯（约50%）、天然气（约16%）和连铸板坯（约62%）等。美国对俄罗斯依赖程度较高的产品为润滑油（约30%）、金属钯（约47%）、生铁（约36%）和浓缩铀（约33%）。中国从俄罗斯进口比重较高的产品为木材、金属钯（约29%）和镍（约39%）等。

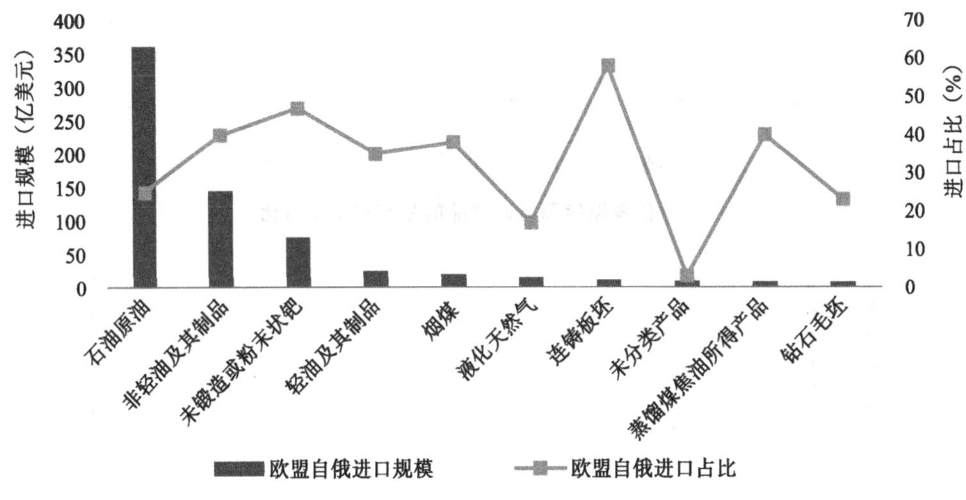

图4 欧盟从俄罗斯进口的产品类别

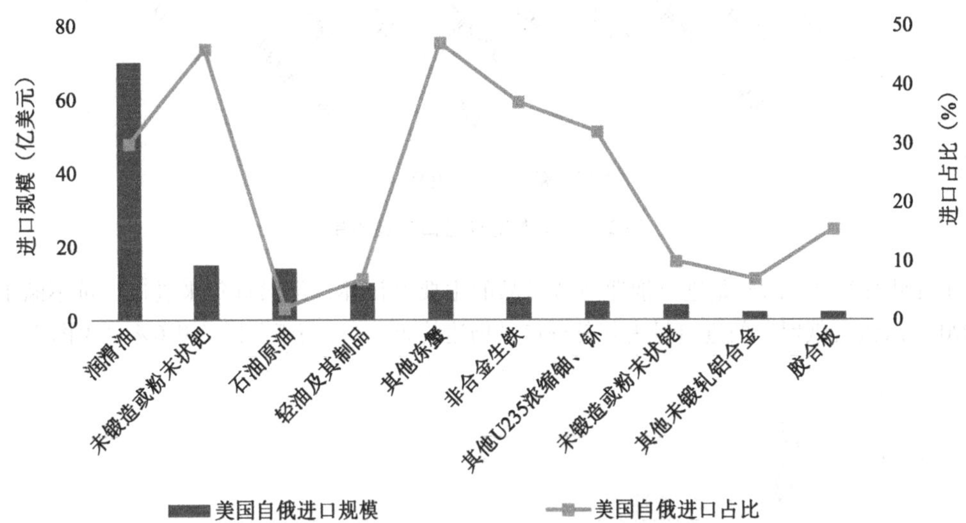

图5 美国从俄罗斯进口的产品类别

俄罗斯对于贸易的依存度较高，油气能源是俄罗斯财政的重要支柱（见图7）。制裁会导致俄罗斯经济封闭运行，冲击其财政系统，将使其能源缺口进一步放大，从而导致与俄罗斯贸易依存度高的国家产生成本推动型通胀。IMF在一份声明中表示，随着俄乌冲突加剧以及美欧对俄罗斯经济制裁波及其他国家，各国应警惕俄乌局势带来的输入性通胀风险外溢。

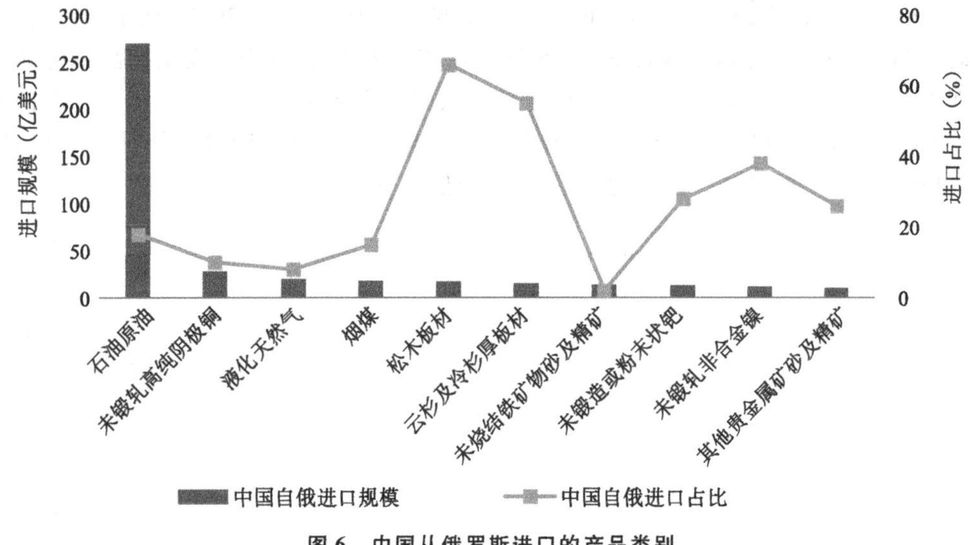

图 6 中国从俄罗斯进口的产品类别

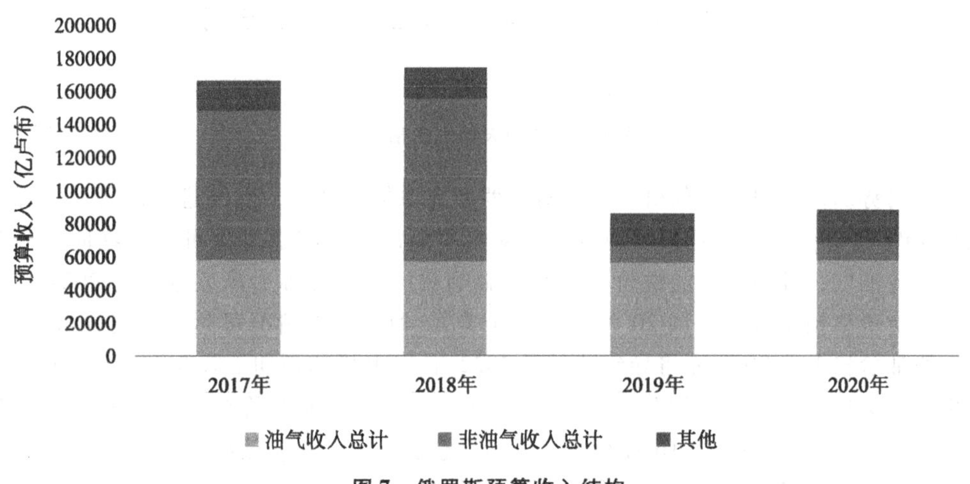

图 7 俄罗斯预算收入结构

二、俄乌局势推高全球通胀风险

当前，全球经济下行风险犹存，全球供应链中断，能源、食品和大宗商品价格攀升，就业市场工资水平上涨等因素导致通胀全球化趋势更加凸显，全球经济面临着越来越大的滞涨风险及更严重的衰退风险。石油输出国组织秘书长巴尔金多 3 月 8 日强调当前全球产能无法填补俄罗斯停止石油出口空白。高盛 3 月 7 日发布报告指出，若俄罗斯完全停止向欧洲和美国出口每日 430 万桶的石油，2022 年全球 GDP 预计将减少 3 个百分点。

地缘政治和供需缺口推动全球能源和物资供应紧张、油价飙升，推高通货膨胀。美国西得克萨斯轻质中间基原油（WTI）原油期货价格从 2 月 23 日的 92.53 美元/桶一路上涨，3 月 7 日达到峰值 133.46 美元/桶；伦敦洲际交易所（ICE）英国天然气期货价格上涨幅度超过 100%，从 2 月 23 日的 214.16 便士/特姆涨至 3 月 7 日的 539.53 便士/特姆，但受天气转暖和供应稳定等因素影响，3 月 15 日跌回 274.4 便士/特姆。大宗商品市场动荡加剧（见图 8）。2022 年 3 月第一周，反映全球大宗商品价格的 CBR 指数、标普—高盛商品指数（S&P GSCI）、彭博商品指数（BCOM）、罗杰斯商品指数（RICI）分别较 2 月底增长 22%、18%、14% 和 17%，纷纷达到近 10 年峰值水平。

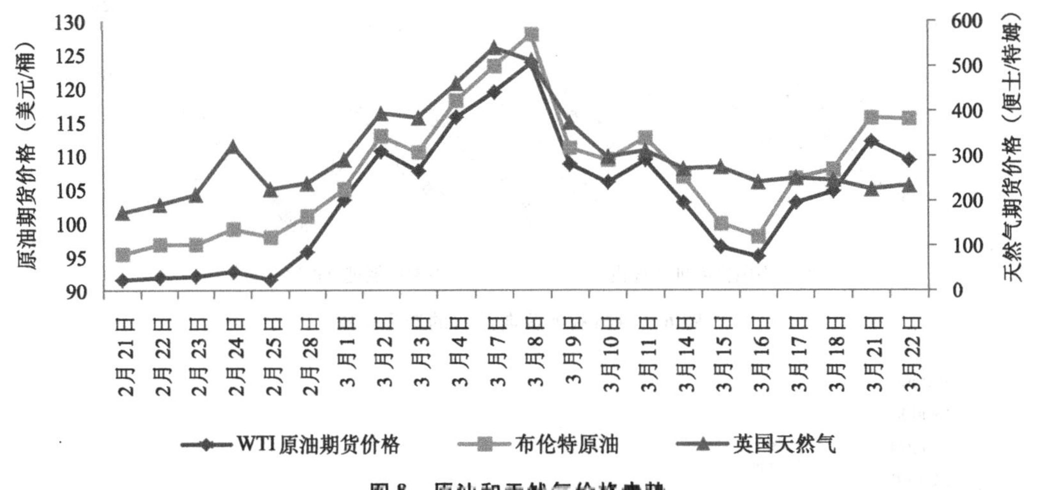

图 8　原油和天然气价格走势

俄乌局势加剧欧洲能源危机。欧洲对俄罗斯能源依存度高，欧洲进口的天然气和石油有大约 40% 和 30% 来自俄罗斯。西方国家对俄罗斯的制裁将引发俄可能拒绝向对其制裁的国家供应油气，推高欧洲能源价格水平，影响欧洲经济复苏。高盛近期将 2022 年布伦特原油现货价格预期水平上调 20 美元至 135 美元/桶，极端情况可达 175 美元/桶。高盛警告，原油价格上涨 20 美元将导致欧元区 2022 年 GDP 增速预期下降 0.6 个百分点。

俄乌冲突爆发后，美通胀压力进一步攀升。受石油和能源价格上涨影响，美国 2 月 CPI 同比上涨 7.9%。在 3 月 16 日刚刚结束的议息会议上，美联储如期加息 25 个基点，预期年内加息 7 次并将在 5 月启动缩表。美联储认为，俄乌局势导致的不确定性推高了能源价格，近期美国仍将面临通胀上行压力。为此，美联储下调 2022 年 GDP 预期 1.2 个百分点至 2.8%，核心通胀预期上调 1.4 个百分点至 4.1%。

三、俄乌局势加剧全球金融市场动荡

（一）美联储货币政策对全球主要央行起到锚定作用，预计将会有更多央行加入加息浪潮，导致国际金融市场收缩

虽然在美联储 3 月正式加息前，全球已经有近 30 个国家央行累计加息超过 70 次，其中发展中国家占比超过 80%，但在本次美联储正式加息以后，预计将会有更多的央行加入加息浪潮。当地时间 3 月 16 日，巴西央行跟随美联储宣布加息 100 个基点，将该国基准利率从 10.75% 上调至 11.75%，这是 2021 年 3 月以来的连续第 9 次加息；3 月 17 日，中

国香港金管局宣布将基准利率上调25个基点至0.75%；英国央行也将于本周公布利率决议，大概率会与美联储保持一致而上调25个基点，这也是英国连续第三次加息。

（二）全球金融市场收缩加剧外债压力较大或偿付能力不足的新兴经济体债务违约风险

国际清算银行数据显示，2021年三季度新兴经济体外债总额超过3万亿美元，同比增长8.8%。在疫情冲击叠加俄乌局势背景下，部分新兴经济体抵御外部风险冲击的能力不断下降。一是疫情后新兴经济体的外债压力不断走高，尤其是以蒙古、吉尔吉斯斯坦、哈萨克斯坦等为代表的"高负债国家"，由于本国融资能力有限以及外汇储备严重匮乏，上述三国转而通过举借外债的方式补充资金应对疫情，导致外债压力大幅走高，外债水平均超过80%。美联储加息周期直接加重这些"高负债国家"的外债再融资压力。二是外汇储备不足以应对短期外债。截至2021年三季度，斯里兰卡和白俄罗斯的外汇储备对短期外债的保障程度仅约80%，土耳其和阿根廷的外汇储备仅够支付其短期外债，未来外债偿付面临较大的不确定性。三是美联储加息带动国际资本回流发达国家，推高美元币值的同时加剧新兴经济体的汇率风险。资本外流的影响对本币较为脆弱的土耳其及受欧美制裁的白俄罗斯尤为明显，两国本币兑美元汇率分别较年初下跌10.1%和9.8%，反映出美联储加息加大新兴经济体的外部风险敞口。

四、俄乌局势带来市场不确定性，需警惕对我国影响

（一）地缘政治冲突导致国际金融市场不确定性加大

年初至今，全球恐慌指数（VIX）上涨了75.55%，投资者的风险偏好严重分化。一是激进的市场做多行为和做空行为加剧金融产品价格波动；大规模交易产品保证金不足，导致流动性紧缺。二是避险资产一度受追捧，随后价格暴跌。3月8日COMEX黄金价格出现了最高3.8%的涨幅，至3月15日持续下跌7.17%。美国10年期国债收益率从2月23日的1.99%下降至3月4日的1.74%，但随着乌克兰愿做出适当妥协，金融市场避险情绪下降，3月15日收益率上扬至2.15%。三是全球风险资产价格大幅下跌。年初至今，全球主要股市普遍下跌7%—35%，纳斯达克指数下跌幅度达17.2%。由于金融市场的联动性，中国金融市场容易受到拖累，很难置身事外，届时中国资本市场及人民币汇率也将受到波及。比如近期全球金融市场的大幅下跌过程中，此前一直净流入的北向资金，3月已开始出现持续大幅流出。在全球风险资产价格持续下跌过程中，美元指数开始上升，人民币汇率或将短期承压。

（二）俄乌局势对我国影响主要集中在能源和大宗商品的输入性通胀

一是国际原油、天然气和农产品等价格大涨，能源PPI向CPI传导已经开始显现。2月我国CPI同比增长0.9%，环比增长0.6%，涨幅扩大。全球大宗商品涨价导致我国进口原材料、中间品和下游产品生产成本抬升。二是输入型通胀风险对我国积极财政和货币政策形成掣肘，考验财政和货币政策的适度和精准投放。自2021年四季度以来，我国货

币宽松空间打开、经济下行、物价回落、降准降息，需防止通胀预期脱锚风险。三是全球能源市场动荡下，中国能源供应安全存在较大不确定性。2月中下旬俄罗斯曾宣布将和中国签订1亿吨煤炭供应协议，并向中国输送多达500亿立方米天然气。若美欧制裁范围扩大，恐影响俄对我国供应能源。但鉴于我国自2021年四季度以来持续加大大宗商品和能源保供稳价力度，经济稳步增长，俄乌局势对我国输入性通胀影响相对有限。3月15日，国家统计局发布的1—2月主要经济指标中，原煤产量同比增长10.3%，发电量同比增长4%。我国经济仍稳定运行。

五、政策建议

俄乌局势下，全球通胀问题及国际金融市场动荡将会对我国经济产生较大负面影响。建议我国保持宏观政策定力，稳增长防风险。推动我国经济领域改革，以开放的姿态实现发展与安全平衡。第一，在全球产业链上强链补链，应对国际能源和原材料价格上涨带来输入型通胀。增强半导体等关键供应链韧性，积极拓展多元化进口渠道，坚持创新驱动和制造业自主可控，做好国内大宗商品保供稳价工作。第二，应对美国货币政策转向的外溢性影响。我国应正确识变，妥善应变，采取灵活的宏观政策进行风险管理。合理引导市场预期，保持政策预期稳定和一致性。警惕全球市场避险情绪导致国内资本市场非理性波动，倡导构建全球金融安全网络以提高全球金融体系韧性。第三，积极推行结构性改革，提振我国内生增长动力。保持积极的财政政策取向，在支出规模和政策力度上兼顾稳增长和防风险需求，合理确定赤字率和地方政府专项债券规模，采取精准、可持续和平稳经济的减税降费政策。货币政策主动应对，新增贷款适度增长。保持流动性合理充裕的稳健货币政策。“小步多次”积极推进降息降准，增强逆周期调节力度。

"一带一路"与经济全球化辩证观

江日初　胡　锋[①]

一、"一带一路"与经济全球化

2013 年 9 月 7 日，习近平主席在哈萨克斯坦纳扎尔巴耶夫大学发表演讲时，提出共同建设"丝绸之路经济带"的构想。同年 10 月，习近平主席出访东盟，10 月 3 日在印度尼西亚国会演讲时，他提出共同建设"21 世纪海上丝绸之路"。"丝绸之路经济带"与"21 世纪海上丝绸之路"二者共同构成了"一带一路"倡议。在 2013 年 12 月召开的中央经济工作会上，"一带一路"成为专有名词，特指"丝绸之路经济带"与"21 世纪海上丝绸之路"。2015 年 3 月 28 日在海南博鳌亚洲论坛上，经过国务院授权，国家发展改革委员会、外交部和商务部共同发布了《推动共建丝绸之路经济带和 21 世纪海上丝绸之路的愿景与行动》，明确提出"一带一路"的方向和任务是致力于亚欧非三大洲陆海的互联互通建设，其中包括政策沟通、设施联通、贸易畅通、资金融通和民心相通（简称"五通"），以此全方位推进务实合作，打造经济融合、政治互信和文化包容的利益共同体、责任共同体和命运共同体。2017 年 1 月 19 日，习近平主席在联合国日内瓦总部的演讲指出："经济全球化是历史大势，促成了贸易大繁荣、投资大便利、人员大流动、技术大发展。本世纪初以来，在联合国主导下，借助经济全球化，国际社会制定和实施了千年发展目标和 2030 年可持续发展议程，推动 11 亿人口脱贫，19 亿人口获得安全饮用水，35 亿人口用上互联网等，还将在 2030 年实现零贫困。这充分说明，经济全球化的大方向是正确的。"可以看出，中国政府将"一带一路"定位于经济全球化的重要组成部分。

"一带一路"既是中国主动拥抱经济全球化的结果，也是中国积极参与经济全球化的升华。自 1978 年 12 月党的十一届三中全会确立中国开始实行的对内改革、对外开放的政策以来，中国参与经济全球化大致可以划分两个阶段，第一阶段是主动拥抱经济全球化，成为全球发达国家投资热土，本质上属于"引进来"式参与经济全球化；第二阶段是中国资本逐步走向全球投资以及中国政府的"一带一路"倡议提出，本质上属于在引进来的基础上实现资本"走出去"式的升华阶段。

中国经济改革开放前 30 年属于对欧美发达国家市场高度开放，欧美发达国家资本与

---

① 江日初系厦门国家会计学院"一带一路"财经发展研究中心副教授，胡锋系厦门国家会计学院讲师。

技术进入中国市场投资生产，利用中国廉价劳动力与庞大的市场，产品不仅直销中国本地市场，更多则供应全球市场，因此，2004 年，中国便被《华盛顿邮报》称为世界工厂。伴随着中国改革开放 40 年，中国经济得到了长足发展，对外开放的历程也经历了自然的质变，2008 年全球金融危机，中国经济受损害较少加上全球货币量化宽松导致资本相对过剩，中国资本加速走向世界市场，成为全球化进程中的新兴资本力量。

如图 1 所示，根据联合国贸易和发展会议统计数据（Wind 系统）所示，自 2008 年起，中国 OFDI（即中国资本对外直接投资）快速增加，截至 2020 年，中国 OFDI 存量为 2.4 万亿美元，超过 FDI（外国资本直接投资）总量 1.8 万亿美元。

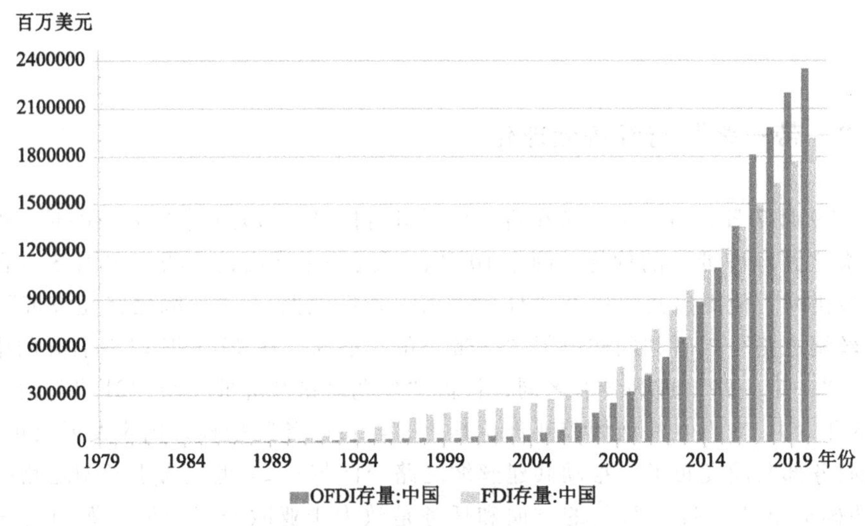

图 1　中国 FDI 与 OFDI 存量

事实上，全球化是全球各国人民、政府和私人组织之间日益加强的交流、互动和一体化的过程，国际贸易、资本流动、移民、技术转让和文化交流是这一过程的一些典型表现。然而，关于全球化并没有统一的定义。Al - Rodhan 和 Stoudmann（2006）提供了全球化定义的全面清单，包括 114 个不同的定义（2006 年以前），其中 67 个与通过市场扩张或销售商品和服务的经济全球化有关，其他的也包括政治和社会层面。全球化不是一种新现象，第一波全球化是在 1880—1913 年，以帝国主义推行全球殖民化为代表。第二波是在第二次世界大战之后，以国际经济一体化与经济自由化为基调，2009 年金融危机后欧美发达资本主义国家传出了对全球化质疑与反思的声音。在 2009 年危机之后有声音谈论第三次全球化浪潮，这有可能对全球体系产生结构性影响（Marginean，2015）。

全球化是一个动态的、发展的过程。Marginean（2015）提出新的事实和趋势需要适当的指标来衡量变化，并总结了衡量全球化的不同方法。最常用的以数量为基础的一体化指标，它是以出口加进口除以 GDP 作为一国经济开放度。经合组织（OECD）、欧盟（European Union）、世界银行（World Bank），国际货币基金组织（International Monetary Fund，IMF）、贸发组织（UNCTAD）的数据库和报告都是计算相关指标的重要数据源。此外，有三类全球化指数：KOF 全球化指数、马斯特里赫特全球化指数（MGI）和 Kearney 全球化指数也具有很强的学术参考价值。全球化程度的测度对于探索未来新机制、新原因和新效应有着重要价值。

二、对经济全球化逆转的担忧与疑虑

全球化并不是一种新现象。Marginean（2015）提出，第一波全球化是在1880—1913年，以帝国主义推行全球殖民化为代表。第二波是在第二次世界大战之后，以国际经济一体化与经济自由化为基调。

2008年金融危机后欧美发达资本主义国家传出了质疑与反思的声音。随着国际形势发生剧烈变化，保护主义和民粹主义抬头，给经济全球化推进带来诸多阻力因素。2008年金融危机使得人们对全球化的看法发生了急剧的转变，尤其是2016年唐纳德·特朗普当选美国总统、英国退欧和欧洲极右翼政党的崛起，反映了民众对贸易、资本、人和信息自由流动日益不满的迹象。

2008年全球金融危机引发了一场热烈的辩论，部分西方精英们认为，以中国为代表的一些发展中国家在工业化进程中后来居上，中国甚至被期待取代美国在经济上的领导地位。这场辩论结果推动了美国决定重返亚太和推动TPP的签署（高柏，2016）。很明显，拜登政府依然在推动并延续着这一政策方向。

2017年以来，国内关于逆全球化、全球化退潮与逆转的讨论也日益增多。从期刊网文献来看，关于全球化逆转与不可逆转的文献自2000年6月起合计44篇，尽管绝大多数研究者认为全球化趋势不可逆转，但讨论的出发点至少正是基于对经济全球化逆转的担忧与疑虑。其中2008年金融危机后合计37篇（占比84.1%），2016年以来合计28篇（占比63.64%）。2017年3月5日，李克强总理在第十二届全国人大第五次会议上所做的政府工作报告中指出，"一带一路"是中国对"逆全球化"倾向开出的一剂良方。

值此中国倡议与深入推进"一带一路"之时，全球化浪潮再次面临变数，如何思考与认识这一现象呢？

三、经济全球化的两种辩证观：剥削观与互利观

正如美国国际关系学家罗伯特·吉尔平在其代表作《国际关系政治经济学》中提出，国际经济关系既有政治的对抗性又有经济的依存性。关于经济全球化有两派代表性的对立观点：一派是经济全球化中的剥削观，一派是经济全球化中的互利观。

持经济全球化剥削观的学者，主要由世界传统的马克思主义学者构成。美国马克思主义经济学家巴兰在1957年《增长的政治经济学》中指出：发达资本主义国家对欠发达国家经济剩余的转移是造成后者经济落后的根源，资本主义发达国家的发展是以不发达国家的牺牲为代价的，世界资本主义体系已经严重地阻碍不发达国家和地区成功发展资本主义的一切可能。德国的马克思主义经济学家弗兰克进一步发展了巴兰的依附性理论，他在1969年出版的《资本主义和拉丁美洲的不发展》中指出，世界资本主义体系的扩张导致了欠发达国家的经济落后。落后国家的不发展不是由自身社会经济结构造成的，而是附属国对宗主国的依附关系所使然。法国的马克思主义经济学家A·伊曼纽尔的《不平等交换：贸易帝国主义》认为，经济全球化会形成国际生产价格，高工资的发达国家经过不平

等交换剥削低工资的欠发达国家。埃及的马克思主义经济学家萨米尔·阿明在《世界规模的积累——欠发达理论批判》中指出，世界经济结构由中心和外围两部分组成。中心和外围的资本积累不同：中心是正常的、自主的积累，外围是原始的、外向型的积累。阿明认为当外资把技术引入外围的现代化部门，而工资率并未相应提高时，外围的剩余价值率会超过中心，吸引中心的资本输出，原始积累通过资本主义对外扩张的形式得以延续。巴西的马克思主义经济学家多斯桑托斯认为，在欠发达国家有一个和世界资本主义体系相应的内部剥削体系。美国的经济学家沃勒斯坦提出了世界资本主义体系论，认为世界是“中心—半外围—外围”的结构构成的。美国马克思主义经济学家福斯特指出，资本主义具有双重积累的机制，使发展中国家对发达国家形成了新型的金融依附关系。

持经济全球化中的互利观的学者，主要是西方非马克思主义的主流经济学派，其理论经过200多年的发展，形成了较为完整的理论体系，系统地阐述了一国参与全球化的动力、生产和国际分工、国际贸易利益分配三大问题。关于发展中国家参与全球化的动力解释相关理论观点包括亚当·斯密的绝对优势论、大卫·李嘉图的比较优势论、赫克歇尔和俄林的要素禀赋论、斯托帕—萨缪尔森定理、雷布津斯基定理和要素价格均等化定理等，其理论基本思想为，由于两国要素禀赋差异使得要素价格不同，两国开展贸易后，两国商品相对价格差异不断缩小，致使商品价格与要素价格实现均等化，最终导致两国经济发展水平趋同。随着20世纪80、90年代全球化的发展，仅仅立足于自由贸易基础上的全球化观点得到长足的发展，出现全球化的赶超理论及原因解释文献，如芬德利（1978）、格罗斯曼和赫尔普曼（1990）认为技术扩散促使落后地区以更快的速度提高生产力，在长期中赶上发达国家的经济水平。克鲁格曼（1987）将比较优势内生化，提出了“干中学”概念。新自由主义学者认为，在市场经济的作用下，发达国家和发展中国家之间不是零和博弈，而是正和博弈，各国都能实现经济的长期发展。

经济全球化的剥削观与互利观会在全球化进程中反复出现，并易于对全球化经济活动产生消极或积极的影响，普遍消极时会大幅提高投资方的政治风险。不少西方学者，如罗宾逊（2009）、马孔姆·沃特斯（Malcolm Waters，1995）和罗兰·罗伯逊（Roland Robertson，1992）等都意识到“理念”的重要性，认为理念是推动全球化的关键力量。

伦敦政治经济学院发起了一场全球化利弊的网络讨论，认为全球化既是一种巨大的机遇，也是一种威胁，它同时带来了经济、文化和政治上的好处和挑战①（见表1）。

表1　　全球化的好处和挑战

方面	好处	挑战
经济全球化	更低的产品和服务价格（更优化的供应链）	部分国家难以参与竞争
	更好的产品和服务	一些外国公司和投资者在资源发达国家的投资行为阻碍了经济多样化
	更容易获得资本和商品	
	更多的竞争	与地方政府相比，跨国公司拥有强大的议价能力
	生产者和零售商可以使其市场多样化	在危机时期更有可能出现“传染效应”
	促进经济增长	

① Pros and cons of economic, social and political globalization: is globalization overall positive for our societies? https://netivist.org/debate/globalization-pros-and-cons-economic-cultural-and-political.

续表

方面	好处	挑战
文化全球化	获得新的文化产品（艺术、娱乐、教育）	以商品为基础的消费文化的传播
	更好地了解外国价值观和态度	文化同质化、西方化、文化帝国主义或文化殖民主义的危险
	减少对其他人和文化的陈规定型观念	
	减少对其他人和文化的误解	危险或暴力的思想也会传播得更快（注意到恐怖组织的国际特性）
	立即从世界任何地方获取信息	
	以便在全球范围内传播和捍卫自己的价值观和理想	
	将全球文化潮流定制或改变成当地环境	
政治全球化	获得国际援助和财政支持有助于世界和平	国家主权被削弱
	它减少了入侵的风险，对大国进行了更多的制衡，并限制了民族主义	在代表权和问责制方面，国际组织和超国家组织的运作往往不“民主”
	国际组织经常致力于传播自由等价值观，并在国家内部打击虐待行为	大国可以影响超国家组织的决策
	小国可以共同努力，在国际上获得更大的影响力	有时国家可以否决决定，放慢决策进程，协调是困难和昂贵的
	政府可以互相学习	

资料来源：Pros and cons of economic, social and political globalization: is globalization overall positive for our societies?

经济全球化降低了全球企业与个体的交易成本，扩大了交易网络，但与经济全球化相伴随，也天然地存在三大风险：一是提高了系统性风险，无论供应链哪个环节出问题，就会产生风险传导，从而对全球经济产生强烈冲击。这在2020年新冠肺炎疫情后受到高度关注；二是产生巨大的贫富分化效应，分配蛋糕的难度及其影响加大，这导致了民族主义与民粹主义泛起；三是全球公共产品的分歧与博弈日益激烈，这在政策上加剧了各主要参与国家的竞争。

全球化有微观和宏观两个维度，而且，全球化与微观经济的决定因素关系更大，个体和企业的微观经济行为是全球化进程的引擎（Marginean，2015）。德州农工大学政治科学系与乔治城大学麦克多诺商学院教授Owen和Quinn（2016）运用1956—2011年数据研究发现，面对美国贸易状况的恶化，美国民众似乎更希望政府加大干预力度。特别是，进口的增加会导致市场情绪立即和长期的左倾转变。纽约大学斯特恩商学院和IESE商学院的全球战略教授潘卡杰·格马瓦特（Pankaj Ghemawat）的研究表明，公共政策领导人“倾向于低估全球化的潜在收益，并高估全球化带来的有害后果”。因此，全球化如何趋利避害，如何避免受民族主义、特别是民粹主义所左右，是各国公共政策需要关注的焦点。

四、经济全球化发展的新事实及其启示

（一）美国逆全球化抢夺工作岗位的效果及其影响因素分析

2008年全球金融危机后，面对美国社会大量的失业威胁，2009年奥巴马政府推动出

台“重振美国制造业和创新法案”，2010 年进一步出台“美国制造业回流计划”。根据 2021 年 5 月份《回流计划 2020 数据报告》（Reshoring Initiative 2020 Data Report）显示，截至 2020 年，自 2010 年以来美国政府宣布的总就业岗位超过 100 万个（1057054 个）。如图 2 所示，2010 年以来，美国制造业累计增加了 105 万个就业岗位，但如果与 2007 年美国次贷危机至 2009 年金融金融危机所失去的岗位数 200 多万个相比，仅仅是恢复了不到 50%。图 3 则显示了工作岗位的创造与 FDI 是高度相关的，同时，报告也指出，工作岗位的创造略为滞后于 FDI 的流入。

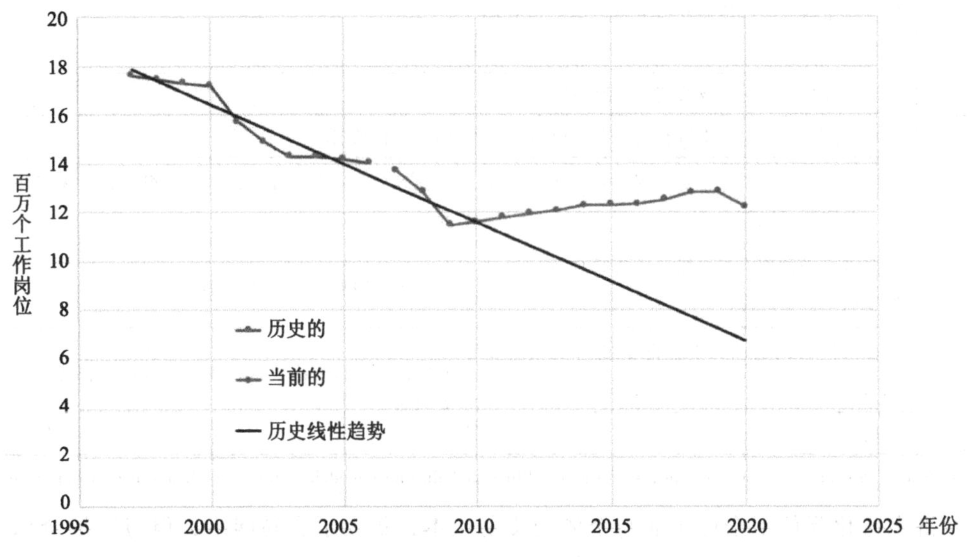

图 2　美国政府统计的制造业回流计划促进就业情况

资料来源：《回流计划 2020 年数据报告》。

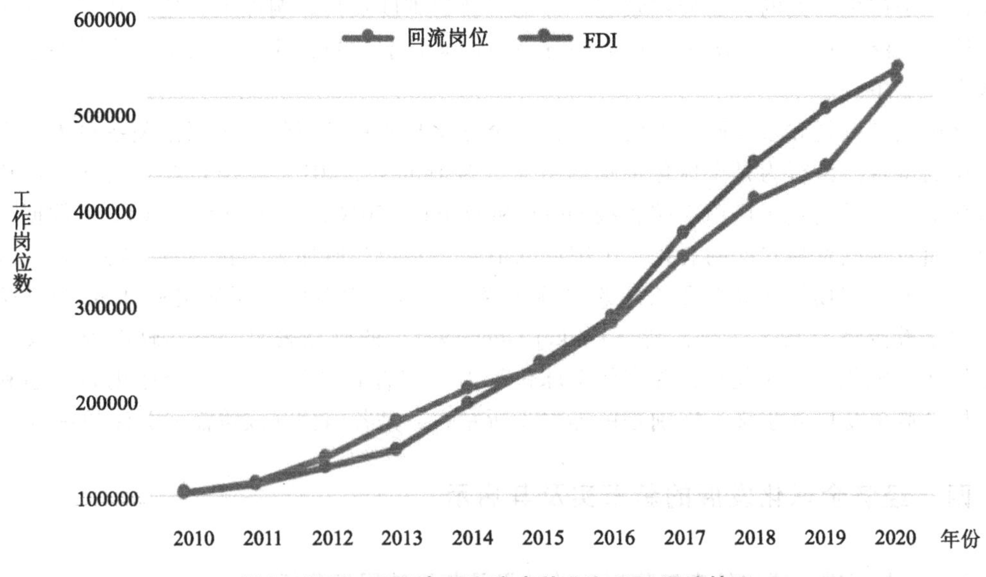

图 3　2010—2020 年累积宣布就业和 FDI 回流情况

资料来源：《回流计划 2020 年数据报告》。

根据《回流计划2020数据报告》分析，制造业回流美国的积极影响因素包括：(1) FDI更注重政府激励、熟练劳动力以及与客户的亲近；(2) 由于回流几乎都来自低工资国家，回流公司提高了自动化程度，以弥补国内更高的每小时劳动力成本；(3) 对于大多数FDI主要来自其他发达国家，美国制造不是提升销售理由；(4) 从“德国制造”转移到“美国制造”的品牌价值低于从“中国制造”的转移；(5) 得到了更多的政府激励，随着美国政府推动基本产品的出口，这一趋势可能会转变。报告还提供了另一个角度的观察与调查分析，即从转出方来看，FDI流向美国，主要原因是：(1) 大多数问题都与距离有关：运费、交货、库存等；(2) 流出国家的具体问题：工资上涨、知识产权风险、政治不稳定等。

（二）注重利用招商引资影响因素，促进FDI流入，新加坡经验值得借鉴

早在20世纪60年代中期，进口替代成为发展中国家主流政策，当时可谓闭关锁国盛行之时，然而，新加坡决然采用出口导向政策，把握了发展的历史机遇。1968年，时任新加坡经发局投资促进署署长曾振木先生只身前往纽约招商，总结出招商引资的推动与拉力因素，比主流理论系统总结的FDI吸引力因素早了整整40年。

曾振木先生总结的推动因素为跨国公司由于母国劳动力成本过高，征税过度而存在将其制造业转移至国外的内在动力，推动因素中也存在制约因素，如距离与关税的限制使之很难进入他国市场。拉动因素是游说公司董事会将生产业务移至新加坡的吸引点。严崇涛(2014) 进一步将之总结为低成本的半熟练工人、精密工程所需的高技能、知识经济、稳定的政府与自由贸易协定。事实上，作为招商很成功的国家，新加坡一直注重招商经验的总结，除上述推拉因素外，注重吸引招商行业中的头部公司，发挥宣传与带动作用。即使是在20世纪60年代末新加坡早期对招商引资异常急切的阶段，曾振木先生也特别注重说服与吸引行业中具有全球领导力的公司前往新加坡投资设厂，如在最初的电子产业群组中，即吸引了美国国家半导体、快捷半导体、德州仪器、通用电气、惠普等一批优秀美国公司到新加坡投资。此外，利用与配合科技公司提升工人技能与培养人才。在经历了第一个十年的招商引资工作，经发局总结了投资者最重视的三个条件（3S），即稳定（Stability）、速度（Speed）和技能（Skills）。在20世纪70年代初期，新加坡业界的熟练工人需求均由三个培训中心负责解决，分别是成立于1972年的塔塔—政府培训中心、成立于1973年的罗莱—政府培训中心以及成立于1975年的飞利浦—政府培训中心，这些中心遵循德国的学徒制模式（由于意识到德国的工人培训为全球第一，因此重点学习德国模式），头两年在中心内密集训练，后两年由经过挑选的公司施予在职训练。此后，新加坡着手建立有效的工人培训体系，并针对工人培训，设立了工程工业发展局，其中包括六个培训暨生产研习班，分别为原型生产培训中心、金属工业发展中心、电机培训中心、木工工业发展中心与精密工程发展中心。1975年，建立了工业训练局（也就是后来的工艺教育学院）。为进一步提升社会的技术知识与技能，积极与日本、德国、法国等合作，先后成立了德新学院（成立于1982年，着力于塑胶处理技术的应用化学工程技术）、日新技术学院（成立于1983年，重点为电子工程学与机电课程，后面又增加日新软件科技学院）、法新学院（成立于1983年，培训电子业科技人员），1993年2月，德新学院、法新学院与日新学院都整合到南洋理工学院，成为理工学院的核心。

（三）中国对外开放与“一带一路”发展空间巨大，有利于推动全球化发展

2022 年 1 月 17 日，习近平主席出席 2022 年世界经济论坛视频会议并发表演讲时指出，中国改革开放永远在路上。不论国际形势发生什么变化，中国都将高举改革开放的旗帜。中国将继续使市场在资源配置中起决定性作用，毫不动摇巩固和发展公有制经济，毫不动摇鼓励、支持、引导非公有制经济发展。

图 4 与图 5 分别显示了发达经济体、美国、日本、德国、英国与中国在 FDI 以及 OFDI 占 GDP 比例的对比情况，中国 FDI 占 GDP 比例仅高于日本（本土狭小，消费市场空间较小），OFDI 占比低于全部对比对象，与主要发达国家水平比例仍存差距，中国经济无论是在吸引外资还是走出去投资方面均存在较大发展空间。

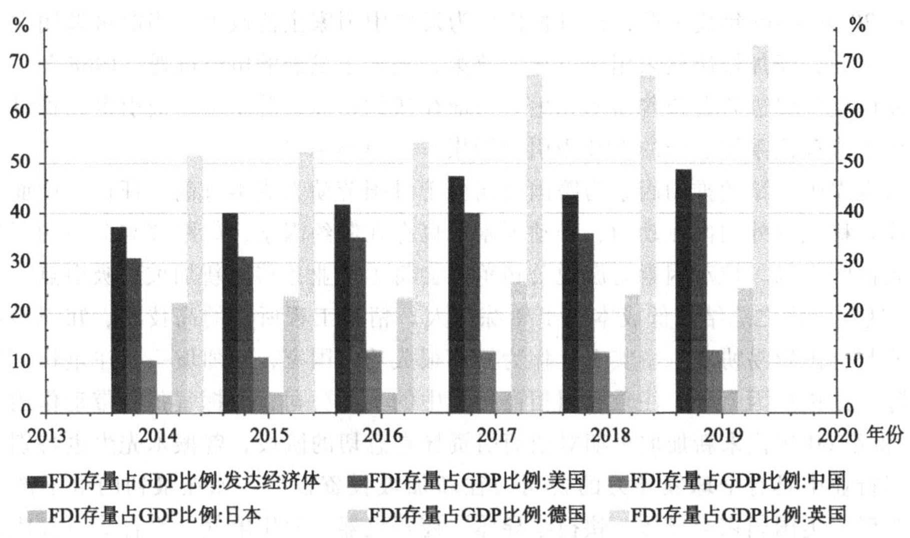

图 4　发达经济体及主要国家 FDI 存量占 GDP 比例

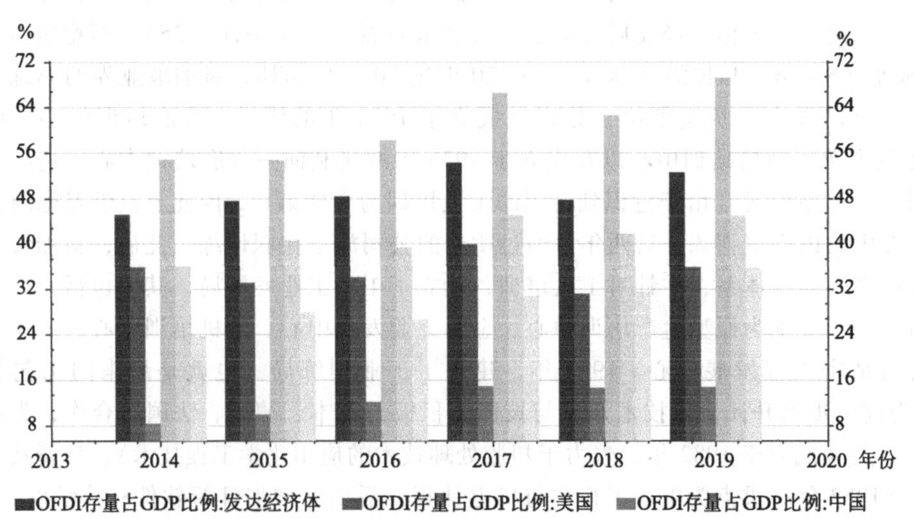

图 5　发达经济体及主要国家 OFDI 存量占 GDP 比例

此外，根据达沃斯论坛灯塔工厂跟踪研究报告显示，2022年，全球灯塔工厂为103座，其分布情况为：（1）中国37座；（2）美国10座，德国和法国各5座，印度、意大利、土耳其各4座；（3）韩国、新加坡、沙特各3座；（4）英国、印尼、瑞典、荷兰、巴西、爱尔兰、泰国各2座；（5）以上国家除外，其他所有国家合计11座。这充分表明外资依旧看好中国投资热土。

（四）坚持包容、绿色、共商、共建、共享的参与原则，积极推动"一带一路"

当前，关于经济全球化的争论很多，既有坚定的拥趸者，也有尖锐的批判者。尽管中国通过"一带一路"倡议积极参与全球化由微观主体走向了国家积极寻求政府间合作甚至国家倡仪的"一带一路"模式（事实上，新加坡也是举国体制推动的经济全球化，并取得了骄人的成绩），但同时我们也需要正确认识以下几个方面：第一，微观企业和个体走向"一带一路"投资建设是"一带一路"倡议发起的根本原因，全球化的经济因素、讲求经济效益是才是根本，是第一推动力，政府参与是为企业提供尽可能的保驾护航，参与企业绝不可打着政治旗号为自身的不经济行为推脱责任；第二，微观企业和个体乃至金融机构参与"一带一路"建设时，要坚持市场化原则，做到审慎识别与控制各类风险，风险自担、盈亏自负；第三，全球化有其积极因素，也有消极负面因素，要想减少推进阻力，必须遵循《"一带一路"融资指导原则》的指导，坚持包容、绿色、共商、共建、共享的参与原则。

参考文献：

[1] Al－Rodhan N R F, Stoudmann G. Definitions of globalization：A comprehensive overview and a proposed definition [J]. Program on the Geopolitical Implications of Globalization and Transnational Security, 2006 (6)：1－21.

[2] Marginean S. Economic globalization：from microeconomic foundation to National Determinants [J]. Procedia Economics and Finance, 2015, 27：731－735.

[3] 高柏，草苍．全球化VS逆全球化——为什么全球化会发生逆转——逆全球化现象的因果机制分析 [J]．文化纵横，2016.

[4] Owen E, Quinn D P. Does economic globalization influence the US policy mood?：A study of US public sentiment, 1956－2011 [J]. British Journal of Political Science, 2016, 46 (1)：95－125.

[5] Harry Moser, Reshoring Initiative 2020 Data Report [R]. 2020.

[6] 严崇涛．新加坡发展的经验与教训 [M]．南京：江苏人民出版社，2014.

[7] Global Lighthouse Network：The Playbook for Responsible Industry Transformation [R]. World Economic Forum, 2022, 3.

财务会计与税收专题

从特斯拉购买比特币看加密数字货币的会计处理

蹇 薇 曹先启①

特斯拉在2020年度10-K年报披露了其于2021年1月投资比特币的期后事项，同时表示愿意在将来接受比特币作为产品的付款方式。该事件引发了一波热度，同时比特币的价格也迎来了一波疯涨。事实上，特斯拉并非第一个对比特币进行投资的企业，但是它的入场使得更多投资者意识到比特币正在加速进入美国主流资产配置的视野。因此，在国际上，特斯拉如何对购买并持有的比特币进行会计处理将会是非常有意义的话题。值得注意的是，在我国，虚拟货币相关业务活动属于非法金融活动，任何法人、非法人组织和自然人投资虚拟货币及相关衍生品，违背公序良俗的，相关民事法律行为无效，由此引发的损失由其自行承担；涉嫌破坏金融秩序、危害金融安全的，由相关部门依法查处。

一、特斯拉购买比特币事件回顾

作为引领世界新能源汽车时代的企业，特斯拉的一举一动都受到广泛的关注。2021年2月8日，特斯拉发布了2020年度10-K年报，在年报中特斯拉披露了其于2021年1月将约15亿美元的闲置资金用于购买比特币的期后事项。特斯拉与比特币“捆绑”出现的话题赚足了眼球，在金融投资圈引发了热烈的讨论。

从财务会计的角度，笔者关注的是特斯拉如何对这些购入的比特币进行会计处理。特斯拉在年报中指出，将会按照美国会计准则委员会（FASB）发布的ASC 350“无形资产——商誉和其他”（Intangibles - Goodwill and Other）进行核算，将这些比特币分类为使用寿命不确定的无形资产（见图1）。根据FASB ASC 350的要求，无形资产在初始计量时，采用实际成本计量；使用寿命不确定的无形资产在后续计量时，须在每年进行减值测试，如经减值测试表明很可能存在减值，则应更频繁地进行减值测试。特斯拉披露公告称，将在每个季度对比特币进行减值测试，当账面价值高于公允价值（活跃市场最低报价）时，计提减值损失。换句话说，比特币价格下跌导致的浮亏会在特斯拉的财务报表中体现，无论特斯拉是否出售这些比特币；然而价格上涨的浮盈不会在财务报表中立即反映，直至特

① 蹇薇系厦门国家会计学院教研中心副主任、副教授、硕士生导师；曹先启系厦门国家会计学院2020级学生。

斯拉将比特币售出时，才会确认这些盈利。

We will account for digital assets as indefinite-lived intangible assets in accordance with ASC 350, *Intangibles–Goodwill and Other*. The digital assets are initially recorded at cost and are subsequently remeasured on the consolidated balance sheet at cost, net of any impairment losses incurred since acquisition. We will perform an analysis each quarter to identify impairment. If the carrying value of the digital asset exceeds the fair value based on the lowest price quoted in the active exchanges during the period, we will recognize an impairment loss equal to the difference in the consolidated statement of operations.

The cost basis of the digital assets will not be adjusted upward for any subsequent increases in their quoted prices on the active exchanges. Gains (if any) will not be recorded until realized upon sale.

图1 特斯拉对购买比特币期后事项的披露

资料来源：特斯拉2020年度10－K年报。

在CEO马斯克的明星效应加持下，特斯拉投资比特币使得人们对数字货币的投资前景更加看好，比特币迎来了一波疯涨。比特币的价格在近日曾突破56000美元，简单估算，一枚比特币的价格超过了一辆特斯拉标准续航版Model 3和车上装载的两箱飞天茅台，相当的魔幻现实主义。之前通过更新个性签名、头像图片、个人动态的方式积极为比特币“带货”的马斯克曾在2021年2月22日发布了一条推特，称目前比特币和以太币的价格似乎过高了。2021年2月22日至23日，比特币价格大幅下跌，一度下探至45000美元。与此同时，特斯拉的股票也在下跌，2021年2月23日下跌8.6%。媒体随即报道，这导致马斯克资产缩水152亿美元，将世界首富的头衔让出。从这些迹象来看，特斯拉的股价与比特币价格紧密相连，那么特斯拉将比特币按照无形资产进行会计处理，只反映减值，不反映升值，是否适当？下文将从会计准则制定者和报表编制者两个角度作出分析。

二、会计准则制定者对数字货币会计处理的相关规定

2015年，加密数字货币专题被列为国际会计准则理事会（IASB）潜在研究项目之一，反映出国际会计准则理事会对于这种新兴事物的关注。2016年，澳大利亚会计准则委员会（AASB）发表了名为“Digital currency－A case for standard setting activity”的文章，分别探讨了将数字货币作为现金或现金等价物、金融工具、无形资产及存货进行会计处理的可能性。

在数字货币的会计处理上，日本成为第一个将数字货币的会计处理正式规定纳入本国通用会计原则的国家，其做法也更为大胆。2018年3月，日本会计准则委员会发布了名为《在支付服务法案下公司使用数字货币时的实用会计处理》（Practical Solution on the Accounting for Virtual Currencies under the Payment Services Act）的指引，认为数字货币不属于现有会计项目（例如外币、金融工具、存货、无形资产），要求建立新的独立的资产项目。当数字货币存在活跃市场时，以市场价格对其进行重估，价格变动差额计入损益；当数字货币不存在活跃市场时，以成本计量，如果处置价格低于成本，则计提减值。

美国，作为世界上最发达的经济体，对数字货币带来的会计挑战，反应并不是十分迅速。2017年6月，美国数字商会（Chamber of Digital Commerce）致信美国会计准则委员会，希望紧急问题工作组（Emerging Issues Task Force）可以增加一项研究数字货币会计处理的议程。随后，美国会计准则委员会对数字货币进行了研究，多次组织各方人士对数字货币的会计问题进行探讨。2018年9月和10月，美国会计准则委员会分别与非营利咨询

委员会和私人企业的代表进行了讨论，探讨了数字货币的会计应用问题。2020 年 10 月，美国会计准则委员会将数字货币（Digital Currencies）这一议题进行了讨论，最终结论是不将其纳入准则制定日程。在讨论中，美国会计准则委员会指出对数字货币按照 FASB ASC 350“无形资产——商誉和其他”进行核算，具体可以参考美国注册会计师协会（AICPA）发布的一份名为《数字资产的会计和审计》（Accounting for and Auditing of Digital Assets）的实务指引。这份实务指引认为一般企业购买加密数字货币，就分类为无形资产，按照成本计量，后续计提减值即可；只有专门进行投资的企业或经纪商，才能对数字货币采用公允价值计量。

总体而言，美国会计准则委员会的观点与国际会计准则理事会的观点是一致的。2019 年 6 月，国际财务报告解释委员会发布了名为“Holdings of Cryptocurrencies”的议程决议，也明确了加密数字货币符合无形资产的范畴。在分析思路上，美国会计准则委员会与国际会计准则理事会也是近似的，都是在现行会计准则体系下进行分析，二者都采用了排除法，否认了数字货币被归类为现金或现金等价物、金融资产的可能性，进而基于数字货币无实物形态、具有可辨认性，提出将其划分为无形资产。略有区别的是，国际会计准则理事会还考虑到无形资产可能存在活跃市场。因此，根据国际财务报告准则对无形资产会计处理的规定，无形资产的后续计量可采用成本模式或重估值模式。若无形资产存在活跃市场，企业可以采用重估值模式，重估增值计入其他综合收益，重估减值在一定条件下计入损益。而根据美国 FASB ASC 350“无形资产——商誉和其他”的要求，无形资产的后续计量只能采用成本模式。

美国会计准则委员会和国际会计准则理事会均决定不对数字货币制定新的会计准则，均要求参照无形资产进行会计处理，更像是权宜之计。数字货币与传统无形资产的最大区别在于投资性太强。国际会计准则理事会认可的活跃市场，也并非可以提供公开报价、资金可以自由进出的市场。一些国家或地区，某些无形资产（如出租车牌照、钓鱼牌照、生产配额等）可以自由转换，它们可能存在活跃市场，但是成交价格取决于买卖双方间的谈判，对一项资产的交易价格并不一定适用于另一项资产，成交价格也不会为公众所知。而反观数字货币交易市场，它已是一个可以 24 小时不休、由数百个交易所提供交易撮合、随时可查询报价的活跃市场。更重要的是，相当大比例的个人和机构的交易目的都是为了短期盈利，通过价差赚取利润，浓厚的短期炒作氛围造成了数字货币具有极高的投机风险。亦有学术研究发现数字货币与金融市场之间的联动关系。罗玫等人（2020）发现比特币周收益率与滞后一期的道琼斯工业平均指数周收益率显著正相关，而日收益率与滞后两期的道琼斯工业平均指数日收益率显著正相关。2020 年，灰度基金、摩根大通等传统金融机构高调入场，数字货币的投资性愈发体现。如此看来，数字货币是一种具有投资品属性的无形资产。

三、报表编制者视角

（一）对投资比特币的会计处理

陈晗等人（2020）认为，特斯拉选择将比特币计入无形资产，财务报表将仅能体现比特币下跌而不能体现上涨，币价不会全部映射进股价，以便于更好地进行利润调节。对于这一观点，笔者并不认同，特斯拉将购入的比特币按无形资产核算，符合美国会计准则委员会的要求，符合美国通用会计原则。特斯拉的会计处理是在现行会计准则体系下的被动选择，而非出于某种目的的主动行为。至于无形资产只能计提减值准备，而不反映价值升值这一问题，涉及到无形资产的定义、性质，从深层意义上来说，还涉及到会计稳健性原则的应用。

陈晗等人（2020）提到了另一家公司，Microstratety，作为对比，称其在非流动资产下新增数字资产（Digital Assets）科目，认为这么处理可以将币价直接映射在其股价上。笔者翻阅了这家公司的财报，发现该公司确实投资了约7万余枚比特币，并计入数字资产这一报表项目（见图2）。

		December 31, 2020
Assets		
Current assets:		
Cash and cash equivalents	$	59,675
Restricted cash		1,084
Short-term investments		0
Accounts receivable, net		197,461
Prepaid expenses and other current assets		14,400
Total current assets		272,620
Digital assets		1,054,302
Property and equipment, net		42,975
Right-of-use assets		73,597
Deposits and other assets		15,615
Deferred tax assets, net		6,503
Total assets	$	1,465,612

图2 Microstrategy 公司单独设立 Digital Assets 项目

资料来源：Microstrategy 公司 2020 年度 10 - K 年报。

但通过仔细阅读该公司财报，笔者发现，该公司对比特币仍然是按照 FASB ASC 350 “无形资产——商誉和其他”进行会计核算和处理的（见图3）。根据重要性原则，该公司持有的比特币占总资产的比重超过70%，且由于国外报表的项目设置相对更加灵活一些，该公司遂单独为比特币设立了一个项目。但是，设置单独项目并不意味着比特币价格涨跌的波动都会反映在公司财务报表上。

(g) Digital Assets

During the second half of 2020, the Company purchased an aggregate of $1.125 billion in digital assets, comprised solely of bitcoin. The Company accounts for its digital assets as indefinite-lived intangible assets in accordance with Accounting Standards Codification ("ASC") 350, *Intangibles —Goodwill and Other*. The Company has ownership of and control over its bitcoin and uses third-party custodial services at multiple locations that are geographically dispersed to store its bitcoin. The Company's digital assets are initially recorded at cost. Subsequently, they are measured at cost, net of any impairment losses incurred since acquisition.

图3 Microstrategy 公司对购买比特币事项的披露

资料来源：Microstrategy 公司 2020 年度 10 - K 年报。

（二）对比特币作为支付方式的会计处理

另外一个值得关注的问题是，特斯拉除了表示已投资比特币之外，还希望未来能够适用法律并在有限的基础上接受比特币作为产品付款方式。这将引发另一个问题，如果客户用比特币购买特斯拉的车，特斯拉如何进行收入确认？

根据美国注册会计师协会（AICPA）发布的实务指引，公司按照 ASC 606 的收入准则进行会计处理，将收到的固定数量的数字货币作为非现金对价的一种形式。在确认收入时，采用收到的数字货币的公允价值进行计量，且后续这一非现金对价形式导致的公允价值变动不计入、也不会影响收入交易价格。收到的数字货币依然按照使用寿命不确定的无形资产进行后续计量。我们现在暂时无法得知特斯拉销售车辆收取比特币的具体方案，是依然采用传统法币报价，客户按照实时兑价折合为比特币进行支付，还是以比特币报价，客户可以选择支付时间？从目前比特币大涨大跌的行情来看，其无法作为价值尺度，也不具有货币应有的价值贮藏功能，考虑将其按照现金或现金等价物处理还为时过早。

特斯拉并不是第一个吃螃蟹的人，早已有上市公司认可比特币作为支付方式。例如在纳斯达克上市的美国知名在线购物网站 Overstock. com。该公司从 2014 年开始接受用户使用比特币购买商品，这一举措使得其成为接受比特币支付和交易的美国最大零售商。该公司将所持有的比特币和其他加密数字货币计入了资产的“预付账款和其他流动资产”（Prepaids and other current assets）这一项目（见图 4）。从报表项目名称来看，数字货币并不是无形资产，且被划分至流动资产类别。期末，公司对该数字货币跌价计提减值，只有出售数字货币时，才在综合和管理费用里确认盈利或亏损。

Cryptocurrencies

We hold cryptocurrency-denominated assets ("cryptocurrencies") such as bitcoin and we include them in Prepaids and other current assets in our consolidated balance sheets. Our cryptocurrencies were $2.4 million and $1.5 million at December 31, 2018 and 2017, respectively, and are recorded at cost less impairment.

We recognize impairment on these assets caused by decreases in market value, determined by taking quoted prices from various digital currency exchanges with active markets, whenever events or changes in circumstances indicate that the carrying amount of an asset may not be recoverable. See *Fair value of financial instruments* above. Such impairment in the value of our cryptocurrencies is recorded in General and administrative expense in our consolidated statements of operations. Impairments on cryptocurrencies were $10.5 million for the year ended December 31, 2018. There was no impairment on cryptocurrencies during the years ended December 31, 2017 and 2016.

图 4　Overstock 公司 2018 年年报对加密数字货币会计政策的披露

资料来源：Overstock 公司 2020 年度 10 – K 年报。

四、结语

特斯拉将购买的比特币划入无形资产进行会计处理，符合美国会计准则委员会的要求，符合美国通用会计原则，无可厚非。对使用寿命不确定的无形资产进行减值测试，不确认价值增值，是会计准则已经沿用数年的做法，因此，笔者并不认可特斯拉可择时出售比特币从而确认收益，调节利润这一推论。

数字货币与传统无形资产的最大区别在于投资性太强，传统无形资产即使存在活跃市场，也难以获取公开报价。而数字货币这一新兴虚拟产品，可以 24 小时无休交易，并随时可查询公开报价，已愈来愈具有投资品属性。如果会计信息的使用者，总是用公开报价信息去估算持有数字货币的盈利或亏损，会计界确实需要考虑参照金融工具的部分要求，修订现行无形资产会计准则或者为数字货币制定全新的会计准则。本文的结论是基于数字货币交易发生于美国的学术研讨，在中国大陆地区必须遵守相关监管规定。

参考文献：

[1] Accounting Standards Board of Japan. About the Practical Solution on the Accounting for Virtual Currencies under the Payment Services Act. https：//www. asb. or. jp/en/wp – content/uploads/2018 – 0315_2_e. pdf.

[2] American Institute of Certified Public Accountants. Accounting for and Auditing of Digital Assets. https：//www. aicpa. org/. . . /accounting – for – and – auditing – of – digital – assets. pdf.

[3] Financial Accounting Standards Board. https：//www. fasb. org/jsp/FASB/FASBContent_C/ActionAlertPage&cid = 1176175405562.

[4] International Financial Reporting Interpretations Committee. Holdings of Cryptocurrencies. https：//cdn. ifrs. org/ – /media/feature/supporting – implementation/agenda – decisions/holdings – of – cryptocurrencies – june – 2019. pdf.

[5] 罗玫，古朴，姜雨岚．比特币与道琼斯指数的收益相关性［J］．中国会计评论，2020，18（1）：7 – 22.

[6] 陈晗，王天琛，袁煜明（火币研究院）．从特斯拉看美股上市公司买比特币的会计处理、动机与趋势．2020，https：//36kr. com/p/1092364333435399.

新经济、新模式下执行新收入准则问题探讨

陈朝琳　蒋艳虹[①]

随着新经济和新商业模式的出现和发展，相关企业因其独特的业务特点，在收入确认方面，可能面临困惑和挑战。本文以新收入准则中收入确认的五个步骤为分析框架，结合企业相关业务的具体特点，就它们在执行准则中可能遇到的问题进行研究，提出需要关注的问题点及其分析判断的要点。

一、引言

随着社会和经济的发展，特别是信息技术的高速发展，企业正在不断创新商业模式，为自己创造收入，也为社会创造财富。新经济和新商业模式的出现和发展，也给企业在会计上如何确认收入提出新的挑战。

对于新经济和商业模式，目前还没有一个权威的、公认的定义。但大都认为，新经济本质上是一种知识经济，以智力、研发、创意、创新等无形资源为主要驱动因素，依靠信息技术进步和商业模式创新推动经济全球化的智慧型经济形态；商业模式关注的核心问题是如何为客户和股东创造价值。无论是新经济，还是新商业模式，都要求企业利用现有资源来创造价值，也都必须获得收入，在财务报表上，通过收入的确认体现其在新环境下创造价值的能力和结果。因此，商业模式对于企业如何确认收入影响重大，在某些情况下，甚至直接决定企业何时确认、应当确认多少收入。新经济企业在新经济环境下逐渐成长，大多伴随着信息技术的蓬勃发展而壮大，是创造和利用新商业模式的主力军，它们获取收入的特点经常有别于传统企业，在收入确认上的会计处理也值得我们深入研究。

我国财政部于2017年7月公布修订后的《企业会计准则第14号——收入》（本文简称“新收入准则”，并将修订前的准则称为“原收入准则”），要求企业遵循识别客户合同、识别履约义务、确定交易价格、分摊交易价格、确认收入等五个步骤（合称“五步法”）来分析相关业务并确认收入。根据规定，该准则分步实施，今年是境内上市企业实施该准则的第一年。

---

① 陈朝琳系厦门国家会计学院财务会计与审计研究所副所长、教研中心副教授、硕士生导师；蒋艳虹系厦门国家会计学院政府综合财务报告研究中心副主任、讲师、硕士生导师。

可以预见，不少企业将在执行新准则中遇到一些问题，特别是某些新经济企业和实行新商业模式的企业，由于其创新的业务特征，在某些业务的收入确认方面，很可能会面临更大的困惑。本文对此进行探讨，提出需要注意的问题点和解决办法，希望能够帮助他们更顺利地执行准则，向利益相关方提供具有良好质量特征的财务信息。

本文认为，企业应当结合自己的业务特点，套用新收入准则中的五步法，根据其在收入确认五个步骤中的不同情况，作出恰当的判断和估计，并据此进行相应的会计处理，以便如实反映企业因不同业务而产生的收入信息。具体来说，对于某项业务带来的收入，企业需要识别相关客户合同及其中的履约义务，确定并分摊交易价格，在履行某个单项履约义务时，确认相应收入。另外，企业还需要考虑由此产生的合同成本，包括合同取得成本与合同履约成本，对其进行确认和计量。

值得注意的是，在收入确认过程中，企业需要同时考虑这五个步骤及合同成本问题，它们之间相互联系，不能被完全割裂开来，某些业务对于收入确认的影响，可能同时涉及其中的不同步骤。因此，下文可能会针对同一种业务分析其对收入确认不同步骤所产生的影响。

二、客户合同的相关判断

在确认收入之前，企业可能需要判断自己与对手方签订的合同是否为客户合同，某些合同是否需要合并或分拆，如何处理合同变更等问题。

（一）合同变更

新收入准则第八条规定，企业应当根据不同的情况，考虑合同变更的影响及其会计处理。变更部分可能作为单独合同，也可能被视为原合同的终止并签订新合同，还可能作为原合同的一部分。

一些新经济企业与客户签订了固定造价合同，合同开始履行之后，因其处于初创期，谈判地位比较弱，客户要求增加订单中履约义务的同时，并没有增加对价。此时，企业需要判断原合同中已履约部分与未履约部分是否可以明确区分，由此决定如何看待这类合同的变更，并采用相应的会计处理来确认收入。如果二者不可明确区分，可能导致已履约部分在变更后的新合同中所占比例变小，企业因此需要调减当期收入。

（二）合同合并

许多新经济企业（比如电信运营商）会向市场提供不同的单位套餐，使单位成员之间可以按照折扣价格互相分享服务（比如分享数据流量或通话时长）。这种情况下，企业在识别客户合同时，需要考虑是否合并相关合同，是将其与整个单位的合同视为一份合同，还是将其与每位单位成员的合同作为多份单独合同来处理。

如果认定为多份合同，企业还需要进一步分析，组合法核算与单独核算的结果有没有重大差异，在确定没有重大差异的前提下，企业应当将具有类似特征的合同组合起来进行会计处理。关于是否组合处理，哪些项目可以构成一个组合等问题，企业需要从不同商品或服务、时间跨度、地理位置及合同变更的影响等角度来评估。为此，企业还需要持续评估组合法是否会使其与单独处理的会计结果出现重大差异，是否符合成本效益原则等。

三、单项履约义务的识别

新收入准则第九条规定，只有在企业履行某项可区分的单项履约义务时，才能确认相应收入。企业在创新企业商业模式的同时，也在收入确认上面临新问题，有必要鉴别客户合同中的某项义务是否单项履约义务，如何将其与其他履约义务相区分。

（一）额外购买或续约权

对于被评估为实质性权利的客户购买额外商品或服务的选择权，企业应当将其作为单项履约义务来处理。如果合同赋予客户以折扣价格续约的权利，仅当客户不签约就无法获得额外利益的情况下，该选择权才代表实质性权利。

不少软件企业为了维护老客户而给予其续约选择权优惠，企业如果认为因此向客户提供了重大权利（比如续约折扣超过给予其他客户的正常折扣范围），应当将该选择权作为单项履约义务，估计其单独售价；如果企业在续约期间将按照原合同条款给老客户提供服务，则可简化处理，直接估计将提供的服务数量，并将预计在续约期间收取的对价金额纳入原合同的交易价格。如果企业认为并未因此提供重大权利，则作为一项销售要约，在实际续约时进行会计处理。

（二）提前升级权

为了吸引客户，某些电信和软件企业经常会向客户提前提供升级服务的权利（提前升级权），客户在合同期内需要升级软件或其他服务时，无需支付其他客户当时需要支付的升级服务费，或只需支付更少的升级费。此时，企业需要确定这项提前升级权是否授予客户购买额外升级服务的选择权。如果是，还要考虑它是否作为单项履约义务，并基于这些判断，采取适当的会计处理方法。

在作出判断之前，企业需要考虑自己是否向客户授予了一项关于升级的重大权利，如果是，进而要考虑这项升级服务是否可以与合同中的其他商品或服务明确区分，在认定其为单项履约义务时，还要考虑如何分摊交易价格，并在客户行使这项升级权利时确认相应收入。另外，客户行使升级权时，有可能被认定为合同变更，原来未升级的服务变更为已升级的服务。此时，企业需要判断的是这是何种合同变更，并采取相应的会计处理方法。还有一种可能，具有提前升级权的客户比其他客户少交的升级费只是企业为了激励其与自己签订新合同的经济诱因，此时，企业应当将其作为新合同的销售费用。

（三）捆绑销售

许多手机运营商经常将“免费”手机和电信服务捆绑起来销售，根据新收入准则要求，大多数情况下，企业应当将手机和电信服务区分开，按其单独售价的相对比例来分配交易价格，这可能导致这些企业提供手机和电信服务的收入确认时间和金额与之前的会计处理不一样：在前期就商品销售确认比以往更多的收入，在后期就服务确认比以往更少的收入。而且，由于存在大量此类合同及服务套餐，这些企业在执行新收入准则时将面临相当复杂的情形。

同样，电商企业也经常将各种商品和服务捆绑成套餐进行销售，其总价小于各商品和服务价格的总和，这包括买 n 个赠 m 个、买 A 赠 B、加 1 元多 1 件等各种促销活动。为此，企业有必要识别这些销售中是否含有多项履约义务，如果是，就要将交易价格分摊至这些单项履约义务中。

（四）软件许可

通常情况下，软件许可合同都包含多项商品和服务，如软件许可、特定或非特定的未来升级或优化、维护和其他专业服务等。对于此类合同包含几个单项履约义务及其如何分摊交易价格等问题，企业需要根据其业务特点来分析。

对于提供在线服务的软件产品（如炒股软件），软件企业由于前期研发投入较大，为加速现金回流，通常会要求客户在安装软件、配置账号时支付一笔较高的费用，而在未来享受在线服务时支付相对较低的费用。这种情况下，如果客户仅在同时使用许可服务时才能获益，例如，客户需要通过授予许可才能访问相关内容，那么，这类许可就应当被认定为不能与安装服务明确区分，由此不能将安装服务视为单项履约义务而在安装时确认收入。

（五）总额法 Vs. 净额法

在与其他企业合作向客户提供商品和服务的情况下，企业需要判断自己的履约义务是提供商品或服务还是提供中介代理服务，由此认定自己是主要责任人还是代理人，进而决定采用总额法还是净额法确认收入。

新收入准则第三十四条对于提供有形商品业务中的主要责任人与代理人的判断标准较为明确，但是，以无形商品（如网络游戏中的道具等）为交易对象的业务，大都不涉及存货风险、不存在信用风险、风险报酬的转移也不够明确，难以据此作出明确判断。比如，各种网络游戏运营过程中，游戏开发商、运营商、渠道商等各方承担的风险和报酬不同，要想确定哪一方是主要责任人，就应当深入考察这些交易的业务特点，以及他们在合作过程中的权利和义务，并结合准则中的相关规定，作出合理的判断。

同样是电商企业，有的商业模式相对简单明确。比如，在自营模式，即“进货—销售”模式下，电商企业进货后，在自己的电子商城上销售，并提供统一的仓储、物流、整体品牌营销等服务，从而赚取商品的进销差价。而在电商平台模式，即“商铺—客户”模式下，由于不直接销售商品，企业只是为买卖双方提供交易的平台，通过收取交易佣金、提供增值服务、网络广告等获得收入。通常情况下，我们可以判定，电商在自营模式下是主要责任人，在平台模式下则是代理人。当然，也要注意一些特殊情况。比如，在与终端客户的交易中，电商和供应商都承担了一部分商品销售责任和风险，此时，电商企业应当根据新收入准则第三十四条所提供的判定主要责任人的情形及相关事实和情况，综合分析自己在向客户转让商品前是否已经拥有对商品的控制权，以判断自己是否为主要责任人。

电信企业通过向经销商返还设备补贴费用来促销手机和网络服务，也要考虑这类业务是否委托代销安排。这种情况下，关键是要确定商品和服务的控制权在转移给最终客户（电信服务用户）前是否（如果是，何时）转移给经销商。这需要电信企业分析具体的业务特点，结合手机的法律权属是否转移，经销商是否承担手机的实质性存货风险等情况来判断。经判断，如果经销商是主要责任人，那么，电信企业就不能将销售手机和网络服务的合同合并起来，而应当各自作为单独合同进行会计处理；如果经销商是代理人，那么，电信企业就是主要责任人，它的履约义务就是向最终客户提供手机和网络服务。

许多网络游戏都是在游戏开发商和运营商等多方合作下，向游戏玩家提供游戏服务的，游戏企业需要考虑道具出售方式、游戏维护责任方认定等合作协议中的条款，判断自己是代理人（采用净额法）还是委托人（采用总额法），并确认相应收入①。

四、交易价格的确定

新经济下，特别是由于商业模式的创新，市场上涌现出各种新型的促销活动。企业对于交易价格的确定，需要考察具体业务对自身的影响，分析各种促销活动中涉及的可变对价，以便估计交易价格。另外，某些企业还需要辨别沉淀收入的性质，以便计量应当确认的收入金额。

（一）各种促销活动涉及的可变对价

《2018年上市公司年报会计监管报告》指出，零售企业（包括零售电商）提供的销售激励有很多种形式，包括现金奖励、折扣和销量返利、免费或打折商品或服务，以及客户奖励积分。在新收入准则下，折扣、返利、减免、价格优惠、绩效奖金或是类似的激励措施均作为可变对价核算，可能会改变部分零售企业的会计核算。具体来说，对于不同的促销活动，企业需要考虑其中具体的业务特点，判断其是否涉及可变对价，如果是，还需要估计合适的交易价格。

为了维持客户黏性，获得更长久的商业利益，有些企业（比如电信企业）会给老客户一些折扣，企业需要判断这些折扣是可变对价还是合同变更。这需要根据具体的业务特点和对准则的理解来判断②，并可能影响到收入确认的时点。如果是可变对价，需要采取合适的方法作出估计。

新收入准则第三十二条规定，附有销售退回条款的销售也存在可变对价，预期因销售退回将退还的金额不属于交易价格，不应确认为收入，而应确认为一项负债；从客户处收回退货的权利则应被确认为一项资产，该资产按照商品转让时的账面价值扣除收回这些商品预计发生的成本（包括退回商品的价值减损）之后的余额计量。很多电商企业广泛实行“七天无理由退货”等销售政策，希望以此吸引客户，有必要遵循这项规定进行会计处理。

---

① 关于其中更详细的分析，可参阅《互联网游戏虚拟货币的收入确认相关问题探讨》。

② 可参考本文第二部分“合同变更”中的示例及其分析。

（二）间接渠道销售中的补贴返还

有些电信企业通过经销商来销售手机和网络服务，约定经销商在满足一定条件时可以获得设备补贴返还。当客户通过经销商签订后续服务合同时，电信企业在确认收入时就要考虑这部分费用的会计处理。

如果补贴款与提供给最终客户的折扣直接关联，电信企业应当考虑是否含有应付客户的对价，还是作为该合同的可变对价，以确定交易价格；如果不与提供给最终客户的折扣直接关联，该付款很可能是付给经销商的佣金，应当作为取得合同的成本。

五、交易价格的分摊

在新经济和新模式下，不少企业通过搭售、“赠送”等方式向客户销售各种商品和服务，包括一些以往市场上从未有过的商品和服务（特别是服务），由于它们没有可观察的单独售价，企业就必须采取恰当的方法，估计其单独售价，以此为基础，进行交易价格的分摊。

对于单独售价的估计，新收入准则第二十一、二十二条规定有三种方法，其中特别强调，只有在商品或服务近期售价波动幅度巨大，或者因未定价且未曾单独销售而使售价无法可靠确定时，才可采用余值法估计其单独售价。另外，新收入准则第二十三条规定，除非有确凿证据表明折扣仅与合同中一（多）项履约义务相关，否则，企业应当按照履约义务单独售价的相对比例来分摊折扣。实务中，有些软件公司对于合同中所包含的某个新软件，因为之前从来没有定价过，也没有单独销售过，就采用余值法来估计其单独售价，由此导致合同中的全部折扣被分配至先被交付的其他项目，而没有按比例分配折扣。如果没有足够证据表明这种折扣分配的合理性，这样的会计处理可能会被认定为不符合新收入准则。

六、收入确认方式

新收入准则第十一、十三条规定，在符合一定条件下，企业应当在合同期的某个时段内根据其履约进度（时段法）确认收入，除此之外，企业要在客户控制商品或服务的某个时点（时点法）确认收入，该条文还给出时段法确认收入的三项条件，以及判断控制权转移的某些迹象，以帮助企业执行作出恰当的会计处理。

（一）授权许可和特许经营

新经济下，知识产权的授权许可（例如授予第三方使用其商标、版权）在零售（包括零售电商）和消费品行业中越来越普遍。新收入准则第三十六条将其分为两大类：如果企业向客户授予获取知识产权的权利，应当采用时段法确认收入；如果企业授予客户的是使用知识产权的权利，则应当采用时点法确认收入[①]。对于前者，该条文提出需要同时满足的三项条件，并在“应用指南”中分别予以解释，特别明确指出，对其中的第一项条件（合同要求或客户能够合理预期企业将从事对该项知识产权有重大影响的活动），应关注活动是否显著改变知识产权的形式或功能。

因此，企业需要根据授予知识产权的业务特点来决定其应当如何确认收入。例如，电影制片企业就一部已完成的电影授予知识产权许可，并在后续开展多项营销活动，如果这些活动将对该电影知识产权许可的价值产生重大影响，但不影响知识产权许可的形式或功能，那么，通常要用时点法来确认这项知识产权许可的收入。同时还要注意，相关企业应当对每一份可明确区分的授权许可合同进行审核，以评估其业务特点，再分别决定其收入确认方式。

（二）游戏道具的收入确认

网络游戏是不少网络企业的主要收入来源，游戏收入确认问题相当复杂，一直存在不少争议。在原收入准则下，有些企业将出售游戏道具视为销售商品，在游戏玩家使用虚拟货币购买道具时一次确认收入。有些企业将其视为提供劳务，认为网络游戏企业提供道具服务，并使玩家从中获得游戏娱乐的享受，需要根据道具的使用性质来决定收入的确认方式：对于有限使用期间的道具，在玩家使用该道具的未来期间内按照直线法确认收入；对于有限使用次数的道具，按照该道具的使用次数占总次数的比例确认收入；对于永久性道具，在该道具的剩余服务期间内按照直线法确认收入。有些企业将出售道具视为提供劳务，但认为自己是为玩家提供虚拟环境，以使玩家在购买道具后能从虚拟环境中获得游戏娱乐的享受，因此应在提供虚拟环境的期间分期确认收入。

根据新收入准则，在线游戏软件的免费下载一般不属于软件行业收入确认范围，游戏道具的出售是一项服务，而不是现实商品的销售，玩家付费是为了获得增值体验。如果企业在玩家取得道具的某一时点就履行了全部义务，则在该时点确认收入。很多情况下，这种增值体验都被设定为玩家在一定期限内享有，因此，企业的履约义务是在特定期限内向玩家提供增值体验服务，即“客户在企业履约的同时即取得并消耗企业履约所带来的经济利益”，应当按照时段法确认收入。

至于时段内履约进度的确定，需要根据游戏的收费模式以及道具的使用规则来决定：有的要基于道具的寿命（从玩家购买道具起至其被消耗完为止，被称为“基于项目的收入模式”，IBRM），有的要基于玩家预期玩游戏的寿命（从玩家购买虚拟货币或道具起至该玩家被认为不活跃为止，被称为“基于用户的收入模式”，UBRM），有的要基于道具所归属的游戏寿命（从玩家购买道具起至该游戏结束为止，被称为“基于游戏的收入模式”，GBRM）。在根据道具特点及其他实际情况确定合适可行的收入确认方式后，企业还需要一定的资源和技术来跟踪收入确认所需的信息，以支持其会计处理。

---

① 这是《国际财务报告准则第 15 号——源于客户合同的收入》（IFRS15）中的用语，分别采用“access”（获取）和“use”（使用）这两个术语，在我国新收入准则第三十六条中，将时段法确认知识产权许可收入需要同时满足的三项条件直接列出，没有采用这两个术语，但表达的意思一样。

（三）电商自营销售下的收入确认时点

电商的网购平台包括自营和代理，如果是自营平台，企业从供应商那里取得商品所有权，并销售给终端客户。客户签收货物后，在平台上确认收货并办理确认付款，电商企业通常都会向客户提供 7 天无理由退货权利。

这种商业模式下，商品从企业运输到客户手中这之间有很多关键时点，包括企业发货、客户收货、客户在电商平台系统中确认收货、无条件退货等，实施新收入准则后，企业需要结合准则规定和业务特点，判断客户在哪个时点取得相关商品（或服务）的控制权，据此确认收入。

七、合同成本的相关会计处理

在新经济下，为了获得今后的网络效应和市场份额，不少企业在前期花费大量精力和金钱来获取客户资源，为合同的取得和履行作各种准备，这些支出有可能与收入相关，有可能需要被认定为合同成本，并进行相应的会计处理。

（一）合同成本的资本化

新收入准则第四章规定，如果符合特定条件，企业应当将取得合同的增量成本进行资本化，如果企业可以通过该合同的未来收入而收回成本，那么，应当随着相关收入的确认，将该资产摊销计入损益，并根据《企业会计准则第 8 号——资产减值》对其进行减值测试。

初创的新经济企业经常为销售团队提供激励，以刺激其获得新的客户合同。在预计可收回成本的前提下，企业需要将取得该合同的增量成本（如销售佣金）和履行该合同的成本（如安装成本）予以资本化。因此，企业需要结合所实施业务的具体特点，判断相关成本是否为增量成本；如果是，需要进一步判断其是因取得合同而发生，还是因履行履约义务而发生；如果确定应当资本化，还要考虑后续的摊销和减值问题。

（二）游戏平台应用费用

网络游戏企业在与其他企业合作向玩家提供游戏服务时，如果认定自己是主要责任人，需要根据新收入准则的有关规定，结合其业务特点，判断自己向代理人支付的游戏平台应用费用是哪一类合同成本，是否资本化等问题。游戏企业向玩家出售永久性道具和有限期限使用道具时，应当采用时段法确认收入。相应地，与此相关的渠道方费用在同时满足新收入准则第二十六条规定的三项条件时，应当确认为一项资产，即合同履约成本，并按照所出售道具的履约进度进行摊销，计入当期损益。

参考文献：

[1] 陈朝琳，叶丰滢．互联网游戏虚拟货币的收入确认相关问题探讨［J］．《财务与

会计》, 2015 (2) .

［2］财政部会计司网站：http：//kjs. mof. gov. cn/.

［3］安永网站：https：//www. ey. com/.

［4］致同研究之 IFRS 网站：https：//www. grantthornton. cn/grantthorntonifrs/.

数字经济下的增值税：征税机制、避税问题及征收例解①

薛　伟②

数字经济正在引领新经济的崛起，不断地为企业创造出巨大的经济利益，吸引更多的企业从实体经济转型到网络经济，使得国家税源也发生了变化。这种变化冲击着当前各国的税收制度和征管方式，导致现有的税收政策和征管制度面临着巨大挑战。从大多数国家尤其是经济收入水平不高的国家的税种构成和份额占比来看，流转税（增值税）依然占有举足轻重的地位。基于此，本文从增值税征税机制和企业交易模式的变化角度，探讨增值税的目的地征税原则和反向征税原则在数字经济中作为税收政策制定的优势，在此基础上探讨跨境企业交易的增值税避税问题及企业在新交易模式下的增值税征收问题。

一、数字经济下增值税的基本征税原则和征税机制

（一）数字经济下增值税的基本征税原则

1998 年 10 月召开的渥太华部长级会议提出了电子商务间接税的一系列原则，形成了《渥太华电子商务税收框架条件》，最终确定了对电子商务实行征税的 5 个基本原则，分别为：一是税收中性原则，即税收应在电子商务不同形式和传统商务之间寻求中立性和公正。商业决定应该是出于对经济的考虑，而非出于对税收因素的考虑。纳税人在相似情况下进行类似的交易应该得到同样的税收待遇。二是效率性原则，即纳税人的合规遵从成本和税务机关的行政费用应尽量减少。三是确定性和简易性原则，即税收法规应清晰及简明易懂，让纳税人可以预计有关交易的税务后果，包括知道何时、何地履行纳税义务及如何核算应纳税额。四是有效性和公平性原则，即应在正确的时间征收正确的税款，尽量使逃税或避税的潜在风险减至最小，且对抗风险的措施应与风险相匹配。五是灵活性原则，即

---

① 【基金项目】厦门国家会计学院课题“国际税收新形势下我国与一带一路沿线国家税收协定”（项目编号：YD20180303）；厦门国家会计学院课题“一带一路背景下中国企业商业模式创新研究”（项目编号：YD20180212）；厦门国家会计学院课题“团队视角下的会计师事务所管理和审计师个人行为研究”（项目编号：YD20180205）。

② 薛伟系厦门国家会计学院讲师、硕士生导师。

为了保持与技术和商业发展同步，税收制度应不断创新和发展变化，具有适应经济发展的灵活性。该文件主要解决了数字经济下如何从跨境 B2C 供应链中有效征收间接税的难题，并建立了一套至今仍适用的电子商务税收原则。

之后，OECD（经济合作与发展组织）相继发布了一系列电子商务指南和间接税指南，明确指出了增值税和消费税要实行目的地征税原则，即消费地原则。依据该原则，商品或服务及劳务的间接税应该由消费发生的管辖区征收，即谁消费谁负担。比如，出口商品或服务在本国不征收增值税等间接税，进口商品或服务则应按照与国内供应相同的税基和税率征收增值税等间接税。尤其是在远程跨境交付服务和无形资产的 B2B 交易模式中，其基本征税原则的主要判断标准是服务和无形资产接受者的“商业活动”所在税收管辖区或个人的常住地。

对数字经济中的服务和无形资产征收增值税究竟采用何种原则，OECD 在 2014 年发布的《应对数字经济的税收挑战》和《数字经济税收》两份报告中，都强烈支持实行目的地征税原则，主要原因是该原则能够同时确保经济的效率性和中性。

（二）数字经济下增值税的征税机制

增值税和其他消费环节税收通常被设计为间接税，其目的是对最终货物和服务的消费课税，由消费者负担，商品和服务的市场价格包含相应的税额，但并非直接向消费者征收，而是向货物销售方或者服务提供方征收。消费环节的税收一般可以分为以下两种类别：一是对普通货物和劳务征收的税收，包括增值税和某些国家（地区）开征的与增值税类似的税收、销售税以及其他针对货物和劳务征收的税收；二是对特定货物和劳务征收的税收，主要包括消费税、关税和进口税收以及对特定服务（如保险费和金融服务）征收的税收。而增值税实行多级征税和退税机制，这是与其他流转税相区别的重要方法，多级征税机制也是增值税的主要优势之一。因此，消费环节征税和多级征税机制共同构成了增值税的链条机制。无论是在传统交易模式还是在数字经济交易模式下，当增值税不能有效维持多级征税机制或征税环节发生改变时，会导致生产、销售或消费环节中的某笔交易不缴纳增值税，这必然会破坏增值税链条以及进项税额的抵扣机制。

如果增值税抵扣链条断裂，会产生严重的税收漏洞，具有代表性的是同一贸易体系内的循环式骗税。比如在欧盟单一市场下，内部成员之间 B2B 货物交易的增值税链条暂时断裂。具体而言，任何一个成员国的销售方 A 向其他成员国的购货方 B（在其所在国注册为增值税纳税人）销售货物时，购货方 B 不用缴纳税额，而是将货物以含税价格销售给另一个企业 C（国际上称为“无辜的贸易者”），购货方 B 把收取的这部分增值税据为己有且不退还增值税，并就此“失踪”变成所谓的“走逃失联”企业（国际上称为“失踪的贸易商”）。这部分被 B 企业收取的增值税要由增值税征收部门自掏腰包退还给 C 企业，而货物也将在另一免税交易中销售到另一个成员国（或交易中的第一个成员国），B 企业没有退还的增值税就成为骗税利润。这就是所谓的“共同体内失踪的贸易商 MTIC”的骗税问题。这种循环式骗税的一个后果就是：在极端情况下，税收总额是负数，这就意味着征税部门不但没有征到税，反而要大额“退税”。因此，对于跨境提供的 B2B 服务，必须打破增值税链条，通过反向征税机制征税，这是经济数字化后对征税原则的一个新挑战。

二、数字经济下增值税的避税问题

（一）数字经济的特征

随着现代信息和通信技术的快速发展，一些新的商业模式也随之产生，比如电子商务、应用程序商店、在线广告、在线支付服务、参与式网络平台、高频交易和云计算等模式。这使得经济数字化普遍存在于经济领域的业务中，换言之，数字经济正日益成为经济本身。在实际业务中，数字经济和其他经济之间的界限也变得越来越模糊。同时，数字经济与税收相关的很多特征在数字经济的发展中日益凸显。现代经济体系的特征具体包括：一是流动性，这与数字经济所高度依赖的无形资产、用户以及资源选择的灵活性等有关；二是对大数据的依赖性；三是网络效应（和用户参与有关）、整合和协同效应；四是使用多层面的商业模式；五是某些商业模式在高度依赖网络效应的同时，倾向于垄断或寡头垄断的趋势；六是因市场准入门槛较低及技术的快速发展所导致的波动性。

（二）数字经济下增值税的避税空间

在数字经济下，人为地把应纳税收入与产生该应纳税收入的业务活动进行分割，或在增值税层面向免税业务或者从事免税业务的跨国公司提供远程数字服务，从而造成不缴或少缴增值税，产生避税问题，并破坏税收体制的公平性。在增值税层面产生 BEPS（税基侵蚀和利润转移）空间的情形大致有两种，一种是向免税企业提供远程数字服务所导致的，另一种是向在多个国家设立分支机构从事免税活动的企业（跨国企业）提供远程数字服务所导致的。也就是说，企业可以事先设计某种架构使其提供的远程数字服务和无形资产免税，实现不负担或少负担增值税，以此达到避税目的。

在第一种情况下，向免税企业提供远程数字服务，绝大多数国家对 B2B 数字服务征收增值税采用目的地原则。其原理是要求本国的企业客户自行计算购买所提供远程数字服务和无形资产的增值税进项税额，并允许企业抵扣这部分进项税额，这将避免大量企业（非从事免税活动的企业）之间提供的跨境数字服务不出现避税问题。但是，境外企业向免税企业（如金融服务企业）提供数字服务的情况下，极容易导致增值税的避税问题。在企业从事免税业务活动情况下，其提供的此类免税服务一般不征收增值税，这会使免税服务对应的进项税额部分不能从销项税额中抵扣掉。比如，某企业从非居民销售方采购数据处理服务，根据其所在国税收法规的规定，其需要自行评估增值税税额（某些国家可能不要求企业自行评估税额）并对进项税额申请抵扣。如果企业客户是免税企业，虽然可以自行计算这些国家产生的增值税税额，但无法申请抵扣这部分进项税额。在使用已缴纳的增值税进项税额来提供增值税免税服务的情况下，免税企业在其居民国被征收了“进项税额”。但有一些国家并不要求免税企业对所购买的海外服务和无形资产自行计算增值税进项税额。所以，在这种情况下，该交易不存在增值税实质性征收问题。同样的，如果该数字处理服务在供应商居民国需要缴纳增值税，避税问题也会产生。其主要原因是供应商所在国要征收增值税，而免税企业所在国却征收不到这笔增值税。

当供应商所在国不征收增值税或增值税税率低于免税企业客户所在国税率时，也可能引发避税问题，免税企业客户将不缴纳或仅缴纳少量的增值税。这些情况充分表明，免税企业从海外供应商处购买数字服务时如何不缴纳或只缴纳少量的增值税，本国销售商向本国企业提供服务时需收取和支付增值税税款，而非居民销售商却能够通过筹划交易架构不收取或仅收取少量的增值税税款。

在第二种情况下，向跨国企业提供远程数字服务也可能引发 BEPS 问题。跨国企业实现规模经济的常见做法是安排集中采购数量大的服务。一般来说，购买服务或无形资产的成本首先由购买方承担，再由其根据正常商业惯例向服务或无形资产的使用方收取。购买方和使用方根据内部收费安排以其使用服务或无形资产的份额计算收取的费用，这是符合会计、企业所得税和其他相关法规要求的。但在单一法人实体的不同机构之间，目前大多数国家对这种交易不征收增值税，使得该服务的跨国购买方与跨国使用方被分割开来，使用方使用该服务而在跨国企业内进行的任何成本分配或收费，均无须额外缴纳增值税。

如果服务购买方是增值税纳税人，通常均能从企业的销项税额中扣除这部分进项税额，但如果使用数据服务的是免税业务纳税人，则一般不能抵扣增值税进项税额。比如国际银行 A 的甲机构直接从本地供应商处采购某项交易的相关数据处理服务，这将会产生对应的一笔进项税额，但当这项数据处理内容被用于免税活动时，其相关的进项税额就不得抵扣，应做进项税额转出处理。如果国际银行 A 的甲机构通过同一银行在另一个国家的乙机构处购买该项数据处理服务，然后向代替甲机构购买该数据处理服务的另一个机构补偿其支付的购买成本。由于该国同一法人实体不同机构间的交易不征收增值税，使得甲机构无须缴纳增值税。如果购买服务的机构位于不征收增值税的国家，国际银行 A 则能通过安排全球的所有购买业务，通过不征收增值税国家的机构进行筹划，而无须缴纳任何增值税。

（三）数字经济下增值税在消费环节的避税问题

经济的数字化极大地促进和提升了企业从其他国家或地区获取各种数据处理服务和无形资产的能力，使免税企业规避或减少因用于免税活动而不能抵扣进项税额的情况发生。根据 OECD 公布的《国际增值税/货物劳务税指南》（2015）的规定，B2B 模式下服务和无形资产的纳税地指引的执行可以使通过远程提供给免税业务的服务和无形资产而引发的避税影响降至最低。在企业之间发生的跨境数字服务和无形资产的征税权应当赋予购买方（企业客户）的经营场所所在地的管辖国（或地区），而该企业客户应当根据其所在地规则，对远程获得的服务或从离岸供应商处取得的无形资产所产生的增值税申报纳税。当数字产品或无形资产是销售给设立在多个管辖区的某一企业时，征税权应当赋予使用该项服务或无形资产的企业（含分支机构）所在的管辖地。无论这些服务和无形资产的供应和取得是如何构成的，B2B 服务和无形资产所涉及的增值税征税权均应属于为商业目的而实际使用这些服务或无形资产的所在地。

三、数字经济下新商业交易模式的增值税征收例解

数字经济下的商业模式大多以碎片化的交易形式进行，取代了非数字经济下以大额批

量交易为特点的传统商业模式。正如 OECD 的 BEPS 行动计划指出，数字经济的传播给国际税收带来了诸多严峻的国际税收规则挑战。一个重要原因就是数字交易具有复杂性和隐蔽性。因此，在判定某项数字服务的增值税纳税义务时，首先必须搞清楚该项服务内容是销售给中介还是通过中介销售？数字服务的销售链条从服务制造商到最终端的消费者，过程较为复杂，包含因素较多。主要是因为：一是数字产品的交付方式千差万别，且存在相互交叉，有通过一个或多个中介销售的，也有直接销售给终端用户的，或以上两者的组合。二是供应链涉及的中间商较多，每个中间商承担不同的功能和法律责任。比如，除数字服务制造商本身外，还涉及应用商店（APP 商店）、通信服务提供商、网络集成商、支付服务商等多个参与方。三是现金流与服务流未必总是保持一致。比如，数字产品以付费数码（电话号码或手机短信服务码）的形式提供服务并收取高于一般服务的费用，或者终端用户在应用市场设立账户，通过不同的互联网设备获取服务内容并以信用卡、话费或其他支付方式，支付高于一般服务的费用（包含了数字产品的价格）。四是数字产品的交付方式是多种多样的跨境交付，包括邻国间的交付、本地区成员间的交付或者与非本地区间的交付。对于最终消费者数字产品交付有几个比较典型的模式，具体如图 1 所示。

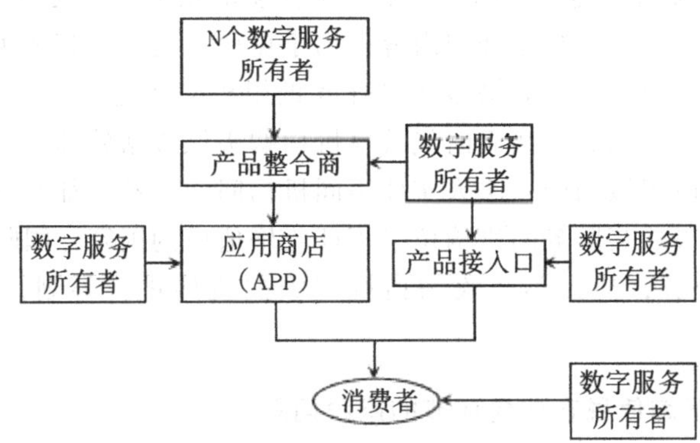

图 1 数字服务产品的业务流程

本文主要讨论“一个服务商 + 多个中间商”模式的增值税问题。这种模式的典型代表是移动支付服务模式下的网络游戏收费服务模式，如图 2 所示。

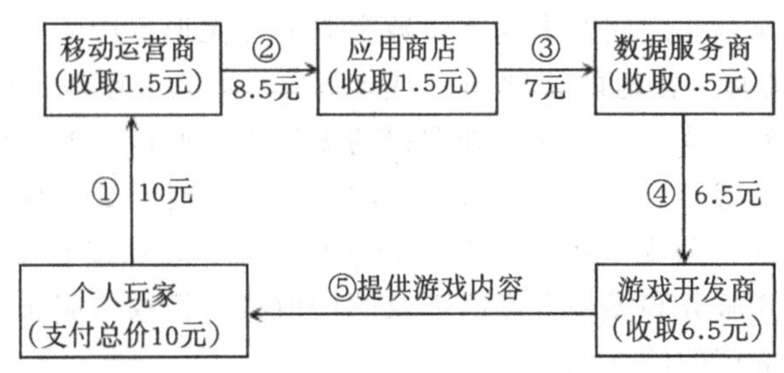

图 2 数字服务产品的移动支付流程

某个玩家通过应用商店在移动设备上下载了一款游戏，想玩游戏就要先购买 10 元的点卡。应用商店相关条款规定了该玩家直接与游戏开发商订立服务合同，并且该玩家通过移动手机的支付服务来支付这笔 10 元价款。通常是到当月月底，移动通信运营商将直接从该玩家的话费单中额外收取这 10 元。在这 10 元中，移动运营商因交付服务先收取 1.5 元，应用商店因提供网络平台服务再收取 1.5 元，数据服务商收取 0.5 元，最后剩余 6.5 元全部支付给游戏开发商并由其向该玩家提供游戏内容。

在这种模式下，对综合供应链中如何确定增值税纳税义务的不同理解，会导致税企双方适用和征收增值税的不确定性。因此，要明确数字服务中介的增值税纳税义务，必须运用基本原理对基于供应链中不同参与者的经济、商业和法律关系实质进行增值税分析。各方参与者法律责任应在合同条款和销售条款中列明，增值税的发票开具应与法律责任相一致。对于这种模式，本文重点从两种增值税税款的开票方案进行讨论。一种是含增值税税款的开票方案（各参与方以本人或隐名代理人的方式参与），另一种是不含增值税税款的开票方案（各参与方以显名代理人的方式参与）。

1. 含增值税税款的开票方案。以游戏玩家下载游戏为例来说明，其模式如图 3 和图 4 所示。

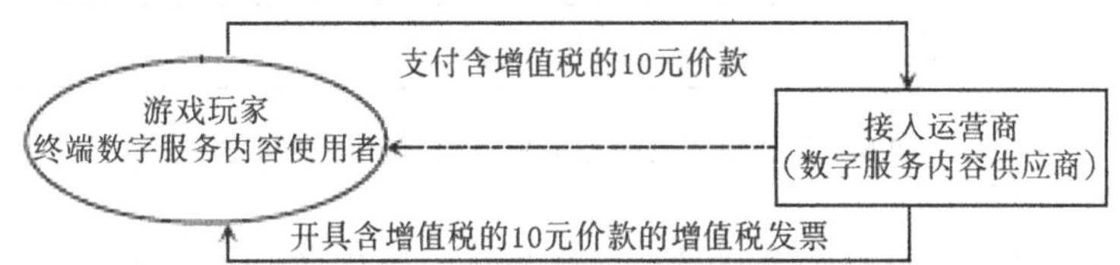

图 3　移动数据运营商自营品牌销售的业务流程

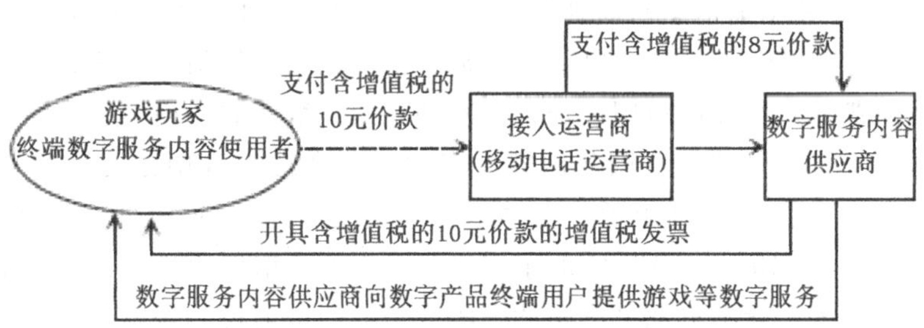

图 4　含增值税税款的业务流程

通常情况下，游戏玩家通过移动设备在应用商店（APP）上下载游戏并购买相应价值的游戏点卡，作为服务内容供应商的接入运营商，要么以本人的名义提供下载服务，要么作为匿名代理人用自己的名义替数字服务内容供应商或中间商提供下载服务。在这种方案下，虽然接入运营方不一定是数字服务内容所有者（不拥有数字服务内容的任何权利），但其按照向终端用户销售或视同销售数字产品服务计算相应的增值税税额。因此，该方案的主要特征包括：一是接入运营方有义务准确计算增值税税款，从终端用户收取税款并将收取的税款缴纳给税务机关；二是数字产品（服务）的销售价款是接入运营方增值税应税营业额的一部分；三是接入运营商在向终端用户开具发票或账单时，数字产品（服务）的金额先填写在增值税计算栏次内，再计算增值税金额。

2. 不含增值税税款的开票方案。当一个消费者通过一个或多个中间商购买第三方产品时，接入运营商和其他服务提供商（显名代理人）都能履行代为支付或服务交付的职能，以服务提供商的名义替内容提供商交付服务内容或收取服务价款。以欧盟国家为例，该交易模式流程如图 5 和图 6 所示。

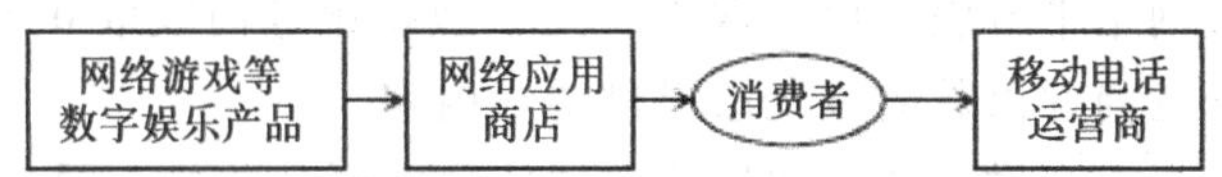

图 5　游戏玩家购买数字服务产品进行消费的业务流程

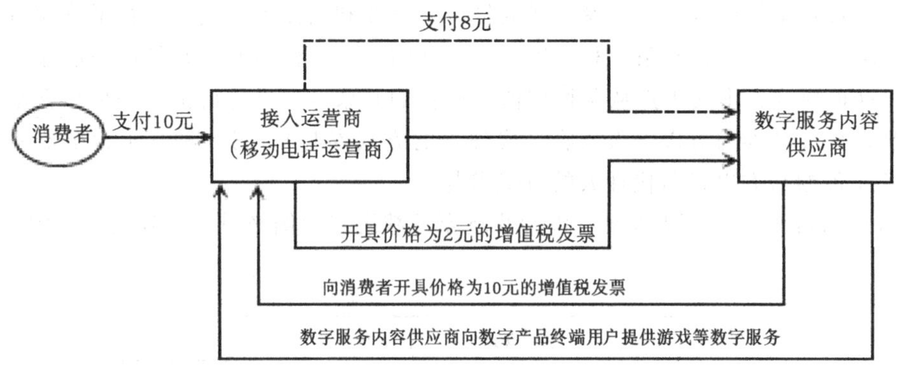

图 6　不含增值税税款的业务流程及各参与方

某游戏玩家（荷兰消费者）通过移动设备从网上应用商店下载了一款价值 10 元的网络游戏并使用移动电话支付了游戏价款，该款网络游戏的服务内容供应商却是卢森堡的居民纳税人（商户），移动电话运营商则是荷兰的电信公司。上述交易产生以下两类增值税问题：一是增值税适用税率问题。2015 年以后，按照欧盟新增值税政策，荷兰税务局将依据游戏玩家（消费者）所在成员国的征税标准拥有最终数字服务内容销售的征税权。二是移动电话运营商（荷兰）和数字服务内容供应商（所在地卢森堡）是否都对这笔交易收取增值税的问题。从征税原则上看，如果移动电话运营商（所在地荷兰）从游戏玩家（荷兰消费者）支付的 10 元价款中收取了属于荷兰当地的增值税税额，则数字服务内容供应商（所在地卢森堡）就不再从最终价款中收取任何的增值税。否则，该游戏会面临被双重征税的风险，这也会损害数字服务内容供应商（所在地卢森堡）的利润。于是，欧盟的一些国家（如比利时）使用“不含增值税税款”的方式来避免这种交易的双重征税。在上例中，如果移动电话运营商在比利时，并对第三方游戏供应商因交付游戏服务内容而收取的 10 元价款不代扣代缴任何增值税，仅将其作为预收款项支付给游戏供应商（所在地卢森堡），由该游戏供应商缴纳最终的应纳增值税（2014 年年底之前的政策是在卢森堡缴纳 15% 的增值税，2015 年以后是在比利时缴纳 21% 的增值税）。

从上例分析可知，在该方案中，数字服务内容供应商同终端用户（消费者）直接订立了服务合同并提供相应的数字产品服务，而移动电话运营商仅提供通讯服务（交付产品）以及向数字服务内容供应商提供支付流程服务，同时收取相应服务费并向数字服务内容供应商开具增值税发票。因此，该方案的主要特征包括：一是数字服务内容供应商从终端用户收取税款，有义务替税务机关准确计算增值税税款并以开具增值税发票的形式代扣代缴；二是接入运营商（移动电话运营商）需要就收取的中介佣金向数字服务内容供应商开具增值税发票；三是只有接入运营商（移动电话运营商）收取的中介佣金才是其增值税应税销售额的一部分；四是增值税发票流与资金流会产生不一致。

四、总结

本文主要将数字经济下增值税的征税机制作为研究切入点，结合具体交易模式的业务实质探讨了经济数字化后增值税可能产生避税空间的情形，以及各种情形下规避增值税避税风险的方式和途径。进一步地，在讨论数字经济下新商业交易模式的增值税问题方面，本文使用了“一个服务商 + 多个中间商”的商业交易模式作为问题探讨的基本模式架构，主要以网络游戏下载服务作为探讨增值税问题的案例，从商业模式的业务实质和业务流程研究了含增值税税款方案和不含增值税税款方案下，综合了供应链中“中介支付”（第三方支付）交易的增值税征收及其票据开具问题，并探讨了数字经济下的增值税缴纳风险。

除此之外，数字经济下增值税还有很多需要解决的问题，比如数字化全球经济时代增值税与所得税之间的潜在联系（主要是税基与税收管辖权方面）、增值税的税收征管和纳税遵从以及税收情报交换等。随着“大智移云”等技术的迅猛发展，这些问题都必将成为数字经济时代下增值税的探讨热点。

参考文献：

[1] 王怡璞，王丹．数字经济税收征管的要素分析与设计［J］．财政监督，2020 (3)：15－21.

[2] 励贺林．对数字经济商业模式下收益归属国际税收规则的思考［J］．税务研究，2018 (7)：76－83.

企业战“疫”中的现金流保卫战

陈　菡[①]

新冠肺炎疫情的全球蔓延带来对全球经济和供应链的双重冲击：一是受疫情影响经济停滞带来的消费需求萎缩以及经济下行压力；二是在疫情影响下多国关闭边境、供给不平衡导致全球供应链的断裂和阻塞风险。疫情之下，企业既要战“疫”，同时也要打好现金流保卫战。本文从企业现金持有、加速资金周转速度、减少不必要的支出、拓宽融资渠道、平衡资金供需关系五个角度为企业现金流战役提供借鉴。

一、引言

2020年，突如其来的新冠肺炎疫情席卷全球。根据《人民日报》发布的疫情统计数据，截至2020年5月25日，全球215个国家和地区累计确诊病例超过540万例，累计死亡病例超过34万例。疫情的全球蔓延、美股十天之内四次熔断、原油暴跌并以负价成交，这些事件不断刷新人们的认知，企业经营环境的不确定性空前加剧。加上互联网发展下的全球信息连接，使得某个看似细微的风险事件可以在瞬息之间传遍全球，从而表现为风险传导的“蝴蝶效应”。

在疫情影响之下，各国经济、生活陆续按下了“暂停键”。然而，企业停工停产并不意味着企业所有的经济活动全部都停止了。有一些事情仍在继续：例如，停止生产了但是每个月的房屋租金、工人工资、物业费等还在发生，停止销售了但是欠着供应商的账款还得清偿，找银行借的钱每天还在产生着利息……清华大学的问卷调查结果显示，企业面临的前四大支出压力包括：员工工资和“五险一金”、租金、偿还贷款、支付账款，超过80%的企业账上资金撑不过三个月，37%的企业账上资金仅能维持一个月（朱武祥等，2020）。

在企业战“疫”的过程中，不少企业没能等到疫情结束的那一天，就倒在了资金链的战场上。大量事实证明，决定企业生死存亡的，不是企业的盈利能力有多强、利润有多高，而是其现金流是否健康、可持续。资金是企业的生命线，“手中有粮，心中不慌”。特别是在高度不确定性的外部环境下，企业需要盘点自己的“钱袋子”、加速资金周转速度、

① 陈菡系厦门国家会计学院教研中心专职教师。

减少不必要的支出、拓宽融资渠道、平衡资金供需关系。

二、盘点企业的“钱袋子”

（一）关注企业的现金持有量

按照传统观点，公司持有的现金可以被看作净现值为零的投资，也就是持有价值应当等于其面值，这在完美的资本市场中是一个理所当然的结果。然而在不完美的现实中，由于交易成本的存在和管理层决策偏差的影响，这个结果却存在一定的偏差。我国非金融业上市公司 2019 年末持有现金总额达 96836 亿元，平均占总资产的比重为 19.97%。企业持有现金的动机包括：满足日常交易需要，以及应对未来不时之需。在企业预期经济下行风险较大时，企业会偏好于持币观望。2008 年金融危机后，上市公司的现金持有占比显著上升（见图 1）。从行业看（见图 2），不同行业在现金持有水平上存在较大差异，信息技术行业的现金持有占比达 28%，而公用事业的现金持有占比仅有 10%。因此，企业需要关注自己的账上还有多少钱，这些钱能够维持多久的必要开支。

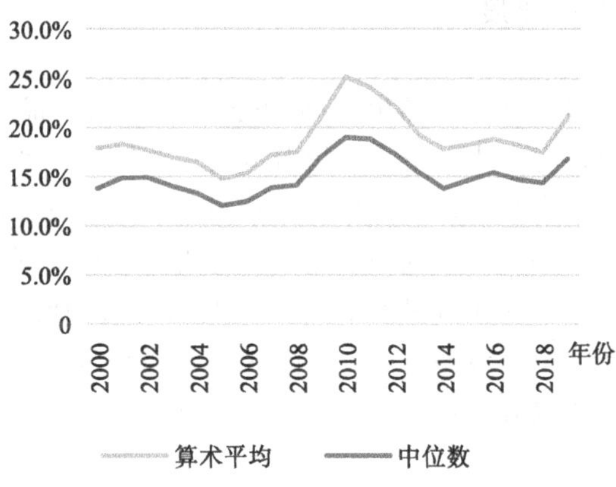

图 1　上市公司现金持有占比变化趋势

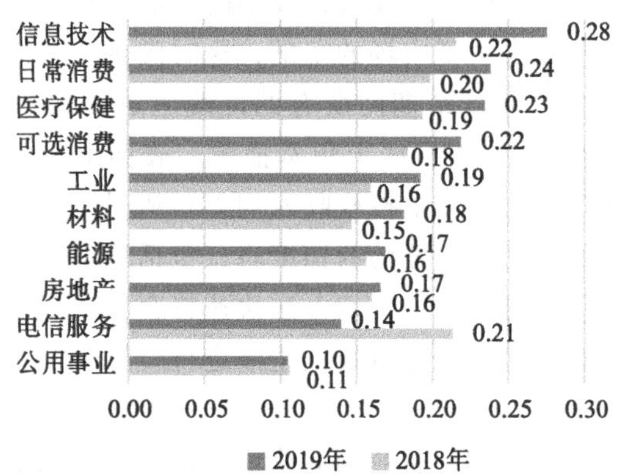

图 2　分行业现金持有占比

（二）关注账上资金的安全性与可用性

企业账面上的资金并一定等于企业的可用资金。一方面由于企业内控失效、财务造假等问题导致企业账上资金的真实性、安全性存疑。如康得新账上122亿元资金不翼而飞、康美药业300亿元资金离奇“失踪”等，企业账上的资金成为纸上的数字，没有真实性可言。另一方面，由于各类保证金等受限资金的存在，如企业因抵押、质押、冻结、境外资金汇回限制等在资金使用上受限制的资金，以及未能在三个月内到期的定期存单等，使得企业账上的货币资金与现金及现金等价物期末余额并不相等。上市公司公布的2019年年报数据，企业的现金及现金等价物与账上货币资金余额相比至少要打个八五折，部分公司受限资金比例甚至高达90%以上。例如，海航创新2019年货币资金期末余额2.05亿元，其中受限资金2.04亿元；豫金刚石2019年货币资金期末余额6.9亿元，其中受限资金6.86亿元；东方锆业2019年货币资金期末余额1866万元，其中各类保证金等受限资金达1094万元。因此，在算完企业“钱袋子”中有多少钱之后，企业还需要关注这些资金是否安全、在短期之内是否可用。

三、加速资金的周转速度

企业从购买存货、支付货款、产品生产/服务提供、销售产品到收回现金实现一个经营周期的循环。在这个循环过程中，资金经历着从投入、转换、产出最终实现资金增值再循环的过程。从存货取得到存货售出的周期为存货周期，从存货售出到收到货款的周期为应收账款周期，从存货购买到支付款项的周期为现金周期。存货周期+应收账款周期-应付账款周期=现金周期。也就是1元钱从投入到获利所需要的时间长度，现金周期越短，投入相同资金参与周转的次数就越多，资金效率越高就能够带来更好的效益。因此，提高资金的周转速度可以通过提高存货周转速度、加快应收账款回收，或者通过延长应付账款支付周期来实现。

对于大多数企业而言，存货只有快速周转才能创造价值，堆放在仓库中的存货不仅占用资金，还带来了管理成本、仓储成本及毁损成本的增加。首先，存货的周转与企业的产品市场有关。如果企业的产品失去了市场的基础，这时候企业就需要考虑如何快速将库存变现并进行转型升级。例如，在疫情期间所有的院线电影纷纷撤档，眼看着播出遥遥无期，《囧妈》快速换档在网络平台进行线上免费播放。表面上，免费播放放弃了即将到手的票房收益，但实际上6.3亿元的线上授权收入加上口碑及网络流量，《囧妈》做了一个漂亮的换道超车。其次，需要考虑企业的营销策略，包括现金折扣、捆绑销售、多渠道营销等。简单来说，特殊时期就是要想尽一切办法快速将存货变成现金。疫情期间，线下的销售渠道受到限制，不少企业家纷纷化身线上主播进行直播带货，也是一种推动存货周转的方式。

应收账款周期和应付账款周期与企业的商业信用相关，应收账款是企业通过授信为客户提供信用以刺激销售的一种方式，而应付账款则是企业获得供应商的商业授信。企业需要权衡商业信用授信所增加的收益与授信成本之间的关系，应收周期与应付周期通常与企业在供应链中的地位、信用条件、企业的销售/采购政策、收款/付款政策等相关。企业一般都希望尽量延长应付周期，缩短应收周期，最好是用着供应商的货款和客户的预付款进行经营，通常称之为 OPM 战略（Other People's Money）。在疫情危机突发的情况下，企业原有应收账款周转效率可能受到影响，企业需要关注及时关注客户的经营状况及其偿还能力是否变化，是否导致应收账款回收的可能性降低等。另外，通过提供现金折扣、应收账款保理等方式以换取资金加速收回，也是满足企业资金紧急需求的一种方式。从源头上看，应收账款周转加速需要从客户端开始对企业的销售流程进行重新梳理和优化，针对客户信用条件评级进行分类管理，在提高销售收入同时考虑应收账款周转效率及回收的安全性。

当然，当前竞争并非单一企业之间的竞争，而是产业链与产业链之间的竞争。产业链分工的精细化，形成产业链上下游企业之间错综复杂的网络关系。任何一个网络节点出现风险问题，都可能导致整个价值链条的阻滞或停顿，从而使得风险从节点向全网络扩散。因此，在这种情况下，企业需要权衡供应链上下游的关系，特别是一些有资金实力的大型企业可以考虑为产业链上的合作伙伴提供资源支持，形成产业链合作伙伴之间的协同共生。

四、减少一切不必要的支出

企业支出大致可以分为两类：一是维持生存的日常经营性支出；二是为了未来发展的战略性支出。在正常的情况下，企业需要两者兼顾，既要考虑眼前的“苟且”，也要有“诗和远方”。然而，一旦企业处于危机境地，这时首要考虑的是“活着”。不少中小微企业声称 2020 年的目标是“活着”。只有活下来，才有可能谈论未来的发展。因此，在危机环境下，企业需要挑战成本极限，减少一切不必要的开支。值得注意的是，降低成本并非偷工减料减少材料成本，或粗暴裁员降低人工成本，而是通过商业模式再造、流程再造、精益管理、数字化管理等，围绕价值输出进行成本优化。另外，在疫情期间，国家出台了一系列针对中小微企业的减税降费及金融支持政策，如降低工商业电价，延缓小微企业所得税，免征中小微企业养老、失业和工伤保险单位缴费，延长贷款还本付息期等，也为企业减轻了现金支出的压力。在战略性支出上，企业需要明确战略定位，聚焦主业，谨慎进行非相关多元化的投资。

五、拓宽企业融资渠道

处在不同生命周期阶段的企业现金流特征存在差异（见图 3）：初创期企业的生产经营还处于探索阶段，这个阶段企业通常处于“输血”阶段，现金净流量往往为负值，企业需要吸引外部投资者的关注，其融资来源主要是股东个人投资、天使投资、融资平台等。成长期企业的生产经营逐渐步入正轨，企业的经营活动开始具备自体“造血”功能，经营活动所产生的现金流量开始增长，与此同时，企业在成长中不断开展投资活动。因此，这个阶段现金流管理的重点是关注企业规模扩张与现金流增长之间的矛盾。成熟期企业的产品市场相对稳定，企业的市场地位提高，现金流较为平稳。这个阶段的企业需要关注的是如何利用好充沛的现金流提高企业的盈利能力，并为未来可持续发展做铺垫。衰退期的企业由于业务和市场份额逐渐萎缩，企业的现金净流量减少，这个阶段最核心的问题是如何尽快进行新业务的转型升级。

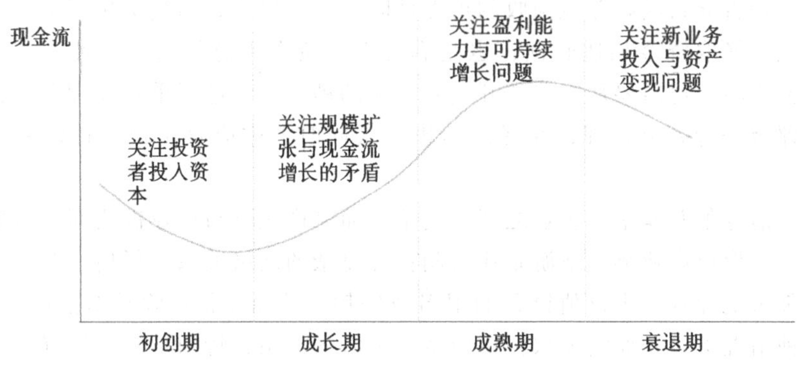

图3　不同生命周期阶段的现金流管理重点

常见的融资方式包括银行贷款、小微贷款、融资租赁、股票融资、债券融资、票据贴现、资产证券化、供应链融资等。在企业不同的生命周期阶段，其主要融资方式和融资渠道会有所差异，初创企业的融资主要来自企业家及其家人朋友的个人资金、天使投资、微贷、众筹平台、孵化器、银行贷款等，到了成长期开始有风投基金、成长基金、企业投资的关注，在成熟期企业的融资渠道还包括私募基金、夹层基金、债券融资、增资扩股等。

六、平衡资金供需关系

在理想的状态下，企业现金管理的目标是达到持有成本与短缺成本的最低点，满足企业增长战略、价值创造和风险防范之间的平衡。然而，现实情况是，由于资金需求的周期性波动，企业的现金往往在短期资金冗余与资金筹措之间交替进行。当企业的资金需求从波峰下降时，长期资金筹措超出资金使用量，从而出现资金的短期剩余，这些资金往往被用于短期的有价证券投资（见图4）。这种情况被认为是稳健的资金策略。站在未来投资的角度，宽松的现金持有有利于企业抓住好的投资项目，而不受外部较高融资成本的约束，这时企业持有的现金价值超过面值，能够给企业带来较高的资产收益率。但值得注意的是，超额持有现金可能导致企业过度投资行为（杨兴全等，2010）。

当企业的长期资金筹措无法满足企业资金使用需求时，企业就需要借入短期借款以弥补资金缺口。正常情况下企业通过长期融资为固定资产等长期投资项目筹集资金，以短期借款为经营性资产补充资金。如果长期融资无法满足长期投资项目的资金需求，则企业不得不频繁进行短期借款融资。事实上，由于我国金融市场的成熟度还有待完善，“短贷长投”成为企业应对“钱荒”等外部融资困境的替代性机制。这种短贷长投下的投融资期限结构错配，放大了企业经营风险，加剧了企业资金链断裂的风险（钟凯等，2016）。

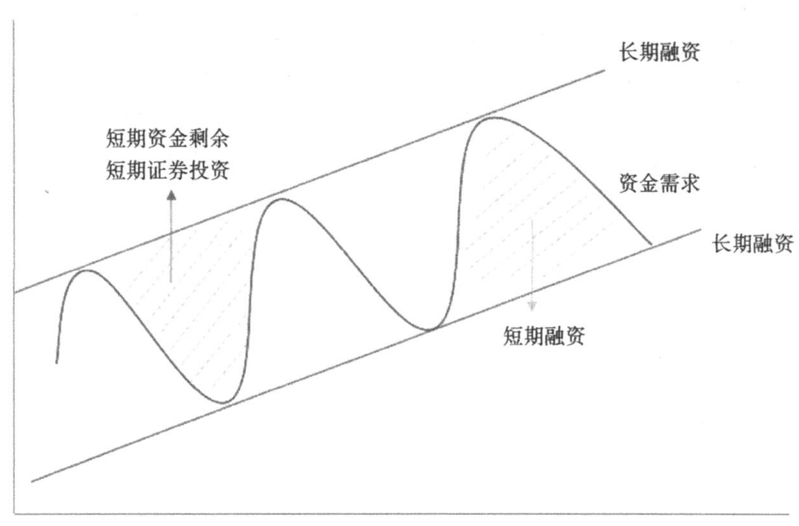

图4 企业资金策略

根据企业资金的供求关系，宏观经济的周期性波动、银行信贷政策变化等都可能引发企业资金供需数量变化及时间错位，而从企业内部因素上看，导致企业资金失衡的原因通常包括企业现金支付安排不合理、应收账款过大且回收困难、难以弥补的巨额亏损、库存增加占用资金、债务结构不合理、投融资安排不匹配、规模扩大与资金供给失衡、财务管理混乱等。另外，企业对外形成的互联互保行为、关联方资金占用等也可能导致企业现金流风险的产生。当企业的资金供给无法满足资金需求时，就可能发生资金链断裂风险。因此，资金的供给和需求要满足时间匹配和数量匹配的均衡关系，包括长期性资金需求（固定资产、长期投资、无形资产等）与长期资金供应（投资者投入资本、长期负债等）之间的平衡；经营性资金需求（购买原材料、支付货款等）与经营性资金供给（销售回款、收回应收款等）之间的平衡；日常现金支付的资金需求（支付工资、水电、办公费等）与日常现金供应（短期借款等）之间的平衡。

风险是事项发生并影响战略和商业目标实现的可能性，这意味着事项发生及其结果的不确定性中包括事项的负面影响和正面影响。事项不确定带来负面影响的可能性是企业的风险，其正面影响的可能性形成机会。企业经营本身就是在不确定中成长，消弭风险、寻求并把握机会。事实上，企业的成长史就是企业与风险相伴同行的历史，是企业在成长的过程中不断直面风险并快速调整企业认知与经营行为的一个历练过程。企业风险管理不只是一种具体的流程、程序，而且是融合企业价值创造与实现全过程的一种文化、能力和实践（COSO，2017）。疫情危机之下，必然导致一些事项的变化，包括产业链的调整、市场格局重构等。而在变化之中，也为那些能够坚定发展信念、锐意变革的价值型企业提供成长机会。

参考文献：

[1] 朱武祥，张平，李鹏飞，王子阳．疫情冲击下中小微企业困境与政策效率提

升——基于两次全国问卷调查的分析［J］. 管理世界，2020，36（4）：13－26.

［2］杨兴全，张照南，吴昊旻. 治理环境、超额持有现金与过度投资——基于我国上市公司面板数据的分析［J］. 南开管理评论，2010，13（5）：61－69.

［3］钟凯，程小可，张伟华. 货币政策适度水平与企业"短贷长投"之谜［J］. 管理世界，2016（3）：87－98，114，188.

［4］COSO. 企业风险管理框架（2017）. http：//www. coso. org/.

金融、经济和贸易专题

金融科技监管对蚂蚁集团的影响分析

——基于“网络小贷新规”视角

邓建平 曾婧容①

近年来，基于金融科技创新的网络小贷业务高速发展，同时也存在一些不规范的问题。2020 年 11 月 2 日，中国银保监会、中国人民银行发布《网络小额贷款业务管理暂行办法（征求意见稿)》，明确网络小贷监管规则和经营规则。本文以蚂蚁集团为例，回顾了蚂蚁集团业务变迁，分析了蚂蚁集团的盈利模式，并重点从监管体制、业务准入、业务范围和基本规则、经营管理模式等四个方面解析了网络小贷新规对蚂蚁集团的影响。

蚂蚁科技集团股份有限公司（以下简称“蚂蚁集团”）起步于 2004 年成立的支付宝。2014 年蚂蚁金服成立，2020 年 7 月蚂蚁金服正式更名为蚂蚁集团。2020 年 8 月 25 日，蚂蚁集团向上海证券交易所科创板提交了 IPO 申请，随后上海证券交易所就相关问题对蚂蚁集团进行问询，并于 9 月 18 日同意蚂蚁集团科创板上市申请。2020 年 11 月 2 日，中国银保监会、中国人民银行发布《网络小额贷款业务管理暂行办法（征求意见稿)》（以下简称“网络小贷新规”），意在加强对网络小贷行为的监管。2020 年 11 月 2 日当天，中国人民银行、中国银保监会、中国证监会、国家外汇管理局对蚂蚁集团实际控制人马云、董事长井贤栋、总裁胡晓明进行了监管约谈。2020 年 11 月 3 日，上海证券交易所作出暂缓蚂蚁集团科创板上市的决定。网络小贷新规对于金融科技监管环境带来什么样的变化？为什么会对蚂蚁集团的上市产生如此明显的影响？本文将从网络小贷新规出发，分析蚂蚁集团的贷款业务模式，解读网络小贷新规对蚂蚁集团产生的影响。

一、蚂蚁集团业务发展历程

从 2004 年至今，蚂蚁集团已经从小“蚂蚁”成长为“大象”，截至 2019 年，蚂蚁集团的营业收入为 1206 亿元，资产总额为 2715 亿元，净利润达 180 亿元。分析蚂蚁集团的业务结构演变历程（见图 1），可以归结为三步走战略。

第一步：支付起家，流量引入。淘宝作为购物平台，为商家和客户搭建线上购物渠

① 邓建平系厦门国家会计学院“一带一路”财经发展研究中心，教授，硕士生导师；曾婧容系厦门国家会计学院 2022 级研究生。

道，但客户和商家之间存在支付和发货先后顺序的信任问题。为此，淘宝成立了专门的支付结算部门，暂时保管客户支付的款项，待客户确认收货后再将货款打入商家账户，从中起到担保作用。随着交易量的扩大，支付业务部门开始独立门户，2004 年 12 月支付宝正式成立。为抢占市场，支付宝向 C 端客户提供快捷支付、全额赔付等便捷线上支付服务，深受 C 端客户的青睐。除此之外，支付宝透过 B 端商家为 C 端客户提供下单支付即获免单、补贴的福利，鼓励客户使用支付宝支付，C 端客户逐步形成使用支付宝支付的习惯。2010 年，受到《非金融机构支付服务办法》的推动，支付宝从阿里巴巴体系中拆分出来，2011 年正式独立，并获得了国内首批第三方支付牌照。

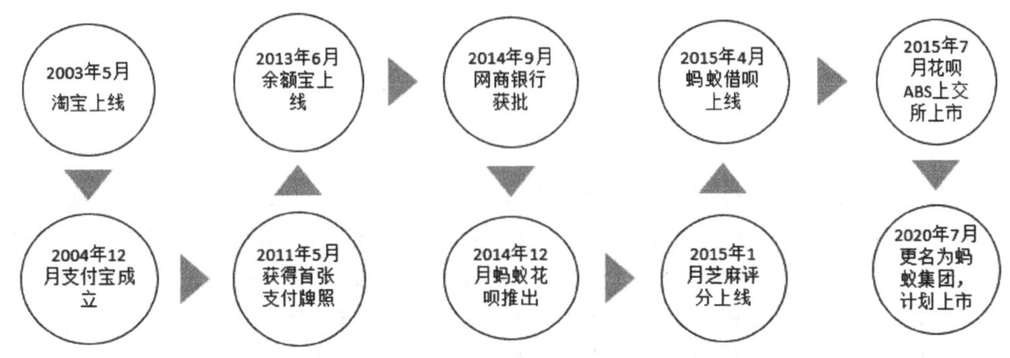

图 1　蚂蚁集团发展历程

资料来源：自行整理。

第二步：创新金融，流量变现。当用户形成使用习惯后，流量累积成池。为将流量变现，蚂蚁集团开始利用支付宝的优势将业务拓展至理财、信贷、保险等金融领域。2013 年 6 月，支付宝与天弘基金合作推出兼具余额增值服务和活期资金管理服务的“余额宝”，支付宝用户可以将资金存入余额宝后获得比银行活期存款利率更高的利息，同时可随取随用。2014 年，蚂蚁花呗成功上线，用户在消费时可以通过预支花呗额度享受“先消费，后付款”的体验。2015 年，芝麻信用评分和蚂蚁借呗先后推出，既完善了蚂蚁集团借贷业务的信用体系，又丰富了蚂蚁信贷业务的种类。2016 年，蚂蚁集团增持国泰产险 51% 的股份，随后成立了信美人寿相互保险社，蚂蚁保险业务正式落地开花，范围涵盖人寿保险、年金保险、健康保险、意外伤害保险等。这个阶段，蚂蚁集团的模式逐渐从支付业务拓展到理财、信贷和保险等金融业务。

第三步：科技加持，深化变现。2017 年，金融部门严加监管，P2P 爆雷不断，蚂蚁集团开启从 FinTech 向 TechFin 的战略转型之路。一方面丰富支付宝的应用场景，利用大数据优势提供多元化服务，另一方面强化科技实力，承接政府部门、企业的数字服务工作。第三阶段相对于第二阶段的进步主要体现在技术的加持和业务的多元化。目前蚂蚁集团商业模式如图 2 所示，将数字科技服务融入到三大业务中。整体的运作模式是先通过数字支付与商家服务打下坚实的流量基础，同时发展创新业务，有效提升客户的黏性和活跃度，避免流量流失，最终将流量趋向数字金融科技中的微贷、理财、保险业务，实现最大价值的流量变现。总体而言，蚂蚁集团已具备强大的资源基础——超过 10 亿的用户和超过

8000 万的商家，以及完善的应用场景，树立起了行业壁垒，并成为全球领先的金融科技平台。

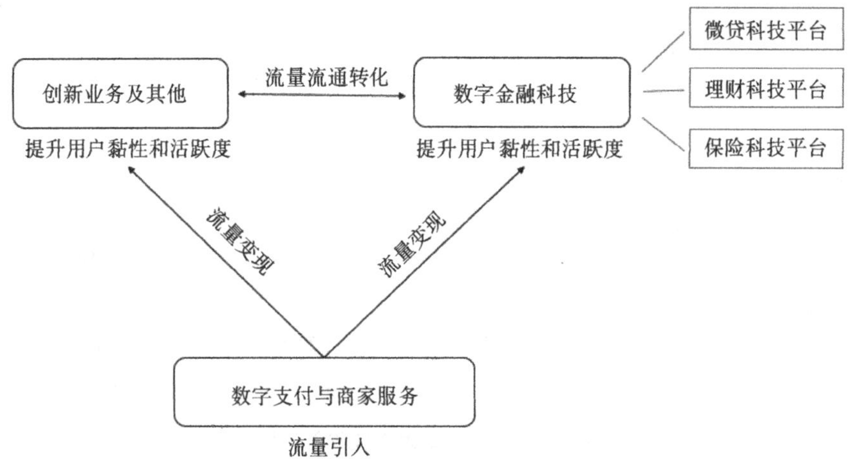

图 2　蚂蚁集团商业模式

资料来源：网络搜集整理。

二、蚂蚁集团盈利模式分析

2017 年、2018 年、2019 年和 2020 年 1—6 月，蚂蚁集团分别实现营业收入 653.96 亿元、857.22 亿元、1206.18 亿元和 725.28 亿元。2017—2019 年蚂蚁集团营业收入的年均复合增长率高达 36%。蚂蚁集团的核心业务包括数字支付与商家服务、数字金融科技平台以及创新业务。如图 3 所示，2017 年和 2018 年蚂蚁集团主要的收入来自于数字支付和商家服务，从 2019 年开始，数字金融科技平台板块收入超过数字支付和商家服务板块，截至 2020 年上半年，数字金融科技平台收入占比提高至 63.39%。数字支付和商家服务收入的增长主要源于用户和商家数量的持续增长、用户活跃度提升等因素，而数字金融科技平台收入增长不仅源于用户和商家数量的增长，而且依托于用户对蚂蚁集团数字金融产品的购买力，说明从 2019 年开始，蚂蚁集团流量转化能力加强，从而获得更多的收入和利润。

具体来看，数字金融科技平台又可分为微贷科技平台、理财科技平台、保险科技平台。如表 1 所示，在数字金融科技平台中，微贷科技平台收入占比最大，2020 年上半年收入为 285.86 亿元，占比 62%。微贷科技平台收入在整个蚂蚁集团的总收入中占比达到 39.3%，已经超过数字支付与商家服务的 35.86%（收入为 260 亿元），成为蚂蚁集团业务收入最大的部门。同时，招股说明书披露，2020 年上半年，微贷科技平台净利润至少有 112 亿元，占蚂蚁集团 219 亿元净利润的 51.1%，微贷科技平台已成为蚂蚁集团的利润核心。

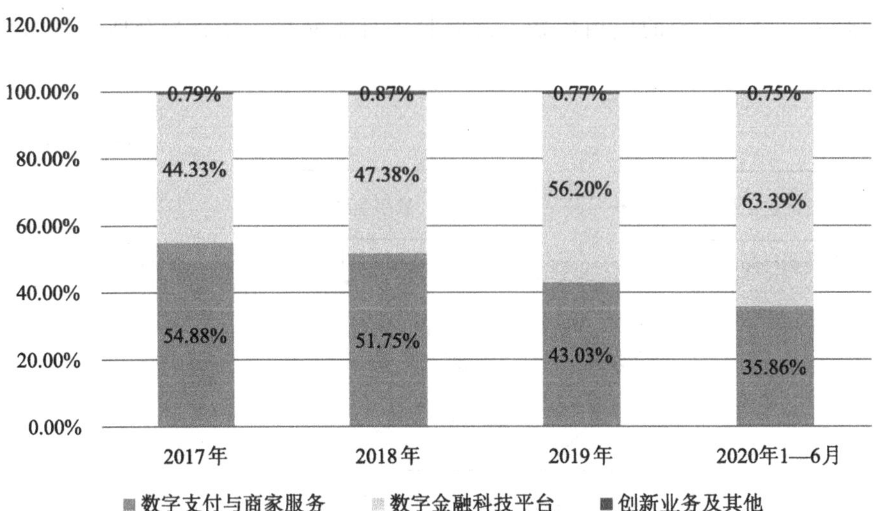

图 3　蚂蚁集团三大板块收入占比

资料来源：蚂蚁集团招股说明书。

表 1　　　　数字金融科技平台中各类业务收入分布

项目	2017 年		2018 年		2019 年		2020 年 1—6 月	
	金额（亿元）	占比（%）	金额（亿元）	占比（%）	金额（亿元）	占比（%）	金额（亿元）	占比（%）
微贷科技平台	161.78	55.8	224.21	55.2	418.85	61.8	285.86	62.2
理财科技平台	104.90	36.2	138.82	34.2	169.52	25.0	112.83	24.5
保险科技平台	23.15	8.0	43.13	10.6	89.47	13.2	61.04	13.3
合计	289.93	100	406.16	100	677.84	100	459.72	100

资料来源：蚂蚁集团招股说明书。

蚂蚁集团的贷款业务资金主要由小部分自有资金、贷款融资、发行 ABS 与联合贷款等组成。其中，自有资金和贷款融资必须体现在资产负债表中。ABS 融资是以项目资产带来的预期收益作为保证，通过资本市场来募集资金，贷款通常出售给第三方机构（通常为资产管理公司或证券公司）设立的资产管理计划。表 2 是近几年来蚂蚁小微与蚂蚁商诚 ABS 发行量情况。资产管理计划的份额包括优先档和次级档，其中优先档和大部分的次级档份额通常由银行及其他持牌金融机构为主的第三方投资者持有，蚂蚁商诚及蚂蚁小微仅持有少量次级档份额。截至 2020 年 6 月 30 日，蚂蚁商诚及蚂蚁小微次级份额账面价值为 31.54 亿元，占资产管理计划存量规模（1708 亿元）的 1.85%。这个比例也说明，投资机构对蚂蚁小贷的资产质量还是比较认可的。

从表 2 可以看出，2017 年是蚂蚁集团 ABS 发行的井喷之年，之后随着金融监管力度的加大，2017 年 12 月，国家发布《关于规范整顿“现金贷”业务的通知》，要求企业通过信贷资产转让、资产证券化产品融入的资金必须与表内融资合并计算，不得超过其净资

表 2 **蚂蚁小微和蚂蚁商诚 ABS 发行状况** （亿元）

发行机构	蚂蚁小微		蚂蚁商诚		合计	
发行状况	数量	发行总量	数量	发行总量	数量	发行总量
2013 年	0	0	5	25	5	25
2014 年	0	0	5	25	5	25
2015 年	0	0	8	60	8	60
2016 年	17	375	8	185	25	560
2017 年	55	1434	61	1656	116	3090
2018 年	51	1169	27	555	78	1724
2019 年	46	1053	10	125	56	1178
2020 年 1—6 月	9	150	1	10	10	160
合计	178	4181	125	2641	303	6822

资料来源：WIND。

产的 4 倍。这说明，从 2018 年开始，蚂蚁集团通过信贷资产转让、资产证券化等方式融入资金的难度显著提高。为此，一方面，蚂蚁集团大幅度增加了两家小贷公司的注册资本，另一方面开始通过助贷和联合贷款模式来发展信贷。

传统助贷模式是指机构帮助银行获客、收集客户申请资料，具有地方局限性，无法形成大规模的跨省交易，而且机构不具有成型的流量平台和强大的数据风控系统。蚂蚁集团则利用平台优势和风控体系，形成了两种特有的助贷模式：一种是蚂蚁集团只行使导流作用，合作机构自行决定是否放贷，这类合作机构一般为大型银行，具备独立风控能力，如图 4 所示；另一种则是蚂蚁集团在导流的基础上利用平台的风控系统进行初筛，将结果导出给合作机构后，由合作机构进行二次筛选，决定是否放贷，这类合作机构主要是风控能力有限的中小型银行和金融机构，如图 5 所示。

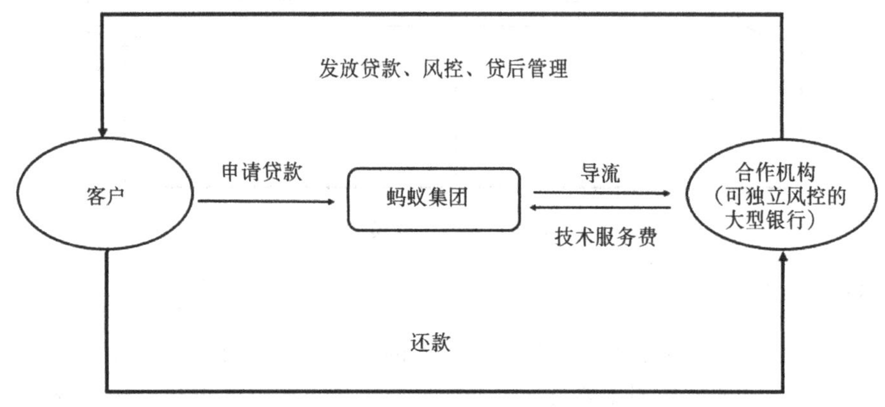

图 4 纯导流助贷模式

资料来源：自行整理。

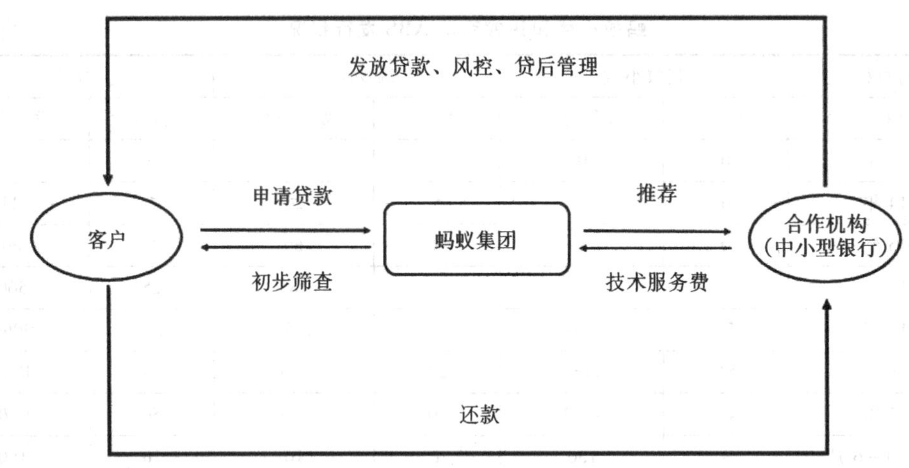

图 5 “导流 + 初筛”助贷模式

资料来源：自行整理。

联合贷款模式多运用于中小型银行等中小型金融机构。在这种模式下，鉴于蚂蚁集团需要自主部分出资，整体的风控会更加严格，蚂蚁集团从 10 亿的客户中筛选出“白名单”客户，再交由合作机构二次筛选。在联合贷款模式下，蚂蚁集团的收益包含利息收入和技术服务费，收益的大小与业务量有关，蚂蚁集团可能会利用自身的强势地位从业务量小的合作方中收取更高比例的分成。蚂蚁集团和合作机构的联合贷款模式如图 6 所示。

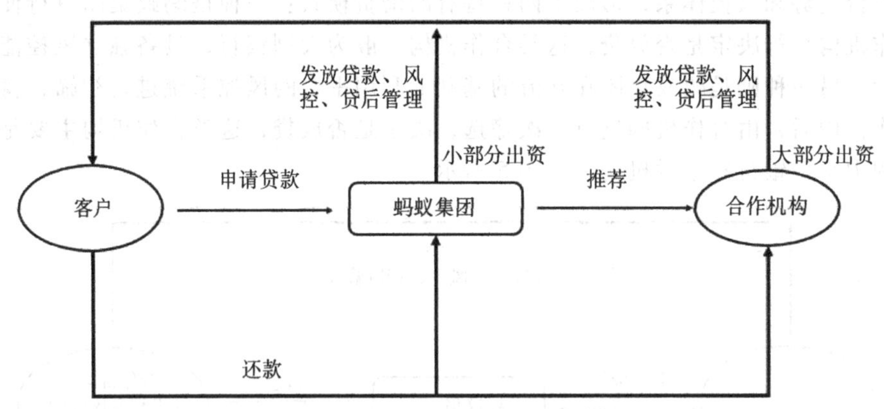

图 6 联合贷款模式

资料来源：自行整理。

总体而言，助贷模式和联合贷款模式最根本的区别在于蚂蚁集团是否有参与贷款的出资。在助贷模式下，蚂蚁集团主要行使中介的职能，推荐客户给银行，最终按照银行利息的一定比例收取技术服务费。在联合贷款模式下，蚂蚁集团需要全面参与导流、出资、风控、贷后管理等多项环节，最终获得技术服务费和利息双重收入。

无论是助贷还是联合贷款模式，蚂蚁集团和合作机构之间形成了明确分工：蚂蚁集团掌握了整体的信息流环节，包括获客、风控、贷后管理，合作机构则需要完成大部分或全部的资金环节，利用吸收的存款完成贷款发放。

蚂蚁集团利用自身平台和大数据优势开创的联合贷款模式，实现了双方的专业化分工，促进了传统信贷产业的迭代。在蚂蚁集团的微贷平台上，一边积累了10亿个人用户和8000万商家，另一边聚拢了过百家合作银行，蚂蚁集团成为整个信用创造体系的关键桥梁。但这种创新超出了传统的监管体系，可能导致监管失效。传统的监管体系是建立在银行的资产负债表上，设计出各式各样的监管工具。在助贷和联合贷款模式中，蚂蚁集团在资金流中出资率很低，比如，根据招股说明书披露，蚂蚁微贷平台促成的消费信贷余额中，由合作的金融机构进行实际放款或已实现资产证券化的比例合计约为98%。多数的信贷资金由银行提供，而这部分资金的风控，银行并不能完全控制。在整个助贷和联合贷款模式中，蚂蚁集团通过信贷分工，巧妙地让银行去承担金融监管职责和信贷风险，自己则处于监管的模糊地带并赚取各类金融服务的丰厚收益。

三、网络小贷新规对蚂蚁集团的影响分析

当前，我国金融科技创新的快速发展引起了监管部门的高度关注。2020年10月31日，国务院金融稳定发展委员会召开专题会议指出，“当前金融科技与金融创新快速发展，必须处理好金融发展、金融稳定和金融安全的关系”。2020年11月2日，中国银保监会会同中国人民银行等部门起草了《网络小额贷款业务管理暂行办法（征求意见稿）》，新规详细规定了网络小贷公司的准入条件、业务范围和基本规则、公司经营管理、监督管理、法律责任等内容。结合前文分析，蚂蚁集团主营业务正是为个体、小微企业提供小额贷款，因此应该遵守新规的各项要求。

可以预见的是，新规将对蚂蚁集团的金融科技监管环境和盈利模式产生重要影响。所以，上海证券交易所暂缓蚂蚁集团科创板上市。我们将对新规中可能对蚂蚁集团产生影响的条款进行解读，并分析蚂蚁集团需要采取相应的调整措施。

（一）监管体制

网络小贷新规第二条指出小额贷款公司必须在注册地所属的省级行政区域内开展，第四条则进一步明确企业如果要跨省级行政区域开展网络小额贷款必须经国务院银行业监督管理机构审查批准，并接受后续的监督管理和风险处置。

对于蚂蚁集团而言，支付宝业务在全球范围内服务超过10亿用户和超过8000万商家，从事网络小贷业务早已是跨省级行政区域，是全国性的业务。因此，蚂蚁集团开展网络小贷业务需要获得国务院银行业监督管理机构的批准，并接受后续的监管。

（二）业务准入

1. 注册地要求

网络小贷新规第九条明确规定了经营网络小贷业务的公司所使用的互联网平台运营注册地和该小额贷款公司的注册地要在同一省、自治区、直辖市行政区域内。

据网贷之家统计，截至2019年11月，全国已经批准经营网络小额贷款业务的公司有

262 家，注册地主要集中在重庆、广东、江浙沪一带的区域。多数网络小贷公司选择重庆作为注册地主要是因为：一方面，2012 年重庆市通过了《重庆市小额贷款公司融资监管暂行办法》和《重庆市小额贷款公司委托贷款业务管理暂行办法》，允许融资杠杆为 2.3 倍[①]，其他省市却只有 0.5 倍[②]；另一方面，为响应西部大开发，重庆市出台了不少鼓励政策吸引企业投资注册，其中包括选择在重庆注册的网络小贷公司能够享受 15% 的所得税优惠税率。所以，已有不少知名企业（包括阿里、京东、百度、苏宁、小米、美团、携程、滴滴和平安等）都在重庆注册网络小贷公司。

蚂蚁集团的两家网络小贷公司分别为重庆市蚂蚁小微小额贷款有限公司（“花呗”主体）和重庆市蚂蚁商诚小额贷款有限公司（“借呗”主体），注册地都在重庆。而蚂蚁集团依托的互联网平台为支付宝，注册地在上海。这说明蚂蚁集团存在互联网平台运营注册地和小额贷款公司注册地不一致的问题。蚂蚁集团需要变更支付宝或者同时变更两家网络小贷公司的注册地，以符合网络小贷新规监管的要求。

2. 注册资本要求

网络小贷新规第十条明确了经营网络小贷业务的公司必须一次性缴纳 10 亿元货币资本，跨省经营网络小贷业务的公司需一次性缴纳 50 亿元货币资本。

这表明网络小贷新规通过注册资本金将网络小贷公司分为地方性和全国性，实行分区域、分级监管。对于那些跨省级行政区域经营的网络小贷公司由银保监会依法监管。此项规定拔高了网络小贷公司的门槛，旨在保证网络小贷公司的资本金充足，降低风险，确保贷款业务的稳定运行，同时在一定程度上也能遏制网络贷款的乱象。

根据蚂蚁集团的招股说明书，重庆市蚂蚁小微小额贷款有限公司于 2018 年获得重庆市地方金融监督管理局的许可，同意其依托“支付宝”平台开展网络小额贷款业务，贷款产品为“花呗”，经过几轮的增资，目前资本金达到 120 亿元，满足新规关于跨区域经营要达到 50 亿元注册资本金的要求（见图 7）。而蚂蚁集团旗下的另一家网络小贷公司——重庆市蚂蚁商诚小额贷款有限公司注册资本为 40 亿元，未达到 50 亿元，按照新规规定其无法跨省级行政区域提供服务，因此，蚂蚁商诚面临增加注册资本金的要求。

（三）业务范围和基本规则

1. 贷款金额

网络小贷新规第十三条限制自然人户均贷款余额上限为 30 万元或三分之一的年收入，法人及其他组织及其关联方贷款余额不超过 100 万元。

网络小贷新规对于“年收入”的确认及认定没有具体定义，必须注意的是，很多小贷借款人员没有正式的收入证明。从实际经营角度来看，这一条款对于房贷的经营平台不利，因为如果给借款人大额信贷就会面临不合规的问题。但是，目前花呗户均余额只有 2000 元，借呗户均余额为 1 万—3 万元。所以，贷款余额的限定对蚂蚁集团旗下的两家网

① 通过银行借款为 0.5 倍、主要股东借款为 1 倍、资产转让业务为 0.5 倍，小贷同业拆借为 0.3 倍，融资比例共计可达到资本净额的 2.3 倍。

② 例如上海市规定小额贷款公司资金来源为股东缴纳的资本金、捐赠资金，以及来自不超过两个银行业金融机构的融入资金，融入资金不超过资本净额的 50%。

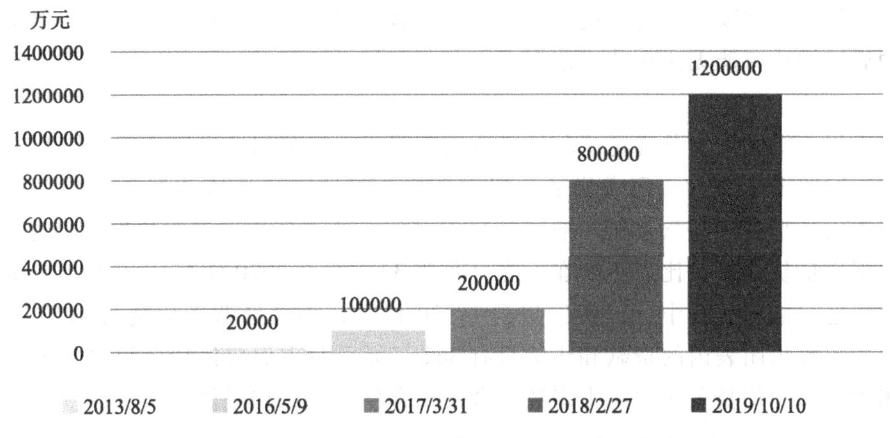

图 7 重庆市蚂蚁小微小额贷款有限公司注册资本变化

资料来源：蚂蚁集团招股说明书。

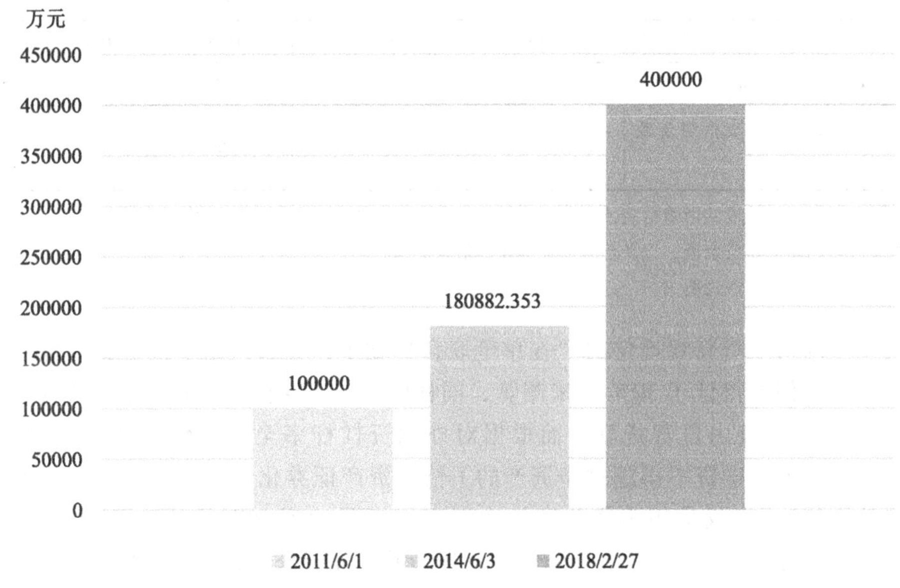

图 8 重庆市商诚小额贷款有限公司注册资本变化

资料来源：蚂蚁集团招股说明书。

络小贷公司影响应该不大。

2. 贷款用途

网络小贷新规第十四条要求网络小贷公司明确约定并监控贷款者的贷款用途，并且贷款者获得的贷款不能用于债券投资、股票投资、购房等。蚂蚁集团提供的两款网络小贷产品中，“花呗”产品无法提现、转账，只能用于淘宝、天猫、部分外部商户和线下商户消费购物，“借呗”产品可以直接操作放款到银行卡中，也可以选择放款至支付宝账户后操作提现到与账户姓名一致的本人银行卡中进行使用。在借呗的使用规则中也明确规定了资金不得用于投资股票、债权、还房贷等，一旦系统监测出资金违规使用，用户将不得再次使用借呗。但是，借呗产品的可提现功能意味着借款者提现后可从银行卡中取出资金，该笔资金的后续用途可能无法在监管范围内。

3. 联合贷款

网络小贷新规第十五条规定了单笔联合贷款网络小贷公司的出资比例不得低于30%。

2017—2019年，蚂蚁集团微贷平台促成信贷余额的平均增速达到77.5%。但是，蚂蚁集团表内发放贷款和垫款余额的增速只有21.5%，主要的原因是蚂蚁集团表内发放贷款和垫款占促成信贷余额的比重不断在下降（见表3）。截至2020年6月30日，蚂蚁集团共促成21537亿元信贷，其中：消费信贷为17320亿元，小微经营者信贷为4217亿元。但是，来自于蚂蚁集团表内的贷款和垫款只有362亿元，只占促成信贷余额的1.68%。这说明蚂蚁集团促成的信贷余额中绝大多数资金是由合作金融机构提供的。

表3　　　　蚂蚁表内贷款占促成信贷余额的比重

	6月30日/截至6月30日止6个月		12月31日/截至12月31日止年度		
	2020年	2019年	2019年	2018年	2017年
微贷科技平台促成的信贷余额（亿元）	21536	13937	20138	10456	6457
表内发放贷款和垫款（亿元）	362.42		375.11	327.46	256.34
表内发放贷款和垫款占促成信贷余额的比重（%）	1.68		1.86	3.13	3.97

注：各期末公司平台促成的消费信贷或小微经营者信贷余额，包括金融机构合作伙伴（含网商银行）和公司控股的金融机构子公司的相应信贷余额、以及已完成证券化的信贷余额。

资料来源：蚂蚁集团招股说明书。

如果按照网络小贷新规规定的“在单笔联合贷款中，经营网络小额贷款业务的小额贷款公司的出资比例不得低于30%”来测算，同样驱动21536亿元的联合信贷规模需要蚂蚁集团投入6460亿元表内自营贷款，而根据对外融资杠杆率至多5倍的规定（银行借款、股东借款等非标准化融资不得超过净资产的1倍，资产证券化、债券等标准化融资不得超过净资产的4倍），蚂蚁集团小贷公司的净资产规模要达到1076亿元，而截至2020年6月30日，蚂蚁集团旗下的两家小贷公司合计净资产只有358亿元。所以，在30%出资比例和对外融资杠杆率至多5倍的约束下，蚂蚁集团将需要补充大量资本金或者降低贷款的规模，以满足监管的基本规定。

同时，因为网络小贷新规中对出资比例的限制，蚂蚁集团等金融科技公司可能会更多开展助贷业务（引流）以替代联合贷款业务。在联合贷款中，蚂蚁集团通过少量的出资，可以全面参与贷款引流、审批、风险管理、催收还款等流程，并承担贷后管理职责。而在助贷业务中，蚂蚁集团提供的服务环节将减少，比如贷后风险管理与催收服务比较不好介入，而这将导致蚂蚁集团手续费分成下降，收费的空间可能会被压缩。

（四）经营管理模式

网络小贷新规第二十条要求同一投资人及其关联方、一致行动人作为主要股东参股跨省级行政区域经营网络小额贷款业务的小额贷款公司的数量不得超过2家，或控股跨省级行政区域经营网络小额贷款业务的小额贷款公司的数量不得超过1家。

目前，蚂蚁集团旗下的两家小贷公司（重庆市蚂蚁小微小额贷款有限公司和重庆市蚂蚁商诚小额贷款有限公司）均由蚂蚁集团100%全资控股，这与“控股跨省级行政区域经营网络小额贷款业务的小额贷款公司数量不得超过1家”的规定相违背，因此蚂蚁集团需要对两家小贷公司进行重组。

四、主要结论

近几年来，以大数据、云计算、人工智能、区块链以及移动互联为引领的新的工业革命与科技革命，导致金融的边界和模式不断被打破和重构。一些互联网巨头以科技切入金融领域，不断推动金融创新的发展。但是，这种高速扩张所带来的金融风险和行业规范问题越来越引起社会的关注。中国银保监会会同中国人民银行等部门起草了《网络小额贷款业务管理暂行办法（征求意见稿）》，对网络小贷公司的经营行为进行监管，以防范风险。本文重点从监管体制、业务准入、业务范围和基本规则、经营管理模式等方面解析了网络小贷新规对蚂蚁集团的影响。研究发现，网络小贷新规将对蚂蚁集团的盈利模式产生重要影响。我们发现蚂蚁集团的收入和利润主要来自于小微信贷，蚂蚁集团通过助贷与联合贷款模式，以362亿元的表内贷款出资促成了2.15万亿元信贷余额的发放，大部分的资金由合作金融机构承担。在网络小贷新规要求30%出资比例和对外融资杠杆率至多5倍的约束下，蚂蚁集团面临大量补充资本金或者降低贷款规模的压力。研究还发现，为了达到网络小贷新规监管的要求，蚂蚁集团需要在注册资本、注册地、组织架构等方面作出相应调整。

参考文献：

[1] 黄世忠．创新型企业财务分析的困惑与解惑——以蚂蚁集团为例［J］．财会月刊，2020（19）：3-8.

[2] 蚂蚁集团招股说明书［R］．2020.

[3] 任泽平．蚂蚁研究报告［R］．2020.

精准非福：大数据时代下职场阶层固化的窘境

方志斌[①]

谁都不曾想到在2020年这个新冠肺炎疫情突现、经济下行压力巨大的不平凡年份里，“打工人”一词成为职场网络热词。“打工人”一词来源于一个名叫“抽象带篮子”的网红，他用黑色幽默的方式故意吹捧自己打工人、保安、大专生的身份，悄然在互联网走红。“打工人”往往起早贪黑，身处职场底层，拿着微薄的工资，但工作却十分辛苦。于是，互联网上的“打工人”便会互发鸡汤互相鼓励，随着时间的推移，网络中充斥着各种打工语录，自我嘲讽与自我激励的氛围共存。然而，现有的学术研究和企业管理均未关注这一个重要的社会现象。在现今大数据时代，诸如快递小哥、滴滴司机、车间工人等底层“打工人”是否存在阶层固化的问题。换言之，在大数据时代，底层“打工人”是否已无通道，让自己通过努力从基层职位向高层管理岗位晋升。

曾几何时，“屌丝逆袭”这一看似不雅之词在网络盛行时，该流行词汇体现了职场中存在着低阶员工一时跨越多个层级晋升为高阶管理层甚至是最高管理层的可能。你或许听说，麦当劳前CEO查利·贝尔（Charlie Bell）最初的职位仅仅是翻烤汉堡的员工，通用汽车董事长兼CEO玛丽·巴拉（Mary Barra）最早是从装配工做起的，而沃尔玛CEO道格·麦克米伦（Doug McMillon）最初的职位也只是一名配送工人。然而，在大数据时代下，这种曾经让职场人津津乐道的“屌丝逆袭”企业故事已越来越难以重现了。

大数据时代，是一个让所有人充满无限遐想、令人心潮澎湃的时代，然而对于底层“打工人”而言，却无疑是一种悲哀。如此界定，或许过于武断和悲观，然而现实却非常残酷地证明的确如此。很多学者在总结归纳大数据时代的特点时，一般会用“4V”来凸显其本质特征，即规模性（Volume）、多样性（Variety）、高速性（Velocity）和价值性（Value）。本文认为大数据时代最大的特点是精准。精准的特性无疑可以让企业充分挖掘市场的需求、客户的痛点以及未来的趋势等，进而提升企业的业绩和社会地位。然而，大数据精准特性的运用对于企业员工到底是福还是祸呢？答案可能是“是祸非福”，这一结论其实从很多案例中可见一斑，比如拼多多的员工猝死事件、宁波银行的员工跳楼事件。在这个日益由大数据、人工智能驱动的时代里，系统性的不平等正悄然发生，职场阶层固化也随之形成。试想下，你认为有多少滴滴司机有机会获得公司的管理职位？有多少未来

① 方志斌系厦门国家会计学院研究生处副处长（主持工作）、副教授、硕士生导师。

的京东商城顶级高管会从送包裹快递或堆码货架开始自己的职场生涯？这种可能性在大数据时代几乎不存在，因为算法歧视与偏见已切断了底层员工的晋升空间。无论是零售、金融、物流，还是制造业，大数据与人工智能推动的企业都是由一小群高薪员工来管理的，支持这群人的是复杂的自动化与数据挖掘技术，以及外围可能数以百万计由算法管理的低收入底层员工。当算法管理的劳动力被大数据系统彻底操控，最终他们将面临的是前途渺茫，晋升无望，阶层固化的情况愈发严重。

大数据时代，企业的管理是一种精准管理模式，特别对底层员工的管理。企业管理者可以利用数据平台收集各种数据与信息，包括顾客购买数据、市场需求数据、员工行为数据等，可以精准界定员工每天的工作内容和工作时间，不容有失、不得拖沓、缺乏弹性，可谓是人情味不足。假如你是为美团或饿了么工作的数百万送餐员之一，大数据的精准算法可以确定你应该花多长时间送达一份订单，如果你未能在规定的时间内完成，就会受到不同程度的处罚；亚马逊配送中心的员工也受到数据挖掘算法的密切跟踪，他们必须按照“亚马逊步速”工作——一种被人描述为“介于行走和慢跑之间的速度”。面对这样的工作情境，这些员工处于高度紧张的心理状态，为了完成这些成就感不足、成长性不强的本职工作而劳力费神、诚惶诚恐，纵然拥有超强的时间管理能力也无济于事。底层员工因其时间和精力均投入于完成本职工作，而根本没有时间与精力思考企业业务流程、自身工作能力提升和职场发展等问题，也缺乏与上级领导、同事沟通互动的机会与渠道。

职场中员工阶层向上流动最重要的因素，并非工作年限。底层员工简单工作时间的积累并不能使其成为领导一家企业的高层管理者。比如一个几十年如一日埋头苦干的清洁工阿姨，即便每天把城市街道打扫得干干净净，也难以成为城市环卫公司的高层管理者。现有研究发现，促进员工职场阶层向上流动存在着两个重要因素：一是对企业的贡献；二是得到领导者的赏识。对企业的贡献即你是否作出对公司产生重大影响的业绩，你是否提出对公司产生革命性影响的意见和建议。与领导者的关系即你的行为方式是否得到领导者的赏识与肯定。中国长期积淀下来的儒家伦理使其形成了具有本土特色的“差序格局”文化。“差序格局”发生在亲属关系、地缘关系等社会关系中，当然也存在在企业的人际关系中。在这种“差序格局”的社会文化中，能否得到领导者的赏识是底层员工有无存在阶层向上流动机会的重要因素。然而，在大数据时代，上述两个重要阶层向上流动的因素，对于底层员工而言并不具备。第一，在大数据时代，企业实施“996”“715”等工作制屡见不鲜。某些底层员工虽有能力、善思考，但其工作时间和工作内容已经在大数据分析后被精准固化了。一天的时间除了按数据挖掘后界定的工作内容进行工作，就是吃饭睡觉，根本没有什么弹性时间和富余精力，因此无暇也无力思考如何通过优化工作流程、重塑人际关系、挖掘客户资源等内容促进企业发展，也根本不可能就企业生存与发展提出革命性的意见和建议，难以产生足以让自己被跨层提拔的贡献。第二，在大数据时代，底层员工要重塑与领导之间的亲密关系进而获得领导赏识的难度更大。在大数据时代，每个底层员工都被赋予机器人式的行为，这些行为均被精准界定，工作内容是什么，工作方式应如何，完成时长要多久，实现质量须怎样，均有明确规定，毫无弹性。在企业高层管理者眼里，底层员工按照数据挖掘结果所规定的职位要求完成本职工作是理所应当的，最多因其获得更多客户好评而被给予些许物质奖励，难以被视为亮眼的业绩，无法产生信任感与依赖感；反之，假如底层员工在工作中因一些意外事件的影响而导致无法按时保质保量完成工作，则必然被领导者视为工作失误。此外，在大数据时代，一方面，底层员工在应付本职工作时已然是应接不暇，没有时间和精力重构其与包括领导者在内的同事之间的人际关系；另一方面，在大数据时代，各级各类职位说明书清晰明了，底层员工行为规范明确界定，不同层级员工之间沟通协调的要求与任务相对较少。底层员工与企业高层管理者之间沟通交流的机会和渠道也几乎不存在，更谈不上被高层管理者赏识进而被跨层提升了。综上所述，在大数据时代，因为数据挖掘与人工智能的强大，有助于提升企业的业绩，但却慢慢地固化了职场不同的阶层，也造成了“打工人”的悲哀。

职场中阶层固化的长期解决方案首先在于我们是否有能力为底层员工提供一个适当的教育体系。适当的教育体系并非简单地帮助底层员工探寻使用大数据分析、人工智能的方法，而是我们如何教底层员工在他们的职业生涯中驾驭机器智能与数据分析，又如何教他们做好终身学习和再培训的准备，使其不成为数据分析和人工智能的奴隶。我们要教底层员工如何能利用数据分析的结果与人工智能的优势进而从繁琐而枯燥的工作中解放出来，让他们能从更多角度作出对企业更大的贡献，也有更多的时间和精力探寻企业生存与发展，思考自身职业生涯的途径。其次，企业领导人要发挥重要的作用。他们一方面要为底层员工开拓沟通、反馈和晋升的渠道，深入底层员工中，听取员工的意见和建议。另一方面也要认真对待员工知识再培训和能力再提升，比如，美国电话电报公司（AT&T）对其底层员工进行能力再培训，思科、IBM、麦肯锡和摩根大通则与当地学校合作，为他们高中文凭的员工提供培训课程。最后，企业文化的塑造也是重要的解决手段。一个企业如果能够塑造鼓励沟通、倡导创新、不唯业绩论英雄的企业文化，减少员工的文化堕距，给底层员工以更多的工作弹性和灵活的工作时间，将有助于提高底层员工向上进行阶层流动的可能性，化解其职场阶层固化的悲哀。

拜登政府会改变对华贸易政策吗?

王智烜 雷自如 林润玮①

2021年1月20日，拜登顺利举行就职典礼，正式成为美国的第46任总统。近年来，中美贸易关系得到了多方的关注，不断升级的贸易摩擦在第一阶段贸易协议生效后告一段落。站在今天时间点，展望未来中美贸易关系走势，可以肯定的是，拜登及其团队核心成员重视多边贸易及盟友关系，在其正式就职后将一改特朗普时期的"退群"成瘾风格重新加入部分国际组织，将会对国际形势特别是贸易局势产生重大影响。为了更好地适应国际形势新变化，本文将回顾总结奥巴马执政时期美国政府的贸易政策特征，并由此展望拜登政府在对华方面的主要态度和政策，在此基础上提出了中国应对方案。

一、拜登政府对外贸易将传承奥巴马路线：基于WTO视角

拜登是美国第44任总统奥巴马（Barack Hussein Obama）在任时期的副总统。在拜登和哈里斯团队对内阁成员的选任中，大多数成员均在奥巴马时期任职。可以想象，同为民主党人的两任总统在对美国国内与对外的政策特点上也将保持一定的相似性与延续性。美国政府一直以来都在试图通过对外贸易政策的制定来创建和维护一个商品自由贸易和资本自由流动为基本准绳的世界经济体系，从而确保以美国为中心的西方世界经济秩序的稳定，维护美国优先的贸易地位。奥巴马时期的美国政府和历届美国政府所做的并无不同，都是在使美国利益最大化。奥巴马只是在奉行实质上单极外交政策与贸易政策时披上了国际法的外衣。以WTO为例，奥巴马一方面声称WTO在多边贸易方面有着不可替代的作用，多次在世贸组织上诉中提出对其他国家的贸易诉讼，但在另一方面却一直未实质性的推动多哈回合谈判。奥巴马政府对外贸易政策的核心依然是"美国优先"。

（一）利用WTO保护美国国家利益

奥巴马对外贸易政策的一大特点就是"支持"多边贸易自由化发展。在对待与WTO相关的问题上，奥巴马政府表面上积极参与WTO的政策讨论与制定，但是实质上仅限于

① 王智烜系厦门国家会计学院"一带一路"财经发展研究中心副主任、副教授、硕士生导师；雷自如、林润玮系厦门国家会计学院2020级学生。

对美国友好的政策，触及到美国核心利益或者说对美国不利的政策出台的时候都以消极的态度加以应对。奥巴马政府想要做的实际上是，一方面消费 WTO，利用 WTO 的规则使美国的贸易利益最大化，另一方面不相信 WTO，通过反对某些规则与政策来保护美国利益不受损害。奥巴马执政时期美国政府在 WTO 提起的诉讼如表 1 所示。

表 1　奥巴马时期在 WTO 提起的诉讼

提起诉讼方	被投诉方	要求磋商时间	内容
美国	加拿大	2017 年 1 月 18 日	杂货店葡萄酒销售的管理办法
美国	中国	2017 年 1 月 12 日	对原铝生产商的补贴
美国	中国	2016 年 12 月 15 日	某些农产品的关税配额
美国	中国	2016 年 9 月 13 日	对农业生产者的国内支持
美国	中国	2016 年 7 月 13 日	某些原材料的出口关税
美国	中国	2015 年 12 月 8 日	有关某些国产飞机的税收措施
美国	中国	2015 年 2 月 11 日	示范基地和公共服务平台计划的相关措施
美国	印度尼西亚	2014 年 5 月 8 日	园艺产品，动物和动物产品的进口
美国	印度尼西亚	2013 年 8 月 30 日	园艺产品，动物和动物产品的进口
美国	印度	2013 年 2 月 6 日	与太阳能电池、太阳能电池组件有关的某些措施
美国	印度尼西亚	2013 年 1 月 10 日	园艺产品，动物和动物产品的进口
美国	中国	2012 年 9 月 17 日	影响汽车及汽车部件产业的相关措施
美国	阿根廷	2012 年 8 月 21 日	影响货物进口的措施
美国	中国	2012 年 7 月 5 日	对美国某些汽车的反倾销和反补贴
美国	中国	2012 年 3 月 13 日	稀土、钨和钼的出口有关措施
美国	印度	2012 年 3 月 6 日	有关某些农产品进口的措施
美国	中国	2011 年 9 月 20 日	美国肉鸡产品的反倾销和反补贴税措施
美国	中国	2010 年 12 月 22 日	有关风电设备的措施
美国	中国	2010 年 9 月 15 日	美国队晶粒取向的扁钢电工钢的反补贴和反倾销
美国	中国	2010 年 9 月 13 日	影响电子支付服务的某些措施
美国	菲律宾	2010 年 1 月 14 日	蒸馏酒税
美国	中国	2009 年 6 月 23 日	与各种原材料出口有关的措施
美国	欧盟	2009 年 1 月 16 日	影响美国禽肉和禽肉产品的某些措施
美国	中国	2008 年 12 月 19 日	赠款、贷款和其他奖励
美国	中国	2008 年 3 月 3 日	影响金融信息服务和外国金融信息供应商的措施

资料来源：世界贸易组织。

可以看出，25 项诉讼中有 16 项是针对中国提起的，在对华贸易的压制方面超过了历任美国总统。美国一直是高举着自由贸易的旗帜在世界范围内进行贸易活动，奥巴马政府如此频繁的在世贸组织中提起对其他国家，尤其是对新兴经济体国家的诉讼，实则是在消费 WTO，压榨 WTO 的剩余价值，利用 WTO 规则刻意制造贸易保护，遏制新兴经济体的崛起，使美国利益最大化。历届 WTO 上诉机构（Appellate Body，简称 AB）大法官任职时期表如表2所示。

表2　　历届WTO上诉机构（AB）大法官任职时期表

姓名	国籍	任职时期	离职日期
赵宏（Hong Zhao）	中国	2016—2020年	2020.11.30
金贤重（Hyun Chong Kim）	韩国	2016—2017年	2017.08.10
什利·巴布·切基坦·斯旺森（Shree Baboo Chekitan Servansing）	毛里求斯	2014—2018年	2018.09.30
张胜和（Seung Wha Chang）	韩国	2012—2016年	2016.05.31
托马斯·格雷厄姆（Thomas R. Graham）	美国	2011—2015年 2015—2019年	2019.12.11
乌贾尔·辛格·巴蒂亚（Ujal Singh Bhatia）	印度	2011—2015年 2015—2019年	2019.12.11
彼得·范·登·博斯（Peter Van den Bossche）	比利时	2009—2013年 2013—2017年	2017.12.11
里卡多·拉米雷斯·埃尔南德斯（Ricard Ramírez - Hernández）	墨西哥	2009—2013年 2013—2017年	2017.06.30
张月娇（Yuejiao Zhang）	中国	2008—2012年 2012—2016年	2016.05.31
大岛正太郎（Shotaro Oshima）	日本	2008—2012年	2012.04.06
莉莉亚·包蒂斯塔（Lilia R Bautista）	菲律宾	2007—2011年	2011.12.10
珍妮弗·希尔曼（Jennifer Hillman）	美国	2007—2011年	2011.12.10

AB是世界贸易组织解决争议的核心机构，但令人遗憾的是，2020年11月30日中国籍大法官赵宏女士四年任期结束，该机构已经无人任职。其实早在奥巴马执政时期的2011年与2016年，就已经对在AB任职的美国籍大法官珍妮弗·希尔曼和韩国籍大法官张胜和作出了阻止连任的决定，而美方给出的理由主要是这两位大法官未作出对美国有利的决定。作为“司法独立”提倡者的美国，公然地打破了这项原则，利用WTO大法官的选任机制，阻止未保护美国利益的大法官继续连任，奥巴马政府此举是其不相信WTO的体现，是为了维护美国在全球内的核心利益所实施的“隐性”贸易保护主义的措施。

（二）旨在建立以美国为主导的全球贸易体系

奥巴马在对外贸易政策上主张加强国际间的合作，支持自由贸易，广泛参与多边事务，增强美国的国际影响力以及在国际治理体系中的话语权。但在奥巴马上台后，将区域间的贸易合作与双边贸易谈判放在了优先于多边贸易自由化的位置。当WTO已不再以美国利益优先、甚至会侵害到美国利益时，奥巴马转向构建新的由美国主导贸易规则的区域性贸易体系，在其任职期间积极推动《跨太平洋伙伴关系协定》（TPP）《跨大西洋贸易和投资伙伴关系协定》（TTIP）以及《北美自由贸易协定》的修改与签订工作，并先后与澳大利亚、新加坡等多国签订了双边自由贸易协定，与之形成鲜明对比的是，多哈回合谈判由于美国在具体规则上的不让步，一直未取得实质性的进展。奥巴马认识到 WTO 并不是一个以美国利益为主的国际组织，当美国政府未能通过 WTO 获得其预期收益的时候，其就通过建立的区域贸易协定与双边贸易协定构建一个可以绕过 WTO 且以美国为核心的国际贸易体制来使美国的利益最大化。表面上奥巴马积极实行“多边主义”，加强与世界各国多方面的交流合作，实则是想要构建一个以美国为主导的全球贸易体系，通过排除对美国利益造成威胁的国家或使其他国家妥协于美国贸易规则的方法，使得美国能够在全球范围内摄取更大的利益，顺利地实施“美国优先”战略。

二、拜登对华核心团队一览

拜登和哈里斯执政团队成员包括了国务卿安东尼·布林肯（Antony Blinken）、白宫国家安全顾问杰克·沙利文（Jake Sullivan）、美国贸易代表戴琦（Katherine Tai）等。其内阁成员是以奥巴马时期行政班底为主，对于 WTO 的态度将影响美国新政府的一系列政策方针，值得我们仔细研究。

一是拜登强调坚持多边框架下的自由贸易，同时要推动 WTO 及国际规则的改革。拜登是民主党内的自由派，其施政理念与克林顿、希拉里、奥巴马的较为接近，更倾向于自由贸易。在国会任职的 30 余年里，拜登一直秉持支持自由贸易和全球化的理念，支持 1994 年北美自由贸易协定，支持中国在 2001 年加入世贸组织，担任美国副总统期间，曾大力支持时任总统奥巴马加入 TPP 的决定。2020 年 11 月 19 日，拜登在记者会上表示在他就任美国总统的第一天，美国将重新加入世界卫生组织和巴黎协定，除了气候协定，拜登还支持 WTO 多边贸易体系，未来有望推动全球和区域贸易关系修复。需要注意的是，美国在整体上认为 WTO 对发展中国家的特殊和差别待遇有悖美国利益，认为一部分发展中国家利用这些优惠待遇获得了不公平的竞争优势，发展中国家随着国际竞争力的提高，应该承担更多的义务，或者要求一些发展水平较高的发展中国家在市场开放和规则承诺上要与发达国家看齐。拜登政府很有可能会要求发展中国家作出更多开放承诺，或者放弃特殊和差别待遇，联合诸如欧盟、日本、韩国等发达国家盟友对 WTO 规则进行改革，平衡美国国内的利益。

二是布林肯重视以多边主义手段推进与盟友关系，重塑美国影响力。在政治主张上，国务卿安东尼·布林肯与拜登极为相似，其将特朗普过去四年的外交遗产形容为从全球事务中“全面撤退”。2020 年 10 月，布林肯在接受美国有线电视新闻（CNN）采访时曾坦言：“这个国家在世界舞台上肩负领导其他国家的职责。”他强调，美国应重新回归国际合作与联盟，若美国在这些机构中的领导缺位，可能会产生对美国不利的结果：一是俄罗斯、日本等其他国家会插手并改写规则；二是没有国家可以填补美国的空白，结果将会导致国际秩序的无序和混乱。布林肯强调规则与构建“民主国家联盟”，支持奥巴马时期的“重返亚太”战略，美国或重启与欧洲的 TTIP 谈判、联合欧日共同对 WTO 规则进行改革。

三是沙利文主张重视国际组织，强调“美国需要新的经济哲学”。2020 年 8 月，有着民主党内公认的“外交智囊”之称的杰克·沙利文在接受访谈时强调，在国际组织和制度方面，美国应重新重视联合国、世界贸易组织、世界卫生组织等一并进行改革，也应重返巴黎协定、伊核协定，组织全球民主国家峰会等。沙利文认为许多国际组织，从联合国到世界银行到世界贸易组织，都是美国帮助设计和领导的机构，在透明度、争端解决和贸易等问题上确立了获得广泛接受的制度规则。退出这些机构，使美国丧失了长期以来形成的影响力，同时让别国有机会重塑规则，扩大在这些组织中的影响力。但是，沙利文并不赞成回归奥巴马时期的“自由主义国际秩序”路线，他强调美国需要“新的经济哲学”，即让美国重新开始实行类似于凯恩斯主义指导下的一揽子产业政策。

总而言之，对于拜登及其核心团队而言，他们理念上认同 WTO 及多边框架的重要性，并主张修复改善与盟国的关系，据此美国在亚太地区可能会回到《全面与进步跨太平洋伙伴关系协定》（CPTPP，前身是美国退出的 TPP）的框架下，发挥美国的领导地位。与此同时，对于美欧之间的经贸磋商，TTIP 的谈判也会被重新提上议程。对于 WTO，美国将重启上诉机制的正常运转，并对相关规则进行改革。拜登在 2021 年 1 月 20 日正式入主白宫后，成为第 46 任美国总统，届时他已 78 岁，是美国历史上年纪最大的总统。未来几年，拜登团队首先面临的难题是如何处理“特朗普遗产”、提升美国公信力及国际形象，但这并非朝夕之事。短期内，拜登要全面消除“特朗普主义”的影响几无可能，“大国竞争”已成为美国外交和国家安全战略的指导性原则，美国重回“自由主义国际秩序”的路线、构建美国利益优先的贸易体系困难重重。

三、拜登新政府对华贸易政策展望

（一）拜登及其核心成员对华主张

拜登主张修正美国日益偏离轨道的外交政策，而对华政策不可避免地会成为其总体外交政策的核心内容之一。拜登内阁成员对华态度亦有较多相似之处，强调对抗与合作并存，反对冷战、脱钩。

1. 拜登对华基本态度会是强硬的，但与特朗普又存在不同。2020 年 12 月初，拜登在接受美国专栏作家弗里德曼（Thomas L. Friedman）的采访时表示，将会制定“连贯的对华战略”，但并不会立即采取行动。在专访中，拜登谈到的关于中国的内容主要有以下两点：首先，拜登表示他在上任之后会审查与中国签订的现有协议；其次，拜登表示他将会同美国的盟友一同展开磋商，共同制定“连贯的对华战略”。拜登这一表态意味着，在其执政时期，美国并不会一改特朗普时期的强硬态度，很有可能会在利用已有协议的基础上与盟友共同制定对华战略。

2. 安东尼·布林肯主张对华采取预防性外交政策与威慑，但不赞成中美脱钩，认为两国存在合作空间。布林肯曾在采访中称中国的日益强大，的确已构成美国当前在经济、科技、军事甚至外交上面临的最大挑战，但美国执政者必须避免简单地给中国贴标签。布林肯认为中美关系有竞争的一面，也有合作的一面，不能简单用冷战思维来看待中美关系，在合作的过程中采取预防性外交政策与威慑是对美国而言更为有利的做法。

3. 杰克·沙利文主张中美和平共存，但在某些领域上要采取遏制或竞争的手段。2019

年9月，沙利文在《外交事务》杂志上发表了一篇名为《竞争但不带来灾难》文章被认为是其对华主张的阐述。文中写到美国对华接触政策已经结束，应在一系列敏感问题上对华使用更强硬的手段；但两国不应就此陷入冷战脱钩状态。沙利文认为中美可以共存，不能为了竞争而竞争，主张在气候治理、贸易等领域寻求合作，同时在高新技术、新能源利用等方面遏制中国的发展。

4. 美国贸易代表戴琦本人对华态度强硬。美国消费者新闻与商业频道网站2020年12月10日发表报道称，戴琦一直以来都对中国持批评态度。她曾说过，应该强硬和有策略地对付中国。在美国总统当选人拜登记者会上，戴琦在演讲中称："我和美国贸易代表署的一位同事前往日内瓦向WTO状告中国。两人坐了下来，她的双亲来自印度南部，而我的双亲来自中国台湾。当我们举起牌子表明我们代表美国来陈述时，我的内心充满骄傲。"该言论体现了戴琦对华的一个基本强硬基调。相比特朗普政府贸易代表罗伯特．莱特希泽（Robert Lighthizer），戴琦可能更倾向于利用WTO体系和联盟来向中国施压，迫使中国改变行为。

5. 从"亚太再平衡战略"到"印太战略"，美国对华政策具有一致性。从拜登政府核心团队来看，从"亚太再平衡战略"到"印太战略"再到拜登政府新亚太战略，美国对亚太地区政策具有一致性。变化的是战略侧重方向，不变的是抑制中国等新兴国家，使亚太地区形势最终为美国国家核心利益服务。值得一提的是，拜登特设亚洲事务主管一职并提名坎贝尔（Kurt Campbell）担任。坎贝尔曾帮助制定"亚洲再平衡战略"，主张对华以竞争为主，利用七国集团组建同盟制约中国。坎贝尔近期也提到对华政策两大策略，一是重建接触机制和渠道，二是与中方讨论如何走出当前中美"断崖式下降"的路径。在此基础上，罗森博格（Laura Rosenberger）成为了坎贝尔的直接下属，将担任中国事务高级主管。而从2020年以来，两位对华主要高官的言论来看，其论调偏强硬，属于鹰派代表。纵观我们对拜登及其核心团队对华思想的分析，可以得出结论：美国对华基调为对抗大于合作，遏制战略不变，但政策有变。

在贸易方面，民主党很大程度上受到了美国国内具有全球化倾向产业的支持，所以民主党人更希望给该类产业寻找更广阔的市场。与特朗普不同的是，民主党关心的不是保护美国市场，而是打开中国市场。拜登政府很有可能会通过改革国际规则，在补贴、倾销、汇率操纵、强制技术转让和知识产权保护等领域限制中国贸易，在未来中美经贸协议谈判中着重使用关税和非关税相结合的贸易措施；在科技方面，气候战略始终是拜登及其团队的核心战略之一，拜登团队以气候治理为主线，依托技术创新、需求激发和基础设施投资三大支柱，重振美国在清洁能源技术和能源行业发展方面的全球领导力。拜登政府很有可能在新能源、芯片技术、人工智能等方面打压中国，提高行业标准，限制中国在科技领域的发展。拜登政府主张把"民主国家"都聚集在一起，以此来举行全球民主首脑会议。这项提议不仅是为了维护彼此的共同利益，也是为了和世界各地的民主国家一起组建国际联盟，以此来共同遏制中国的发展。拜登政府外交方面主张重返全球化、修复盟友关系、重返亚太，恢复美国领导地位，遏制中国的崛起。

（二）中国应对方案

1. 积极推动中美关系正常化。拜登上台后中美关系或将会相对特朗普时代有所缓解，美国在抗疫活动、全球气候变化、朝鲜问题等重要问题上依然需要中国的帮助。因此，在中美存在合作可能性的条件下，在美国仍然是当今世界上唯一超级大国的情况下，积极推动中美关系朝好的方向发展是大势所趋。当前，中国开启全面建设社会主义现代化国家新征程，我国发展仍然处于重要战略机遇期，时与势在我们一边，把握住和平与发展的世界主基调，有助于真正的开好局起好步。理论上，中美关系正常化有助于中国的技术升级与产业转型，尤其要在重启技术合作、人才流动与产业互补等领域发力。中国需要美国，美国也需要中国。而一旦发生冲突，最终影响的是中美双方的国家竞争力。例如，美中贸易全国委员会 2021 年 1 月 15 日研究称中美贸易战已经导致美国失去了 24.5 万个就业机会，如果逐步消除关税，预计增加美国 14.5 万个就业机会。合则两利，斗则两破，美国“理性”主流入主白宫后应该能明白这个道理，中国也应顺势而为。

2. 积极参与全球治理。拜登团队极有可能利用与盟友共同推动国际贸易规则改革制定对华战略。面对新的国际形势，中国要继续加强与世界各国在经济、科技、气候变化等领域的交流、协调与合作，继续巩固东盟、非洲与“一带一路”沿线、《中欧投资协定》（BIT）、《区域全面经济伙伴关系协定》（RCEP）等区域合作，深入开展与美国和欧盟的贸易外交，加快推进双边自由贸易协定，积极拓展区域贸易协定。国际规则的本质是各国利益博弈的结果，确保在国际贸易规则制定中占有一席之地，中国才能更有效地在全球范围内塑造国际架构，维持自身的利益，保障本国的发展。实际上伴随着 RCEP、BIT 签署，特朗普政府孤立战略就正式宣告失败。我国要积极与欧美发达国家共同商讨国际贸易规则改革，参加高水平贸易规则制定，尤其是加入全球数字贸易规则制定。与此同时，中国应积极推动参与 WTO 改革，在维护 WTO 全球贸易治理的中心地位及其基本原则与框架不变的基础上提高 WTO 运行效率，增强多边贸易体制的包容性，合理平衡发达国家与发展中国家的利益。中国通过以上种种措施进一步参与国际规则制定与全球治理，能够更好地应对国际形势新变化带来的挑战。

3. 继续讲好“中国故事”。我们要清醒认识到中美博弈具有长期性，保持清醒冷静和战略定力。美国最新民主党纲领对华的一系列调整值得中国警惕。在这种情况下，最好的应对办法是继续专注于自身的发展。中国要以供给侧结构性改革为战略方向、以扩大内需为战略基点的基础上，加快形成以国内大循环为主体、国内国际双循环相互促进的新发展格局；要继续坚持创新引领，落实创新发展理念，由中国制造向中国智造转变，推动科技强国建设；要贯彻落实惠民政策，提升人民幸福感，同时加强意识形态教育，大力弘扬社会主义核心价值观，努力讲好“中国故事”。

参考文献：

[1] 黄梅波，范修礼．奥巴马政府的贸易政策探析［J］．现代经济探讨，2010（8）：88－92.

[2] 罗汉伟．“奥巴马新政”增加 WTO 多边谈判困难 [J]．WTO 经济导刊，2010 (4)：90－92.

[3] 王虎，杨雪朋．奥巴马经济政绩及经济政策评述 [J]．中国财政，2017 (2)：63－65.

[4] 白云真．奥巴马政府贸易外交及中国的应对之策 [J]．国际关系研究，2015 (1)：100－115，156.

[5] Malawer S S. Obama, WTO Trade Enforcement, and China [J]. China and WTO Review, 2016, 2 (2): 361－368.

[6] 于宏源，周广吉．拜登的能源气候政策预判 [J]．能源，2020 (12)：75－77.

[7] 李海东．从内阁名单看拜登团队外交轮廓 [N]．环球时报，2020－11－25 (15)．

[8] 吴心伯．美对华政策未来四年何去何从 [N]．环球时报，2020－12－14 (14)．

疫情冲击下的美国财政政策及思考[①]

陈智华　黄京菁[②]

为应对新冠肺炎疫情对经济造成的冲击，各国纷纷出台一系列大规模经济刺激计划，全球公共债务在2020年底达到226万亿美元，创历史新高，其中发达经济体债务规模攀升速度惊人，增幅为20%。国际货币基金组织最新公布的《财政监控》报告预见发达经济体的债务规模在未来五年内将持续保持高位。当前形势下，变异毒株为全球经济发展带来新的不确定性，以美国为代表的发达经济体政府财政不平衡进一步加剧，公共财政风险不断扩大蔓延，而全球通胀压力下主要发达经济体货币政策面临转向，或导致全球经济走弱，部分脆弱新兴经济体风险暴露。

一、疫情冲击下美国的财政政策及财政状况

美国联邦政府财政年度从10月1日截至次年的9月30日。据美国国会预算办公室发布的美国联邦政府年度决算报告数据显示（见表1），美国财政赤字率于2015年达到自2008年国际金融危机以来的最低点2.4%，随后，特朗普政府的宽松财政政策使得赤字率有所放大，但在2020年之前始终维持在5%之内。

表1　　美国联邦政府2013—2021财年财政赤字　　单位：十亿美元

	2013年	2014年	2015年	2016年	2017年	2018年	2019年	2020年	2021年
收入	2774	3021	3250	3268	3316	3330	3462	3420	4046
支出	3454	3504	3692	3853	3982	4109	4447	6552	6818
赤字：									
总额	-680	-483	-442	-585	-665	-779	-984	-3132	-2772
GDP占比（%）	-4.1	-2.8	-2.4	-3.1	-3.4	-3.8	-4.6	-14.9	-12.4

资料来源：美国国会预算办公室、管理和预算办公室、财政部。

---

① 原文发表于《中国财政》2022年第4期。

② 陈智华系厦门国家会计学院“一带一路”财经发展研究中心副教授；黄京菁系厦门国家会计学院会计学系副教授。

新冠肺炎疫情的暴发对美国财政带来巨大冲击，财政赤字持续飙升。截至2020年9月30日，美国联邦政府赤字总额达到3.1万亿美元，是2019财年赤字的3倍多。2020财年财政赤字率为14.9%，大幅高出2019年的4.6%和2018年的3.8%，该数值也是自1945年以来的历史新高。从财政收入与支出情况分别来看，自1972年以来联邦政府的平均财政收入占GDP比重为17.3%，财政支出占比为20.8%，疫情前美国联邦政府财政收支基本保持在历史平均数值范围内，但2020年财政支出在疫情冲击下大幅跃升至31.3%，而2019年和2018年的财政支出占比为21%和20.2%（见图1）。2020年财政支出的增长主要是由于新冠病毒大流行的经济影响和美国国会为应对疫情而颁布的一系列法案所导致的结果。

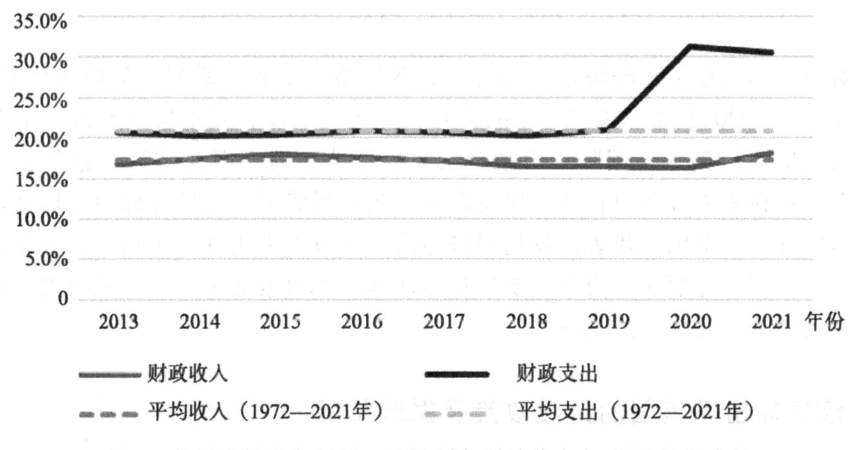

图1 美国联邦政府2013—2021财年财政收支占GDP比重变化

资料来源：美国国会预算办公室。

为应对危机，美国国会于2020年3月和4月迅速颁布了四项主要联邦法律，以帮助受经济衰退影响的家庭、企业及地方政府。其中，《冠状病毒防范和应对补充拨款法案》和《家庭首次冠状病毒应对法案》增加了一些联邦机构以及州和地方政府的联邦资金，要求雇主为员工提供有偿病假，并允许雇主税收抵免；《冠状病毒援助、救济和经济安全法案》（又称《CARES法案》）主要是向企业提供贷款、向医疗保健提供者付款、向个人付款和税收抵免，以及向州和地方政府提供额外资金，并减少某些营业税；而《薪资保护计划和医疗保健增强法案》则是进一步提高了联邦政府对贷款资助CARES法案中的支付额度。美国国会预算办公室2020年9月发布的报告估算（见表2），这些与大流行相关的立法使得2020财年的联邦赤字增加约2.3万亿美元，并在2021财年增加0.6万亿美元。从长期来看，2020—2030年，这些法律预计将增加2.6万亿美元的赤字，而这一数额并不包括由于法律对经济的影响而导致的预算变化。

在此基础上，2020年12月28日，特朗普签署了一项8680亿美元（占GDP比重为4.1%）的新冠救助和政府资助法案，作为2021年《综合拨款法案》的一部分。拜登政府上台后再次颁布新冠救援计划，提供了新一轮约1.9万亿美元的救援资金，占2020年GDP比重为8.8%。该计划重点投资于公共卫生应对措施，并为家庭、社区和企业提供有

表 2　美国财政刺激政策（疫情相关立法）对财政赤字的短期及长期影响　单位：十亿美元

	2020 年	2021 年	2022 年	2023 年	2020—2023 年	2024—2030 年
薪水保障计划及相关规定	616	13	0	0	628	0
增强版失业补偿	370	71	0	0	442	0
个人税收返还	272	20	0	0	292	0
对州和地方政府的直接援助	150	—	0	0	150	0
其他支出规定	359	218	101	21	700	13
其他收入规定	539	253	-186	-182	425	-50
美联储的紧急贷款工具	11	0	0	0	11	0
合计	2317	576	-85	-160	2648	-37

资料来源：美国国会预算办公室。

时限的援助。此外，该救助法案还扩大了失业救济金计划（包括补充失业救济金），向符合条件的个人发放 1400 美元的直接补助，向州和地方政府提供直接援助，为疫苗接种计划及学校重新开学提供资金。这一系列大规模的财政刺激政策加剧了财政风险，2021 年美国财政赤字总额达到 2.8 万亿美元，赤字占国内生产总值 GDP 比重为 12.4%，略低于 2020 年创纪录的 3.1 万亿美元赤字（占 GDP 比重为 14.9%），达到自第二次世界大战以来的财政赤字的第二高水平。

二、财政大力度刺激政策下的风险

美国实施积极的财政政策，配合以宽松的货币政策（零利率和无上限 QE 等），在很大程度上减少了企业破产和失业，稳定并提振了市场信心，并且有效减缓了经济下滑，为经济复苏注入了动力。但是值得注意的是，积极财政政策必须以财政风险作为约束，如控制不当，不仅难以抵御经济衰退，还有可能放大公共风险。相较 2008 年国际金融危机而言，此次疫情冲击下的财政刺激政策力度之大前所未有，在当前形势下，美国的激进财政政策负面影响已开始显现。

（一）财政风险上升，结构性失衡进一步加剧

早在疫情前，美国财政结构性失衡就已存在，由于美国医疗保健系统效率低下以及人口老龄化，联邦政府在医疗保险和医疗补助等主要医疗保健计划上的支出占 GDP 的比重预计将从 2021 年的 5.8% 迅速增长到 2051 年的 9.4%。为应对疫情，联邦政府出台的一系列大规模经济刺激政策加剧了结构性失衡，仅 2021 年一年财政支出达到 6.8 万亿美元，超出 2020 年总支出 2660 亿美元。而美国财政刺激政策还在持续加码，大规模基建计划进一步增大了美国的财政风险。例如，《基础设施投资和就业法案》要求在 5 年内投资 5500 亿美元用于道路和桥梁等基础设施领域建设。而拜登政府 1.75 万亿美元“重建更好未来”

是美国几十年来规模最大的社会支出法案，根据美国国会预算办公室 CBO 的成本预算，该法案所产生的收入难以覆盖成本，未来 10 年内或将增加 3670 亿美元的预算赤字。彼得森国际经济研究所预测，未来十年美国财政收入增长将落后于支出增长，收入和支出之间的结构性失衡程度将继续加大，财政风险将持续积聚。

（二）公共债务急剧膨胀，不可持续性风险加大

超强规模的经济刺激政策使得财政赤字大幅提高，而公共债务也随之急剧攀升。联邦债务占 GDP 比率在 2020 年超过 100%，接近第二次世界大战时期 106% 的历史高位，而疫情前的 2019 年该比例仅为 79.2%。尽管美国政府数度提高其公共债务上限，但不过是暂时解除债务警报的权宜之计，难以阻止债务问题的恶化。从短期看，美国债务规模的扩大不会显著加大美国长期债务付息压力，主要原因包括：一是 2020 年 3 月美联储为应对疫情迅速将基准利率降至 0—0.25%，使得美国利息支出不升反降；二是疫情后美国联邦政府主要增发短期国债以配合临时性财政支出，其中一年期及以内的短期国债增幅为 82%，约占新增发公债总量的 50%；三是新增中长期国债主要由美联储持有，而美联储的大规模资产购买计划进一步控制了中长期美债利率，从而压低了中长期的债务融资成本。尽管如此，随着利率水平回升，美国联邦债务的利息净支出将迅速增加，财政赤字率也将急剧攀升。CBO 预计 2032—2041 年和 2042—2051 年的两个十年里，平均净利息支出占美国 GDP 比重将分别达到 4% 和 7%，相应财政赤字率将被推升至 7.9% 和 11.5%。从中长期看，美国债务利息成本将成为其赤字增长的主要驱动力，预计 2051 年美国联邦利息支出将占 GDP 的 8.6%，联邦总支出将占 GDP 的 31.8%。

（三）通胀持续升温，货币政策面临转向

在积极财政政策与宽松货币政策的双重作用下，美国经济活动和就业指标不断增强。随着疫情最艰难的时期逐渐过去，通胀风险开始浮现。超大规模财政刺激政策推高了原材料价格，加剧了通胀风险，对经济复苏产生负面效应。经济重新开放下需求强劲反弹，却面临生产瓶颈、供应链中断、能源成本飙升，以及劳动力短缺等问题，导致商品价格全面上涨。据美国劳工统计局公布的最新数据显示，美国 2021 年 12 月 CPI 升至 7.0%，创 1982 年 6 月以来的历史新高，且连续八个月保持高位。个人消费支出 PCE 物价指数在 11 月份同比增长 5.7%，创下近 40 年来的最大涨幅。为应对通胀飙升，美联储于 2021 年 12 月宣布将加快宽松减量（Taper）步伐，逐步减少对美国国债和政府担保的抵押贷款支持证券的购买数量。具体而言，自 2022 年 1 月开始，美联储将每月削减资产购买的规模从 150 亿美元扩大到 300 亿美元。这意味着 Taper 将在 2022 年 3 月提前结束，也为美联储提前加息留下空间。而 2022 年的首次联邦公开市场委员会（FOMC）议息会议（2022 年 1 月 26 日）虽未涉及具体的加息时点和幅度，但是鉴于美国通胀率已显著高于通胀目标 2%，且就业市场表现强劲，美联储明确表示将很快开启加息进程。市场由此普遍预计，美联储最早将于 3 月开始加息，年内加息次数或达 4 次之多。

三、几点思考

（一）明确财政风险约束条件是有效实施积极的财政政策的前提

在疫情冲击下，以美国为代表的多国实施大规模财政刺激政策为经济复苏注入了“强心针”，避免了经济步入深度衰退。但也要看到，由于此次应对的规模、力度和持续时间前所未有，带来的直接后果是赤字和债务规模的大幅攀升。一旦扩张过度将导致财政风险超过临界点，不仅无法抵御经济衰退，还将扩大公共风险，为下一次危机埋下隐患。

（二）大规模财政刺激政策推动股市和房价创下历史新高，催生了资产泡沫

当前形势下，新的变异病毒使得疫情不确定性增加，而经济复苏在很大程度上取决于疫情走向。虽然美联储行动太慢或加剧通胀压力，但是过快收紧政策很可能会破坏经济复苏成果。由于美国在全球经济金融领域占据主导地位，其货币政策转向将通过跨境资金流动传导等方式给全球经济和国际金融市场造成广泛的影响和冲击。

（三）美联储 Taper 加速大幅压缩了中国应对的时间窗口，应提前加以防范

由于中国具备超大市场规模优势和内需潜力，抵御外部风险能力较强，且当前中美利差仍处于较高水平，美联储政策转向对中国影响较为有限。但是主要发达经济体货币政策转向将会对基本面比较薄弱的新兴经济体国家带来巨大冲击，不排除有个别新兴市场国家在特定时点爆发金融危机的可能性，从而间接影响中国。从国别情况看，新兴经济体不同国家面临的风险有一定的差异性，风险暴露情况存在显著差异。当前面临风险比较高的国家主要包括土耳其、阿根廷、巴西、哥伦比亚、印度、南非以及沙特阿拉伯、马来西亚等。

（四）随着美国货币政策转向，人民币汇率波动加剧，中美经贸摩擦压力可能加大

中国应加强跨境资本流动管理，加快汇率市场化改革，通过逆周期调节因子等宏观审慎政策工具适时对汇率进行逆周期调节，稳定人民币的汇率预期。在维护金融稳定的前提下，适时适度推进人民币国际化进程。从长远来看，人民币国际化将有助于减少对美元的依赖，有效支持中国对外贸易和投资，从根本上减轻汇率波动对中国经济的负面影响，抵御外部冲击，提升中国的国际金融影响力。

RCEP：促进亚洲市场一体化与繁荣稳定的重大举措

李浠平　江日初　刘天琦[①]

2020 年 11 月 15 日，历时八年的区域全面经济伙伴关系协定（RCEP）正式签署，RCEP 是由东盟 10 国发起，并邀请中国、日本、韩国、澳大利亚、新西兰、印度作为对话伙伴国参加，通过削减关税和非关税壁垒，建立 RCEP 成员国之间相互开放市场、实施区域经济一体化、统一市场的自由贸易协定。RCEP 的签署标志着全球经济规模最大的自由贸易区正式启航。本文结合区域经济一体化的重要意义展开分析，点明了在中美贸易摩擦叠加新冠肺炎疫情影响下，RCEP 对于促进亚洲市场一体化与繁荣稳定的重要意义。

一、引言

“裁缝不想自己制作鞋子，而向鞋匠购买……如果每一个私人家庭的行为是理性的，那么整个国家的行为就很难是荒唐的。如果一个国家能以比我们低的成本提供商品，那么我们最好用自己有优势的商品同他们交换。”

——亚当·斯密，1776 年

“如果两个人都能制造鞋和帽，其中一个人在两种职业上都比另外一个人强一些，不过制帽时只强 1/5 或 20%，而制鞋时则强 1/3 或 33%，那么这个较强的人专门制鞋，而那个较差的人专门制帽，岂不是对双方都有利吗?”

——大卫·李嘉图，1817 年

作为国际贸易理论中的核心理论，自由贸易一直是贸易政策追求的理想目标。在过去百年间，自由贸易从无到有，再到经济全球化、区域经济一体化的发展，在本质上都源于社会化大生产超越国界的限制，在巨大的生产力面前，经济当事人越来越需要从国际上寻求需求和供给两方面的市场。在世界范围内进行资源优化配置，既是经济发展的客观需求，也是从跨国公司到中小企业生存发展的需要。

---

① 李浠平系厦门国家会计学院教研中心讲师；江日初系厦门国家会计学院经济管理与金融研究所副所长，“一带一路”财经发展研究中心副教授，硕士生导师；刘天琦系厦门国家会计学院“一带一路”财经发展研究中心讲师，硕士生导师。

基于此背景，世界各国在推动商品、服务和资本的自由流动方面逐渐取得共识，关税及贸易总协定（GATT）和世界贸易组织（WTO）等多边贸易体系不断致力于减少贸易和投资壁垒，推动经济全球化。在经济全球化趋势发展的同时，区域经济一体化也在逐渐形成和发展。

二、RCEP 签署：全球贸易三分天下

在 RCEP 签署之前，全球自由贸易区主要为北美自由贸易区、欧盟自由贸易区和中国 - 东盟自由贸易区，而 RCEP 的诞生，意味着 RCEP 自贸区、欧盟自贸区、北美自贸区形成全球贸易“三足鼎立”的格局。

八年磨一剑，RCEP 协议在经历了 31 轮正式谈判后，最终在 2020 年成功签署，具有特殊时代背景。一方面，由于美国特朗普政府奉行单边主义和保护主义政策，在一定程度上破坏了全球自由贸易秩序，亚太国家迫切希望通过加快 RCEP 落地来维护本地区的自由贸易秩序，特别是日本的谈判积极性大为提高，基于此原因，在 2019 年第三次 RCEP 领导人会议上，除印度外的 15 个成员国共同宣布结束全部文本谈判及实质上所有市场准入谈判。另一方面，2020 年新冠肺炎疫情在全球肆虐，使得全球经济陷入低迷，RCEP 成员国迫切希望减少交易成本，增加投资，刺激地区经济增长，而区域经济一体化是最有效的途径之一。疫情给产业链和供应链带来的巨大冲击，也使各成员国意识到，加快两链恢复必须要有制度保障。

RCEP 协议共有 20 个章节，不仅包含传统自贸协定中关于货物贸易、服务贸易和投资规则等内容，还涵盖了高水平的知识产权、电子商务、竞争政策、政府采购等现代化议题，RCEP 体现出现代、高质量发展的特点。

RCEP 成员结构复杂而多元，作为发起者的东盟 10 国，除了新加坡外，东盟 10 国的其他任何一个国家的 GDP 世界排名都在 50 强之外，还包含了老挝、文莱、缅甸、柬埔寨等经济欠发达国家，经济竞争力远弱于中国、日本、韩国、澳大利亚和新西兰等国。但当东盟 10 国发起 RCEP 谈判建议后，中国、日本、韩国、澳大利亚和新西兰等国却先后表现出积极响应的姿态，并在协议签署时给予最不发达国家特殊与差别待遇。尽管在 2019 年 11 月份的第三次 RCEP 领导人会议上，印度在谈判最后关头宣布退出，决定不参与签署 RCEP，一度令协议搁置，但在正式签署协议之后，多个 RCEP 成员国均称仍欢迎印度加入。总体而言，RCEP 协议为不同发展阶段、不同制度体制国家建立互惠共赢的自贸协定，是亚洲经济一体化建设近 20 年来最重要的成果。

三、统一市场的重要意义

国际市场的形成和发展是现代经济理性冲破传统约束的一体化建构过程，商品、劳动力、资本和生产摆脱地方保护主义、文化和语言、民族国家边界等诸多因素的桎梏而在世界范围内流动。市场一体化对于经济繁荣、社会稳定意义重大。

欧盟是区域经济一体化的“先行者”，从关税同盟发展到共同市场，又逐渐向经济同

盟迈进，其中还囊括了作为货币同盟的欧元区，欧盟是迄今为止一体化最深入的区域经济组织。欧洲一体化的实现有着天然的条件，包括临近的地理位置，共同的历史文化遗产和心理特征，相近的经济水平，以及法德两大宿敌的和解。自 20 世纪 70 年代以来，欧洲一体化不断深入发展，欧洲内部市场趋于统一。从政治意义上看，欧盟所有成员国均为议会民主国家，欧盟一体化减少了地区军事冲突与政局动荡；从军事意义上看，北大西洋公约组织的形成有利于共同维护世界和平；从更广泛的意义上看，欧盟更是一个经济联盟，如果把欧盟当成一个经济体，那欧盟是世界上第二大的经济实体。欧盟的经济联盟以三大自由为支撑，即人员自由流动、货物自由流动和资本自由流动。

2016 年，英国公投“脱欧”，使得我们重新审视区域经济一体化，英国“脱欧”从根源上说，是欧盟内部区域经济发展不均衡的结果。2002 年以来，欧盟不断扩张，积极吸收中东欧国家加入，使得原本区域内经济发展水平相对均衡的现状被打破，而 2010 年之后希腊等国的欧债危机更将欧盟的主要结构性问题摆上了台面，即共同货币之下，一个主权国家拖欠的债务需要整个集团来承担，也意味着这些债务被间接地转移给了承担债务国家的纳税人身上。因此，欧债危机将区域经济发展不平衡的问题不断放大，更加剧了欧盟内部的不稳定性。再加上其他方面的因素，包括社会经济压力、国际移民压力、民粹主义影响等，最终引发了英国“脱欧”。英国“脱欧”有利有弊，但从总体判断，弊大于利。英国“脱欧”之后，虽然有了独立自主的经济发展模式，但也要独立自主的应对危机，英国经济与欧盟成员国依赖性很强，有一半的贸易来自欧盟成员国，再叠加新冠肺炎疫情影响下全球包括欧洲经济的低迷，“脱欧”将给英国经济带来严重的不利影响，也将对包括赴英留学在内的人员流动带来负面影响。此外，伦敦金融市场一度是全球最大金融市场，美国与日本崛起后，纽约、东京成为全球前两大金融市场，伦敦退居全球第三大金融市场，而一旦英国脱欧，资金自由流动受限，伦敦金融市场可能将沦落到小国金融市场的地位！所以，国际发展金融机构与全球银行业近期都在忙着将 LIBOR 利率替换为其他利率锚，即为此因。

亚洲方面，长久以来，亚洲一体化进程要慢于其他区域的经济一体化，RCEP 协议的签署，是亚洲一体化进程中重要的里程碑。尽管此前东盟已与中国、日本、韩国等国签署了多个“10 + 1”自贸协定，中国、日本、韩国、澳大利亚、新西兰等国间也互有自贸伙伴关系，但 RCEP 协议下的“10 + 5”模式（或印度加入后的“10 + 6”模式）更有利于经济区域内统一规则的建立，有利于降低交易成本和商品价格，增加投资便利性，90% 的货物贸易逐步下调至零关税，RCEP 成员国间贸易和资本的自由流动有望显著提高。然而，借鉴欧洲一体化的经验，如何在区域内实现全面、高质量、互惠的发展是值得关注的。

四、RCEP 促进亚洲市场一体化

（一）RCEP 各经济指标占全球总量三成

根据统计数据，RCEP 目前 15 个成员国涵盖全球 22.9 亿人口，占比 31.14%；GDP 总和超过 25.9 万亿美元，占比 29.53%；FDI 流入额超过 5.71 万亿美元，占比 38.3%。

图 1 和图 2 分别对比了 RCEP 成员国、全面与进步跨太平洋伙伴关系协定（CPTPP）成员国、美墨加三国自由贸易区、以及欧盟 27 国的 GDP 总量和货物贸易总量，可见 RCEP 15 国无论是在区域经济总量还是贸易体量上，都已超过了美墨加自贸区和欧盟，而中国作为 RCEP 区域龙头，在 RCEP 成员国内占据着主导地位。

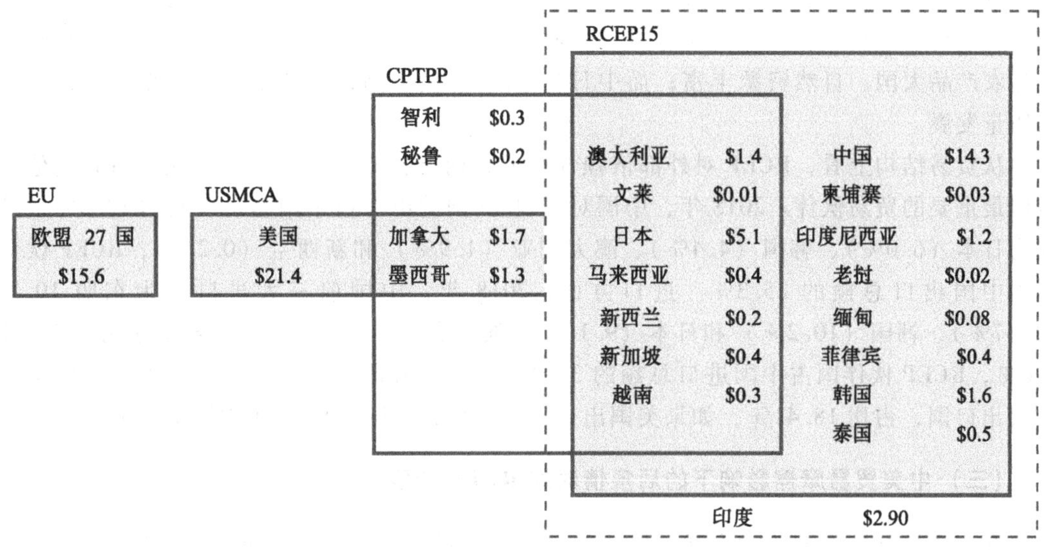

图 1　GDP 总量对比

资料来源：世界银行。

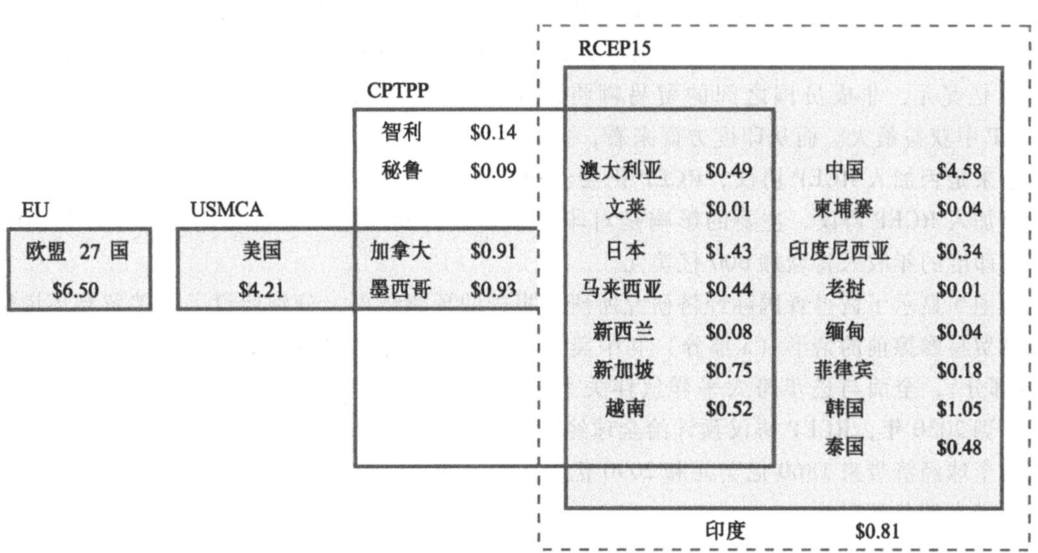

图 2　货物贸易总量对比

资料来源：联合国贸发会议。

（二）RCEP 各参与方经济互补

从经济结构上看，RCEP 各成员国经济互补。RCEP 自贸区不仅包含了经济高速发展的超大经济国中国，以及日本、韩国、澳大利亚、新西兰、新加坡等经济发达国家，还包括了越南、马来西亚、印度尼西亚、泰国等人口众多且经济高度活跃的国家，以及老挝、文莱、缅甸、柬埔寨等经济欠发达国家。东盟 10 国人口红利优势明显；澳大利亚和新西兰是农产品大国，自然资源丰富；而中日韩 GDP 总量较高，但面临经济转型升级，寻求高质量发展。

从贸易结构上看，RCEP 对外部依赖性较弱，内源拉动性较强。中国是 RCEP 其他成员国最重要的贸易伙伴。2018 年，中国对东盟 10 国的出口占中国总出口额的 12.8%，其次为日本（6.0%）、韩国（4.4%）、澳大利亚（1.9%）和新西兰（0.2%），RCEP 伙伴国占中国出口总额的 25.3%。进口方面，2018 年，中国前三大进口国为东盟 10 国（13.7%）、韩国（10.2%）和日本（9.1%），澳大利亚和新西兰的进口额分别为 5.2% 和 0.6%，RCEP 伙伴国占中国进口总额的 38.3%。但应值得注意的是，美国仍然是中国第一大出口国，占比 18.41%，如果美国出口大量减少，中国贸易总额或将出现逆差。

（三）中美贸易摩擦影响下的后疫情时期 RCEP 的意义

在中美贸易摩擦的政治不确定性，叠加新冠肺炎疫情对经济的冲击下，RCEP 的签署对于区域乃至全球经济发展至关重要。

根据彼得森国际经济研究所的研究报告，一方面，RCEP 协议将抵消中美贸易摩擦对全球贸易的影响，但仍然难以完全抵消中美贸易摩擦对中国和美国带来的贸易影响。另一方面，中美贸易摩擦使得亚洲国家间的相互依赖程度加强，这样一来，RCEP 协议在推进亚洲一体化进程中更具意义。据预测，截至 2030 年，RCEP 成员国之间贸易额将增加 4280 亿美元，非成员国之间的贸易额将减少 480 亿美元，其中中国、日本和韩国将从 RCEP 中获益最大。而从印度方面来看，彼得森国际经济研究所的研究报告显示，不论印度未来是否加入 RCEP 协议，RCEP 仍会给成员国带来显著正向的经济效益。但如国印度能够加入 RCEP 协议，主要的影响是对印度本国经济发展起到促进作用，即预计到 2030 年，印度的年收入将增加 600 亿美元。

图 3 显示了彼得森国际经济研究所研究报告的预测结果，分别假设了中美贸易环境恢复到贸易摩擦前的情形（a 部分）和中美贸易的关税维持在“第一阶段协议”水平的情形（b 部分），全面与进步跨太平洋伙伴关系协定（CPTPP）和 RCEP 协定对全球收入的影响。到 2030 年，RCEP 协议预计给全球经济带来显著的经济效益，在两种预测情形下，分别给全球经济带来 1860 亿美元和 2090 亿美元的年收入，将有效缓解中美贸易摩擦给全球贸易带来的负面影响。

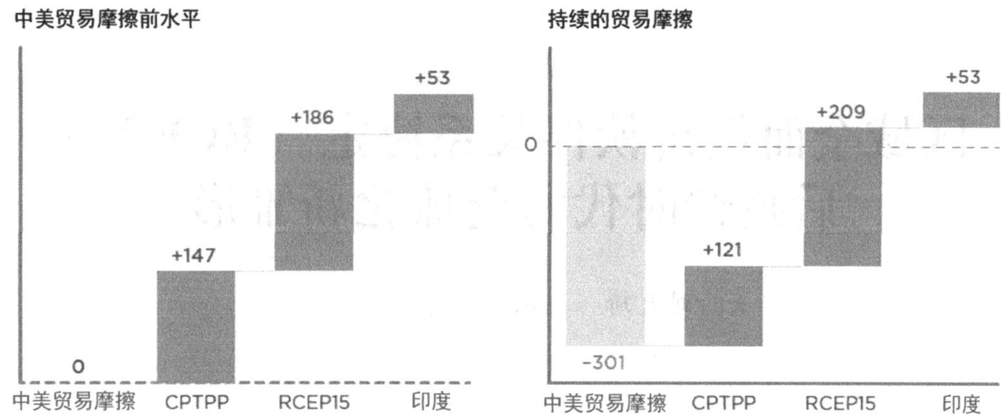

图 3　CPTPP 和 RCEP 协议对全球收入的预测：2030 年

资料来源：彼得森国际经济研究所研究报告。

（四）亚洲市场一体化对中国的意义

正如前文所述，美国是中国的主要贸易顺差来源国，而不断加剧的中美贸易摩擦以及新冠肺炎疫情时期民粹主义的高涨，使得 RCEP 协议的签署对于中国同样意义深远。

首先，RCEP 作为首个将中日韩包裹在同一框架内的自贸协议，有利于中日韩深化合作。在东亚经济体中，中日韩本应是经济形态天然互补、合作效率最高的国家，但因历史问题，日本反而是此前唯一没有与中国签署自由贸易协定的 RCEP 伙伴国，RCEP 的签署使得中日韩都加入到 RCEP 框架内，并在这个框架内降低贸易壁垒，间接地实现经济一体化和贸易自由化，可谓意义重大。而此前由于中日之间没有自由贸易协定的存在，日本对中国产品的关税税率高于其对世界其他国家和地区的平均水平，RCEP 签署后关税减让空间相对较大。

其次，RCEP 协议将促进韩国与东盟国家加大对中国农产品、汽车和化工品等的进口。此前，韩国和东盟国家在与中国签署自由贸易协定时，出于对本国产业保护的需要，对自中国进口的农产品、汽车、钢铁、建材等产品仍保留一定程度的关税。而 RCEP 协议签署后，相关产业留有一定的关税减免空间，这些相关出口产业的机遇将进一步增大。

最后，从中长期来看，RCEP 有利于重构亚洲区域价值链，逐步减少中国对美国、欧洲市场的依赖，中国有望通过 RCEP 区域价值链向制造业上游移动，因此 RCEP 协议为拥有高端核心技术的优势行业提供更多发展机遇。同时，RCEP 将促进国内部分劳动密集型产业向东盟部分国家转移，依靠廉价劳动力的薄弱行业将受到冲击，但短期之内冲击有限。

总体而言，RCEP 协议有利于促进区域内经济要素的自由流动，强化成员国间的生产分工合作，并将显著提升亚洲区域经济一体化水平。RCEP 将成为新时期我国扩大对外开放的重要平台，以扩大开放带动国内创新，实现产业转型升级，促进后疫情时代中国经济“双循环”新格局的形成。

区域全面经济伙伴关系协定（RCEP）：后疫情时代的全球化新雏形

刘天琦　陈秋平　李浠平[①]

在新冠肺炎疫情蔓延及全球供应链受阻、中美经贸关系加速脱钩等多重因素叠加的背景下，谈判历时八年的区域全面经济伙伴关系协定（RCEP）在2020年11月15日正式签署，这标志着当前世界上人口最多、经贸规模最大、最具发展潜力的自由贸易区正式启航。相较于欧美主导的激进的区域化战略，RCEP的标准更为宽容，推进更为渐进，较为有效地实现了高质量和包容性的统一。RCEP的成功签署是对当今世界逆全球化浪潮盛行的一次破局，也预示着"区域化经济"时代将成为逆全球化浪潮下的"折中"选择。本文将结合当前国内国际形势发生的深刻变化，系统梳理和分析RCEP签署的背景及意义，并探讨了未来国际经贸秩序的发展趋势。

一、逆势建群：RCEP正式签署

2020年11月12日，国务院总理李克强在第23次中国—东盟（10+1）领导人视频会议上指出，2020年前三季度，中国—东盟贸易逆势增长，中国对东盟投资同比增长70%以上，东盟已取代欧盟成为中国第一大贸易伙伴。2020年11月15日后，东盟10国和中国、日本、韩国、澳大利亚、新西兰共15个亚太国家在东盟轮值主席国越南的组织下正式签署了《区域全面经济伙伴关系协定》（Regional Comprehensive Economic Partnership，RCEP）。至此，历经8年，经过3次领导人会议、19次部长级会议，28轮正式谈判的全球规模最大、最具影响力的自由贸易协定——RCEP终于成功签署。

RCEP是由东盟10国在2012年发起的，目前的成员包括：印度尼西亚、马来西亚、菲律宾、新加坡、文莱、越南、老挝、缅甸、柬埔寨和泰国以及中国、韩国、日本、新西兰和澳洲共15个国家。2019年统计数据显示，成员国总人口达22.7亿，GDP达26万亿美元，出口总额达5.2万亿美元，协议范围涵盖全球29.7%的人口、28.9%的GDP以及28.5%的贸易额。因此，这是目前世界上人口数量最多、成员结构最多元、发展潜力最大

① 刘天琦系厦门国家会计学院"一带一路"财经发展研究中心讲师、硕士生导师；陈秋平系厦门国家会计学院教研中心讲师、硕士生导师；李浠平系厦门国家会计学院教研中心讲师。

的自贸区。

然而，RCEP 谈判过程并非一帆风顺。由于缔约方各国所处经济发展阶段差异巨大，既包括发达国家及中高收入国家，也涵盖发展阶段相对落后的发展中国家。在谈判中，每个国家在开放的接受程度和扩大市场准入等方面的痛点和难点不尽相同，如何整合到一张谈判清单上面临较大的挑战。因此，RCEP 从 2011 年开始筹划直到 2020 年正式签署历经漫长过程。特别地是，各成员国既要克服新冠肺炎疫情带来的巨大困难，又要全面完成市场准入谈判及 1.4 万多页文本法律审核工作，最终在第四次领导人会议期间如期签署协定。这是东亚经济一体化建设近 20 年来最重要的成果。

总体上看，RCEP 是一个现代、全面、高质量、互惠的大型区域自贸协定，由序言、20 个章节、4 个市场准入承诺表附件组成。值得注意的是，RCEP 在市场开放方面达成了诸多共识，如：在货物贸易方面，15 方之间采用双边两两出价的方式对货物贸易自由化作出安排，协定生效后区域内 90% 以上的货物贸易将最终实现零关税，且主要是立刻降税到零和 10 年内降税到零，使 RCEP 自贸区有望在较短时间兑现所有货物贸易自由化承诺；在服务贸易方面，日本、韩国、澳大利亚、新加坡、文莱、马来西亚、印尼等 7 个成员国采用负面清单方式承诺，中国等其余 8 个成员国采用正面清单承诺，并将于协定生效后 6 年内转化为负面清单；在投资方面，15 方均采用负面清单方式对制造业、农业、林业、渔业、采矿业 5 个非服务业领域投资作出较高水平开放承诺，大大提高了各方政策的透明度。

二、“逆全球化”破局：RCEP 创造区域发展机遇

当前国际形势正在发生深刻变化，以美欧为代表的一些守成国家贸易保护主义、单边主义抬头，经济全球化遭遇逆流，加之新冠肺炎疫情影响加速了全球产业链脱钩，以往以 WTO 为代表的国际经贸组织建立的健全的贸易争端解决机制受到了严重影响。在这样的背景下，RCEP 的签署对区域经济发展以至未来全球化发展方向有着重要的指引作用。

首先，RCEP 满足区域内各国的内部需求。就东盟内部而言，自次贷危机和欧债风波之后，各国始终在寻求一种合作机制来促进经济发展。有关机构研究显示，RCEP 的全面实施将使成员方每年 GDP 增长 0.5%，出口额增长 5.5%，并带动全球经济增长 0.2%，相当于全面与进步跨太平洋伙伴关系协定（简称 CPTPP）收益的两倍。此外，RCEP 不单单是东盟 10 国对中国、韩国、日本、新西兰和澳洲之间的协定，而是 15 个国家彼此之间的贸易协定。该协定的重要成果之一既是促成了中日韩之间部分的自由贸易协定，也是中日韩历史上首个自由贸易协定。

其次，RCEP 未来将带来更多发展机遇。相对于欧盟和北美的内部紧密程度，亚洲地区的区域内贸易比重还有上升的空间。RCEP 成员的全球价值链参与度从 2007 年的 38.3% 提升至 2017 年的 40.5%，具体来讲，2017 年 RCEP 成员国基于全球价值链的出口额已达到 1.6 万亿美元，区域内成员国之间的基于价值链的出口规模达到 7800 亿美元，区域内价值链利用率达到 48.7%。因此，从价值链角度看，RCEP 的发展将给亚洲带来提高价值链地位的可能性。此外，RCEP 区域内贸易比重也有提升空间。自 2000 年以来，亚

洲区域内贸易比重呈现上升趋势，而欧盟则呈现持续下降趋势。目前，中国已经是东盟最大的贸易伙伴，韩国、日本也都会释放红利。未来，东亚内部贸易关系将会更加紧密，可以摆脱贸易上对欧美的依赖。特别地，RCEP 的签订会通过交易成本的降低给 15 个成员国带来极大的贸易效益。

三、大体量与包容性：RCEP 的优势

广义的自由贸易区是指两个以上的国家或地区，通过签订自由贸易协定，相互取消绝大部分货物的关税和非关税壁垒，取消绝大多数服务部门的市场准入限制，开放投资，从而促进商品、服务和资本、技术、人员等生产要素的自由流动，实现优势互补，促进共同发展。在 RCEP 签署之前，美加墨自由贸易区（前北美自由贸易区）和欧盟是影响较大的两个自由贸易区。(1) 1992 年，美国、墨西哥和加拿大三国就《北美自由贸易协定》达成一致意见并正式签署。该自由贸易区囊括了 4.2 亿人口和 11.4 万亿美元的国民生产总值，是当时最大的自由贸易区。然而，特朗普上台后认为该协定对美国的就业和制造业造成了损害，随后重启了 NAFTA 的谈判。直到 2019 年，特朗普政府与加拿大和墨西哥达成了更新版协定，即《美加墨协定》（USMCA，U. S. – Mexico – Canada Agreement），并于 2020 年 7 月 1 日正式生效。(2) 欧盟作为三大自由贸易区之一，其实质是一个集政治实体和经济实体于一身、在全球具有举足轻重影响力的区域一体化组织，其 GDP 总量约占全球经济总量的 21.8%，位列全球第二。欧盟的诞生促进了欧洲的商品、劳务、人员、资本等的自由流通，推动欧洲经济快速增长。RCEP 签署后，其影响力可能达到甚至超越美加墨自由贸易区和欧盟的水平，它的优势主要体现在以下几个方面：

1. 经济规模。2019 年，东盟十国 GDP 累加已成为全球第五大经济体，同时还有全球第二大经济体的中国、全球第三大经济体的日本和全球第十大经济体的韩国等国家的加入，未来如果印度加入，那么规模将进一步升级。从经济总量上看，以 2019 年为例，RCEP 的区域经济总量占全球的 28.9%，已超过美加墨自由贸易区（27.3%）及欧盟（21.8%）。

2. 贸易和投资规模。以服务和货物出口占全球比重计算，RCEP 十五个成员国占全球比重高达 26.1%，高出美加墨自由贸易区 11.8%。在吸引外资方面，FDI 净流入占全球比重的 38.3%，相比之下，美加墨自由贸易区和欧盟的 FDI 流入额所占比重分别为 28.3% 和 4.2%。这意味着，全球超 1/3 的投资都纳入了 RCEP 的范围。

3. 人口规模。RCEP 15 国成员占世界人口的比重为 29.7%，即 RCEP 的成员国涵盖了将近全球人口的三成。同期的欧盟人口占世界人口的比重为 6.7%，美加墨自由贸易区只有 6.5%。从劳动人口数量占全球的比重来看，RCEP 15 个成员国占比高达 31.6%，而欧盟和美加墨自由贸易区分别为 6.7% 和 13.2%。以上分析表明，RCEP 的人口存量和人口红利十分充裕。

4. 包容性强。相比于以美欧国家主导的自由贸易协定，RCEP 的成员国在经济发展水平、经济制度、政治体制等方面都存在较大差异。RCEP 的重要成果之一就是能融合各国在货物贸易、服务贸易、投资领域各自的诉求从而达成一致意见。此外，在一些具体细则

上，RCEP 也体现出其较大的包容性，如：相比于 USMCA 要求的区域价值成分 70% 以上，RCEP 允许区域价值成分可在不同国家累积，累积达到 40% 即可，排他性要求放宽了许多。此外，针对 RCEP 成员国中的最不发达国家，RCEP 的具体细则中也专门设定章节以满足其发展需要。

四、“区域化”经济：全球化新雏形

受逆全球化浪潮和新冠肺炎疫情的影响，建立在比较优势理论基础上的全球化经贸格局正在悄悄发生改变。在过去的全球化格局中，虽然每个国家的分工不同，但全球的商品、服务及资本都是以美国为中心。近年来，英国脱欧虽然使欧盟缩小，但也更加一体化；东亚利用供应链优势，也正在形成新合作组织。这些区域之间的合作都将全球化带入了一个新的时代。

RCEP 的成功签署也预示着在不久的将来，区域一体化结构的形成将成为未来国际经贸合作的一个重要形式。RCEP 签署之前，亚太经济中心就好比是一只手，手掌是东盟，而五根手指是中国、日本、韩国、澳大利亚和新西兰，整体来看并没有形成一个紧密的、统一的框架。RCEP 签署以后，关税和投资壁垒将进一步被打破，域外贸易也进一步转向域内贸易，这不仅有利于延长产业链分工，也能够进一步降低企业参与国际产业链分工的成本。此外，RCEP 的签署将使亚洲经济圈的利益捆绑日益紧密，任何破坏区域和平的努力将受到进一步的遏制。

在大国博弈趋势未改、百年变局趋势未定的情况下，一元的全球贸易体系很难成型，也难以追求理想化的全球一体化体系。RCEP 预示的是一种区域、诸边和双边多种形式共存的经贸关系。综合来看，高水平经济一体化与低水平自由贸易协定（FTA）共存，不同 FTA 以及同一 FTA 成员国之间竞争与合作共存的“竞合原则”，可能是未来全球多边贸易体制建设乃至经济全球化发展的基本趋势。

参考文献：

[1] RCEP 签了，全球最大自贸区是怎么回事？［EB/OL］. http：//baijiahao. baidu. com/s?id = 1683523267915129323&wfr = spider&for = pc，2020 - 11 - 16.

[2] 商务部新闻办公室. 商务部详解关于 RCEP 的 16 个热点问题［EB/OL］. http：//finance. sina. com. cn/china/gncj/2021 - 11 - 17/doc - iiznezxs2315199. shtml，2020 - 11 - 17.

[3] 王跃生. RCEP 签署：经济全球化发展新趋势［N］. 学习时报，2020 - 11 - 25（005）.

绿色金融发展国际经验与启示

梁海剑①

一、绿色金融概念

气候变化已成为21世纪的主要挑战之一，各个国家和国际组织在全球范围内采取了力度空前的行动。与项目气候影响相关的ESG（Environmental, Social & Governance）问题一直是金融界讨论的核心。金融市场也不断发展，为希望面对这场危机的参与者提供新的资金形式。这些资金被广泛地称为绿色金融。虽然绿色金融的根源可以追溯到20世纪70年代，但直到2015年，随着可持续发展目标和巴黎协定的推出，可持续发展运动的转折点才出现，绿色金融的关注度显著提升。2021年11月，英国主办了第26届联合国气候变化缔约方大会（COP26），融资是COP26的一个主要议题，一些组织也宣布将参与COP26金融联盟协调机制。

尽管绿色金融备受关注，时至今日尚不存在一个普遍接受的定义。G20绿色金融研究小组指出，缺乏对绿色的清晰定义是绿色金融发展所面临的主要障碍之一。金融机构、政府和国际组织倾向于根据各自的潜在动机来定义绿色金融。表1列举了一些绿色金融的定义。尽管这些定义具有一定程度的异质性，其在保护环境以及环境转型融资方面存在显著的相似之处，其差异则主要根植于不同融资机构采用的操作程序中。从绿色金融的定义中可以看出，绿色金融旨在实现以下主要目标：一是对环境友好型项目进行投融资；二是重点投资有助于降低气候变化的项目；三是在不对周围环境造成任何危害的情况下实现收益最大化和可用自然资源浪费的最小化。

表1　绿色金融定义示例

机构	定义
欧洲银行联合会	绿色金融包括但不限于：a. 环境方面（污染、温室气体排放、生物多样性、水或空气质量问题）；b. 气候变化相关方面（能源效率、可再生能源、预防和缓解与气候变化相关的严重事件）
经济合作与发展组织（OECD）	绿色金融是实现经济增长，同时减少污染和温室气体排放，减少浪费，提高自然资源利用效率的金融

① 梁海剑系厦门国家会计学院讲师、硕士生导师。

续表

机构	定义
G20 绿色金融研究小组	在环境可持续发展背景下为提供环境效益的投资提供融资。[…] 除了绿色投资的融资，绿色金融还涉及将环境外部性内部化和调整风险认知的努力，以促进环境友好型投资并减少对环境有害的投资 […]
印尼金融服务局	印度尼西亚的可持续金融被定义为通过经济、社会和环境利益的和谐关系，金融服务业对实现可持续发展的综合支持
德国政府	绿色金融是将金融部门纳入低碳和资源节约型经济转型过程以及适应气候变化的一种战略方法

资料来源：Agirman 和 Osman（2019）。

与绿色金融相关的概念还有“可持续金融”“气候金融”等。可持续金融产生于可持续发展的概念，可以广义地定义为与环境、社会和经济目标以及可持续发展目标相一致的金融资源和资产的存量和流动。因此，绿色金融可视为可持续金融的基本组成部分。联合国气候变化框架公约（UNFCCC）金融常设委员会将气候金融定义为“旨在减少温室气体排放并降低人类和生态系统对气候变化负面影响的脆弱性，维持和增强其复原力的资金活动”。巴黎协定和可持续发展目标提供的框架也可用于更好地界定绿色金融的行动范围（见图 1）。绿色金融可以特指旨在支持实现与环境相关的可持续发展目标的金融存量和流量。相应的，气候金融可以与绿色金融中侧重于气候行动的部分相关联，而可持续金融则包括所有为实现可持续发展目标而调动的金融存量和流动。

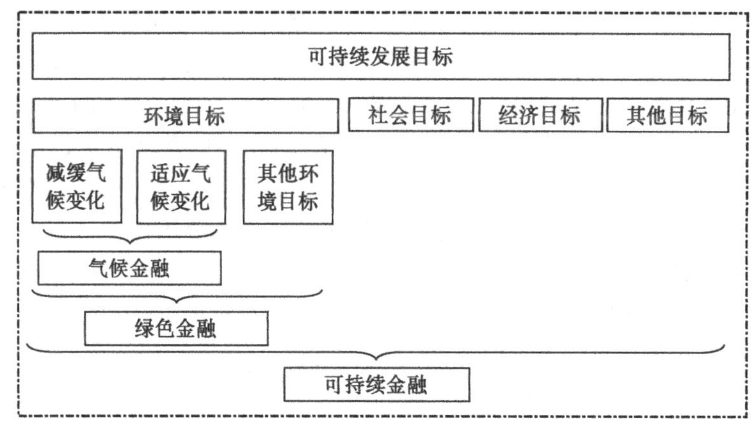

图 1　绿色金融与可持续发展目标

资料来源：UNEP（2016）。

二、我国绿色金融发展

作为绿色金融的先行者和倡导者，习近平总书记在 2010 年博鳌亚洲论坛致辞中就指出“绿色发展和可持续发展是当今世界的时代潮流”。2015 年党的十八届五中全会正式提出“绿色发展理念”并将其作为我国未来经济社会发展的基本理念。绿色发展离不开绿色金融的支持。2015 年，党中央、国务院印发了《生态文明体制改革总体方案》，进一步提出“要建立我国的绿色金融体系”。2016 年 8 月，中国人民银行、财政部、环保部等七部委联合发布《关于构建绿色金融体系的指导意见》，对绿色金融体系的构建进行了全面部署并首次提出了我国绿色金融的官方定义，“绿色金融是指为支持环境改善、应对气候变化和资源节约高效利用的经济活动，即对环保、节能、清洁能源、绿色交通、绿色建筑等领域的项目融资、项目运营、风险管理等所提供的金融服务”。2016 年，中国在 G20 杭州峰会上首次倡导国际绿色金融发展，引导形成绿色金融全球共识。

2020 年，习近平总书记在第 75 届联合国大会一般性辩论上提出了我国“碳达峰、碳中和”的目标并在此后的联合国生物多样性峰会、气候雄心峰会上再次强调了这一目标。十九届五中全会、中央经济工作会议等对这一目标的实现作出了进一步的工作部署。绿色金融作为实现“碳达峰、碳中和”目标的重要途径，已成为国际合作的重要领域。2021 年 10 月 24 日，国务院印发《2030 年前碳达峰行动方案》，明确指出“深化绿色金融国际合作，积极参与碳定价机制和绿色金融标准体系国际宏观协调”。据统计，截至 2020 年末，我国绿色贷款余额近 12 万亿元，存量规模居世界第一；绿色债券存量近 8132 亿元，居世界第二。

虽然绿色金融的发展方兴未艾，然而我国的绿色金融发展仍存在诸多问题。第一，绿色金融配套体系不健全。一是我国绿色金融的相关法律和监管体系尚不完善，相关的行业指引仍不清晰，导致执行效果欠佳；二是绿色金融涉及面广，相关协调机制还不健全；三是绿色金融的政策措施在实施过程方面疏于细节，可操作性差；四是对环境风险的分析仍有不足，缺乏有效的环境风险识别量化工具，导致绿色金融风险监管体系不健全。第二，绿色金融产品类型单一，创新性不足。一是面向中小型环保企业、个人及家庭的绿色金融产品较少，造成绿色金融产品的渗透力度不够；二是绿色金融产品和碳产品发展不充分，交易工具种类少，产品创新不足；三是现有的绿色金融工具整合不足，协同效应弱。第三，绿色标准不完善与滞后。一是由于缺乏相对一致的绿色金融标准，使得财政补贴等激励机制难以落地；二是由于国内外绿色定义不同等原因，部分国内被认可的绿色项目不能被国际认可，难以实现国内外绿色金融的互联互通。第四，绿色金融市场作用难以发挥。一是我国政策性银行和非银行金融机构对绿色金融的参与程度有待提高，碳期货及碳期权等衍生工具市场也有待发展；二是绿色金融融资渠道以间接融资为主，直接融资渠道少，融资方式相对简单；三是绿色金融主体之间存在信息壁垒，国内中介机构和服务市场发展速度缓慢。

三、绿色金融发展的国际经验

G20 国家在实施绿色转型方面采取了积极措施（见表 2）。为保障绿色转型的成功，各国纷纷完善绿色金融体系，充分利用绿色金融工具引导支持经济社会的绿色发展。英美等发达国家市场发展程度高，在绿色金融发展方面积累了大量的实践经验。借鉴发达国家的成熟经验和做法，有助于我国充分发挥绿色金融对实现碳达峰、碳中和目标的支持作用。

表 2 各国绿色金融措施

国家	措施
巴西	BOVESPA 证券交易所早在 2005 年就设立了企业可持续发展指数。巴西央行在银行业自愿性绿色协议的基础上，提出了要求银行监测环境风险的要求。巴西银行业协会正在开发标准化评估方法和自动化数据收集系统，以监控绿色经济部门的资金流动
法国	法国政府于 2016 年 1 月开始为机构投资者引入强制性气候变化相关的报告（法国关于“能源转型促进绿色增长”的法律第 173 条）
印尼	印度尼西亚金融监管机构于 2014 年发布了绿色金融路线图
印度	印度储备银行已将向小型可再生能源项目的贷款纳入其优先部门贷款要求的目标，该要求要求银行将 40% 的贷款分配给农业和中小企业等关键部门
南非	自 2010 年以来，约翰内斯堡证券交易所引入了环境、社会和治理（ESG）披露指标
英国	2015 年，英格兰银行审慎监管局发布了一份关于气候变化对英国保险业影响的报告
德国	德国国家开发银行（KFW）目前属于全球最大的绿色债券发行人之一

资料来源：Agirman 和 Osman（2019）。

（一）建章立制，充分发挥政府政策的信号作用

绿色金融的发展离不开规章制度的规范和促进作用。在绿色金融领域，一些政府机构、国际组织和金融机构制定了诸多法律、规范、原则等，构建了基本的法律框架。1980 年，美国制定了《综合环境应对、赔偿和责任法案》（Comprehensive Environmental Response, Compensation and Liability Act）要求贷款人承担其参与管理的污染场地修复费用，以减少污染设施对环境和公众健康产生的危害。该法案一般视为绿色金融法律制度的开端。法国通过的《格勒奈尔法案》和《能源转型法》对企业 ESG 在年报中的披露框架进行了规定。2004 年颁布的《欧盟环境责任指令》在污染者付费的基础上建立了环境治理的系统框架。《联合国气候变化框架公约》《京都协议书》《巴黎协定》等国际绿色金融综合性法律规范均对绿色金融作出了规定，通过国际合作的方式不断推动绿色金融的发展。

此外，大量的绿色信贷、绿色投资、绿色债券、绿色保险等行业法律规范对绿色金融的发展起到了规范促进作用，主要包括《银行业关于环境和可持续发展的声明》《赤道原则》《绿色信贷原则》《责任投资原则》《投资者义务与责任全球声明》《“一带一路”绿色投资原则》《绿色债券原则》《气候债券标准》《保险业环境承诺声明》《可持续发展保险原则》。完善的法律使得企业严格遵守规定，高昂的成本使企业减少了对高污染项目的投资，也使金融机构提高了对高污染项目发放贷款的警惕，保证了绿色金融的顺利实施。

（二）建立绿色金融的激励机制

有效的激励机制可以提高金融机构和市场主体发挥绿色金融的积极性。美英等发达国家在支持绿色金融的发展中采取了提供担保支持、税收优惠、财政贴息、出资设立绿色投资银行等方式，通过财政政策和金融政策的密切配合使得政策效应显著增强，避免了单纯财政扶持政策的“挤出效应”。美国在节能环保领域采取了税收、专项基金、低利率等一

系列优惠政策，许多金融机构设立了环保基金和优惠贷款来支持和鼓励环保事业的发展。例如，2001—2011 年，美国宾夕法尼亚州以财政贴息等方式为清洁能源项目提供了近 1500 万美元的资金支持并撬动了近 2 万亿美元的银行贷款和民间资金。英国政府出台了一系列绿色金融的配套激励措施，例如 2009 年颁布《贷款担保计划》，要求企业对自身环境影响等因素进行评估并根据评估结果提供担保贷款。日本则通过金融机构的优惠贷款、税收优惠政策以及政府补贴等激励鼓励企业采取环保措施。政府的激励措施加上社会压力、法律要求等，使得环境因素对银行信贷的影响不断加大。金融机构纷纷采取规避环境问题造成的金融风险的审核管理制度，通过绿色信贷等手段，不断促进绿色金融的健康可持续发展。

（三）充分发挥政策性金融机构的促进作用

政策性金融机构是推动绿色金融发展的重要力量。英国的绿色投资银行、德国的复兴信贷银行、美国的纽约州立绿色银行等在推动绿色金融发展中发挥了积极作用。2012 年，英国成立了全球第一家由国家设立的绿色政策性银行——英国绿色投资银行，为绿色低碳项目提供融资支持。其设立主要是解决英国绿色基础设施项目融资的市场失灵问题。该银行的政策体系（见表 3）充分体现了其致力于通过解决融资问题来发展绿色经济的目的。德国复兴信贷银行（KFW）是德国影响力最大的政策性银行之一，成立之初致力于为德国从第二次世界大战恢复重建提供资金支持。20 世纪 70 年代以来，KFW 成为绿色资金的主要提供者。一方面，KFW 作为政策性银行管理绿色信贷贴息资金，不断释放绿色发展信号；另一方面，KFW 持续开展绿色产品和服务创新，提升环境信息的披露，带动其他金融机构参与碳中和行动。美国则通过探索建立地方性绿色银行保障绿色金融产品和服务的供给。2014 年，美国分别成立了纽约州立绿色银行、能源适应力银行，加大与私人部门的合作，扩大绿色金融市场。

表 3 英国绿色投资银行的政策体系

绿色投资原则	①项目必须具有绿色效益；②明确的投资标准；③持久的绿色影响；④减少温室气体排放；⑤有效的合同、监督、参与；⑥健全的绿色影响评估体系；⑦透明的信息披露
绿色投资政策	在七大投资原则的基础上，制定出有关绿色投资政策，阐述如何实施该政策
绿色影响报告准则	该准则给出计算绿色影响的综合公式，并详细阐述了量化绿色影响的具体程序
负责任投资原则	将环境、社会和公司治理问题纳入投资分析和决策过程中
企业环境政策	通过公司内部运营来降低自身对环境的影响，通过员工培训提高环保意识，遵守环境法律法规及准则，保证业务合法合规
内部组织结构	董事会专门设有绿色委员会，审查其指定的政策和所开展投资活动是否符合银行的绿色使命，并且积极建立有效的评估机制，完善评价指标体系，采用量化的方式衡量银行的投资表现。团队具有金融与环保的多方面专业知识，更加提高银行的专业性

资料来源：马骏（2017）。

（四）高度重视碳金融市场建设

在发展绿色金融的过程中，各国不断丰富绿色金融产品和服务，发展绿色信贷、绿色保险、绿色债券、碳金融市场、绿色股权与基金等，使绿色金融工具多元化发展。近年来，各国对碳金融市场建设的高度重视使得碳金融市场不断发展完善。英国建立了碳排放权交易制，由管理当局设定碳排放基准，并在期末向未超过基准的企业发放碳排放信用额度，使企业可以出售或储存该额度，反之则需从市场买入。欧盟由管理当局设立碳排放权交易机制，通过无偿或拍卖的形式对碳排放配额进行调控。韩国于2015年启动了东亚地区第一个全国碳交易市场，由环境部负责碳排放交易系统的管理，由金融机构充当碳市场的供应商。据统计，2020年韩国碳市场配额约为5.48亿吨，是世界第二大国家级碳市场。

四、相关建议

一是继续完善相关法律制度。从欧美国家绿色金融助力碳中和目标的经验来看，不断完善的制度体系和政策支持体系发挥了重要作用。我国关于绿色金融的制度建设仍在不断完善，统一的与国际接轨的标准体系、环境信息披露体系等尚未完善。我国绿色金融方面的制度建设仍需进一步完善，同时还要加强政府政策在绿色金融发展中的引导作用。

二是坚持市场化原则，辅之以政策支持体系。各国的实践表明，政府在绿色金融的发展中主要起引导作用，市场化运作是绿色金融可持续发展的关键。因此，要重视市场作用的发挥，加强政府与金融机构以及实体经济的协作与信息共享，提升市场透明度。同时，要充分发挥财税支持体系对绿色金融的促进引导作用，通过产品和服务创新，调动社会资本的积极参与。

三是加强绿色金融国际合作。环境危机需要全球合作应对，绿色金融的发展也离不开国际合作。我国在G20、"一带一路"等多个国际绿色金融平台中发挥了积极作用。未来，我国应一如既往的坚持国际合作，通过国际标准对接、绿色市场的国际准入建设等方案增强我国绿色金融市场对国际投资者的吸引力。

参考文献：

[1] Agirman E., Osman A. B. Green Finance for Sustainable Development: A Theoretical Study [J]. Eurasian Journal of Researches in Social and Economics, 2019: 243-253.

[2] United Nations Environment Programme (UNEP) (2016) Definitions and concepts. Background note. Inquiry working paper 16/13. Geneva.

[3] 常雨茂，范致镇，王佳，胡家运．绿色金融的中国实践现状及国际经验借鉴[J]．区域金融研究，2021 (7): 72-76.

[4] 马骏，安国俊，刘嘉龙．构建支持绿色技术创新的金融服务体系 [J]．金融理论与实践，2020 (5)．

[5] 马骏等．国际绿色金融发展与案例研究 [M]．中国金融出版社，2017.

[6] 厦诗园．绿色金融的内涵、现实问题及国际经验 [J]．区域金融研究，2021 (4): 44-48.

蚂蚁集团的商业逻辑

——从大航海时代到金融科技

胡　锋　高明华①

1492 年，意大利人哥伦布在西班牙国王的资助下发现了新大陆，开启了大航海时代，西班牙经过短暂的繁荣后，世界的贸易中心和金融中心转移到了荷兰的阿姆斯特丹。阿姆斯特丹为什么会成为世界的贸易中心呢？荷兰有一个称呼，叫作“海上马车夫”。“海上马车夫”说的是荷兰的造船业和物流业都非常的发达，当时荷兰造出了一种船，叫大肚船，大肚船可以装很多很多的货物。于是，全世界的货物就通过荷兰的大肚船，从阿姆斯特丹进入欧洲。大航海时代带来了远洋贸易的需求，有了这样一个商业和贸易的需求，它就需要金融去支持。第一个金融的需求是什么呢？是支付和结算。在这样的背景下，阿姆斯特丹银行在 1609 年就成立了，成立之后，这家银行只做一件事情，就是支付和结算。它接受各个国家的金银、货币和贵金属，同时它发放银行票据、转账、开汇票。这是全世界第一个多边支付和结算的中心。由于金融和商业的结合，它让阿姆斯特丹成为当时全世界最大的金融中心。阿姆斯特丹银行成立 70 多年后，由于做支付和结算，它会有很多钱，它自然而然开始为客户提供贷款和信托等现代商业银行的业务。这就是商业——支付——信贷的逻辑，最后的结果是 17 世纪的阿姆斯特丹成为世界的贸易和金融中心。

斗转星移，时代在发展，但金融的逻辑从来没有发生过变化。在阿姆斯特丹银行诞生后的大约 400 年，有一家中国公司也在做同样的事情。阿姆斯特丹银行是服务海上的贸易，这家中国的公司服务于天上的贸易，它的名字就叫支付宝。淘宝网成立于 2003 年，当年完成的交易额不到 1000 亿元。当时大家对于网上交易心存疑虑，因为买家担心付了钱拿不到货，而卖家担心发了货，拿不到钱，买卖双方有信任的问题。有了商业的需要，金融就要来满足它，支付宝应运而生。支付宝的诞生解决了买卖双方的信任问题，很好的将支付和贸易结合起来。在支付宝的支持下，淘宝、天猫两个平台的成交额从 2003 年的 1000 亿元提高到 2019 年的 5.73 万亿元。而淘宝、天猫的快速发展也为支付宝的发展提供了土壤，我们知道淘宝、天猫上的买方在付钱后并不能马上收到货，卖方发货后也无法立即收到钱，沉淀下来的资金为支付宝提供了资金支持，再加上海量的交易数据支持，支付

① 胡锋系厦门国家会计学院教研中心教师、硕士生导师；高明华系厦门国家会计学院副教授、硕士生导师。

宝就像阿姆斯特丹银行一样，慢慢延伸出各种信贷、理财等服务，比如说借呗、花呗、阿里小贷，余额宝。

支付宝是蚂蚁集团的前身。2018 年 6 月，蚂蚁集团完成总额达 140 亿美元的融资，创下了全球有史以来最大的私募股权融资的纪录。融资完成后，蚂蚁集团的估值达到了 1600 亿美元，成为全球最大的独角兽企业，这一个估值也超过了中行和农行，在中国所有的金融服务企业中位列第三。

用户最基本的金融需求包括融资、投资、风险管理及支付。那么对于金融服务企业而言，哪一类需求最为重要呢？蚂蚁集团起源于支付宝，支付在蚂蚁集团的业务逻辑中处于核心地位。这个逻辑不只是中国的阿里巴巴，如果放眼全世界就会发现，很多非银行机构都在进军网络的支付。谷歌在 2011 年推出了谷歌钱包；亚马逊提供了基于 kindle 的支付和转账服务；2014 年 9 月，苹果推出了基于 iPhone 和 Apple Watch 的苹果支付；2016 年 2 月苹果支付进军中国，当时它的口号：苹果要像用 iPod 整合音乐行业资源一样整合支付行业。互联网公司、非金融机构进军金融是国际上的大势。

支付为何成为兵家必争之地呢？在大数据时代，支付其实是有两个功能，一是支付本身，它解决了商业的需要；二是它为解决金融的两个基础问题提供了机会，即金融中介提供的渠道连接和风险定价的问题。支付企业通过支付获取渠道信息，同时完成信息的搜集，即获得了用户信息流和资金流的数据，可以用于缓解信息不对称及风险定价。有了数据和信息，就知道用户的消费能力、消费偏好，就能够提供精准的营销和金融及商业的服务，比如能实现支付加投资功能的余额宝，提供融资功能的借呗和消费信贷的花呗。所以，支付带来的不止是贸易的便利，而且是史无前例地积累数据与信用的速度。

一、大数据金融

当前金融行业面对的最大挑战是消费者的消费行为和消费需求的转变，金融消费者逐渐年轻化，80 后、90 后慢慢成为客户主力，金融企业迫切需要为产品寻找目标客户和为客户定制产品。

1. 金融消费行为的改变，金融企业无法接触到客户。80 后、90 后总计共有 3.4 亿人口，并日益成为金融企业的主要客户。移动互联网和智能手机占用了年轻人的主要时间。移动 APP 也成为所有金融企业的客户入口、服务入口、消费入口、数据入口。金融企业越来越难面对面接触到年轻人，越来越难以了解年轻人对金融产品的需求。

2. 消费者需求出现分化，金融企业需要寻找目标客户。客户群体正在出现分化，市场上很少有一种金融产品或一种金融服务可以满足所有用户的需求。金融产品也需要进行细化，为不同客户提供不同产品。

基于大数据的客户画像技术的出现为金融企业解决上述矛盾提供了机会。大数据是抽象的，通过算法，对应到空间中客观存在的点却是无比真实和具体的。譬如，上班时间在写字楼是白领，每天夜里的是保安，每天在学校的不是学生就是老师。金融科技企业借助于客户画像技术，可以了解客户，找到目标客户，触达客户。

阿里巴巴有一个口号叫“让天下没有难做的生意”，而实现这个目标，需要让企业得到金融的支持。但是，传统的金融机构不愿意也没有能力做这种小量的金融服务。但依托商业场景的蚂蚁集团有技术，能够连接、能够触达这些企业；有数据，可以甄别它们的风险，解决金融交易中的信息不对称与风险定价的问题；有信息，了解客户个性化的需要，来定制他们所需要的金融产品。

二、智能金融

成立于2006年浙江的泰隆商业银行，是定位于小微企业的贷款银行。它的风控很出色，坏账率很低。那么泰隆的经验是什么呢？它就是实地收集关于这些企业的一手信息。比如要决定是不是给一个小型工厂贷款，它会派专门的信贷员去蹲点，在相当长的一段时间，观察和记录工厂的交易金额、存货、甚至每个月每天的用电量，然后根据这些信息，作出是不是贷款、贷多少额度、贷款利率是多少的决策。在放贷之后，信贷员还会跟踪这个工厂业务的活跃程度，及时地进行跟踪反馈。这就是“数据缓解信息不对称，信息用于风险定价”。浙江泰隆商业银行使用数据进行分析、决策。

那么蚂蚁集团是怎么做小微企业金融服务的呢？淘宝做的是电子商务，所以这么多年下来，淘宝店家在平台上留下了所有的交易记录，就像泰隆银行花力气收集的那些流水、活跃度的数据，对淘宝平台来说都是现成的数据，而且数据量要丰富得多。所以，它就开始按照自己对这些店铺的理解，给它们贷款。经过一段时间之后，这些贷款的行为又成为了新的数据，因为淘宝可以从中分析出店铺特征和违约率之间的关系。

这种模式和泰隆商业银行的信贷模式，看上去都是使用了精确的数据。但是，实质上很不一样。在这里，数据才是主体，一旦模型和算法确立下来，就像有了生命——数据就是粮食，不断地喂养着这个模型算法的生物体，然后让它越来越具有自主决策的能力，让数据说话。人在这个模式里面的作用，主要是调试模型，优化算法。人既不参与数据的收集、整理，也不参与决策。一旦模型算法确立以后，覆盖和服务新用户的成本就变得极低，新用户的数据又沉淀下来，就变成这个数据驱动决策闭环中的一环。在决策的过程中，人是不进行干预的。

蚂蚁集团的信贷的流程（见图1）是：将前端（淘宝、天猫、阿里巴巴等）供应商及其客户的商品流、资金流转化为中端（支付宝与阿里云）的信息流，再通过后端（阿里金融）将信息流转化为资金流，并进入前端的供应商，从而实现了商品流、信息流和资金流的融合与循环，并完成贷款业务，整个业务过程与商业银行等金融中介并无实质关联，实现了所谓金融脱媒。

我们经常使用的蚂蚁花呗、蚂蚁借呗，背后的逻辑都是一致的，是数据驱动的智能金融服务。

三、长尾效应与普惠金融

2005年，联合国提出普惠金融（Inclusive Financial System）的理念，希望推动建立为

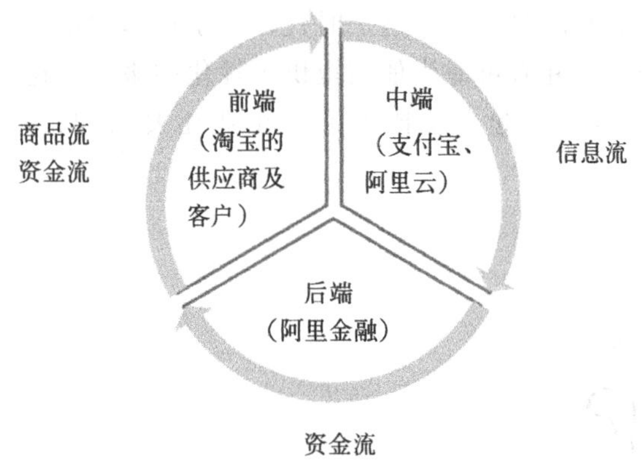

图1 蚂蚁微贷的流程图

社会各阶层所有成员提供公平、便捷、安全、低成本服务的金融体系。普惠金融的实质就是将需要金融服务的所有人纳入金融服务范围，让所有人得到适当的与其需求相匹配的金融服务。

中国金融体系经过多年的改革，在诸多方面取得了巨大成就，但一些深层次的结构性问题仍然相当严重，其中金融服务的广度和深度存在明显的不足。有调查数据显示，中国大多数有信贷需求的家庭只能通过民间借贷来满足，75%的农村家庭借贷更是依赖于非正规的民间渠道，大多数小微企业难以从正规金融渠道获得贷款。中国金融体系资金配置更多地倾向于大中型企业特别是国有企业，财富管理的重点则主要在高收入群体，对数量众多且十分活跃的小微企业和中低收入阶层的金融服务被严重忽视。从这个意义上说，中国现行的金融体系本质是一种大企业金融和富人金融。金融服务的严重不平衡性，导致社会贫富差距的不断扩大，背离了普惠金融的基本理念。

传统金融无法解决小微企业融资难、融资贵的问题，深层次的原因是商业规则和运行平台的约束，传统金融难以实现普惠性理念。传统金融对大型的央企国企提供个性化的服务；传统金融通常为中端的企业提供标准化的产品和服务，而小微企业和个人是不覆盖的。因为从小微企业本身来看，他们信用历史短、可抵押物少、违约风险大；从银行的角度看，小微企业贷款呈现“短、小、频、急”四个特点，对于人力资源的占用较大，成本较高。

19世纪末20世纪初，意大利经济学家帕累托发现80%的社会财富被20%的人所拥有，这就是“帕累托法则”，也称“二八定律”。除财富分配外，“二八定律”还适用于多种现象，成为生活中各种不平衡现象的简称。长期以来，企业界奉“二八定律”为铁律，但随着互联网经济逐渐兴起，这项铁律已被打破，取而代之的是“长尾效应”。“长尾”实际上是统计学中幂律（Power Laws）和帕累托（Pareto）分布特征的一个口语化表达。2004年，《连线》杂志主编克里斯·安德森在《长尾》一文中最早提出长尾的概念，用来描述诸如亚马逊和奈飞之类网站的商业和经济模式。

在金融科技行业，体现了较为明显的“长尾效应”（见图2）。由于大数据及信息技术的运用，智能金融十分有效地弥补了传统金融的内在缺陷。金融科技企业利用人工智能对人力的替代，突破人力资源的限制，它以大数据和算法为基础，开创了一个自由、灵活、便捷、高效、安全、低成本的时代。在这个时代，由于技术的推动，使得金融服务企业可以触达到千千万万的企业、并有可能为他们提供个性化的服务。这些千千万万的长尾企业及个人由于数量众多，他们加起来是比大型的企业还要大的市场，普惠的理念将成为现实。

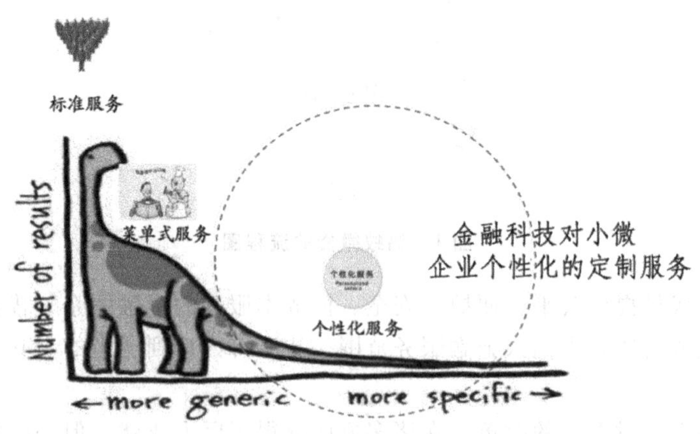

图 2　长尾效应与普惠金融

预算管理与内控审计专题

审计期望差距的成因与弥合[①]

黄世忠[②]

审计期望差距由来已久，造成误解，滋生困扰，损害注册会计师行业形象。每当上市公司出现重大财务舞弊或突然破产倒闭，为其财务报表提供审计服务的注册会计师往往被当作“替罪羊”，甚至成为连带责任承担者[③]。这种对注册会计师不合理的问责现象，国内外均不同程度存在，彰显了对会计责任与审计责任的混淆，折射出审计期望差距根深蒂固的影响。审计期望差距的弥合任重道远，亟待加深对其成因的了解，逐步改变审计供需失衡的局面。

一、审计期望差距的含义

1974 年，时任安永会计师事务所的总法律顾问 Carl Liggo 在《当代商务杂志》上发表了“期望差距：会计师的滑铁卢”一文，首次提出期望差距（cxpcctation gap）的概念。在该文中，Liggo 将审计期望差距定义为独立会计师设想的预期表现水平与财务报表使用者设想的预期表现水平之间的差异（Liggo，1974）。按照 Liggo 的定义，只要注册会计师与使用者之间存在对财务报表审计的不同预期，就会产生审计期望差距。Porter 认为，Liggio 对审计期望差距的定义过于狭隘，忽略了注册会计师可能因主观或客观原因而未能实现其预期执业标准的事实，为此，她将审计期望差距定义为社会对审计师的期望与社会对审计师执业表现的认知之间的差异（Porter，1993）。她认为，审计期望差距可进一步细分为合理差距（reasonable gap）和执行差距（performance gap），前者代表社会对审计师的期望与审计师可合理预期应实现的执业水准之间的差异，后者包括准则缺陷差距（deficient standards gap）和执行缺陷差距（deficient performance gap）。同样地，Jennings 等也从广义的角度将审计期望差距定义为公众期望审计职业提供的审计服务质量与该职业实际提供的审计服务质量之间的差异（Jennings 等，1993）。英国特许会计师公会（ACCA）和国际审计与鉴证准则理事会（IAASB）也尝试从更为广义的角度对审计期望差距进行定义。例如，ACCA 将审计期望差距定义为社会公众认为审计师所做的工作与社会公众期望审计

---

① 本文原载于《中国注册会计师》2021 年第 5 期。

② 黄世忠系厦门国家会计学院院长、教授、博士生导师。

③ 如在最近备受关注的五洋债案件中，会计师事务所被判罚承担连带赔偿责任，明显有违“过罚相当”原则。

师做的工作之间的差异（ACCA，2019），IAASB 将审计期望差距定义为使用者对审计师和财务报表审计所期望的与审计现实之间的差异（IAASB，2021）。

以上述定义为基础，本文将审计期望差距定义为在财务报告生态系统中以财务信息使用者和监管者为代表的攸关方对财务报表审计的期望值与注册会计师对财务报表的承诺值之间的差异。这里的期望值，是指财务信息的使用者和监管者期望注册会计师对财务报表是否存在舞弊和错误提供绝对保证（absolute assurance），承诺值是注册会计师认为财务报表审计只能对财务报表整体不因舞弊或错误而存在重大错报提供合理保证（reasonable assurance），而无法提供绝对保证。与现有定义相比，本文对审计期望差异的认识具有三个特点：一是明确审计期望差距的主体，指出审计期望差距不仅存在于财务信息的使用者与审计者之间，也存在于财务信息的监管者与审计者之间；二是明确了审计期望差距的客体，即财务报告生态系统中的不同攸关方对发现舞弊和错误的不同看法，财务信息的使用者和监管者认为注册会计师负有发现舞弊和错误的责任，而财务信息的审计者则认为财务报表的审计不是为了发现舞弊和错误，而是对财务报表整体上是否免受舞弊或错误的影响而产生重大错报提供合理保证并对财务报表的整体公允性发表意见；三是明确承认注册会计师因自身或客观原因未能实现审计准则规定的执业标准也会导致审计期望差距，因为本文定义中的承诺值代表注册会计师向社会公众承诺其实际的执业标准不会低于审计准则规定的标准。

二、审计期望差距的成因

审计期望差距虽然是个老生常谈的话题，提及者甚众，但对其形成机理进行系统研究的并不多见。2019 年，ACCA 在对来自澳大利亚、加拿大、捷克、希腊、马来西亚、荷兰、新西兰、阿联酋和英国的 11000 名成员进行调查的基础上，发布了《在审计中弥合期望差距》的报告，提出了审计期望差距的三维度分析框架，如图 1 所示。

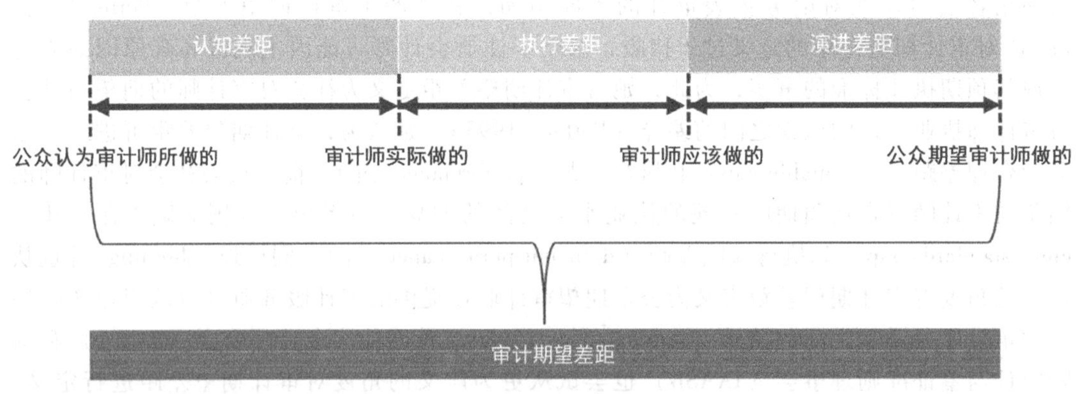

图 1　审计期望差距

资料来源：ACCA。

可以看出，ACCA 认为审计期望差距由认知差距（knowledge gap）、执行差距（performance gap）和演进差距（evolution gap）所组成。ACCA 的三维度分析框架不仅深刻揭示了审计期望差距的三大成因，而且为弥合审计期望差距指明路径。

ACCA的三维度分析框架，也可用经济学的供需理论予以诠释。审计期望差距本质上是审计需求与审计供给的不均衡现象。当审计供给方（会计师事务所及其注册会计师）的服务达不到审计需求方（包括经过审计的财务信息使用者和监管者在内的攸关方，即社会公众）的期望时，审计期望差距将不可避免。具体地说，审计需求方对审计供给方存在认知偏差时就会形成认知差距，审计供给存在质量缺陷时就会形成执行偏差，审计供给滞后审计需求时就会形成演进差距。

（一）认知差距——审计需求方认知偏差造成的期望差距

顾名思义，认知差距源自社会公众对注册会计师在财务报表审计方面存在的认知差异。当社会公众认为注册会计师在财务报表审计所做的工作与注册会计师在财务报表审计实际做的工作存在差异时，就会产生认知差距。认知差距在绝大多数情况下是由于社会公众对注册会计师在财务报表审计中所扮演的角色和审计准则的要求存在误解造成的。包括但不限于：（1）社会公众往往认为注册会计师应该对经其审计的财务报表的真实性负责，注册会计师签发无保留意见的审计报告相当于承诺财务报表不存在任何舞弊或错误，而审计准则仅仅规定注册会计师有责任对经其审计的财务报表整体上是否不存在由于舞弊或错误导致的重大错报提供合理保证；（2）财务报表审计存在固有限制（inherent limitations）和专业特点，社会公众对此可能不了解或不认同。譬如，注册会计师的审计是抽样的，而社会公众可能希望注册会计师的审计应该覆盖到所有交易和事项；（3）注册会计师获取审计证据的手段和方式受到诸多限制，既缺乏审计外调权，也高度依赖于第三方的诚信度。在银行存款、应收应付款以及购货和销售真实性的函证过程中，如果第三方与被审计单位串通舞弊而提供虚假回函，注册会计师将被虚假的审计证据误导，并可能导致审计失败。换言之，审计准则要求注册会计师发表的审计意见要以充分、适当的审计证据为支撑，但在现实中注册会计师获取的审计证据更多是说服性的（persuasive），而不是结论性的（conclusive）[①]。对此，社会公众不一定了解，也不一定接受；（4）注册会计师的审计是以重要性原则为基础的，仅就财务报表在重大方面的公允性发表意见，而社会公众可能不了解或不认可基于重要性原则的审计方法，因而期望注册会计师发现所有的错报；（5）社会公众通常认为财务信息十分精确，殊不知貌似精确的财务信息在生成过程中需要企业管理层大量的估计和判断，在审计过程中也需要注册会计师的再估计和再判断。对精确财务信息的期望，与其说是需求，不如说是苛求。

可见，认知差距的主要责任在于社会公众，但准则的缺陷以及注册会计师界与社会公众缺乏有效沟通，也在一定程度上加剧了认知差距。如审计报告不能清晰表述注册会计师与财务舞弊和持续经营相关的责任，在重要性原则和重大不确定性方面，会计准则和审计准则的规定也不尽一致。

---

① 详见国际审计准则第200号第5段。

（二）执行差距——审计供给质量缺陷造成的期望差距

为确保高质量，审计准则规定了财务报表审计必须履行的测试程序和应当获取的审计证据，但注册会计师实际执行的标准可能低于审计准则规定的标准，获取的审计证据可能不如审计准则规定的那么充分和适当，从而产生执行差距。造成执行差距的主要原因可概括为五个方面：职业道德、履职能力、执业水平、内控依赖和执业准则。在职业道德方面，现行审计委托制度有可能导致独立性缺失，会计师事务所基于竞争压力，担心坚持高标准、严要求会丢失客户，导致其注册会计师会迁就被审计单位管理层不符合会计准则的会计处理。此外，最近闹得沸沸扬扬的“放飞机”①事件，固然与一线审计人员时间紧、压力大有关，也在一定程度上暴露了审计人员敬业精神缺失、职业道德意识不强的问题。在履职能力方面，执行差距主要表现为会计师事务所承接的审计业务与其胜任能力不相匹配，如对客户所在行业的竞争格局、技术特点、商业模式缺乏了解，承接的审计业务量与审计人力资源不相称，配备的注册会计师和其他审计人员执业经验不足、执业水平不高或知识结构不合理等。在执业水平方面，执行差距主要表现为注册会计师事务所设计的审计方案不契合被审计单位的业务特点，关键审计事项选择不当，项目复核等质量控制程序执行不到位等。在内控依赖方面，执行差距主要表现为注册会计师过度信赖被审计单位的内部控制，被审计单位规模巨大时这种现象尤其明显。大型国企和大型金融机构，其业务量巨大、分支机构遍布海内外。针对这类客户的审计，注册会计师往往采取基于“控制性测试”的审计策略，但若控制性测试不当，未能发现客户内控的重大缺陷，审计质量将因过度信赖或错误信赖而受重大影响。在执业准则方面，审计准则和质量管理准则日益增多、日趋复杂，如果准则制定机构未能提供足够的执业指南、辅助材料和专业培训，理解上的偏差将导致注册会计师的实际执业质量低于审计准则规定的标准。

必须指出的是，学术界有一种观点并不认可执行差距，他们认为审计期望差距不应该包括执行差距，因为执行差距主要是由注册会计师未能严格遵循和执行审计准则的要求所造成的，与社会公众的期望毫不相关。为此，IAASB 主张在分析和应对执行差距时，应主要聚焦于审计准则要求不明确导致注册会计师未能严格遵循的领域。笔者认为，结合中国实际，审计准则要求不明确导致审计质量低于准则要求的现象并不常见，上述五个方面的原因才是造成审计质量低于准则要求的关键，因此将执行差距纳入审计期望差距更加实事求是。

（三）演进差距——审计供给滞后需求造成的期望差距

当审计供给滞后于审计需求，审计准则的规定未能满足社会公众与时俱进的正当期望时，演进差距便油然而生。审计准则变革迟缓，社会公众预期提高，演进差距将日趋扩大。一方面，相对于日新月异的信息技术进步和商业模式创新，审计准则变革明显滞后，会计师事务所利用大数据、人工智能等信息技术赋能审计工作进展缓慢，注册会计师在发

---

① “放飞机”是审计行业的行话，指在审计底稿上标注已执行特定控制性测试程序和实质性测试程序但实际上没有执行或在执行过程中偷工减料的行为。

现舞弊方面乏善可陈。另一方面，社会公众对注册会计师发现舞弊寄予厚望。ACCA 在 2019 年对其 1.1 万名会员的问卷调查发现，一半以上的反馈者认为注册会计师有责任发现舞弊，35% 的反馈者期望注册会计师“总是能够发现并报告所有舞弊”，而不仅仅是可能导致重大错报的舞弊。社会公众对发现舞弊日益高涨的期望值与注册会计师拒不承认舞弊发现责任的坚定性形成了强烈的反差，上市公司舞弊手法的新花样与注册会计师应对舞弊的旧套路显得格格不入，由此形成了巨大的演进差距。就舞弊而言，演进差距不仅没有缩小，反而扩大，令人忧心，值得深思。

笔者认为，进入新经济时代，面对社会公众对发现舞弊的殷切期望，注册会计师界继续坚称财务报表审计不是为了发现舞弊也发现不了舞弊，不一定是明智之举。借助信息技术赋能，配置法务会计资源，着力提高舞弊发现能力，逐步缩小演进差距，或许是注册会计师界更为现实可行的选项。

三、审计期望差距的弥合

审计期望差距根深蒂固，其弥合不可能一蹴而就，但不等于注册会计师界可以等闲视之。审计期望差距由多方造成，仅凭注册会计师界的努力无法弥合，迫切需要财务报告生态系统中的各攸关方换位思考，相互理解，相向而行。

（一）认知差距的弥合

归根结底，认知差距是由信息不对称和沟通不顺畅造成的。因此，在一些学术文献中有时也将认知差距称为沟通差距（communication gap）或解读差距（interpretative gap）。增进社会公众与注册会计师界的沟通，消除其对财务报表审计的误解，是弥合认知差距的根本出路。学术界与实务界有必要以通俗易懂的方式，向社会公众特别是财务信息的使用者、监管者和仲裁者（法官和律师）澄清他们对财务报表审计存在的诸多误解，当务之急是千方百计消除他们在以下八个方面存在的误解。

1. 对审计意见的误解。注册会计师对财务报表发表的审计意见分为四种类型：无保留意见、保留意见、否定意见和无法表示意见。不同类型的审计意见背后潜藏着十分高深的专业性，社会公众对此不一定理解，往往望文生义。无保留意见最容易被社会公众所误解，很多人通常从字面上将无保留意见理解为注册会计师对被审计单位财务报表的真实性和准确性提供毫无保留的背书。事实上，根据审计准则的规定，无保留意见无非代表注册会计师认为被审计单位的财务报表在所有重大方面按照适用的财务报告编制基础编制并能够公允反映其财务状况、经营成果和现金流量。这里的两个措辞十分关键，一是“所有重大方面”，二是“公允反映”。“所有重大方面”蕴含着注册会计师对重要性（materiality）原则的运用。《中国注册会计师审计准则第 1221 号——重要性》第三条指出，重要性取决于在具体环境下对错报金额和性质的判断，如果一项错报单独或连同其他错报可能影响财务报表使用者依据财务报表作出的经济决策，则该项错报是重大的。换言之，如果被审计单位的财务报表存在的错报不会影响使用者的经济决策，则注册会计师仍可对财务报表发表无保留意见。相对而言，“公允反映”（present fairly）是一个比较含糊、缺乏权威定义的概念，这种局面直至1991年美国注册会计师协会（AICPA）发布了第69号审计准则说明书《在独立审计师报告中根据公认会计原则公允反映的含义》才得以改变。该说明书对被审计单位的财务报表是否公允反映规定了五个标准：（1）选择和应用的会计原则是公认的；（2）选择和应用的会计原则在彼时彼地是恰当的；（3）财务报表及其相关附注富有关于可能影响其使用、理解和解释的事项的信息；（4）财务报表表达的信息已按合理方式加以分类和综合，既非过分详细，也非过分概括；（5）财务报表通过在可以接受的合理限度内表达财务状况、经营成果和现金流量，来反映其旨在反映的交易和业务。可见，审计准则对无保留意见的规定实际上是有保留的，是以“重要性”和“公允反映”为前置条件的，这显然与社会公众按字面理解的意思大相径庭。

2. 对合理保证的误解。每当资本市场出现财务造假事件时，社会公众往往将矛头直指注册会计师，因为他们认为注册会计师有义务发现所有的舞弊，包括非重大的舞弊。在社会公众眼里，既然注册会计师对财务报表发表了无保留审计意见，就意味着他们对财务报表不存在舞弊提供绝对保证。这种思维定性与审计准则的规定相去甚远。《中国注册会计师审计准则第1141号——财务报表审计中与舞弊相关的责任》第五条指出，被审计单位治理层和管理层对防止或发现舞弊负有主要责任，第六条指出，在按照审计准则的规定执行审计工作时，注册会计师有责任对财务报表整体是否不存在由于舞弊或错误导致的重大错报获取合理保证。《中国注册会计师审计准则第1101号——注册会计师的总体目标和审计工作的基本要求》第二十条指出，合理保证是一种高水平保证，当注册会计师获取充分、适当的证据将审计风险降至可接受的低水平时，就获取了合理保证。该条规定还明确指出，由于审计存在固有限制，注册会计师据以得出结论和形成审计意见的大多数审计证据是说服性而非结论性的，因此，审计只能提供合理保证，不能提供绝对保证。可以说，在所有认知差距中，社会公众与注册会计师对舞弊发现责任的看法分歧是最具代表性的，对审计行业形象的负面影响也是最大的。消除社会公众对此的误解以弥合认知差距应作为优先事项提上行业主管部门的工作日程。

3. 对报表责任的误解。社会公众将财务报表的会计责任与审计责任混为一谈，这在国内外司空见惯，由此造成了另一经典的认知差距，其结果是迫使注册会计师承担了不该承担的责任。报表责任可分为会计责任与审计责任。按照法律法规的规定，被审计单位的管理层和治理层必须对其财务报表承担会计责任，注册会计师仅应对被审计单位的财务报表承担审计责任。具体地说，被审计单位的管理层负责按照企业会计准则的规定编制财务报表，使其实现公允反映，并设计、执行和维护必要的内部控制，以使财务报表不存在由于舞弊或错误导致的重大错报。治理层负责监督被审计单位的财务报告过程。注册会计师的责任是按照审计准则的要求对被审计单位的财务报表进行审计，对财务报表整体不存在由于舞弊或错误导致的重大错报获取合理保证，并出具包含审计意见的审计报告。虽然法律法规明确界定了会计责任与审计责任，但二者的区分和认定颇具专业性和复杂性。社会公众对此存在误解尚情有可原，但如果谙熟法律法规秉承依法办事的监管部门和司法部门也将二者混淆在一起就匪夷所思了。遗憾的是，这种现象时有发生。弥合对报表责任误解形成的认知差异，必须首先从监管部门和司法部门做起。

4. 对财务报表的误解。社会公众对财务报表的最深刻印象一是晦涩难懂，二是精确严谨。晦涩难懂的印象无疑是正确的，精确严谨的印象却有失偏颇。建立在权责发生制基础上的财务会计，与客观事实渐行渐远，貌似精确的会计数字，背后充斥着主观的估计和判断。估计判断与权责发生制会计相伴而生，收入确认、资产减值、公允价值、成本归集、费用分摊、折旧计提等无不掺杂着估计判断因素。被审计单位的管理层编制财务报表时需要估计判断，注册会计师审计财务报表时也需要再估计和再判断。此外，重要性水平的确定、审计证据的获取、审计风险的评估等也高度依赖于估计和判断。因此，社会公众要求被经注册会计师审计的财务报表做到精确无误，无异于缘木求鱼。值得指出的是，会计和审计的估计判断，通常是在信息十分有限的不确定性情况下做出的，存在误差或差错在所难免，最忌讳的是后见之明（hindsight），即利用事后获取的进一步信息去评判以前的估计判断。对很多会计师事务所和注册会计师的处罚案例，均可以看出后见之明的影子，这种有违公平原则的做法就是认知差距消极影响的典型例证。

5. 对审计范围的误解。注册会计师发现不了的舞弊问题，为何监管部门一旦介入就查得清清楚楚？这是社会公众经常产生的疑问。监管部门之所以能够发现舞弊，并不是其审计水平高于注册会计师，而是他们拥有了注册会计师所没有的外调权，拥有几乎不受限制的审计范围延伸权。注册会计师缺乏外调权，虽然只是财务报表审计的众多固有限制之一，但这个固有限制却是致命的。研究表明，我国上市公司 2010—2019 年财务舞弊主要集中在对利润表的粉饰和操纵上，收入舞弊已成为财务舞弊的“重灾区”，占比高达 68.14%。就交易造假型的收入舞弊而言，上市公司往往与其客户、关联方（包括隐性关联方）和金融机构里应外合，串通舞弊。由于缺乏外调权，注册会计师无法将审计范围延伸至这些协助造假的第三方，因而难以发现收入舞弊。抑制内外勾结的收入舞弊最有效的方法是将审计范围延伸至第三方，但法律法规只将外调权赋予监管部门，注册会计师只能通过询证和函证判断销售交易的真实性，一旦第三方蓄意配合上市公司造假，询证和函证的效果可想而知。

6. 对审计抽样的误解。审计抽样是现代审计的显著特征之一，审计抽样是指注册会计师对具有审计相关性的总体中低于百分之百的项目实施审计程序。对于规模较大的被审计单位，采取全覆盖的审计方法不切实际，审计抽样是唯一可行的方法。审计抽样不可避免存在抽样风险，即注册会计师根据抽查样本得出的结论，可能不同于对整个总体实施与样本相同的审计程序所得出的结论，从而遗漏一些错报。尽管审计抽样是国内外通行的审计惯例，社会公众对此不一定了解和接受，或者不能容忍抽样风险导致的错报，由此形成了另一种认知差距。

7. 对审计证据的误解。社会公众对审计证据的性质普遍存在误解，往往高估审计证据的证明效力，对注册会计师寄予过高的期望，从而形成认知差距。从证明效力的角度看，审计证据分为说服性证据和结论性证据。说服性证据是指注册会计师获取的审计证据与审计对象的客观事实存在一定差异，而结论性证据是指注册会计师获取的审计证据与审计对象的客观事实相吻合。中国注册会计师审计准则第 1101 号和第 1141 号均明确指出，注册会计师支持其审计意见的大多数审计证据是说服性而非结论性的。审计证据说服性多于结论性，与审计程序的性质、时间和范围密不可分。就审计程序的性质而言，注册会计师主要采用观察、询问、抽查、函证、分析性复核、重新计算等方法，风险评估程序、控制测试程序和实质性测试程序只能对财务报表是否不存在因舞弊或错误导致的重大错报提供间接的证据，难免与客观事实存在差异。这种差异如果在可接受的误差范围之内，就不会对审计意见的恰当性产生影响，如果超出误差范围，就会形成错误的审计意见。就审计程序的时间而言，大部分的审计程序是在资产负债表日后实施的，注册会计师需要根据事后执行的程序，推断被审计单位各类交易和事项、账户余额和相关列报的认定在报告期内和资产负债表日是否正确。审计程序的滞后性，决定着由此获取的审计证据只能是说服性而非结论性的。就审计程序的范围而言，抽样审计加上不能将审计延伸到被审计单位之外的局限，决定着注册会计师为了判断被审计单位各类交易和事项、账户余额和列报的认定是否真实、完整和准确所获取的证据存在着与客观事实不相符的风险，这种说服性的证据，其证明力显然逊色于结论性证据。

8. 对审计失败的误解。客观限制、能力不足、道德缺失都可能造成审计失败。因客观限制（如不能将审计范围延伸到第三方、时间和成本限制等）和能力不足（如对会计准则和审计准则理解不到位、执业经验不足、职业怀疑不够等）引发的审计失败，本质上属于注册会计师的过错行为，只有因道德缺失（如明知财务报表存在因舞弊或错误导致的重大错报而听之任之，或参与被审计单位的舞弊行为）造成的审计失败才属于注册会计师的故意行为。区分过错行为与故意行为至关重要，否则就可能造成冤假错案。新证券法实施前，对会计师事务所及其注册会计师的经济处罚大幅高于对财务舞弊负有主体责任的上市公司[①]，以及近年来少数有违“过罚相当原则”的司法判决，折射出的是对审计失败性质的误解，形成了另一种亟待弥合的认知差距。如果不对审计失败的过错行为和串通行为加以区分，动辄判处会计师事务所为上市公司财务舞弊给投资者造成的损失承担连带赔偿责任，无异于对风险投资提供变相的刚性兑付，最终迫使会计师事务所将风险溢价转嫁给投资者，不利于资本市场的健康发展。

（二）执行差距的弥合

如前所述，执行差距是审计供给质量缺陷造成的，这主要是注册会计师的责任。执行差距的弥合，关键是提高审计质量，需要注册会计师行业自我反省，正视不足、寻找差距，补齐短板。只有注册会计师自觉杜绝低于审计准则规定标准的执业行为，执行差距才有望得到弥合。

1. 牢记行业初心使命，勇于承担社会责任。对被审计单位的财务报表是否公允反映发表审计意见，缓解信息不对称，降低交易成本，促进资源优化配置，维护市场经济秩序，是注册会计师行业的初心使命。注册会计师承担了超越其与被审计单位业务关系的公众责任，对投资者和债权人等会计信息使用者负有忠诚义务，必须始终秉承公众利益至上的原则，在任何情况下都不能将自身的利益和被审计单位的利益凌驾于公众利益之上。忘却初心使命，罔顾公众利益，注册会计师必将失去提高审计质量的精神动力。

2. 加强职业道德教育，培养敬畏敬业精神。坚守诚信为本、操守为重的道德底线，

① 在2016年至2019年6月期间中国证监会的16起行政处罚决定中，对会计师事务所及其注册会计师罚没收入达6390万元，远高于对16家涉案上市公司960万元的顶格处罚。

将专业主义和职业道德内化于心，外化于行，注册会计师才能降低审计失败风险。反之，职业道德观念淡薄，对职业操守和审计准则缺乏敬畏之心，对审计工作缺乏敬业精神，提高审计质量只能是一种奢望。“放飞机”现象在行业内比较普遍，说明从业人员特别是一线审计人员职业道德观念不强、敬畏之心和敬业精神缺失。“放飞机”无视职业道德，危害执业质量，有损行业形象，亟待整顿，予以制止。

3. 守住社会审计之魂，恪守超然独立立场。独立性是注册会计师的立命之本，离开独立性，社会公众对注册会计师行业的信任将荡然无存。很多审计质量低下和审计失败的案例背后均潜藏着独立性问题。独立性原则要求注册会计师与被审计单位保持形式独立和实质独立，会计师事务所有责任为注册会计师及其他从业人员提供严格的独立性守则，要求他们秉承客观公正、超然独立的立场发表审计意见，决不能为了自身的经济利益而偏袒、迁就被审计单位。

4. 树立本领恐慌意识，重视专业能力建设。作为专业人士，注册会计师理应知道得比别人早、知道得比别人多、知道得比别人深，拥有真才实学和高超的专业本领。进入知识经济时代，信息通信技术不断迭代，商业模式创新日新月异，企业经营业务日趋复杂，会计审计准则频繁变化，对知识更新和学习能力提出了严峻的挑战。注册会计师应当树立本领恐慌意识，会计师事务所必须重视专业能力建设，合理搭配专业人士的知识结构，延揽不同学科背景（如 IT、税务、咨询、金融、管理、法律等）的专业人士加盟，注重后续职业教育和知识更新，夯实提高审计质量的人才基础。

5. 借助信息技术进步，提高舞弊发现能力。借助大数据、人工智能等信息技术的赋能，构建财务舞弊识别模型，从行业业务、财务税务、公司治理、内部控制和数字特征等维度，通过财务数据与业务数据交叉印证，识别被审计单位的财务异常迹象，不仅可以极大改善审计工作效率，而且可以大幅提高注册会计师发现舞弊的能力，有效防范审计失败。此外，有条件的会计师事务所应当尽可能建立细“颗粒度”的行业和业务数据库，为采用风险导向审计模式奠定扎实的数据基础。

6. 健全质量管理体系，强化项目质量复核。高质量审计要求会计师事务所建立、实施和运行一整套涵盖报表审计、报表审阅、其他鉴证和相关服务的质量管理体系，强化项目质量复核，委派合乎资质要求的项目质量复核人员，厘清其复核职责。《会计师事务所质量管理准则第 5101 号——业务管理质量》和《会计师事务所质量管理准则第 5102 号——项目质量复核》为会计师事务所及其注册会计师提供了根本遵循。只有严格执行中注协的这两个准则，注册会计师行业才能确保审计高质量，才有望弥合执行差距。

必须指出的是，提高审计质量仅仅依靠注册会计师自身的努力是不够的，还应当改革制度安排，强化行业监管。只有从行业内部和外部双管齐下，双向发力，才能真正实现高质量审计[①]。

（1）改革制度安排，净化执业环境。一是改革被广为诟病的审计委托制度，从制度源

① 国际会计师联合会认为，只有审计与鉴证生态系统的各参与方齐心协力，实施正确的程序（right process）、招募正确的人士（right people）、运用正确的治理（right governance）、强化正确的监管（right regulation）、采用正确的评价（right measurement），才可能实现高质量审计（IFAC，2019）。IFAC 提出的“5R”分析框架，主张采用系统思维的方式解决审计质量问题，颇具启发意义，值得重视和借鉴。

头上解决与审计质量息息相关的独立性不高问题。现行由被审计单位直接聘请会计师事务所的审计委托制度有损注册会计师的独立性，亟待改革。可供选择的审计委托制度改革包括：赋予审计委员会审计委托权；试点第三方付费的审计委托模式；探索向保险公司投保财务报表险并由保险公司聘请会计师事务所的审计委托制度。二是实行会计师事务所强制轮换，进一步提高注册会计师的独立性。长期接受被审计单位的审计委托，容易导致注册会计师与被审计单位的管理层关系过于密切，既不利于注册会计师保持超然独立的立场，不敢挑战被审计单位的会计问题，也不利于注册会计师保持应有的职业怀疑，不能形成对舞弊和错误的职业敏感性。三是修改法律法规，抑制第三方配合造假。注册会计师的审计具有法定审计的性质，对于维护市场经济秩序意义重大。关联方、客户、供应商和金融机构等第三方配合造假，是干扰注册会计师履行法定职责的犯罪行为，但迄今为止只有极少数配合造假的第三方受到法律惩处。可考虑通过修法或释法，将配合造假的第三方界定为破坏市场经济秩序罪。四是赋予审计外调权，抑制内外勾结的财务舞弊。证监会及其派出机构披露的行政处罚或采取的行政监管措施表明，上市公司的财务造假呈现越来越多的里应外合、内外勾结的特点，与关联方、客户、供应商、金融机构虚构交易和业务的财务造假时有发生。修改法律法规，赋予注册会计师必要的审计外调权，才能从根本上发现和遏制这种交易型财务造假。五是倡导“过罚相当”原则，公正处理审计失败的民事赔偿问题，避免因“过罚失当”造成会计师事务所人才流失或难以延揽高素质人才而导致审计供给不足。

（2）强化行业监管，倒逼质量提升。过去二十年来，美国资本市场未再发生类似安然和世界通信等恶性舞弊案和安达信等重大审计失败，这在很大程度上归功于萨班斯—奥克斯利法案的通过和公众公司会计监督委员会（PCAOB）的成立。美国的经验表明，强有力的行业监管有助于倒逼会计师事务所及其注册会计师提升审计质量，弥合执行差距。结合我国注册会计师行业和资本市场的实际，加强行业监管可采取一系列组合措施。一是借鉴 PCAOB 的做法，加大对从事证券业务的会计师事务所的巡查力度和频率，并且将巡查发现的审计缺陷公开披露，督促会计师事务所及其注册会计师限期整改。公开披露受检查会计师事务存在的审计缺陷，也有助于其他会计师事务所引以为戒，防患于未然。二是对于严重违反职业道德而导致的重大审计失败，对负有直接责任的注册会计师实施终生行业禁入，并移交司法机关按新证券法追究其刑事责任。三是借助现代信息技术，建立行业监管预警系统，扭转上市公司财务舞弊东窗事发后行业监管才事后介入的被动局面，提高行业监管的及时性、针对性、效率性和震慑力。四是根据例行监管和专项检查发现的突出审计问题和会计问题[①]，向注册会计师发出提示函，并适时修改相关审计准则，督促注册会

① 张文荣和张景瑜（2021）对 2001—2020 年 6 月会计师事务所和注册会计师被处罚案例以及证监会披露的证券业务会计师事务所执业情况的研发发现，处罚涉及审计证据准则的次数最多，高达 290 次，占总次数的 32.08%，涉及函证准则的次数次之，为 133 次，占总次数的 14.71%，这两项占比合计 46.79%。处罚涉及的财务报表项目中，营业收入、存货及跌价准备和货币资金是财务造假的重灾区，占比分别为 26.39%、13.19% 和 11.92%，合计超过 51%。其次是应收账款、商誉及其减值准备、关联方、预付账款，占比分别为 9.49%、7.99%、7.29% 和 3.82%。这七项合计占比 80% 以上。笔者分析了 2017—2019 年 PCAOB 对美国“四大”的例行检查公告，发现审计缺陷主要集中在三个方面：内控测试不充分，高估被审计单位内控有效性；实质性测试过度依赖于存有缺陷的内控；未能保持应有的职业怀疑。

计师改进审计程序。五是开展“放飞机”专项检查和整顿活动，促使注册会计师严格按照审计准则要求执业，提供合乎质量标准的审计服务。

（三）演进差距的弥合

演进差距本质上是注册会计师满足不了社会公众日益增长的反舞弊期望造成的审计供给不足问题。一方面，社会公众普遍认为注册会计师对财务报表的审计如果不能发现舞弊，审计价值将大打折扣。另一方面，注册会计师过去十年在发现财务舞弊方面表现不彰，如表1所示。

表1 2010—2019年注册会计师为发生舞弊的上市公司发表的审计意见类型

审计意见类型	舞弊发生前一年度		舞弊发生当年	
	家数	占比	家数	占比
标准无保留审计意见	93	82.03%	96	84.96%
带强调事项段的无保留审计意见	10	8.85%	8	7.08%
无保留审计意见	4	3.54%	5	4.42%
无法表示审计意见	0	0	3	2.65%
未知	6	5.31%	1	0.88%
合计	113	100%	113	100%

资料来源：黄世忠等（2020）“2010—2019年中国上市公司财务舞弊分析”。

注册会计师反舞弊能力不强，原因有很多，如社会诚信度不高、制度安排不合理，执业环境恶劣等，但也与注册会计师行业长期坚持财务报表审计不是为了发现舞弊也发现不了舞弊的立场有关。既然无力改变社会公众日益高涨的反舞弊期望，注册会计师行业唯有增强反舞弊能力，才能逐步弥合日益扩大的演进差距。具体而言，可考虑从以下三个方面入手。

1. 修改审计准则规定，加大舞弊发现责任。对社会公众的反舞弊期望作出让步和妥协。修改审计准则关于财务报表审计目标的表述，明确要求注册会计师承担发现重大财务舞弊的责任，因为重大财务舞弊必定导致重大错报。可考虑将《中国注册会计师审计准则第1141号——财务报表审计中与舞弊相关的责任》中“注册会计师有责任对财务报表整体是否不存在由于舞弊或错误导致的重大错报获取合理保证”修改为：注册会计师有责任对财务报表整体是否不存在重大舞弊和重大错报获取合理保证。这样的修改将注册会计师发现舞弊的责任由隐含的表述改为直接的明示，有利有弊。有利的方面是可大幅增强注册会计师的反舞弊意识，促使其设计和实施反舞弊审计程序，以满足社会公众对反舞弊的殷切期望。存在的弊端是加大了注册会计师的反舞弊责任，增大了其诉讼和赔偿风险。这种弥合演进差距的做法比较激进，难以在所有财务报表审计实施，可考虑先在上市公司的财务报表审计中试行。当然，加大注册会计师发现舞弊的责任需要一系列的配套改革，既包括上述提到的赋予注册会计师外调权、改变审计委托制度、坚持“过罚相当”的民事赔偿原则，也需要大幅提高审计收费，作为注册会计师的风险溢价和风险补偿。

2. 借助信息技术赋能，提高舞弊发现能力。人工智能、区块链、云计算、大数据、物联网等信息技术进步汹涌澎湃，势不可挡，迫使很多传统行业转型升级。注册会计师这个古老的传统行业，同样需要转型升级。总体上看，注册会计师行业在利用信息技术赋能方面已经严重落后，亟待奋起直追。只有在信息技术方面加大人力和物力投入，借助信息技术赋能，开发舞弊识别系统并将嵌入审计程序中，大幅提高舞弊发现能力，才能弥合演进差距，注册会计师行业才能勇立潮头，永葆生机活力。

3. 强化法务会计培训，配备法务会计团队。法务会计（forensic accounting）是指综合运用会计学、审计学、犯罪学、心理学、证据学、侦查学等知识和技术，旨在获取能够被司法部门、监管部门和相关当事人采信的涉及财务舞弊等会计证据资料的特殊学科。为了满足社会公众日益增长的反舞弊需求，弥合演进差距，注册会计师行业应当整合各方资源，强化法务会计培训。有条件的大型会计师事务所应当尽快配备法务会计团队，指派其及时介入舞弊风险较高的审计项目特别是上市公司的审计项目，帮助注册会计师拓宽反舞弊思路、执行反舞弊程序、甄别会计证据真伪、提高舞弊发现概率。

参考文献：

[1] Liggo. C. D. The Expectation Gap: The Accountant's Waterloo [J]. Journal of Contemporary Business, 1974 (3): 27 -44.

[2] Jennings. M., Kneer. D. and Reckers. P. The Significance of Audit Decision and Pre - case Jurist's Attitude on Perceptions of Audit Firm Culpability and Liability [J]. Contemporary Accounting Research, 1993 (2): 489 -507.

[3] ACCA.. Closing the Expectation Gap in Audit [R/OL]. 2019. www. accaglobal. com.

[4] IAASB. Fraud and Going Concern in an Audit of Financial Statements [R/OL]. 2020. www. iaasb. org.

[5] Porter. B. A. An Empirical Study of the Audit Expectation - Performance Gap [J]. Accounting and Business Research, 1993 (24): 49 -78.

[6] 夏鹏．“根据公认会计原则公允表达”的真实含义 [J]. 财会通讯，1997 (7): 63 -64.

[7] 黄世忠．会计的十大悖论与改进 [J]. 财务与会计，2019 (20): 4 -11.

[8] 黄世忠，叶钦华，徐珊，叶凡．2010—2019 年中国上市公司财务舞弊分析 [J]. 财会月刊，2020 (14): 153 -164.

[9] 黄世忠．回归本源守住底线：审计失败的伦理学解释 [J]. 新会计，2019 (10): 6 -11.

[10] 张文荣，张景瑜．审计何以失败——对 2001 至 2020 年度处罚会计师事务所及注册会计师的分析 [J]. 中国注册会计师，2021 (2): 119 -123.

预算管理一体化下部门单位财务管理六大创新

刘用铨[①]

2020 年 2 月 27 日，财政部发布全国统一的《预算管理一体化规范（试行）》，推进预算管理一体化建设，并有力推动预算制度改革。2020 年 9 月上旬，财政部在北京举办了两期预算管理一体化培训班，对进一步加快推进预算管理一体化建设各项工作进行了部署。本文将结合《预算法》以及《预算法实施条例》规定，阐述预算管理一体化下业务流程创新背景以及对部门单位财务管理深刻影响。

一、我国推行预算管理一体化建设的背景

20 世纪 90 年代以来我国推行部门预算、国库集中收付、政府采购等三大财政支出管理改革，并大力推进非税收入“两条线”管理、行政事业单位国有资产管理、政府会计等诸多方面改革。在推进财政财务管理业务层面改革基础上，各级各地财政部门也大力推进信息化建设。但是各项财政财务业务管理改革分头推进，各地具体做法上不尽相同，没有形成全国统一的、贯穿预算管理全流程的预算管理规范。在业务没有规范化、标准化和一体化的情况下，财政财务管理各个业务模块信息系统分散，对接端口互不开放，数据难以实现共享和互联互通，“信息孤岛”问题非常突出。许多地方财政财务管理业务数据重复录入且口径标准不统一，不仅增加财政财务管理工作量和成本，而且数据信息质量反而降低。在大数据背景下提升财政财务管理效率，应当统一推进全国预算管理一体化建设，制定全国统一的预算管理一体化规范和标准，实现各级各类财政财务业务信息系统互联互通、数据共享。

二、预算管理一体化目标：以资产管理相关业务环节为例

预算管理一体化的核心是统一规范和标准。为此，财政部组织制定全国统一的《预算管理一体化规范》（后文简称《规范》），将预算管理主要环节按一个整体进行综合与规

---

① 刘用铨系厦门国家会计学院政府综合财务报告研究中心主任、教研中心副教授、硕士研究生导师。

范，统一管理流程、规则和要素，并依据《规范》制定《预算管理一体化系统技术标准》（后文简称《技术标准》），统一数据生产的标准和对接传输的标准。各地统一严格遵循《规范》和《技术标准》推进信息系统建设与升级改造。在此基础上，将所有部门和单位的预算数据集中到财政部门，地方各级财政的预算数据集中到省级，并按照统一标准按日上传财政部，实现全国各级预算管理的上下贯通、有效衔接和预算数据的集中统一管理。按照财政部统一部署，预算管理一体化系统建设分两批进行，到 2021 年 5 月底前所有省份要按照《规范》和《技术标准》完成预算管理一体化系统建设。

以资产管理相关业务环节为例，将新增资产配置管理嵌入预算管理全流程。单位在进行运转类项目和特定目标类项目储备时，需要配置资产的，应填报资产配置信息。单位申请项目预算时，对于属于资本性支出并形成资产的，原则上应依据项目库资产配置信息编制资产配置预算。资金支付时财政部门通过一体化系统汇集政府采购、会计核算、资产卡片等信息，对单位资产配置的实际情况要进行动态反映和监督管理。建立资产变动与非税收入征缴联动管理机制，督促单位将资产出租出借、对外投资、处置等产生的收入及时足额上缴财政。资产会计核算信息和资产卡片信息同步更新，形成会计核算和实物资产管理的双向控制，确保账实相符，全面准确反映政府资产的价值信息。单位编制部门决算、部门财务报告和行政事业单位国有资产报告时，系统依据会计账簿中的资产价值和资产卡片信息自动生成相关资产报表，确保账表一致、相关报告衔接一致，准确反映政府资产家底情况。

三、预算管理一体化不仅是信息化系统建设，更是预算管理理念与方法变革

预算管理一体化建设的重要基础是信息化系统建设，但是预算管理一体化坚持统一标准而不是统一软件，对地方财政现有系统改造只做引导性建议，允许各地根据本地实际采取新建、改造、跟从使用其他省份一体化系统等多种建设模式，为地方进行个性化功能开发和发挥不同软件公司专业特长留下空间。

预算管理一体化不仅是信息化建设，更是预算管理理念与方法变革。预算管理一体化不仅涉及信息技术问题，而且也涉及预算管理业务问题。而预算管理一体化业务流程创新是预算管理一体化信息化建设的基础。也就是说，《预算管理一体化规范》是制定《预算管理一体化技术标准》的依据。

为了实现预算管理一体化目标，《规范》在系统梳理当前预算管理业务流程基础上，针对当前预算管理业务流程存在的主要问题，应用系统化思维建立健全预算管理一体化十大管理机制。预算管理机制十大创新既是对我国过去二十多年财政预算管理改革的总结、提炼，也是对未来财政预算管理的创新与提升。预算管理一体化的十大管理机制创新，既涉及宏观层面中央地方财政管理体制机制创新，也涉及微观层面部门单位财务管理创新。

四、预算管理一体化下部门单位财务管理六大创新

我国预算管理一体化建设深刻地改变了政府部门单位财务管理业务流程，笔者认为预

算管理一体化下部门单位财务管理将面临六大创新。

（一）以预算项目为基本单位，重构部门预算支出结构

“一个部门一本预算”部门预算管理是20世纪90年代末我国加强财政支出管理三项重大改革之一。二十多年以来“基本支出＋项目支出”部门预算支出结构已经深入人心。但是预算管理一体化将重构部门预算支出结构（见图1）。

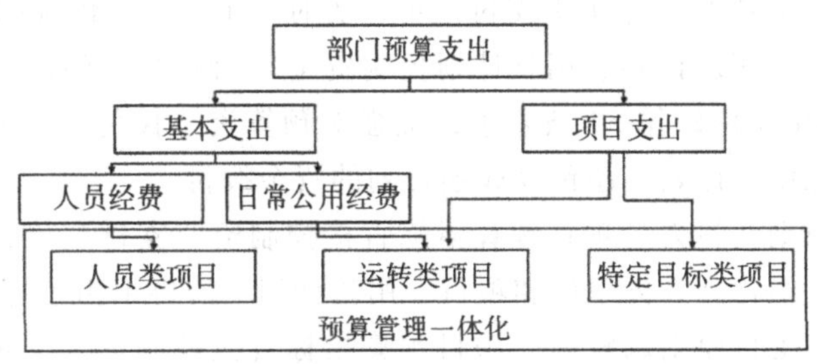

图1 预算管理一体化重构部门预算支出结构

《规范》提出将预算项目作为预算管理的基本单元，所有预算支出都要以预算项目的形式纳入项目库，并根据各类预算支出性质和用途将预算项目分为人员类项目、运转类项目和特定目标类项目。其中，人员类项目支出和运转类项目中的公用经费项目支出对应传统的基本支出，其他运转类项目支出和特定目标类项目支出对应传统的项目支出。

建立并完善以项目库为源头的预算管理机制。《规范》对预算项目前期谋划、项目储备、预算编制、项目实施、项目结束和终止等各阶段的预算管理流程和规则作出明确规定，加强预算项目全生命周期与预算管理的衔接。预算编制坚持“先有项目再安排预算”，“资金跟着项目走”，必须从项目库中选取项目，按优先次序安排，预算调整调剂也必须在项目库中操作，调整相关项目信息。

（二）严格落实部门预算细化要求，主管部门不得代编下属单位项目支出预算

20世纪90年代末我国开始推进部门预算改革，就明确要求由基层单位开始编制单位预算，逐级上报汇总，最终汇总成部门预算。主管部门不得代为下属单位编制预算。部门预算要求细化到具体项目和单位，《预算法实施条例》第40条第3款还明确要求部门预算支出按其功能分类应当编列到项，按其经济性质分类应当编列到款，即细化到支出功能分类和支出经济分类最详细的明细科目。

但是，长期以来我国从中央部门预算到地方许多部门预算管理中，都无法作出上述细化预算要求，许多主管部门依然代编所属单位的项目，甚至许多部门预算实践中先将项目支出预算总额批复到各个部门，并未细化到具体项目。在预算执行中，部门单位再落实具体项目，即“先分配资金再筹划项目”、“钱等项目”预算管理模式，违背“先谋事后安排资金”预算基本逻辑。

《规范》明确政府预算项目与部门和单位预算项目“自下而上”的汇总、衔接规则，部门预算由单位预算汇总而成，本级政府预算由部门预算汇总而成。《规范》明确部门不

得代编应由所属单位实施的项目，保证预算支出执行落实到具体项目和单位。

同时，按照《推进财政资金统筹使用方案》（国发〔2015〕35 号）规定，由多个部门负责的项目，明确牵头部门，分别列入各自部门预算，具体细化到单位，尽量减少乃至最好消除部门间横向分配资金，避免政府部门在预算执行中行使“二次预算分配”。

（三）优化国库集中支付流程，实行预算指标直接控制资金支付

2000 年，我国开始推行国库集中支付改革，历时二十多年。传统国库集中支付的基本原则是“预算指标控制用款计划、用款计划控制资金”。而预算指标是由部门预算编制系统导入。《预算法实施条例》第 57 条要求，加强对预算资金拨付的管理，按照预算拨付。不得办理无预算、无用款计划、超预算或超计划的资金拨付。

国库集中支付原则调整为“项目预算指标直接控制资金支付”。实行预算管理一体化后，部门预算编制已细化到具体单位和项目，用款计划不需再承担预算细化和预算控制职能。因此，国库集中支付原则调整为“项目预算指标直接控制资金支付”。《规范》规定预算指标下达后，单位根据预算指标申请支付资金，财政部门直接按照预算指标控制资金支付，支付直接对应明细、具体的预算指标，加强了资金支付与项目预算指标的衔接，提高了国库资金支付的效率。

目前，预算管理一体化建设允许地方财政部门保留用款计划控制，将采取用款计划和项目预算指标对资金支付“双控制”模式，已不再是传统“预算指标控制用款计划、用款计划控制资金”控制规则。

（四）按照综合预算要求，加强单位资金预算管理，比照国库集中支付流程支付资金

《预算法》第四条规定，预算由预算收入和预算支出组成。政府的全部收入和支出都应当纳入预算。同时，《预算法》第六十一条规定，国家实行国库集中收缴和集中支付制度，对政府全部收入和支出实行国库集中收付管理。目前，我国大部分地方部门的预算编制已经将财政拨款收支、事业收支、事业单位经营收支和其他收支等“全部收入和支出”纳入部门预算，但是预算执行中，除了财政拨款收支以外，其他“非财政拨款收支”或者“自有资金收支”尚未实行国库集中收付管理，而是通过预算单位实有资金账户进行自主收支，缺乏财政部门监督，其会计核算信息也难以进行勾稽验证。

为严格落实预算法第四条“综合预算”要求，《规范》首先将部门财政拨款收支以外的收支统一称为规范的“单位资金”，并依法加强单位取得的各类单位资金的管理，从预算编制、支出控制、核算管理等方面，强化了单位财政拨款收入以外的事业收入、经营收入等单位资金的预算管理。

《规范》明确将单位资金收支全部列入预算。财政部门根据单位资金收入情况，统筹合理安排财政拨款预算。预算执行过程中硬化单位资金预算对支出的约束，部门单位新增单位资金支出要报财政部门审批，提高单位资金预算的全面性、准确性和严肃性。逐步实行对单位资金严格按照预算控制执行，一体化系统与单位资金开户银行联网，单位比照国库集中支付流程，通过一体化系统办理资金支付。

同时，强化对单位资金核算的监督管理。《规范》规定，单位应当按照财政部门有关

规定及时将会计核算信息传送同级财政部门。财政部门积极创造条件，通过与预算单位联网对接，逐步实现同级预算单位会计核算信息的动态反映和集中存放。

（五）划分结转资金和结余资金，建立结余资金自动收回机制，盘活存量资金

传统财政财务管理中财政部门对部门单位实行“收支统一管理，定额、定项拨款，超支不补，结余留用”的预算管理办法，因此，在“结余留用”预算管理方式下，结余资金是部门单位的“既得利益”，这就造成政府部门单位一方面兜着大量预算结余资金不使用，另一方面又向财政部门不断申请新的预算资金，造成预算资金沉淀、闲置浪费。2012年行政事业单位财务规则改革时已将“结余留用”改为“结转和结余按规定使用”。

近年来，我国预算存量资金沉淀问题日益受到社会各界关注，李克强总理要求盘活存量资金，增加货币有效供给。2014 年修订的《预算法》第四十二条规定，各级政府上一年预算的结转资金，应当在下一年用于结转项目的支出；连续两年未用完的结转资金，应当作为结余资金管理。

在此基础上，《规范》明确结转结余资金计算和管理的规定，建立结余资金自动收回的机制。系统根据预算执行情况，严格按规定自动计算结转结余资金，为后续管理提供数据支撑。《规范》规定除科研项目外，不得改变上年财政拨款结转资金的用途，不需按原用途继续使用的，应当及时交回财政部门，避免部门将结转资金调剂用于其他项目，影响财政部门统筹安排资金。通过一体化系统实现结转结余资金的动态管理，财政部门可以及时跟踪掌握项目预算结转结余情况，有效控制新增结转结余资金规模，从而提高财政资金使用效益。

（六）建立预算指标账，强化对预算指标管理全流程追踪和控制，硬化预算约束

《预算法》第七十五条第二款规定，决算草案应当与预算相对应，按预算数、调整预算数、决算数分别列出。因此，强化预算约束、增强预算严肃性，首先应当分析预算执行实际数与编制数对比关系，以直观地反映预算到底有没有照计划执行。但是，传统各级财政预算指标管理方式无法全面、准确反映预算管理全过程预算指标的增减、来源及状态，不利于强化预算约束，加强预算控制。

《规范》引入管理会计理念，采用会计复式记账法核算预算指标管理业务或事项，强化财政部门对预算指标管理全流程的追踪和控制，实时掌握预算分配和执行进度，加强对预算执行的监督。预算指标账以预算指标管理业务或事项为核算主线，采用复式记账法对预算指标的批复、分解、下达、调整、调剂、执行和结转结余的全过程进行记录，保证每项指标业务都以相同金额在两个相互关联的账户同时记录，通过各账户之间客观上存在的对应关系，更加真实、全面、动态地反映预算指标管理业务全貌。预算指标账遵循会计复式记账法有借必有贷，借贷必相等原则，坚持“先有预算、再有指标、后有支出”，建立“支出预算余额控制支出指标余额、支出指标余额控制资金支付”的控制机制，实现预算管理业务或事项有效衔接、相互制衡。

《规范》建立全国统一的预算指标账科目编码和核算规则，将统一的会计复式记账规则作为一体化系统底层控制机制的重要组成部分，嵌入预算管理各个节点，将由预算管理

一体化自动进行账务处理。

笔者建议，为了加强政府部门单位内部预算管理，有必要建立部门预算指标账，加强对承付等预算指标控制。例如，甲单位按规定的政府采购程序与B供应商签订一项购货合同，购买10台办公用计算机，合同金额为9万元。合同约定，所购计算机由B供应商于当月交付，货款由甲单位在验货后向代理银行开出支付令。甲单位与B供应商签订购货合同就是典型的承诺付款业务，也是预算指标账的最基本业务之一。某种意义上控制承付比控制支出更为重要，签订合同进入承付环节，就已“生米煮成熟饭”，即使政府部门“反悔”，不再履行合同、不再购买该项资产，也要支付违约金，因此，承付之后发生支出就是必然的。承付会计控制也可提高支出预见性。强化部门预算约束，避免发生超预算支出，应当将预算控制环节往前移，仅仅控制支付为时太晚，已经“生米煮成熟饭”，承付环节乃至更早提出采购需求阶段就应当开始控制，部门单位内部职能部门提出采购需求，首先应当满足“具有足额预算指标额度”的前提条件。

参考文献：

［1］王小龙，李敬辉．预算管理一体化规范实用教程［M］．北京：经济科学出版社，2020（8）．

［2］财政部．预算管理一体化培训班课件［Z］．2020（9）．

［3］财政部．关于印发《预算管理一体化规范（试行）》的通知（财办〔2020〕13号）［EB/OL］．（2020－09－20）．［2020－04－22］．http：//gks. mof. gov. cn/guizhang-zhidu/202004/t20200422_3502098. htm.

关于 2022 年新《事业单位财务规则》学习体会

刘用铨[①]

《事业单位财务规则》是我国规范事业单位财务行为的核心规则。2022 年 1 月 18 日，财政部公布《事业单位财务规则》（财政部令第 108 号）（以下简称“新规则”），对原《事业单位财务规则》（财政部令第 68 号）（以下简称“原规则”）进行了修订。众所周知，2019 年我国政府会计改革“重新构建”政府会计核算模式，但是新规则并不是“重构”体系框架，最典型表现是根据新规则第 17 条和第 21 条规定，事业单位六大收入类别与五大支出类别的分类体系总体上保持不变。因为原“框架体系比较合理”，本次修订后全部内容仍然分为十二章，保持不变，主要聚焦于“反映财政改革进展、解决与新制度不衔接问题”。

本次《事业单位财务规则》修订主要聚焦于三大财政预算管理改革相关问题：第一，《预算法》及其实施条例修订背景下深化我国预算管理制度改革；第二，政府会计准则制度体系全面实施与政府综合财务报告制度改革[②]；第三，以《行政事业性国有资产管理条例》为核心的行政事业性国有资产管理改革。本文将以三大财政预算管理改革为背景，对新规则进行具体解析。

一、《预算法》及其实施条例修订背景下深化我国预算管理制度改革

党的十九大提出“加快建立现代财政制度”，其“三大任务”之一是建立全面规范透明、标准科学、约束有力的预算制度，全面实施绩效管理。按照全面依法治国和依法理财的要求，我国通过《预算法》及其实施条例修订推进预算管理制度改革。2014 年 8 月 31 日第十二届全国人大常委会表决通过《关于修改〈预算法〉的决定》，于 2015 年 1 月 1 日起施行。2020 年 8 月 3 日李克强总理签署国务院令第 729 号公布修订的《预算法实施条

---

① 刘用铨系厦门国家会计学院教研中心副教授。

② 财政部将“政府会计准则制度体系全面实施”与“政府综合财务报告制度改革”作为单独的两个方面，为此，“这次改革主要做了四方面修订”。笔者认为，“政府会计准则制度体系全面实施”与“政府综合财务报告制度改革”紧密联系，将两者合二为一，归并为三大方面改革。

例》，自2020年10月1日起施行。为落实《预算法》及其实施条例有关规定，2021年3月国务院出台《关于进一步深化预算管理制度改革的意见》（国发〔2021〕5号）进一步完善预算管理制度。此前，2020年2月财政部发布全国统一的《预算管理一体化规范（试行）》（财办〔2020〕13号），推进预算管理一体化建设。将制度规范与信息系统建设紧密结合，通过将规则嵌入系统强化制度执行力，为完善标准科学、规范透明、约束有力的预算制度提供基础保障。

新规则与《预算法》及其实施条例修订、深化预算管理制度改革以及预算管理一体化相关的具体改革主要包括：

第一，《预算法》改革重要创新之一是加强预算绩效管理与绩效评价。与之相适应，新规则第四条关于“事业单位财务管理的主要任务”中将“实施绩效评价”提升到“全面实施绩效管理”，并将原规则第二十六条加强“支出绩效管理”规定从“第四章　支出管理”部分调整到“第二章　单位预算管理”部分，作为新规则第十五条规定，并拓展至“全面预算绩效管理”，响应中共中央、国务院《关于全面实施预算绩效管理的意见》（中发〔2018〕34号）所提出“建成全方位、全过程、全覆盖的预算绩效管理体系”的要求。

第二，《预算法》改革强化“全口径综合预算”要求，其第四条规定强调“政府的全部收入和支出都应当纳入预算”，《关于进一步深化预算管理制度改革的意见》（国发〔2021〕5号）进一步强调“强化部门和单位收入统筹管理。各部门和单位要依法依规将取得的各类收入纳入部门或单位预算，未纳入预算的收入不得安排支出”。为此，新规则第十八条与原规则第十六条对应，重申收入预算应当符合“综合预算”要求——“各项收入全部纳入单位预算，统一核算，统一管理”，在此基础上增加“未纳入预算的收入不得安排支出”的规定。

第三，我国预算管理一体化改革重要创新机制之一是以预算项目为基本单元，建立健全预算项目全生命周期管理机制。《关于进一步深化预算管理制度改革的意见》（国发〔2021〕5号）也明确要求“将项目作为部门和单位预算管理的基本单元，预算支出全部以项目形式纳入预算项目库，实施项目全生命周期管理，未纳入预算项目库的项目一律不得安排预算”。新规则第二十二条与原规则第二十条对应，重申支出预算应当符合“综合预算”要求——“将各项支出全部纳入单位预算，建立健全支出管理制度”，在此基础上增加“实行项目库管理”的规定。

第四，近年来地方政府债务是我国经济社会热点问题之一，也是我国三大攻坚战中“防范化解重大风险”攻坚战的重要内容。《预算法》改革重要创新之一是“开前门、堵后门、守底线”，建立规范的地方政府举债融资机制。而新规则对于事业单位举借债务行为的基本立场保持不变，新规则第五十一条与原规则第五十条对应，都规定“事业单位应当建立健全财务风险预警和控制机制，规范和加强借入款项管理，……严格执行审批程序，不得违反规定融资或者提供担保”，但是新增“如实反映依法举借债务情况”的规定，强调事业单位举债应当“公开、透明”，这是防范事业单位财务风险的基本前提。

第五，《预算法》改革重要创新之一是强化预算约束、增强预算严肃性。《预算法》第十三条规定，“经人民代表大会批准的预算，非经法定程序，不得调整”。在预算执行中，各级政府对于必须进行的预算调整，应当编制预算调整方案。在此基础上《预算法》对“预算调整”与“预算调剂”进行明确区分。《预算法》第六十七条规定了四种应当进行“预算调整”的情况，其中，第一种情况“需要增加或者减少预算总支出”最重要。《预算法》第七十二条则对“预算调剂”进行了规定，要求“严格控制不同预算科目、预算级次或者项目间的预算资金的调剂，确需调剂使用的，按照国务院财政部门的规定办理。”由此可见，“预算调整”与“预算调剂”之间最大区别是总预算支出是否发生变化。按照这一区分，原规则第十条规定的“调整预算”，实际上属于“预算调剂”。为了与《预算法》上位法规定保持一致，新规则第十一条将原“调整预算”改为“预算调剂”并简化了相关表述。

第六，我国预算管理一体化改革重要创新机制之一是优化国库集中支付流程，实行预算指标直接控制资金支付。完善国库集中支付控制机制和集中校验机制，实行全流程电子支付。单位通过预算管理一体化系统申请支付资金，系统按照财政部门和主管部门设定的校验规则校验通过后，自动发送代理银行，通过单位零余额账户办理资金支付，再与人民银行清算。同时，财政部门通过系统集中校验机制，直接按照预算指标控制每笔资金支付，不再需要代理银行对资金支付进行额度控制，也就不再向代理银行下达零余额账户用款额度。单位也就不需要核算零余额账户用款额度和财政应返还额度，而是在资金支付完成以后依据代理银行反馈的支付凭证回单，进行列收列支核算处理。为此，新规则第四十条第一款与原规则第三十九条第一款对应，在流动资产分类构成中取消了“零余额账户用款额度”。

第七，近年来我国财政存量资金沉淀问题日益受到社会各界关注，李克强总理要求盘活存量资金，增加货币有效供给。2014年修订的《预算法》第四十二条规定，各级政府上一年预算的结转资金，应当在下一年用于结转项目的支出；连续两年未用完的结转资金，应当作为结余资金管理。在此基础上，预算管理一体化改革根据《预算法》进一步明确了结转结余资金计算和管理的规定，建立结余资金自动收回的机制。此外，《预算法》第四十二条第二款规定：“各部门、各单位上一年预算的结转、结余资金按照国务院财政部门的规定办理。”《预算法》授权国务院财政部门制定结转和结余资金管理的规定。《预算法实施条例》第五条第五款规定：“部门预算编制、执行的具体办法，由本级政府财政部门依法作出规定。”《预算法实施条例》又进一步授权本级政府财政部门制定部门预算管理包括财政拨款结转和结余资金管理的具体办法。因此，新规则第二十九条规定，财政拨款结转和结余的管理，应当按照“国家有关规定”执行，仍然既包括财政部的规定，也包括本级财政部门的规定。

二、政府会计准则制度体系全面实施与政府综合财务报告制度改革

为了建立规范合理的中央和地方政府债务管理及风险预警机制，党的十八届三中全会审议通过的《中共中央关于全面深化改革若干重大问题的决定》提出“建立权责发生制的政府综合财务报告制度”。2014年12月国务院转发财政部《权责发生制政府综合财务报告制度改革方案》（以下简称“《改革方案》”）（国发〔2014〕63号）进行具体部署，

2019年12月12日财政部修订并发布《政府财务报告编制办法（试行）》（财库〔2019〕56号）、《政府部门财务报告编制操作指南（试行）》（财库〔2019〕57号）、《政府综合财务报告编制操作指南（试行）》（财库〔2019〕58号）等具体操作办法。《改革方案》明确提出“权责发生制政府综合财务报告制度改革是基于政府会计规则的重大改革”。为此，在2015年出台的《政府会计准则——基本准则》基础上，财政部相继发布了存货、投资、固定资产、无形资产、公共基础设施、政府储备物资、负债、会计调整、财务报表编制和列报、政府和社会资本合作项目合同等10项具体准则及2项具体准则应用指南，1项统一适用于行政事业单位的《政府会计制度——行政事业单位会计科目和报表》，7项行业事业单位执行《政府会计制度》的补充规定及11项新旧会计制度衔接规定，4项政府会计准则制度解释以及事业单位成本核算基本指引，构建了政府预算会计和财务会计适度分离又相互衔接的政府会计核算模式，基本建立起一套与我国现代财政制度相适应的具有中国特色的政府会计准则制度体系。

新规则与政府会计准则制度体系全面实施与政府综合财务报告制度相关的具体改革主要包括：

第一，在总则中新增关于会计核算的总体要求，新规则第六条规定“事业单位的各项经济业务事项按照国家统一的会计制度进行会计核算”。

第二，我国政府会计改革的核心要求是“双报告、双基础、双功能”。《政府会计准则——基本准则》（财政部令第78号）第三条规定“政府会计由预算会计和财务会计构成。预算会计实行收付实现制，……财务会计实行权责发生制”；第五条规定“政府会计主体应当编制决算报告和财务报告”。与之相适应，新规则第十章由原“财务报告和财务分析”调整为“财务报告和决算报告”，并对新规则第十章内容进行结构性调整。因此，第十章是本次《事业单位财务规则》修订篇幅最大的一章，新规则与原规则相关规定基本上不再具有可比性。新规则第五十五条第一款规定应当提供“双报告”，第二款规定财务会计与预算会计“平行记账”；第五十六条、第五十八条规定编制“双报告”的“双基础”以及“双报告”应当实现的“双功能”（双重信息需求）；第五十七条规定、第五十九条规定财务报告与决算报告构成，都包括财务/决算报表和财务/决算分析两部分，并分别规定财务报表与决算报表的具体构成，以及财务分析与决算分析的具体内容。

第三，删除财务分析具体指标规定，为下一步改革预留空间。权责发生制政府综合财务报告制度改革主要任务之一是建立健全政府财务报告分析应用体系，这已成为我国政府综合财务报告制度改革最大挑战之一。原规则第五十七条规定了财务分析具体指标并在附件中详细规定了具体计算公式。《政府部门财务报告编制操作指南（试行）》（财库〔2019〕57号）推荐政府部门财务分析参考使用资产负债率、现金比率、流动比率、固定资产成新率、公共基础设施成新率、保障性住房成新率、收入费用率七个分析指标。笔者认为，目前事业单位财务分析指标有待于进一步完善，特别是事业单位财务分析应当有别于企业财务分析。以现金相关财务指标为例，一般认为，企业经营过程中最大财务风险是企业现金流断裂，所以，企业应当保持一定现金比率、流动比率。但是，如果事业单位现金以及流动资产占比过高，将弱化其公共服务能力，甚至存在存量资金沉淀、预算执行率差等问题，反而不利。

第四，《权责发生制政府综合财务报告制度改革方案》（国发〔2014〕63号）明确提出“条件成熟时，推行政府成本会计”，推行政府成本会计是我国政府会计改革的重要内容之一。2019年12月财政部发布《事业单位成本核算基本指引》（财会〔2019〕25号）提供基本遵循依据，2021年11月财政部又发布《事业单位成本核算具体指引——公立医院》（财会〔2021〕26号），后续还将发布高等学校、科研事业单位等具体指引。成本核算已成为事业单位财务管理的重要工作，新规则第二十五条与原规则第二十四条规定对应，规定“实行成本核算”。新规则下事业单位成本核算工作所遵循的规范主要是基本指引以及具体指引，是由财政部统一规定的，而原事业单位“内部成本核算办法”也应当遵循基本指引以及具体指引。

第五，我国政府会计改革重要内容之一是全面计提固定资产折旧。2019年1月1日起我国全面实施政府会计准则制度，事业单位开始按月计提固定资产折旧，并在新旧会计制度衔接时补提以前年度固定资产折旧，不需要也不应当继续提取修购基金，因此，新规则第三十三条删除“修购基金”相关规定。此外，《政府会计制度》取消“事业基金”科目，而使用“非财政拨款结余”科目，与之衔接，新规则第三十条、第三十一条进行了相应的修订。

三、以《行政事业性国有资产管理条例》为核心的行政事业性国有资产管理改革

近年来党中央、全国人大常委会、国务院高度重视国有资产管理，党的十九大强调“加强国有资产监督管理”。2017年11月20日中央全面深化改革领导小组第一次会议审议通过《关于建立国务院向全国人大常委会报告国有资产管理情况的制度的意见》，要求建立政府向本级人大常委会报告国有资产管理情况制度。2021年2月1日李克强总理签署国务院令第738号令公布《行政事业性国有资产管理条例》（以下简称“《条例》”），自2021年4月1日起施行。《条例》重新构建我国行政事业性国有资产管理制度体系，提升其法律效力。新规则充分吸收《条例》改革成果，相关的具体改革主要包括：

第一，新规则第三十六条关于资产定义从“占有或者使用”拓展到“直接支配”。根据《民法典》第二百五十六条规定，“国家举办的事业单位对其直接支配的不动产和动产，享有占有、使用以及依照法律和国务院的有关规定收益、处分的权利”。所以，“直接支配”权利包含并大于占有、使用的权利。

第二，新规则第三十七条与原规则第三十六条对应，在资产分类构成中新增“公共基础设施、政府储备物资、文物文化资产、保障性住房”四类经管资产具体类别，并在第四十五条规定“国务院财政部门会同有关部门制定具体办法”。

第三，新规则第三十八条与原规则第三十七条对应，进一步充实事业单位资产管理制度，新增“明确资产使用人和管理人的岗位职责”“设置国有资产台账”“汇总编制行政事业性国有资产管理情况报告”“定期盘点资产”“及时办理资产权属登记”等要求。原规则第四十一条只强调对“固定资产”进行定期或者不定期的清查盘点，而新规则第三十八条规定要求定期盘点“全部”资产。

第四，新规则第三十九条与原规则第三十八条对应，进一步完善事业单位资产配置管理规定，明确事业单位资产基本功能“保障履行职能和事业发展的需要”，资产配置应当综合考虑“资产存量、资产配置标准、绩效目标和财政承受能力”等因素，并明确规定资产配置方式包括调剂、购置、建设、租用等，强调“优先通过调剂方式配置资产”。

第五，新规则新增第四十条第三款关于“货币性资产损失核销”规定，“事业单位货币性资产损失核销，应当经主管部门审核同意后报本级财政部门审批”。

第六，新规则第四十二条与原规则第四十二条对应，都规定“在建工程达到交付使用状态时，应当按照规定办理工程竣工财务决算和资产交付使用”，但新规则新增“期限最长不得超过一年”的规定。

第七，新规则第四十四条与原规则第四十四条对应，同样强调“应当严格控制对外投资”，并明确对外投资禁止性行为——“不得使用财政拨款及其结余进行对外投资，不得从事股票、期货、基金、企业债券等投资”，在此基础上新规则第四十四条规定强调利用国有资产对外投资的程序性要求。而新规则关于对外投资最重要变化是要求“事业单位对外投资形成的股权纳入经营性国有资产集中统一监管体系”。

第八，新规则第四十七条与原规则第四十六条对应，进一步完善开展国有资产共享共用工作规定，并新增“可以对提供方给予合理补偿”的规定。

四、执行《事业单位财务规则》所面临的重要挑战

笔者认为，政府会计改革后行政事业单位会计核算提供双基础会计信息，事业单位财务管理面临重要挑战之一是如何分析、应用双基础会计信息。《事业单位财务规则》以原则性表述为主，条款内容不宜过于具体。下一步涉及双基础会计信息分析、应用的规定应当进一步细化。

最典型的条款是新规则第三十五条，与原规则第三十四条保持一致，都规定“各项基金的提取比例和管理办法，国家有统一规定的，按照统一规定执行；没有统一规定的，由主管部门会同本级财政部门确定”。但是政府会计改革后如何确定各项基金的提取基础具有较大难度，因为政府会计改革前事业单位会计核算只提供一种基础会计信息，而政府会计改革后事业单位会计核算提供双基础会计信息。下一步应当明确各项基金的提取基础到底是财务会计的“本期盈余分配”还是预算会计的“非财政拨款结余分配”再或是两者综合考虑。笔者认为，如果仅以财务会计的“本期盈余分配”为基础提取，可能造成预算会计的“非财政拨款结余”出现负增长，把预算会计的“老本吃掉”了。如果仅以预算会计的“非财政拨款结余分配”为基础提取，又可能造成财务会计的“累计盈余”出现负增长，把财务会计的“老本吃掉”了。为此，笔者建议，各项基金提取基础应当引入“孰低原则”，以“从预算结余中提取数”与“从本期盈余中提取数”孰低者作为各项基金（包括职工福利基金）的计提数，确保财务会计与预算会计都不会出现“负增长”“吃掉老本”问题。

此外，新规则新增或删减比较重要的具体条款还包括：（1）新增第三十四条关于“事业单位应当将专用基金纳入预算管理”规定；（2）新增第六十四条关于“违反本规则

规定的违法违规行为的法律责任”的规定；（3）删减原规则第二十二条关于“非独立核算经营活动费用核算”的规定。

参考文献：

[1] 财政部．财政部有关负责人就修订出台《事业单位财务规则》答记者问［EB/OL］．（2022-01-20）［2022-01-18］．http：//tfs. mof. gov. cn/zhengcejiedu/202201/t20220118_3783089. htm.

[2] 王小龙，李敬辉．预算管理一体化规范实用教程［M］．北京：经济科学出版社，2020：8.

[3] 财政部国库司．关于编号：4862-3676168的留言之答复［EB/OL］．（2022-01-20）［2021-03-25］．http：//www. mof. gov. cn/gongzhongcanyu/zixunfankui1/gks/202103/t20210325_3676168. htm.

[4] 财政部会计司．深化政府及非营利组织会计改革夯实现代财政制度基础——《会计改革与发展“十四五”规划纲要》系列解读之二［EB/OL］．（2022-01-20）［2021-12-30］．http：//kjs. mof. gov. cn/zhengcejiedu/202112/t20211230_3779801. htm.

贵州茅台捐资13.9亿元做公益侵害股东权益了吗？

——论企业社会责任的履行

高明华　叶丰滢　胡　锋[①]

作为世界白酒第一品牌的贵州茅台，备受关注的不仅仅是它的股价，连它的公益活动都引发争论。近日，贵州茅台的股东之一，网名为“茅台900元真不算高”的财经博主发文质疑贵州茅台近期的捐资行为不符合法规。该股东在其微博上表示，“贵州茅台董事会违反公司章程、未获得股东大会授权，年内替我们中小股东捐掉了13.92亿元巨款！相当于每股被捐掉1元钱。”由此引发了关于贵州茅台做公益是否侵害股东权益以及是否违规的讨论。

一、贵州茅台捐资13.9亿元做了什么公益？

根据统计，贵州茅台进入2020年以来公布的捐资项目一共有11项，捐资金额合计高达13.9亿元。2020年10月26日，贵州茅台发布了“第三届董事会2020年第四次会议”的决议公告，公告中通过了6项议案，其中就有5项和捐资有关。包括贵州茅台为贵州省见义勇为基金捐资200万元、为建设酒类火灾处置专业队捐资1200万元、为建设生活污水处理厂捐资2.6亿元、为建设习水县习新大道捐资5.46亿元等。在随后10月29日进行的决议中，贵州茅台再次捐资8.3亿元。其他主要捐资项目还包括贵州茅台董事会审议通过的《关于捐赠8000万元助力打赢疫情防控阻击战的议案》《关于捐资实施仁怀市茅台酒酿造用有机高粱高标准种植示范基地项目的议案》《关于捐赠物资用于共建国防教育基地的议案》《关于开展“中国茅台·国之栋梁”希望工程圆梦行动公益助学活动的议案》《关于向贵州省孔学堂发展基金会捐款的议案》《关于向道真县大磏镇文家坝村等6个村捐赠村级集体经济产业帮扶资金的议案》等。

---

① 高明华系厦门国家会计学院教研中心副教授、硕士生导师；叶丰滢系厦门国家会计学院教务处副处长、副教授、硕士生导师；胡锋系厦门国家会计学院教研中心教师、硕士研究生导师。

二、捐资争议

贵州茅台上述捐资做公益的行为在其股东层面引发了质疑和争议。茅台股东“茅台900元真不算高”认为有些捐资完全没有必要，比如该股东提出，“修建习新大道是有旧路的情况下再修新路，只为提速25分钟！原本2020年5月10日开工建设的习新大道直到10月26日才公告！习新大道最为受益的贵州茅台同业竞争对手——习酒公司坐享其成却不用掏一分钱！”。据该股东计算分析，按照5.46亿元修建5.31公里公路计算，每公里造价超过了1亿元。于是他提出质疑：“茅台酱香系列酒是战备物资吗？需要你争分夺秒抢运？”。类似质疑引发了贵州茅台公益活动是否侵害中小股东利益以及捐资程序是否合法合规的争论。

同为茅台中小股东的深圳市林园投资管理公司董事长林园则支持茅台的捐资行为，他认为这是茅台承担社会责任的表现，如果补充进行股东表决程序的话他将投赞成票。

关于贵州茅台的捐资行为在程序上是否违法违规，本文不进行讨论。我们主要分析此事件对于企业履行社会责任的启示。

三、企业是否应该履行社会责任

琼斯（1980）提出，企业社会责任是指企业除了对股票持有人之外，还对社会团体负有的义务并且这些义务超出法律与社会契约的范畴之外。经过多方论证，琼斯得出以下结论：第一，公共政策并不能解决企业在社会领域遇到的问题；第二，在企业社会参与度方面，不同地域的同一个层级的政府可能存在有矛盾的规定；第三，当不同层级的政府发布了不同规定时，企业不知道应该听谁的。当把公共政策作为企业公共战略的规范时，上述三点都有可能会成为推行过程中的绊脚石。很显然，当企业管理层决定实施企业社会责任时，他们将会承担公共责任，而公共责任有助于限定企业适当的社会参与度，但这并不会影响他们决策的标准①。

企业履行社会责任的意义体现在：

1. 企业社会责任是道德义务和法律义务的统一。道德义务是指未经法定化的、由义务人自愿履行且以国家强制力以外的其他手段作为其履行保障的义务。这项义务仅是一项软约束，是否履行取决于主体的道德意识，意识强者会时刻牢记，意识淡薄之人则无视此项义务，随心所欲。而法律义务体现为企业社会责任中的法律责任，法律义务是指国家强制履行的法定义务。与道德义务相对而言，这是一项硬约束，懈怠履行或者拒不履行则会受到有关部门的警告，义务人需及时补充履行，甚至接受相应的惩罚。

2. 企业社会责任是对“利润至上”理论的修正。传统的企业经营理念是站在股东角度努力实现利润最大化。但是，社会整体利益和单个企业利益在很多情况下是相互制约甚至是矛盾的关系。单纯追求企业利益最大化往往会使社会整体利益受损，而过度追求社会

---

① Jones T M. Corporate Social Responsibility Revised, Redefined. California Management Review, 1980, 22 (3), 59-67.

整体利益又容易使企业自身得不偿失，所以企业需要在两者之间找到平衡。而且，在只顾追求自身效用这个目标驱使下的企业利益增长也只是短暂的，边际效用递减的趋势十分明显。因此，企业应将社会整体利益、社会责任的实现渗透到寻求利润最大化的过程中。

3. 企业社会责任是市场竞争战略发生变迁的表现。在企业发展的各个阶段，其在市场上面临的竞争是不一样的。例如，企业发展初期主要是来自价格的竞争，成长期是企业品牌影响力之间的竞争，成熟期的竞争一般取决于企业的文化建设，最后一阶段则是来自企业战略的竞争。而在当前市场基本饱和的状况下，买方占据了市场的主导地位，企业要成功进入一个市场，最重要的是要有社会公众所认可的企业文化与正确的战略选择。因此，企业主动承担其社会责任，并将其履行社会责任的意识作为企业文化的标志，已经成为企业获得社会公众好感与认可的主要途径之一，是企业想要成功获取竞争优势的战略选择，也是必然选择。

四、企业社会责任与利益相关者关系

从公司治理的角度来看，利益相关者是对企业的现金流量享有要求权的个人或组织。从组织行为学的角度来看，利益相关者是受到组织实现目标过程影响的所有个体或者群体。从管理学角度来看，利益相关者是处于组织外部且会受到组织内部决策和行为影响的个人或群体。利益相关者这一概念出现的时间可以追溯到 1963 年。在 1963 年，斯坦福研究院的学者经研究认为利益相关者是一个组织生存所必需的存在，并表示未来利益相关者的概念将会出现在企业经营管理、企业组织责任等研究中①。而后，弗里曼（1984）对利益相关者进行深入的研究，提出企业经营必须平衡各利益相关者的利益，企业应该脱离传统的股东至上理论，切实追求利益相关者综合利益的最大化②。这一理论提出后被普遍认可，并且发展成为当时利益相关者管理理论的核心。卡罗尔（1993）将利益相关者的内涵进一步细化，认为真正的利益相关者会将某种“筹码”投入企业中，经过企业的运作内化为企业的资源，这一过程具有交换价值，但是企业经营方式会直接影响交换价值的实现。

美国学者米切尔和伍德（1997）结合利益相关者的界定和分类，从合法性、权力性、紧迫性三个属性出发，根据利益相关者的属性表现来确定其相应的类别。具备全部属性的属于确定型利益相关者，股东、员工、客户一般都属于这种类型。拥有三种属性中任意两种的利益相关者属于预期型利益相关者。仅拥有其中一种属性的利益相关者则属于潜在型利益相关者。如图 1 所示。

根据弗里曼的观点，企业要兼顾股东的利益和社会的利益，平衡彼此的利润分配需求。进一步来说，该种观点又可以产生两种具体的衍生观点。

1. 工具性观点。工具性观点认为，企业将承担社会责任视为一种手段，一种工具，通过这样一种手段，可以使企业有利可图，所以企业积极承担社会责任。换言之，如果企业仅仅注重自身利益，忽视利益相关者的诉求，将会冒很大的风险，并且影响自己的生

① 龚剑雄，陈国华. 企业社会责任及应用研究综述［J］. 江苏科技信息（学术研究），2010（11）：158－159.

② 弗里曼. 战略管理：利益相关者管理的分析方法［M］. 上海：上海译文出版社，2006.

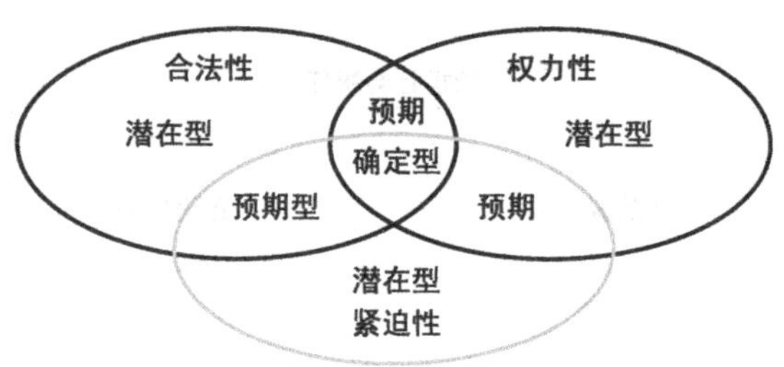

图1　米切尔分类法

存。举例来说，假设企业为了节约成本，宁愿向政府部门缴付罚款，也不愿花费巨资购进大型节能减排设备。对上述行为，某些利益相关者可能会采取支持行动，比如，某些股东可能会支持企业管理层的这项决定，因为这可以增加企业的利润，从而方便为股东创造财富。但另外一些利益相关者可能会表示强烈反对：由于排污严重，生活在当地工厂附近的居民将会面临恶劣的生活环境，因此可能会抵制工厂生产，影响生产效率；媒体会因环境污染而发布对企业不利的负面舆论，间接影响企业的发展。因此，企业管理层应准确估计利益相关者可能的抵制行动所造成的直接或间接损失，再与企业潜在的利益相比较，从而做好取舍权衡。简言之，工具主义观点认为企业考虑利益相关者的需求，踏实认真地承担社会责任，是因为企业将其作为工具，可以从中获利。

2. 规范性观点。规范性观点从实质上看，强调了利益相关者理论成立的必然性，重在突出企业本身具有一种基于道德层面的社会责任，理应主动回馈利益相关者。工具性观点认为企业承担社会责任的目的是企业能够不受干扰地创造经济利益，与之不同的是，规范性观点淡化了这一具体行为的功利性。规范性观点指出企业承担社会责任是一种必然行为，是任何企业必须承担的社会义务，而无须权衡公司的财务业绩。例如，制药企业一旦出现产品质量安全风险，必须不问代价回收产品，不遗余力地保证消费者安全。企业社会责任的履行应基于利益相关者的利益需求，而非只是工具手段。规范性观点更倾向于强调单个实体在社会责任中应承担的现时义务。

利益相关者与企业之间契约关系的建立并非易事，因此企业必须向利益相关者传递某种信号，以作为自己区别于其他企业的暗示，赢得利益相关者的信任[①]。企业社会责任的履行，实际上是在向利益相关者进行信号传递，而利益相关者对资源的使用，又会促进企业承担社会责任。这个过程如图2所示。

由于企业社会责任信号传递功能的存在，近年来企业社会责任报告的披露越来越受到企业的重视。根据Wind资讯显示，2007—2019年，我国A股上市公司社会责任报告披露的数量已经超过了7000份，并且其数量逐年递增，如图3所示。

总而言之，利益相关者与企业社会责任之间存在千丝万缕的联系。一方面，利益相关者为企业的生存发展提供所需的各种资源，如股东提供入股资本，债权人提供借款资金，政府提供公共资源等。有投入必然要求有回报，利益相关者会基于自身的影响力，通过各

① Jones Thomas M, Andrew C Wicks, R Edward Freeman. Stakeholder Theory: The State of Art [M]. Malden: Blackwell Publishers Inc, 2002.

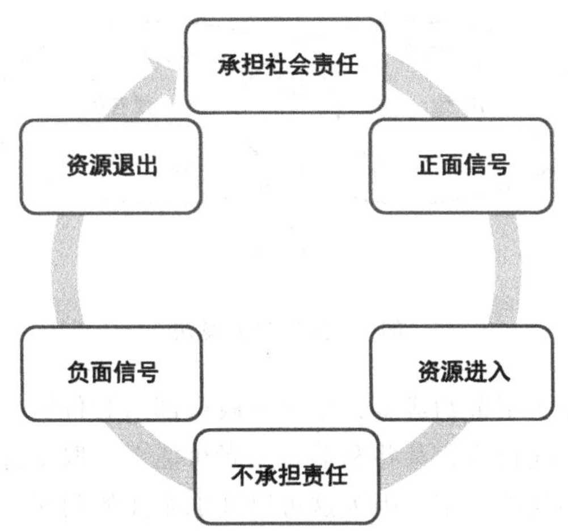

图 2 利益相关者影响机制图

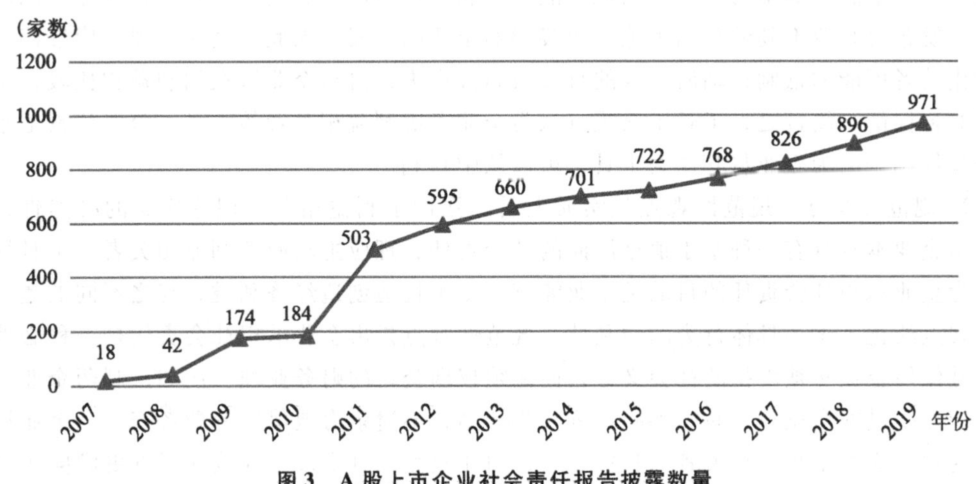

图 3 A 股上市企业社会责任报告披露数量

资料来源：Wind 数据库。

种方式直接或间接地参与到企业社会责任的具体履行中。另一方面，企业的生存发展需要利益相关者的支持。为了获取更多的利益相关者投入，企业会通过履行各种契约关系来满足不同利益相关者的利益需要，积极承担相应的社会责任，以便得到利益相关者更多的支持，从而增加企业价值。

股东及其他投资者是企业最重要的利益相关者之一，企业在履行社会责任过程中需要注意对股东及其他投资者利益的保护，主要可以采取的措施包括：

第一，细分不同投资者的利益诉求。投资者作为利益相关者对于企业的诉求可以分为财务业绩诉求、权益保护诉求、企业透明度诉求和风险控制诉求等方面。企业应细分不同投资者的利益诉求，在运营及管理过程中体现这些诉求，并通过法律、合约、公司章程、道德等渠道进行控制。

第二，结合《公司法》《证券法》等法律法规要求，建立规范的公司治理结构，同时形成多元化的投资者表达机制，切实保障企业的整体利益以及不同层次投资者的局部利益。

第三，进一步建立健全内部控制框架，充分发挥内控的有效性。在此基础上，确保企业信息在内外部之间进行良性沟通，为投资者提供更为真实、准确、完整、及时的信息披露。

第四，重视对投资者的合理回报，平衡投资者的短期利益和长期利益，为投资者创造持续、稳健、合理的投资收益，这也是企业履行社会责任的一种表现。

参考文献：

[1] 李健. 贵州茅台 13.9 亿做公益存“程序违规”? [J]. 证券市场红周刊, 2020. 11. 29.

[2] 刘梦丹, 余淙. 我国企业社会责任发展现状及对策研究 [J]. 经济研究导刊, 2015 (15): 14 -15.

[3] 王琦. 基于利益相关者理论的企业社会责任实现机制研究 [D]. 哈尔滨: 哈尔滨工业大学, 2015.

关于恒大危机的思考和建议

王建勇　陈瑞琛[①]

近日，恒大高负债引起的流动性危机成为市场和民众关心的焦点，并在一定程度上引发了信任恐慌。厦国会研究团队结合一年来对恒大的持续关注及深入研究，利用财报数据及公告信息，对这一危机的成因、后果进行了分析，并在此基础上提出了对策建议。

一、危机的成因

中国恒大集团（以下简称“中国恒大”或“恒大”）为港股上市公司，成立于1996年，目前拥有员工16.31万人。旗下拥有中国恒大新能源汽车集团有限公司（以下简称“恒大汽车”）、恒大物业集团有限公司（以下简称“恒大物业”）、恒腾网络集团有限公司（以下简称“恒腾网络”）及恒大地产集团有限公司（以下简称“恒大地产”）等四大核心子公司。其中，恒大汽车、恒大物业及恒腾网络皆为港股上市公司，恒大地产曾欲借2016年“宝万股权之争”时机，借壳深深房重回A股上市，后此计划流产，目前仍未上市。

表1显示，自中国恒大创立以来，该公司的一个显著特征是利用高负债进行扩张，其中实际负债率最高曾在2016年达到96.33%。在恒大历史上，曾遭遇三次较为严重的危机，皆通过公司管理团队的高超“财技”“巧避”。

中国恒大以往商业模式的一个显著特征是：利用高负债扩张圈地，再通过房价上涨消化其高负债带来的高融资成本。表2显示，在2018年之前，恒大平均楼面售价年均上涨10.63%。而恒大长期平均融资成本约为9%，处于同行业较高水平。但是由于对房地产融资的监管政策逐渐收缩，导致2020年与2021年恒大为了缓解债务危机而打折促销，2021年中报楼面均价已经跌至8295元/㎡，8月单月销售均价更是跌倒了7129元/㎡，相比2018年跌幅达30%。受此影响，恒大地产2021中期亏损41亿元。如市场信心难以恢复，中国恒大2021年全年亏损额将持续扩大。

中国恒大曾在2017年就作出了向“三低一高”（低负债，低杠杆，低成本，高周转）转变的战略决策。遗憾的是，这一战略没有得到认真执行，否则恒大或许将度过眼下的危

① 王建勇系厦门国家会计学院教师；陈瑞琛系厦门国家会计学院2020级学生。

表 1 恒大历年来负债情况 单位：亿元

	2013 年	2014 年	2015 年	2016 年	2017 年	2018 年	2019 年	2020 年	2021 年中
总资产	3481	4745	7570	13509	17618	18800	22066	23011	23776
实际总负债	2938	4149	6906	13013	16495	17014	19780	19507	19665
名义总负债	2688	3621	6149	11583	15195	15714	18480	19507	19665
名义总资产负债率	77.22%	76.31%	81.23%	85.74%	86.25%	83.59%	83.75%	84.77%	82.71%
实际总资产负债率	84.40%	87.44%	91.23%	96.33%	93.63%	90.50%	89.64%	84.77%	82.71%
平均融资成本	9.52%	9.74%	9.59%	8.27%	8.09%	8.18%	8.63%	9.46%	9.02%

资料来源：恒大年报。名义总负债为报表公布的总负债，实际总负债基于“实质重于形式”原则，对永续债和战略投资者投资进行了调整。

注：恒大 2013—2016 年累计发放 1548 亿元永续债，但这些永续债存在“利率跳升”机制，本质上是 2—3 年期的高利率债券。2016 年，恒大地产陆续引入 1300 亿元战略投资者，并承诺 2021 年“回 A”上市及 2018—2020 年累计实现净利润 1650 亿元，并将其中 68% 用以股东分红。同时附有对赌协议：若净利润未达标，恒大应以自有资金补偿战投，保证战投可获得以 1650 亿元利润为基础的分红（此条款保证战投年平均收益约为 10.51%）。此外，上市未成功，战投有要求股份被回购的权利。因此，2020 年前战投资金性质是有息负债。2020 年底，战投与恒大签署协议，不再要求回购，成为长期投资者。所以，2020 年起本文将战略投资者资金划分为权益。

表 2 恒大 2009 年以来的土储变化情况 单位：亿㎡、元/㎡

年份	期初土地储备总量	新增土储量	完工土储量	期末土地储备总量	平均楼面售价
2009	0.51	0.13	0.09	0.55	5375
2010	0.55	0.51	0.1	0.96	6394
2011	0.96	0.41	0.01	1.37	6590
2012	1.37	0.26	0.23	1.4	5962
2013	1.4	0.26	0.15	1.51	6741
2014	1.51	0.08	0.12	1.47	7227
2015	1.47	0.35	0.26	1.56	7892
2016	1.56	1.02	0.29	2.29	8355
2017	2.29	1.26	0.43	3.12	9960
2018	3.12	0.05	0.14	3.03	10515
2019	3.03	0.67	0.77	2.93	10281
2020	2.93	0.69	1.31	2.31	8985
2021	2.31	0.07	0.24	2.14	8295

资料来源：恒大年报。

机。2017 年以来，恒大继续扩张土储 2.74 亿平方米，耗资约 6280 亿元。这使其错过了宝贵的战略机遇期，造成了今天的“骑虎难下”之势。若 2017 年停止扩张并按 2018—2020 年的平均速度进行土储开发，则可带来约 1590 亿元的利润及 7170 亿元的现金流入，这将有助于恒大进入“三道红线”绿档。但是，恒大将降负债的手段寄希望于资本市场运作，通过分拆恒大物业上市、追风市场热点布局新能源汽车等来获取资金，降低其负债率。此外，恒大还寄希望于从 A 股市场募集资金，推动恒大汽车科创板上市和深深房重组，若这一策略成功，仅恒大汽车科创板上市就将助其进一步募资约510亿元，进而改善恒大资产负债率，使其2020年净负债率由159%下降至126%，只需再降低26%就可避过监管红线。而推进深深房重组则为恒大吸引到了1300亿元的战投，更不必说重组成功之后的“圈钱效应”。

为迎合监管层对房地产有息负债规模增速的控制，2017年以来，恒大的有息资产负债率确实下降，但是负债规模却仍在攀升，且结构发生了变化，有息负债转换成无息负债，从表3可知，恒大应付款由2017年的3994亿元激增至2021年中的9551亿元，占总负债比例则由24.21%增加至48.37%，这使其总资产负债率没有实质性下降。

表3　　恒大2017年后的负债总额及结构　　单位：亿元

	2017年	2018年	2019年	2020年	2021年中
实际总资产负债率	93.63%	90.50%	89.64%	84.77%	82.71%
实际有息负债率	41.58%	35.80%	36.24%	31.13%	24.05%
实际总负债（含战投）	16495	17014	19780	19507	19665
有息负债	7325	6731	7997	7163	5717
有息负债占比	44.41%	39.56%	40.43%	36.72%	29.07%
应付贸易款	3994	5543	8291	7176	9511
应付贸易款占比	24.21%	32.58%	41.92%	36.79%	48.37%
战略投资者	1300	1300	1300	0	0
战略投资者占比	7.88%	7.64%	6.57%	0	0
债券	1115	1363	1952	2097	N/A
债券占比	6.76%	8.01%	9.87%	10.75%	N/A
银行借款及房地产信托	6210	5368	6045	5066	N/A
银行借款及房地产信托占比	37.65%	31.55%	30.56%	25.97%	N/A

资料来源：恒大年报。

表4是恒大与同业优质公司的价值链权力对比。价值链权力衡量的是企业与其供应商和客户之间话语权的指标。指标越高，企业话语权越强。由表4可知恒大供应端权力约为保利的3倍，万科的2倍，说明恒大将资金压力转嫁给了供应商。恒大需求端权力远低于保利与万科，这说明客户对于恒大的品牌依赖性较低，而根据2021年公告，恒大9月份的物业合约销售持续大幅下降，说明对于恒大危机的恐慌已经进一步在客户端蔓延。

表4　　恒大与同行业公司的价值链权力指数

		需求端权力	供应端权力	价值链权力
2019年	万科	1.56	0.46	2.02
	保利	1.39	0.30	1.68
	恒大	0.04	1.25	1.09

续表

		需求端权力	供应端权力	价值链权力
2020 年	万科	1.49	0.56	2.04
	保利	1.49	0.45	1.94
	恒大	0.02	1.24	1.26
2021 年中	万科	2.04	0.67	2.71
	保利	2.43	0.48	2.92
	恒大	0.08	1.76	1.84

注：①需求端权力指数 = （预收款项 - 应收账款）/销售收入。

②供应端权力指数 = （应付账款 - 预付账款）/销售收入。

资料来源：公司年报，choice 数据库。

二、危机的性质及可能后果

“风起于青萍之末”，最早对恒大的担忧来自三棵树 5000 多万元商票未兑付的公告，随后在广发银行和金螳螂等多家公司的催告下，对恒大的信任危机遂成燎原之势。2021 年中报显示，恒大目前有 5700 亿元有息负债以及 9500 亿元应付贸易款，合计 1.52 万亿元，其中短期债务为 1.19 万亿元，然而恒大账面货币资金仅有 1652.3 亿元，短债现金缺口达 1.02 万亿元。由表 5 可知，恒大的现金比率远低于同行业优质公司，但是其短期资产和长期资产的抵债程度仍处于正常水平，在保证现有资产变现能力的情况下能够偿付债务，因此恒大实际上遇到的是流动性危机。由此引发的信任危机最初在供应商和银行间蔓延，并反映于恒大股价，现在开始向客户端蔓延。

在现金比率和利息保障倍数方面，恒大 2021 年中报全部指标都低于 0.52，和泰禾处于同一区间，再次反映其流动性枯竭。若恒大以上指标达到万科与保利的水平，在当前资产负债规模下，则现金比率 1 应超过 2，现金比率 2 应当超过 0.5，所需资金分别约为 3933 亿元与 5500 亿元。

从中期来看，在恒大不扩张土储的情况下，基于 2020 年财务指标分析，恒大仍然需再投入 1851 亿元现金才能开发 1 亿平方米土地，回收净利润约 513 亿元，回收现金约 6443 亿元。

表 5　　恒大、万科、保利的偿债指标和抵债指标　　单位:%

年份	2019 年				2020 年				2021 年中			
偿债指标	万科	保利	恒大	泰禾	万科	保利	恒大	泰禾	万科	保利	恒大	泰禾
现金比率 1	1.67	2.09	0.40	0.21	2.17	2.34	0.47	0.06	2.13	2.58	0.36	0.01
现金比率 2	0.44	0.77	0.14	0.18	0.49	0.70	0.14	0.05	0.47	0.76	0.07	0.01
短期资产抵债程度	1.13	1.43	1.45	1.43	1.19	1.53	1.22	1.73	1.15	1.49	1.27	1.32

续表

年份	2019 年				2020 年				2021 年中			
偿债指标	万科	保利	恒大	泰禾	万科	保利	恒大	泰禾	万科	保利	恒大	泰禾
长期资产抵债程度	1.15	1.04	1.22	1.24	1.20	1.21	1.10	1.23	1.16	1.16	1.19	1.06
EBIT 利息保障倍数	5.48	4.05	1.39	0.26	5.03	3.99	0.95	-0.51	3.50	3.01	0.51	-0.09

注：①现金比率 1 = 非限制货币资金/短期有息负债，反映账面可用货币资金对债权人的支付程度。

②现金比率 2 = 非限制货币资金/（短期有息负债 + 应付款），反映账面可用货币资金对债权人和供应商的支付程度。

③短期资产抵债程度 =（存货 + 货币资金 + 应收款）/（短期有息债 + 应付款 + 预收），反映恒大流动资产对债权人短期债务、供应商和客户的抵债程度。

④长期资产抵债程度 =（存货 + 货币资金 + 应收款 + 投资物业 + 长期股权投资）/（有息负债 + 应付款 + 预收），反映恒大长短期资产对债权人债务、供应商和客户的抵债程度。

⑤基于 EBIT 的利息保障倍数 = EBIT/应付利息，反映恒大利润对于债权人利息的保障程度。

资料来源：公司年报，choice 数据库。

长期来看，根据表 6，在当前资产负债规模下，恒大若要实达到“三道红线”绿档，需要近 8000 亿元资金。而恒大将目前土储开发完毕，共需 1.17 万亿元左右资金，还需要继续投入 4000 亿元左右现金，这能带来 1100 亿元左右的利润，回收 13800 亿元左右的现金。

表 6　恒大“三道红线”指标与资金缺口　单位：亿元

	2020 年	2021 年中	资金缺口
现金短债比 <1	0.47	0.36	1533
扣除预收款资产负债率 >70%	83.64%	80.98%	7950
净负债率 >1	159%	118%	740

注：现金短债比 = 现金资产/短期有息债；

资产负债率 =（总负债 - 预收款项）/（总资产 - 预收款项）；

净负债率 =（有息债 - 现金资产）/权益。

资料来源：恒大年报。

但如今，中国恒大即便将其所持有的核心上市公司股权卖尽，筹措资金不足 450 亿元（按照 2021 年 9 月 24 日的收盘价计算），仍然是杯水车薪。已建成房产价值 1485 亿元，占合同负债比率约为 68.81%，即使全部抵债，也难以应付巨大的合同负债。

“春江水暖鸭先知”，许家印等内部人员也许早就意识到了危机。在恒大的资金状况如此紧张的局势下拿走了大笔现金。表 7 是 2017 年以来恒大高管团队依靠上市公司累计取得的“真金白银”的现金。据恒大公告，由于深深房重组事宜，2016—2017 年股利冻结，2018 年与 2019 年的股利当年也未支付，四年累计每股股利为 2.072 元，于 2020 年分两次支付，根据持股比例，许家印可得 210 亿元。加上 2019 年许家印减持 10 亿美元恒大债，分红与抛售债券累计套现可超过 250 亿元人民币。此外，恒大董事会薪酬高于同行业多数公司，四年累计支付董事会 11.24 亿元，而同期万科董事会薪酬仅为 2.63 亿元。在恒大负债如此高，现金如此紧张的情况下，以许家印为代表的决策团队从上市公司取得巨额现金，是否也是一种“掏空”公司的行为？

表 7　　许家印等 2017 年以来从恒大取得的现金　　单位：亿元

	2017 年支付	2018 年支付	2019 年支付	2020 年支付	合计
许家印家族分红	0	0	0	210.56	210.56
刘銮雄家族分红	0	0	0	24.3	24.3
恒大董事薪资	3.38	2.97	2.19	2.7	11.24
万科董事薪资	0.63	0.77	0.63	0.6	2.63

资料来源：恒大年报，choice 数据库。

事实上，恒大并不具备大量分红条件，2017 年以来，恒大的平均获现率小于 1。表 8 说明恒大需要通过不断“借新还旧”来维持经营，融资类型与已经深陷债务危机的泰禾相同。在这种情况下，高管等决策团队再从上市公司领取天价报酬，分得巨额红利，不免惹人质疑。

表 8　　恒大等房地产企业 2017 年以来的融资类型

		指标 1（亿元）	指标 2（亿元）	对冲型融资	投机型融资	庞氏型融资	获现率
2019 年	万科	-1317	1130		√		
	保利	2608	3868	√			
	恒大	-6567	-4368			√	-0.74
	泰禾	-511	-316			√	
2020 年	万科	-920.4	987.6		√		
	保利	3136	4665	√			
	恒大	-4661	-2591			√	1.02
	泰禾	-364	-221			√	
2021 年中	万科	-1088	1000		√		
	保利	1501	2872	√			
	恒大	N/A	N/A	N/A	N/A	N/A	N/A
	泰禾	-602	-559			√	

注：恒大 2017 年和 2018 年获现率分别为 -1.98 和 0.92，皆不满足分红条件。

指标 1 = 当期经营性净现金流 - [当期投资支出 + （当期应付债务 + 当期利息 + 当期股息）]，反映企业当期经营活动产生的现金流是否足以支撑企业的投资及还债需求。

指标 2 = （当期经营性净现金流 + 期初现金存量） - （当期应付债务 + 当期利息 + 当期股息），反映企业期初现金及当期经营活动产生的现金流是否足以支撑企业还债及分红需求。

若指标 1≥0 则说明企业依靠经营活动融资，为对冲型融资；若指标 1 < 0 但指标 2≥0，则说明企业依靠结余现金和经营活动融资，为投机性融资；若指标 2 < 0 则说明企业依靠结余现金和经营活动已无法满足分红和还债需求，企业的融资为庞氏型融资。

资料来源：公司年报，choice 数据库。

三、建议和策略

根据前文对恒大资金缺口以及负债情况的分析，在当前资产负债规模下，欲使恒大恢复健康需要的资金量在5000亿—8000亿元。而若通过债务重组对资产和负债进行减值，则将降低恒大恢复流动性和市场信心的成本。

因此，短期内恒大需通过折价出售资产以换取现金流，这可能使资产端缩水2000亿—3000亿元。这是一个市场出清的过程，通过市场出清使原有股东权益减少约1500亿元。另外，在债务重组过程中，债权人让步1000亿—1500亿元，使得资产负债表左右两端恢复平衡。通过市场出清和债务重组使得市场信心得以恢复。在此基础上，引入2000亿元左右的战投资金，即可使恒大继续开发土储1亿平方米，回收6000余亿元现金，资产负债率降至70%以下，这将帮助恒大恢复元气，逐步恢复自身“造血”功能，最终走出危机。

"巧"避三次危机，恒大未来何去何从？

王建勇　吴世农　陈韫妍①

2020年11月25日，国家发改委下发了《关于开展新能源汽车整车生产及项目情况调查的通知》，要求各地提供本地区纯电动汽车项目规划和招商引资情况，其中明确要求各地详细报告恒大、宝能等企业2017年以来在当地投资以及拟投资建设的新能源整车和零部件项目。与此同时，华为内部网站心声社区刊出华为经营管理团队（EMT）文件，正式将华为智能汽车解决方案BU（IASBU）的业务管辖关系从ICT业务管理委员会调整到消费者业务管理委员会。并且再次重申，华为不造整车，而是聚焦ICT技术，"以后谁再建言造车，干扰公司，可调离岗位，另外寻找岗位。"消息一出，恒大汽车（HK0708）当即下探至当日最低点（达当日最大跌幅11.02%），损失市值213.1亿元，中国恒大（HK3333）当日最大跌幅也为-3.23%，损失市值85.31亿元。恒大的新能源汽车是否遭遇危机？联想到不久前恒大与深深房的重组失败，中国恒大的高负债扩张之路将如何持续，再一次成为投资者深切关注的问题。

本文回顾了恒大的高负债扩张模式和由此引发的三次危机，恒大的自我救赎之路以及其融资在会计上的处理技巧，意在提醒监管者提前监督，以控制风险。基于此，本文呼吁，区分新旧经济，绝不应该仅从技术出发，而是应该从管理学、经济学、社会学等人文学科的视角，洞悉商业模式的本质，筛选出真正的新经济，才是真正需要深入思考的问题。商业模式的本质，还是通过创造价值链权力，最终实现创利模式和创现模式。无论是新经济还是旧经济，可能都要遵循这一逻辑。这是会计书写商业语言应该遵循的重要原则，否则可能强化会计与资本市场的正反馈环，不断吹大泡沫和推动虚假繁荣。最后培育出一批讲述创新故事的庞氏型公司，扩大经济运行风险。

一、恒大简介

（一）许家印——"赌"成资本大赢家

1958年，许家印出生于河南太康一个贫寒之家。1996年，许家印自主创立恒大实业

① 王建勇系厦门国家会计学院教师；吴世农系厦门大学教授；陈韫妍系厦门大学学生。

集团公司，短短10年时间，他带领中国恒大进入中国房企第一军团。2020年，凭借2310亿元人民币身家第三次成为全球地产首富。从孤寒少年到大学生，从处级干部到深圳打工仔，从房企老板到中国巨富，“要做别人不可能做的事，做别人想不到的事，做别人不敢去想、去做的事情”，敢“赌”善“赌”，勇于做“大”，也许是许家印注入恒大的一个文化基因。从美林出来的蓬钢曾回忆道，“许家印的血液里流淌着赌性，兵行险峰，但风光独好。”

（二）恒大发展历程简介

1996年，恒大实业集团公司成立于广州。2003年，恒大曾借壳“琼能源”在A股上市，但因琼能源负债过于沉重，以及资本市场的不景气，2006年恒大脱壳退市并筹划赴港上市。2008年，受金融危机的影响，上市计划暂时搁置。2009年底，恒大成功在港上市，并以705亿港元总市值创造了民企上市神话。2010年，公司先后成功发债13.5亿美元，创造了中国房地产企业全球发债年度最大规模纪录。2015年，恒大总部由广州迁至深圳。2016年，恒大与深深房签订重组协议，宣告回归A股上市计划，不幸的是，在深深房历时1514天的停牌后，2020年11月18日，这一计划宣布破产。

纵观恒大二十多年的发展历程，许家印先后制定实施八个“三年计划”，逐步形成以地产为基础，文化旅游、健康养生为两翼，新能源汽车为龙头的世界500强企业集团。但随着宏观调控的加强，房地产行业进入强监管周期，曾靠着“高负债、高周转、低成本”九字真经狂飙猛进式发展的恒大，正面临着前所未有的挑战。

（三）恒大集团的主要架构

图1显示了恒大集团的主要公司架构，其主体是在中国香港上市的中国恒大集团。广州市凯隆置业有限公司是地产系的枢纽公司，旗下包括恒大地产集团有限公司（拟与深深房重组）、嘉凯城集团股份有限公司（A股上市公司，主营业务为房地产开发管理、院线管理等，于2016年4月24日被恒大购得，作为回归A股备选壳公司）、恒大集团有限公司（主要包括旅游、寿险等金融业务，以及其他联营合营企业）。此外，恒大还控股了恒大新能源汽车集团有限公司（已在港股上市）、恒大物业集团有限公司（拟在港股上市），以及恒腾网络集团有限公司（主要从事电子产品配件制造销售、互联网社区服务等业务，2015年由恒大和腾讯联合购得）。

二、恒大的高负债扩张模式

（一）迅速扩张的恒大

图2显示了2012年以来恒大的销售额及排名情况，从图2可知，2012年以来，恒大销售额由923亿元增加至6261.9亿元，增长势头迅猛，年均增长率达到34.80%。恒大排名也由2013年的第7名逐年攀升至2016年的第1名，之后虽然有所下滑，但目前仍稳定在第2或第3位。在恒大的第7个发展计划中（2015—2017年），恒大在世界500强中的

排名由 338 名一举跃升至 158 名，成为排名提升最快的企业之一。2019 年，恒大世界 500 强排名又提升至 138 名。迅猛扩张的恒大在其第 7 次重大战略决策中要求到 2020 年底，公司总资产达到 3 万亿元，问题是，在“房住不炒”的决心和强监管下，恒大利用会计政策的滞后性，创新融资工具，迅速扩张的商业故事是否还能讲述下去？

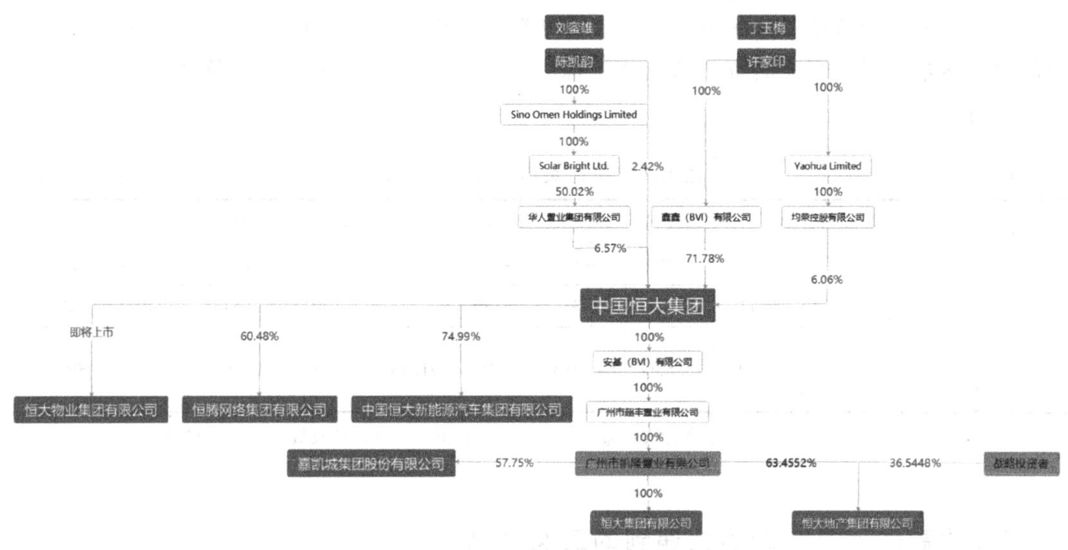

图 1　恒大集团架构图

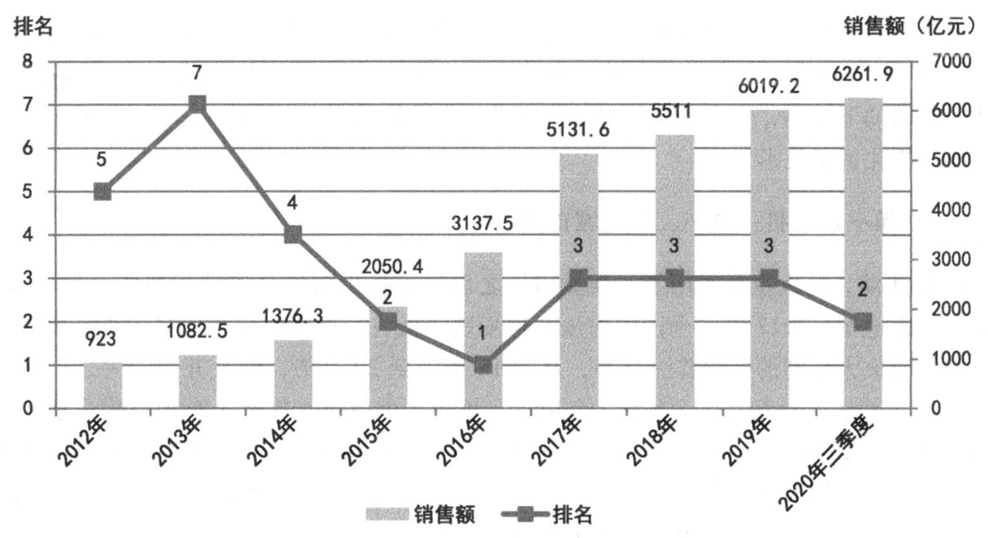

图 2　恒大销售额及销售排名

资料来源：研究团队根据中国恒大年报整理。

（二）高负债模式

表 1 显示了恒大自 2009 年以来资产负债表的变化，基于会计实质重于形式原则，本

文将永续债及战略投资者出资算为负债。从表 1 可知，自从 2009 年恒大上市之后，资产规模扩张迅速，由 2009 年的 631 亿元扩张至 2019 年的 2.21 万亿元，与此同时，伴随着负债规模的迅速扩张，由 499 亿元攀升至 2019 年的 1.98 万亿元。恒大历年的负债率不断攀升，2016 年甚至攀升至 96.33%。2017 年之后，恒大启动战略转型，从高负债、高杠杆、高周转、低成本的“三高一低”模式向低负债、低杠杆、低成本、高周转的“三低一高”模式转变，恒大的负债率这才略有降低，逐步降至 2019 年的 89.64%。简要分析恒大的资产负债表不难发现，恒大的资产负债率不像一家地产公司，如此之高的负债率，更像一家金融公司。

表 1　　恒大历年资产负债及资产负债率　　单位：亿元

	2009 年	2010 年	2011 年	2012 年	2013 年	2014 年	2015 年	2016 年	2017 年	2018 年	2019 年
总资产	631	1045	1790	2390	3481	4745	7570	13509	17618	18800	22066
总负债	499	831	1442	1973	2938	4149	6906	13013	16495	17014	19780
资产负债率	79.14%	79.54%	80.53%	82.55%	84.40%	87.45%	91.23%	96.33%	93.63%	90.50%	89.64%

资料来源：恒大历年财务报表，基于会计实质重于形式原则，将恒大的永续债及战略投资调整为负债。

三、“高歌猛进”的恒大遇到的三次危机

恒大的快速扩张之路，来源于其融资工具和融资手段的创新。从财务上看，这种模式的最大特点就是产生杠杆放大盈利，但是，杠杆效应带来的两面性也使其一旦遇到危机，“泰山压顶式”的债务也会放大风险，在房地产周期的上升期，恒大将“高歌猛进”，在房地产周期的下降期，恒大也将“四面楚歌”。且看许教授的智慧，是如何将恒大遇到的一次次危机化解于无形之中。

（一）第一次危机：向一、二线城市迈进

2006 年前，恒大主要集中于三线城市，之后恒大提出布局全国的战略并开始向武汉、成都等城市进军。2012 年，全国的房地产市场跌入低谷，城市间分化明显，重心集中在三四线城市的恒大受到的影响首当其冲，从 2013 年中到 2014 年，恒大开始向一、二线城市迈进，拿下了北京 5 个项目、上海 4 个项目、杭州 1 个项目、广州 1 个项目等多地的多个项目。这使得 2013 年恒大购买土地较 2012 年涨幅高达 128.7%，土地支付价高达 707 亿元。与此同时，恒大地产需要支付的到期债务将近 358 亿元，而 2013 年初恒大仅有 401 亿元的非限制现金，仅这两项就导致恒大面临巨大的资金缺口。

恒大该怎么办？在此之前，恒大几乎运用了所有的债务融资工具，2010 年，在海外发行的 5 年期到期优先票据利率已飙至 13%，2012 年甚至面临着债券难以发出的困境，年底资产负债率达到 82.55%。在房地产行业低谷、银根紧缩的融资背景下，若再次发行债券，会恶化资本结构，进一步加大财务风险；而采取股权融资方式，不仅成本更加高昂，而且还可能分散控制权。此外，根据 2010 年银监会 54 号文《关于加强信托公司房地产信

托业务监管有关问题的通知》相关规定，信托资金不得用于土地储备，通过信托计划融资的通道也行不通。因此，恒大只得另辟蹊径。

与此同时，一种新的融资工具被"创新"出来。2013 年，国内第一只永续债——13 武汉地铁可续期债发行，自此，永续债市场发展迅猛。永续债由于其无期限、利息可递延的特征，在会计处理上，被不少发行人计入所有者权益表中的"其他权益工具"科目，因而成为降低资产负债率的一大"神器"，也成为恒大这类急需资金解渴的公司的"心头好"。从 2013 年 6 月开始，至 2016 年底，恒大累计发行了 1548 亿元的永续债，这不仅暂时缓解了恒大的资金危机，也进一步扶助了恒大的扩张之路。

（二）第二次危机：永续债

不过，"出来混，迟早都是要还的"，对于恒大来说，集"千好万好"为一身的永续债，实际上面临着一个致命的缺陷。恒大发行永续债，采用的是"2 + N 模式"：所谓 2，即贷款利率前两年为 10%；所谓 N，即若第三年未赎回，利率以 30% 的增长率跳升，最终维持在 18% 的水平。这主要是为了倒逼恒大在第二年赎回，然后"借新还旧"，表 2 统计了恒大历年的永续债发行和赎回情况，可以看出，正是这种倒逼模式，使得恒大选择在 2 年后赎回了永续债，并继续增发新的永续债。

表 2　　中国恒大永续债发行及赎回情况

年份	发行（百万元）	赎回	一年旧债占比	二年旧债占比	三年旧债占比
2013	24367.21	0.00	0.00%	0.00%	0.00%
2014	26346.74	960.00	44.29%	0.00%	0.00%
2015	44322.00	20902.00	34.79%	3.31%	0.00%
2016	59754.00	25789.00	39.24%	2.71%	39.24%
2017	0.00	113667.00			
合计	154789.95	161318.00			

资料来源：研究团队根据恒大年报数据整理。

这种倒逼机制使得恒大的永续债本质上是一种 2 年期的债券，且恒大发行的永续债属于可续期信托贷款的形式。监管部门可能也注意到了这一风险，2017 年银监会发布 55 号文，明确规定不得将信托资金违规投向房地产。根据财会〔2017〕14 号文的要求，结合永续债的具体合同条款，当该初始期限不是发行方清算日且发行方能自主决定是否赎回永续债时，发行方应当谨慎分析自身是否能无条件地自主决定不行使赎回权。如不能，通常表明发行方有交付现金或其他金融资产的合同义务。按照经济实质重于法律形式的原则，恒大的永续债应当确认为债务。这使得永续债降负债率的"神器"作用消失，恒大通过发行新永续债偿还旧债的故事也难以为继。"曾经有多爱你，今天就有多恨你"，当年的"心头好"永续债，使得恒大再次遇到了危机！

（三）第三次危机：战略投资者

神奇的是，许教授似乎对永续债危机不以为意，恒大也于 2017 年将 1136 亿元的永续债全部赎回。许教授到底讲述了一个怎样的故事，使得恒大能够再次找到“白衣骑士”，他身跨白马，手拿利剑，再一次拯救恒大于水火之中？

从引入永续债的第一天开始，恒大可能就是为了缓解“燃眉之急”，其隐藏的危机，许教授可能早已“心知肚明”，因此恒大及其团队可能早就在筹划如何再次寻找“白马王子”了。2015 年的“宝万之争”，再次为充满智慧的恒大提供了一个绝佳的机会！宝万之争的故事此处不再赘述，重点阐述在宝万之争最为焦灼的阶段，2016 年 8 月 4 日至 11 月 29 日期间，恒大躬身入场，5 次公告收购万科股份，累计持股 14.07%，不仅帮助宝万之争画上了一个圆满的句号，而且这次巧施援手，也种下了日后解决永续债危机的因缘。

据估算，恒大在宝万之争总共投入 362.73 亿元，最后以 292 亿元将其持有的万科股权转让给深圳地铁集团，看似亏损 70 亿元，但实际上恒大并不是输家。深圳市投桃报李，使恒大讲述了一个深深房重组的故事，通过这个故事，恒大引入第一轮、第二轮、第三轮共计 1300 亿元的战略投资基金，再次巧度危机，将 1136 亿元的永续债全部赎回。据统计，在第一轮、第二轮共计 605 亿元的战略投资者中，49.58% 的投资者具有深圳国资背景，截至 2020 年，恒大持有的 104 个旧改项目，也有半数集中在深圳。2017 年 8 月，恒大将其总部迁至深圳，再次助力深圳的总部经济。

一个有趣的问题是，恒大为何要回归 A 股上市？一个重要原因是境外投资者可能比较熟悉恒大面临的风险，使得恒大在境外融资成本偏高。2017 年，恒大在境外发行的 5 年期票据利率为 8.25%，相较于同一信用评级的中骏（5.88%）等公司高出 2.37% 以上，比万科（4.15%）高出 4.1%，而且恒大在境内发行债券的利率为 7% 左右。一旦回归 A 股，融资成本的降低，将导致恒大由损值型公司提升为创值型公司，具体见图 3。2011 年之后，恒大的创值能力逐年下滑，且 2014 年后的大多数年份为损值型公司。但是一旦回归 A 股上市，恒大的创值能力将提升，尤其是 2017 年之后，将成为创值型公司。这不仅是恒大急于回归 A 股的重要动力，同时也是战略投资者愿意替恒大解围的重要原因之一。此外，恒大在港股市场上的市净率在 0.7 左右，如果回归 A 股，由于恒大的品牌效应且 A 股市场长期对房地产股权融资的限制，使得房地产 A 股融资成为稀缺资源，市净率预期在 1.3 左右，资本公积的增厚也有助于缓解恒大的债务危机。

但不幸的是，历史这次似乎没有按照恒大规划的剧本上演。2020 年 9 月 24 日，一份有关恒大“恳请支持重大资产重组”的报告在“网间”流传，虽然很快被恒大官方辟谣并报案，但是在资本市场和投资者内心仍然留下了不小的阴影。这时，才有越来越多的投资者想到恒大当年引入的战略投资者，还与恒大有着一项非常重要的“对赌协议”，大意为：若恒大与深深房的重组于 2021 年 1 月 31 日前尚未完成，恒大要么选择赎回战略投资者的出资，这将使得战略投资者的出资变成成本高额的债务（据测算，战投要求恒大每年分红利润的 68%，实际上相当于债务融资成本为 7.8%）；要么触发棘轮条款，使得恒大对恒大地产的持股权下降至 45.18%，从而丧失对恒大地产的控股权。以恒大当期的负债状况，1300 亿元的赎回压力当然无心应对，控制权的丧失更是灭顶之灾。摆在许家印面前的两条路，似乎都是绝径，但是，不走寻常路的恒大选择了第三条路，许教授及其团队的智慧资本再次发挥了关键作用，“兵行险峰”的许家印再次“风光独好”。

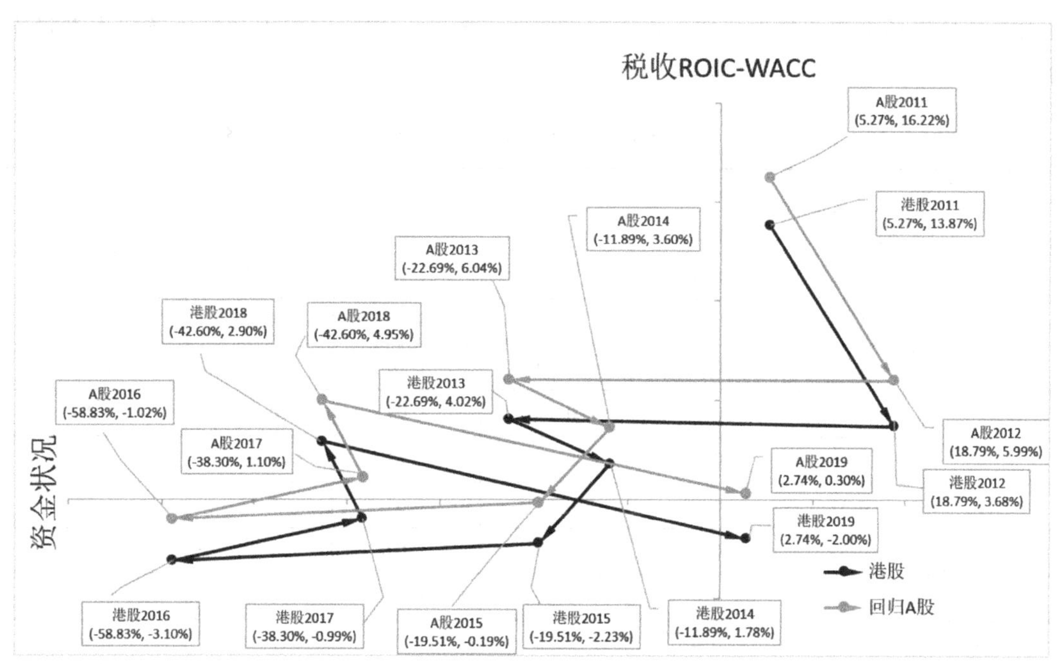

图3　恒大回归A股前后的财务战略矩阵

2020年9月29日，恒大与30多名战略投资者代表签订了补充协议，1300亿元战投中，863亿元战投已签订补充协议，同意不要求进行回购并继续持有恒大地产权益；357亿元战投已商谈完毕，即将签订补充协议；50亿元战投由于涉及其自身大股东的资产重组，正在商谈；剩余30亿元战投的本金恒大已支付，即将回购。许家印“杯酒释兵权”，战投带来的第三次危机也被许教授在和各位战投大佬的觥筹交错中轻松化解。恒大为何能够度过战投危机，有好事者言此乃许教授的“声东击西”“隔山打牛”之计，其中奥妙，不可多言。

四、“折戟沉沙”深深房的恒大未来预测

（一）恒大的价值链权力及融资模式分析

吴世农和王建勇（2019）提出了价值链权力的概念并从财务角度给出了其度量方法，他们还发现，相对于要素市场，客户更注重产品市场上的需求端权力。表3分别展示了2010年来恒大供货端、需求端和价值链的权力。作为对比，表3还展示了2014年来万科的相关权力指数。

从需求端权力角度来看，恒大预收款所占总资产比重持续下降，恒大自2010年来的价值链权力不断提升，由0.53提升至0.9左右，但是其主要原因来源于其供货端权力的上升，由2010年的0.01上升至2020年的0.81，这是恒大通过供应链金融不断压榨上游供应商的结果。恒大的需求端权力自2017年后不断恶化，2020年达到最低点0.16，说明

恒大在产品市场上的竞争力变弱。而万科的需求端权力、供货端权力和价值链权力都稳中有升。

表 3　　恒大和万科的价值链权力分析

年份	中国恒大			万科		
	需求端权力	供货端权力	价值链权力	需求端权力	供货端权力	价值链权力
2010	0.52	0.01	0.53	1.02	0.07	1.09
2011	0.42	0.06	0.48	1.27	0.06	1.33
2012	0.54	0.36	0.90	1.16	0.10	1.26
2013	0.39	0.32	0.71	1.04	0.17	1.21
2014	0.3	0.32	0.62	1.13	0.25	1.38
2015	0.37	0.55	0.92	1.00	0.23	1.23
2016	0.55	0.51	1.06	1.00	0.29	1.29
2017	0.66	0.37	1.03	1.40	0.40	1.79
2018	0.41	0.42	0.83	1.53	0.43	1.96
2019	0.24	0.73	0.96	1.46	0.44	1.9
2020	0.16	0.81	0.97	2.02	0.56	2.57

吴世农和陈韫妍等（2020）编制了 A 股上市公司脆弱性指数，并根据这一指数将上市公司分为对冲型融资、投机型融资和庞氏型融资三类公司，表 4 为恒大和万科的财务脆弱性分析，可以看出，万科是典型的投机型公司，其使用当年所创造的经营性净现金，无法满足还本付息、新增投资和股利支付的要求，但在通过其历年的现金存量，就能满足其还本付息及分红的需求。恒大是典型的庞氏型融资，其当年所创造的经营性净现金，无法满足还本付息、新增投资和股利支付的要求，即便加上期初现金存量，也难以满足其支出的需求，只能通过不断发债扩股来满足其现金支出要求。

表 4　　恒大和万科的融资脆弱性分析　　单位：百万元

恒大	2015 年	2016 年	2017 年	2018 年	2019 年
经营净现金	-23749.00	-58610.00	-150973.00	54749.00	-67357.00
投资支出	34771.00	141229.00	151082.00	127523.00	90637.00
应付债务	111003.00	242473.00	333951.00	446455.00	440002.00
当期利息	20295.00	31668.00	52779.00	57927.00	68440.00
当期股息	5243.40	—	14880.13	18614.53	8636.70
指标 1	-195061.40	-473980.00	-703665.13	-595770.53	-675072.70
期初现金存量	40119.00	103090.00	198420.00	152008.00	129364.00
指标 2	-141073.40	-255450.00	-467830.13	-316239.53	-455071.70

续表

万科	2015 年	2016 年	2017 年	2018 年	2019 年
经营净现金	16046.02	39566.13	82322.83	33618.18	45686.81
投资支出	24593.15	49953.82	71384.80	86156.85	44560.49
应付债务	25028.58	38826.22	41254.32	73854.37	100715.56
当期利息	4852.95	5538.22	8208.09	14145.81	13962.77
当期股息	7957.16	8720.93	9935.24	11811.89	11810.74
指标 1	-46385.82	-63473.05	-48459.61	-152350.74	-125362.75
期初现金存量	61653.32	51747.62	79490.01	164326.01	175668.16
指标 2	39860.65	38228.38	102415.20	98132.12	94865.90

注：①指标 1 = 当期经营净现金 - ［当期投资支出 + （当期应付债务 + 当期利息 + 当期股息）］。
②指标 2 = （当期经营性净现金流 + 期初现金存量） - （当期应付债务 + 当期利息 + 当期股息）。

（二）监管高压下的第四次危机

恒大已经凭借许教授的智慧，安然度过前三次危机。2020 年 11 月 8 日，就在蚂蚁上市被临时叫停后的 5 天，恒大宣布深深房重组失败，以往通过野蛮生长，快速实现"大而不倒"的商业思维，可能不再适用于监管高压。2020 年 8 月 23 日，住建部和人民银行与房地产企业座谈，随后市场上流传出"三道红线"（见表 5），按照"三道红线"的监管规则，恒大触发了"三道红线"，而且排名靠前。在监管高压下，恒大是否还能实现其在第七次重大战略决策中要求到 2020 年底，公司总资产达到 3 万亿元的目标？恒大庞氏型融资扩张的故事是否还能讲下去？恒大还有哪些会计上的工具可用？

表 5　各房企在"三道红线"监管中的区域

	企业名称	扣除预收账款的资产负债率	净负债率	现金短债比
触发三道红线	融创中国	84%	172%	0.93
	中国恒大	84%	159%	0.61
	绿地控股	83%	156%	0.76
	富力地产	79%	199%	0.62
	华夏幸福	78%	185%	0.71
触发两道红线	中南建设	84%	166%	1.05
	佳兆业	76%	147%	1.11
	阳光城	78%	138%	1.25
	金科集团	75%	120%	1.1
	荣盛发展	73%	80%	0.87

续表

	企业名称	扣除预收账款的资产负债率	净负债率	现金短债比
触发一道红线	建业地产	86%	0%	2.46
	碧桂园	83%	46%	2.31
	奥园集团	82%	75%	1.63
	美的置业	81%	89%	2.95
	中梁控股	81%	66%	1.23
	万科地产	77%	34%	1.77
	新城控股	77%	16%	2.62
	正荣集团	76%	80%	1.76
	旭辉集团	75%	69%	2.73
	绿城中国	74%	63%	1.49
	雅居乐	73%	83%	1.01
	融信集团	73%	70%	1.83
	蓝光发展	71%	89%	1.26
	世贸房地产	71%	57%	1.62
	远洋集团	70%	77%	3.61
	中国金茂	67%	83%	0.93
没有触发红线	滨江集团	70%	89%	1.14
	金地集团	67%	60%	1.25
	保利地产	67%	57%	2.1
	龙湖集团	66%	51%	4.38
	华润置地	56%	30%	2.98
	中海地产	54%	33%	2.98

（三）恒大未来可能采取的对策

1. 通过营销手段，尽快回笼货币资金。这种通过营销的偿债方式，往往容易被会计从业者忽视。实际上，恒大曾在 2017 年底高薪引入著名经济学家，随后即有“一二线涨不动，三四线翻一倍”的预言，由于恒大在三四线城市的高额土地储备，这一番高见当即引发市场猜想。预言的影响力使得恒大赌定的房地产周期再一次到来，恒大 2017、2018 两年的毛利率由平常年份的 28% 左右提升至 36% 左右。但是在“房住不炒”的决心下，2020 年本该到来的房地产繁荣似乎并未看到。此外，恒大借助疫情在线售房、七折之后又提价售房，成为运用营销策略降负债的新思路。

2. 资产端应收款 ABS。通过将资产端应收账款打包出售，回笼现金。虽然恒大应收款占总资产的比率不高，但是从 2009 年开始，由 0.08% 逐年攀升至 2020 年中的 2.44%。监管层也要预防房企的这一策略，通过向没有能力的人出售房屋，改善自己的资产负债表，但是最终会酝酿系统性风险。

3. 负债端供应链金融。进一步通过供应链金融，向上游压迫。不过截至 2020 年中，恒大供应端权力已达 81%，这部分还有多少空间，可能是恒大需要思考的问题。

4. 增厚权益端。第一，继续引入战略投资者，增加少数股东权益，不过在深深房的故事已经讲完了的情况下，多少投资者还愿意入局，成为值得思考的问题。第二，对中小房地产企业进一步整合，重视并表权的作用，这可能是恒大相对好走的一条路。第三，通过分拆上市提升合并报表中的资本公积，在深深房的故事已经讲完的情况下，貌似还有恒大物业这条路，遗憾的是，地产类公司股本溢价不会太高。这可能是恒大乐于投资新经济，布局新能源汽车的原因。目前，市场上对新能源汽车的热情过高，这可能已经引起了监管层的警觉，2020 年 11 月 25 日中午传出的针对宝能、恒大的造车传言，以及与之对比华为坚决的不造车，这说明监管层意识到了有必要区分真正的新经济公司。

五、对会计人员的启示

信号传递理论告诉我们，在企业需要融资时，先用内部留存，再发债券、最后发行股份。恒大将原本该视为债权人的战投，最终成功变成了股东，说明在严监管的高压态势下，恒大债务融资手段可能已经用尽。恒大未来该如何走？也许，恒大最需要走的路，是回到商业的本质，好好盖房，营造好口碑，提升其价值链权力尤其是需求端权力，提升自身经营现金创造能力。不过，股东、债权人、客户、供应商、监管层的态度，以及恒大过度紧绷的资金链还留给自己多少时间，再次成为许家印需要深入思考的问题。

恒大的案例对于会计人员有以下启示：

随着数字化时代的来临，人类的生活方式、合作方式发生巨大变革。大数据、人工智能等数字技术的出现进一步缓解了经济生活中的信息不确定，降低了交易成本。在这个趋势下，会计信息如何完整、及时和可靠地反映经济活动，拥有更高的信息质量，成为一个极具挑战的问题。这一方面要求会计人员需要拥抱新经济时代，对数字技术加以掌握，另一方面更加要求会计人员不忘初心，通过掌握更多的经济、战略、营销等知识，透过现象看本质，更加洞悉商业本质，如实客观的刻画企业的盈利模式和创现模式。

恒大的智慧资本使很多债务工具成为“薛定谔的猫”，当会计将它确认为权益，它实际是负债；而当会计要将其确认为负债时，它立刻可以变成权益。由于会计人员知识技能的局限性和相对落后性，使其难以基于“商业本质”原则对商业的本质进行判断，进而造成会计信息相关性的弱化，这个难题单纯依靠大数据似乎也难以解决。

本文认为，数字经济和大数据的一个重要特征，是通过将更多的数据、用不同学科的知识将其与会计信息进行融合，本质是利用更多的过去数据进行未来的预测，相对传统的会计数据，一定程度上确实具有更强的解释力。数字时代对未来预测更为准确，这将使会计更能着眼未来，会计工作者也应顺应潮流，对数字技术加以掌握和应用，提高财务报表质量。但是，在数字化的浪潮下，会计人员更应洞悉商业本质，意识到数据是技术、是手段，它有先进性，可以预测偏好、组织生产，但是它也有局限性，由于数据本身存在红队偏差和蓝队偏差，因而也不能完全代替未来。新旧经济的对立本质不在于数据，而在于会计对过去和未来、实质和形式、受托责任和决策有用之间的权衡。总之，会计的原理、方法和精神无法被数字技术所替代。无论在数字经济时代还是传统经济时代，“洞悉商业本质”都是会计人员最必要的技能。

传统会计一般着眼过去，而金融一般着眼未来。在决策有用观的指导下，会计的部分科目已经具有了连接未来的属性，比如交易性金融资产、长期股权投资等其他与可变现净值相关的科目。数字时代新的经济模式，使得预测更加准确，也更容易使会计信息需要包含的未来属性更多，愈发向金融靠拢。然而，会计一旦具有未来属性，就容易同资本市场预期形成正反馈环，进而不断强化资本市场预期，鼓吹金融泡沫（如公允价值模式计量准则的引入，导致了2008年的金融危机）。会计人员应该掌握比金融更深、更广的知识，才能够守住底线、识别真正的金融创新和伪创新，确保信息的真实、兼顾决策有用。因此，会计从业人员作为资本市场上最后的守门人，应深刻认知变革中的危与机。技术固然重要，但其本质仍是一种手段，迟迟未能盈利和创现的商业模式，很可能最终成为一场商业骗局。如果没有洞悉这一本质，会计工作者很可能沦为资本市场上大鳄们“讲故事”的帮凶。

参考文献：

[1] 吴世农，王建勇，屈文洲．企业的价值链权力及其经济后果研究［J］．管理科学学报，2002，25（02）：1－23. DOI：10. 19920/j. cnki. jmsc. 2022. 02. 001.

[2] 吴世农，陈韫妍，吴育辉，汪金祥．企业融资模式、金融市场安全性及其变动特征［J］．中国工业经济，2021（08）：37－55. DOI：10. 19581/j. cnki. ciejournal. 2021. 08. 003.